Paul de Maizeroy

Theoretisch-praktische Einleitung in die Taktik

durch historische Beispiele erläutert

Paul de Maizeroy

Theoretisch-praktische Einleitung in die Taktik
durch historische Beispiele erläutert

ISBN/EAN: 9783741174377

Hergestellt in Europa, USA, Kanada, Australien, Japan

Cover: Foto ©Andreas Hilbeck / pixelio.de

Manufactured and distributed by brebook publishing software (www.brebook.com)

Paul de Maizeroy

Theoretisch-praktische Einleitung in die Taktik

Beyträge zur Kriegskunst
als ein
Anhang
zur
theoretisch-praktischen Einleitung
in die
Taktik
aus dem Französischen
des Hrn. Joly von Maizeroy
übersetzt
von
Moritz Grafen von Brühl,
Obristen der königlich-Französischen Infanterie
und Obristwachtmeister des Regiments Elsaß.

Dritter Band, mit Kupfern.

Straßburg
Verlegt von Bauer und Compagnie.
1772.
Mit Erlaubniß der Obern.

Vorbericht
des
Uebersetzers.

Der gegenwärtige Band enthält alles was aus dem Supplemente zur Taktik nicht in das Werk selbst eingerücket worden ist. Es wäre überflüßig die Wichtigkeit seines Innhalts und dessen Verbindung mit den zween vorigen Bänden darzuthun. Auch dieser hat durch häufige neue Zusätze des Herrn Verfassers, worunter der ganze zweyte Abschnitt des achten Hauptstücks gehöret, einen Vorzug vor dem Original erhalten.

Vorbericht.

Ich habe diesem Werke mehr als einmal einen geschicktern Uebersetzer gewünscht, und diesen Wunsch habe ich insonderheit bey dem sechszehnten Hauptstücke dieses Bandes wiederhohlt, das unter den Händen eines deutschen Kriegsgelehrten ungleich besser gerathen wäre. Doch wird es auch, so wie es ist, nicht ohne Nutzen seyn, und wenn gleich der Verfasser vornehmlich seine Nation zum Augenmerk hatte, so können doch auswärtige Leser seine Betrachtungen um so weniger gleichgültig finden, da das System der Ritterzeiten in ganz Europa auf eines hinausließ, und die Schlachten, welche er beschreibet, ihm Gelegenheit geben, auch die Taktik anderer gleichzeitigen Völker zu beleuchten.

Hr. von Maizeroy hat seitdem seinen Ruhm durch eine Uebersetzung des Kriegsunterrichts des Kaisers Leo erhöhet, und sie mit vortrefflichen Anmerkungen begleitet. Alle Kriegsleute werden mit mir wünschen, daß dieses nicht das letzte Werk eines so erleuchteten und arbeitsamen Schriftstellers seyn möge. Straßburg den 1sten Augst 1771.

Der Uebersetzer.

Vorrede
des
Verfassers.

Ich habe in meiner Einleitung in die Taktik die Kriegsgebräuche der Alten und ihre verschiedenen Stellarten abgehandelt. Ich habe darinn alle Anstalten beschrieben, die man am Tage einer Schlacht treffen kann, und meine Vorschriften durch die besten alten und neuern Beispiele unterstützet. Ich dachte nicht mit meiner Arbeit weiter zu gehen, und glaubte von meinen Regeln und Anmerkungen, keinen andern Gebrauch zu machen, als sie mir selber zu meinem freyern Unterrichte dienen zu lassen.

III. Theil. A Ob

Vorrede

Ob ich gleich noch immer von meinen angenommenen Grundsätzen innigst überzeugt war, so fand ich sie doch unsern heutigen Gewohnheiten zu sehr entgegen, als daß ich mir Anhänger von einem gewissen Range versprechen durfte, welche ihnen hätten ein Gewicht geben können. Ich erwog, daß, da man in den Werken eines Feuquieres, Puysegurs, Marschalls von Sachsen, und in den Commentarien des Ritters Folard die trefflichsten Vorschriften antrifft, der verdiente Ruhm dieser Schriftsteller, die Welt von der Lesung eines neuen Buchs über den Krieg entfernen müßte; daß viele es aus diesem billigen Vorurtheil mit Gleichgültigkeit durchblättern; daß andere sich wenig darum bekümmern würden zu erfahren, worinn dieser Verfasser sich möge betrogen haben; daß man endlich mit dem angenommenen Schlendrian zufrieden, mir schlechten Dank für die Mühe wissen werde, die ich mir gegeben, ihn zu bestreiten; und den Krieg in einer ungewöhnlichen Lehrart abzuhandeln. Allein die günstige Aufnahme, die meine Schriften gefunden, der Beifall, womit verschiedne der einsichtsvollsten Generalspersonen und andere Kriegsmänner sie beehrt haben, hat mich aufgemuntert, diese Fortsetzung ans Licht zu stellen.

Ich mache hier den Anfang mit einer umständlichen Beschreibung der römischen Taktik, welche von vielen ohne rechte Kenntniß abgehandelt, und selbst von den alten Auslegern nicht besser aufgeklärt worden. Dieses Hauptstück wird das, was ich im ersten Theile davon gesagt, ergänzen, und dem Leser von allem was in diese Materie einschlägt, einen vollständigen Begriff

geben

des Verfassers.

geben können. Hierauf folget der Rückzug des Antonius nach seiner Unternehmung gegen Meden. Dieses schon an sich wichtige Stück der römischen Kriegsgeschichte, hat mir einen neuen Stoff zu Anmerkungen über die Waffen und Stellart dieses Volkes gegeben. Einige Schriftsteller haben gemeldet, er sey gleich dem Crassus von den Parthern geschlagen worden, da doch zwischen diesen beyden Heerführern ein großer Unterschied ist. Die Ueberrilung des Antonius vereitelte allerdings die Absichten seines Feldzuges; im übrigen aber zog er sich in bester Ordnung zurück, und litt keinen andern Verlust, als den so ihm die Unvorsichtigkeit eines seiner Hauptleute, Namens Gallus, verursachte. Dieses betraf aber die Hauptarmee nicht, welche ihren Marsch fortsetzte, und die Parther bey jedem Anfalle zurück jagte. V. Paterculus hat diesen Rückzug als eine schimpfliche Flucht vorgestellt, wo Antonius einen großen Theil seiner Truppen, und alle sein Gepäcke verloren haben soll. Allein sobald dieser Abkürzer der römischen Historie, der unter dem Tiber schrieb, und sonst überall sehr richtig und scharfsinnig ist, auf die Zeiten des Cäsars kömmt, so ist er nichts mehr als ein Schmeichler und ein offenbarer Lobredner des Augusts und Tibers, unter welchem er gedient hatte. Daher ist nicht zu verwundern, daß er den Antonius weit mehr herunter setzt als er es verdiente. Plutarch und Appian erweisen ihm mehr Gerechtigkeit; ohne jedoch mit dem Paterculus in der Anzahl der Legionen übereinzustimmen, welche sein Heer ausmachten. Diesen beiden Schriftstellern bin ich gefolgt, weil sie mir des Vorzugs würdig geschienen.

A 2   Die

Die ganze Wissenschaft der Taktik läßt sich auf fünf Hauptpunkte zurück bringen, welche wechselsweise aus einander fließen: Die Anordnung, die Lagerung, der Marsch, die Entwickelung und das Gefecht selbst. Die Form der Anordnung muß einfach, biegsam, und zu allen Arten der Kunstbewegungen geschickt seyn; die Lagerung muß der Stellart angepaßt, und so eingerichtet werden, daß der Marsch leicht daraus fließet; die Einrichtung des Marsches muß die Bequemlichkeit und Schnelligkeit der Entwickelung zum Augenmerk haben. Diese letztere endlich muß nach Maßgabe des Angriffs oder Vertheidigungsplanes geschehen, welcher in Rücksicht auf das Erdreich und die Stellung des Feindes entworfen werden. Wir sehen, daß diese fünf Theile in einer so wesentlichen Verbindung, in einem so genauen Verhältnisse stehen, als eben so viel geometrische Sätze, wovon der erste nicht aufgelöst werden kann, wenn die vorhergehenden nicht erörtert sind. Um diese Vergleichung vollständig zu machen, setze ich hinzu, daß der erste Theil die Urquelle der andern ist, zu deren Kenntniß man stuffenweise gelanget. Wenn aber eine Kriegsverfassung * zu entwerfen ist, so muß der Taktiker die verschiedenen Theile der Kunst mit einem Blick übersehen, und alle ihre Verhältnisse mit einander vergleichen. Diese Verfassung muß so beschaffen seyn, daß er vermöge derselben alle Operationen durch den kürzesten Weg bewerkstelligen, und so gar die dazu erforderliche Zeit so viel möglich berechnen kann a).

* constitution militaire.

Hätte

(a) Diese theoretische Berechnung hat im Felde ihre Abfälle. Die Erfahrung allein lehrt sie kennen, und nach Maßgabe

des Verfassers.

Hätte ich ein bloß dogmatisches Werk verfertiget, so würde ich in Erklärung der Grundsätze die nur erwähnte Ordnung genau befolgt haben; da ich aber die alten Maximen mit den neuern vergleichen wollte, da ich jene zuerst entwickeln mußte, und große Beispiele anzuführen hatte, so hielt ich es nicht für nöthig mich einer beschwerlichen Regelmäßigkeit zu unterwerfen. Der Leser hat gesehen, daß ich zwar meine Einleitung in die Taktik mit den Schlachtordnungen angefangen, und mit den Märschen beschlossen, zuvor aber die verschiedenen Stellarten der Alten in ein Licht gesetzt habe. In dem gegenwärtigen Bande hohle ich einige Materien nach, die ich entweder nicht genug erörtert, oder bloß theoretisch vorgetragen habe. Endlich beleuchte ich auch diejenigen Kriegsverrichtungen, von denen noch gar nicht geredet worden, und gründe sie durchgängig auf die besten Regeln sowol als auf unverwerfliche Zeugnisse. Am Ende wird man ein Gemälde des militairischen Genies der alten Franzosen, nebst der Beschreibung einiger ihrer denkwürdigsten Schlachten finden. Ich habe diesen Theil meiner Arbeit welcher bisher ziemlich verabsäumet worden, der Neugier meiner Leser würdig geachtet. Sie werden daran eben die Züge erkennen, welche die Nation noch täglich karakterisiren.

Man sieht gemeiniglich im Wahne, daß im Kriege die Kunst selten, ja weit seltener als der Zufall den Ausschlag gibt, und daß man in den Schlachten mehr Truppen als Wissenschaft nöthig hat. Selbst diejenigen,

Maßgabe der Umstände die Mittel zu ihrer Verminderung auffinden.

gen, welche vermöge ihres Standes dieses Vorurtheil ablegen sollten, bilden sich ein, daß der Krieg ein blosser Schlendrian sey, wozu man in einigen Feldzügen den Schlüssel findet. Daher geben sie sich auch nicht die Mühe ihre Kenntnisse zu erweitern, und wenn dergleichen Leute, deren Anzahl sehr groß ist, eine Unternehmung ausführen sollen, so verrathen sie ihre Verwirrung und Ungeschicklichkeit, die sie oft mit Schande gestehen müssen. Ihre untergebene Mannschaft ist noch glücklich, wenn sie ihre Unwissenheit nicht verhehlen, und dieselbe blindlings auf die Schlachtbank liefern.

Seitdem die Kriegsbaukunst verbessert worden, hat man alle Aufmerksamkeit auf diese Seite gewandt, und wenn wir das Praktische dieser Wissenschaft selten bis auf einen gewissen Punct treiben, so geschieht es nicht aus Mangel der trefflichsten Vorschriften über den Angriff und die Vertheidigung der Plätze. Es ist vielmehr zu verwundern, daß dieser Theil einen so hohen Grad der Vollkommenheit erreicht hat, und wir doch über die Grundlinien der Taktik so wie über die großen Kunstbewegungen nur allgemeine Regeln besitzen, die so gar noch im Streite liegen. Die Ursache hievon ist die herrschende Meynung, daß es nicht möglich sey, eine sichere Theorie von einer Sache zu geben, die, wie man glaubt, einzig und allein von dem Erdreich und der Erfahrung abhängt. Es ist nicht zu leugnen, daß jenes bey den Kriegsverrichtungen die Form der Ausführung entscheidet, und diese vieles zur täglichen Verbesserung des praktischen Theils beyträgt: Es werden aber vorläufige Kenntnisse erfordert, ohne die man sich jeden Augenblick betrogen kann. Villars, der von Jugend an mit seinen untergebenen Truppen so schöne Bewegungen machte; Berwick, von dem sich ein gleiches sagen läßt, und der große Luxenburg hatten die Regeln nicht studiert, weil keine Vorschriften über diese Materien vorhanden waren. Allein sie hatten bey Lesung der Geschichtsbücher und der Kriegsberichte nachgedacht, und da sie ein wahrhaftig militarisches Genie besaßen, Lehrsätze daraus gezogen, welche ihnen im ereignenden Falle gut zu statten kamen.

Da nun das Studieren bey der Kriegskunst unentbehrlich wird, so ist es ein Vortheil, und zwar ein sehr wichtiger Vortheil, wenn man eine Sammlung von Hauptregeln vor Augen hat, die sich auf Beyspiele stützen, und welche den Weg des Unterrichts abkürzen kann. Wilhelm III. Prinz von Oranien, und nachheriger König von England, begieng nur darum so viel Fehler, weil er von niemanden unterwiesen worden, der ihm gute Grundsätze beybringen konnte. Ich entlehne diese Nachricht aus den Schriften eines berühmten Generals, welcher Gelegenheit hatte ihn zu kennen. Er war ein guter Staatsmann, der die Fähigkeit besaß große Entwürfe zu machen, aber sehr ungeschickt war sie auszuführen. Die Erfahrung muß ihn schlecht belehrt haben, weil er sein ganzes Lebenlang Fehler begieng, die er vermittelst einer guten theoretischen Anlage vermieden hätte. Eben dieses läßt sich auch von einigen Feldherren unsers Jahrhunderts anmerken, bey denen man eine große Fähigkeit in Entwerfung der Operationsplane bewundert hat, die sie aber nicht auszuführen wußten.

Die

Die taktischen Schulen der Griechen sind ein Beweis, wie sehr dieses Volk von der Nothwendigkeit der Theorie überzeugt war. Die Lacedämonier sollen die ersten gewesen seyn, welche ihre Bemerkungen über den Krieg niedergeschrieben, und aus denselben festgesetzte Regeln gezogen haben. Sie wurden gar bald von den Atheniensern und andern Griechen nachgeahmet; ich glaube aber, daß dieser Gebrauch uralt ist, und sogar bis in die Zeiten Homers zurückgesetzt werden kann. Dieser berühmte Dichter verräth eine zu große Kenntniß des Krieges, als daß er denselben nicht sollte studiert haben. Jedermann beeiferte sich etwas von dieser Kunst zu lernen. Vornemlich aber pflegten diejenigen, welche an der Staatsverwaltung Theil nehmen wollten, die Gelehrten, die Geschichtschreiber, die Philosophen sich darauf zu legen.

Xenophon läßt den Sokrates sagen: daß jemand ohne commandiert zu haben ein General seyn kann, wenn er die Wissenschaft des Krieges erlernt hat, so wie derjenige welcher die Heilkunst verstehet, ein Arzt ist, ungeachtet er diese Kunst nicht treibet. Obgleich aber die Uebung allein den wahren Gebrauch der Regeln lehret, so warfen sich dennoch viele Personen, welche nichts als Theorie besaßen, zu Meistern auf, und legten öffentliche Schulen in der Taktik an. Diese konnten nichts als sehr trockene Lehren und von allen Beweisen entblößte Grundsätze vortragen. Von diesem Schlage war Dionysidor, der in Athen wohnte. Einen seiner Schüler fragte einst Sokrates aus, und fand, daß er zwar die Ordnung, wor-

Memorab. Socr. Lib. 3.

inn eine Armee marschieren, sich lagern und fechten muß, nicht aber die verschiedenen Vortheile gelernet hatte, wie man sie nach Maßgabe den Umstände stellen, oder ihre Form geschwind und ohne Verlierung abändern soll. Er sah daß dieser Lehrmeister ihm kein Wort von der Kunst die guten Soldaten von der schlechten zu unterscheiden, noch von den Eigenschaften gesagt hatte, welche zu einem Feldherrn erfordert werden. Gehe hin, sprach Sokrates zu ihm, und frage ihn auch über diese Punkte, denn wofern er nur ein wenig auf Ehre hält, so wird er sich schämen die drin Geld abgenommen, und dich ohne Unterricht entlassen zu haben. Diese gedungenen Professoren stunden weiter nicht in dem größten Ansehen. Man hielt sie blos für tauglich die Anfangslehren zu geben, und die Begriffe zu entwickeln. Es gab aber erfahrne und scharfsinnige Officiers, welche von denen um Rath gefraget wurden, so die Armeen anführen sollten. Unter diese Zahl gehörte Xantippus, den die Karthaginenser zu ihrem General wählten, und jene beiden Lacedämonier Sosibus und Phileniuß von denen Hannibal Unterricht nahm, und sich auf allen seinen Feldzügen begleiten ließ.

Die Begierde womit die Alten die Taktik erlernten, und die Achtung die sie denjenigen bewiesen, welche sich darinn hervorthaten, mochte vielleicht von der Strenge des damaligen Kriegsrechts herrühren. Da die Ueberwundenen dem Sieger anheim fielen, der sie zu Sclaven machen, oder aus ihrem Lande verjagen konnte, so wurde die Kriegskunst als eine höchstwichtige Kenntniß

Vorrede

betrachtet, und mit aller Wachsamkeit auf die Waffenübungen gesehen. Dieses haben die heutigen Mächte nicht mehr zu befürchten, diejenigen ausgenommen, welche an die Türken und Tartarn gränzen. Die Gegenden so zum Kriegstheater dienen, sind zwar Brandschatzungen und einigen Verheerungen ausgesetzt; aber die Unterthanen bleiben im Besitz ihrer Güter, und sehen oft die Veränderung der Herrschaft mit sehr gleichgültigen Augen an. Sie betrachten die Kriegsleute selten als ihre Vertheidiger, sondern vielmehr als die Werkzeuge ihres Fürsten, dessen Ehrgeiz sie unglücklich machen kann. Daher kömmt es, daß sie die militairischen Verdienste minder schätzen, und hingegen für diejenigen, welche sich in den Künsten des Geschmackes hervor thun, lebhaft eingenommen sind.

In einer großen und reichen Monarchie wird wenig auf Dinge gedacht, welche dereinst nützen könnten. Die begüterten Wollüstlinge der Hauptstadt bilden sich nicht ein, daß sie jemals etwas zu befürchten haben. Die gewisse Beförderung, welche diejenigen hoffen können, so durch die Gunst und das Glück unterstützet sind, entfernt sie von aller Arbeit. Dennoch kömmt ein Tag; da man umsonst Vertheidiger sucht, die man in der Trunkenheit des Wohlstandes vernachläßigt hat. Eine Nation die durch Pracht und Weichlichkeit entnervt, durch den Geschmack an eiteln Künsten verdorben ist, wird endlich der Raub eines Feindes, der sich in den Waffen geübet hat. Das Beyspiel Sachsens ist noch ganz neu, und man würde einen noch schrecklichern Umsturz in Frankreich gesehen haben, wenn nicht der König durch

den

den Eifer eines standhaften Ministers unterstützt, dem eingerissenen Verfalle des Kriegswesens gesteuert hätte. Indem man die aus der alten Verfassung entstandenen Misbräuche verbesserte, sie in eine neue Form brachte, die Mannszucht wieder herstellte, hat man in Frankreich den Waffen ihre Ehre wieder gegeben, deren Glanz sich anfieng zu verdunkeln. Wir müssen aber nicht glauben, daß nichts mehr zu thun übrig bleibt; noch muß der Hof seine aufmerksamen Blicke auf einige höchstwichtige Gegenstände werfen, welche diese Monarchie allein auf die Zinne des Ruhmes erheben, und die Dauer desselben versichern können.

Ich glaube dargethan zu haben, daß die Stellordnung des Fußvolks in drey Gliedern zu einem Treffen im freyen Felde ein höchst elender Gebrauch sey. Ich wünsche daß uns nicht eine unglückliche Erfahrung zu rechte weisen möge, welches ohne Zweifel nicht geschehen wird, wenn man an die Spitze unserer Armeen Feldherren stellet, deren Grundsätze mit den Regeln, die ich den Alten abgeborgt, übereinstimmen, oder sich wenigstens des ächten Taktikers so viel möglich nähern. Ich kann sagen, daß ich verschiedene vom ersten Range kenne, die meine Denkungsart billigen, und so wenig als ich auf eine Stellordnung halten; welche ihre Schwäche von selbst zeiget, und zu nichts tauget, als dem Officier und Soldaten den Muth zu benehmen.

Es muß allerdings erstaunenswürdig scheinen, daß da mit der Herstellung der Wissenschaften alle Kenntnisse vervollkommnet worden, die Taktik vielleicht noch allein in ihrer Wiege liegt. Man ist von einer Meynung zur andern, von einer Ungewißheit zur andern umher gewandelt und hat niemals einen festen Grundsatz weder über die Stellart noch über die Waffen gehabt. Es ist nicht schwer die Ursachen zu finden, welche den Fortgang einer Wissenschaft aufgehalten haben, die mit den andern in gleichem Schritte hätte steigen sollen, da sie ihnen Hülfsmittel abborgt, sich dieselben zueignet, und in Ausübung bringet (a).

Man hat überall Akademien gestiftet, deren Mitglieder gemeinsam arbeiten, einander ihre Einsichten mittheilen, die Denkbücher der neuen Entdeckungen aufbewahren, und die erworbenen Kenntnisse fortpflanzen. Durch einen Geist beseelet, durch gleichen Eifer getrieben, bemühen sie sich das Vertrauen des Fürsten und die Hochachtung ihrer Mitbürger zu rechtfertigen. Diese erleuchteten Richter wägen die verschiedenen Werke des Geistes in der Wage der Erkenntniß und des Geschmackes; sie bestimmen ihren Werth, und entscheiden durch ihre Aussprüche den Ruhm ihrer Urheber. Um ihren Beyfall zu erhalten, und einst die Ehre zu verdienen, eine Stelle unter ihnen zu bekleiden, ringet jedes aufkeimende Talent nach der Vollkommenheit. Die einzige Wissenschaft des Krieges, welche die Schutzgöttinn aller andern ist, wird hintangesetzt und dem Schlen-
brian

(a) Die Meßkunst, Naturlehre, Erdbeschreibung und Geschichtskunde, selbst die Philosophie, und die Kenntniß des menschlichen Herzens, sind einem Kriegsmann nöthig, und der General gibt bey Ausführung seiner Entwürfe dem Mathematiker, Naturforscher, Erdbeschreiber, und fast allen mechanischen Künsten zu schaffen.

drian, oder höchstens einigen flüchtigen Untersuchungen überlassen, von denen man wenig Nutzen ziehet. Ein General kann bisweilen durch seine Geschicklichkeit den Mängeln der Kriegsverfassung die Wage halten; ein einsichtsvoller Minister kann einige Fehler verbessern, und den erschlafften oder verrenkten Triebfedern wieder einige Stärke mittheilen; allein ihre Ideen sterben mit ihnen, ihre Maximen werden vergessen, und ihre Nachfolger bilden sich ein, sie müßten einen andern Weg einschlagen.

Die Errichtung einer Akademie, welche aus den gelehrtesten und erfahrensten Kriegsmännern bestehen müßte, wäre das einzige Mittel, die einmal angeführten Gesetze, Verordnungen und Gewohnheiten aufrecht zu halten, den Misbräuchen vorzubeugen, die ersten Spuren des Verfalles auszulöschen, und die Kenntnisse des Krieges auf den höchsten Grad der möglichen Vollkommenheit zu treiben. Zuvörderst müßte man eine hinlängliche Menge von Anmerkungen und Aufsätzen sammlen, und über alle Arten von Kriegsoperationen Vergleichungen anzustellen; man müßte die verschiedenen taktischen Lehrgebäude prüfen, die Meynungen der geschicktesten Feldherren und der besten Kriegslehrer abwägen, und gegen einander halten. Wäre die Akademie einmal in Absicht der Grundwahrheiten überein gekommen, so müßte sie dieselben in ein unabänderliches Gesetzbuch zusammen tragen. Auf den Stützen einer sichern Theorie könnte sie dann zur Anwendung fortschreiten, und da die Fackel der Erfahrung die unendliche Mannigfaltigkeit der Umstände aufklären würde, de, so müßten die hieraus fließenden Anmerkungen die Vollkommenheit merklich befördern.

Vermittelst richtiger und umständlicher Karten von allen Gränzen, ja selbst in so fern es seyn kann, von den Ländern fremder Mächte, und in Hinsicht auf die Kenntniß ihrer Festungen, ihrer Hülfsmittel, der vortheilhaften Lagerplätze, der mehr oder weniger gefährlichen Päße, würde man Plane zu Angriffs- und Vertheidigungskriegen und Marschriffe entwerfen, oder die vorgelegten untersuchen; alle eingegebenen Aufsätze müßte man annehmen, um die Einsichten fleißiger und erfahrner Officiers zu benutzen. Diese Schriften müßten mit Aufmerksamkeit geprüft, und die zum Besten des Kriegsdienstes, oder zur Vollkommenheit jedes Zweiges der Kunst abzielenden Ideen dem Landesherrn mitgetheilt werden. Dann würden so viele seichte Projekte, die unter einer blendenden Gestalt erscheinen, und deren Fehler nur erst nach einer stets kostbaren Erfahrung ins Auge fallen, keinen Eingang mehr finden. Viele andere, welche man aus Mangel einer mächtigen Unterstützung verworfen oder vernachläßigt hätte, würden in ihr völliges Licht gesetzt, und unfehlbar angenommen werden. Der Eigennutz und das persönliche Ansehen würde wegfallen, und nur die Sache selbst in Betrachtung kommen. Oft kann ein Vorschlag der zu einer Zeit unbrauchbar scheinet, zu einer andern den größten Nutzen haben. Da nun alles aufgezeichnet und in ein Archiv beygelegt werden müßte, so könnte man sich desselben im ereignenden Falle bedienen.

Hier

des Verfassers.

Hier würden wir das Resultat aller militärischen Arbeiten, die Niederlage der wichtigsten Kenntnisse, und eine reiche Quelle finden, woraus diejenigen schöpfen könnten, welche es in den höhern Theilen der Kunst zur Vollkommenheit bringen wollen, nachdem sie in den Kriegsschulen der Provinzen einen Vorschmack davon bekommen hätten.* Bey solchen Hülfsmitteln und bey so mächtigen Triebfedern des Wetteifers, könnte der Staat ganz sicher auf einen Nachwuchs von geschickten Feldherren und trefflichen Officiers aus allen Fächern zählen. Die Lust zur Arbeit und der emsige Fleiß würden an die Stelle des Müßiggangs und der unnützen Beschäftigungen treten. Ansehen, Reichthum und Adel würden keine hinlängliche Ansprüche zu den obersten Kriegsstellen mehr geben, wenn die Tugenden und Kenntnisse welche einen Helden bilden, nicht damit verbunden wären. Haben wir jemals die Stiftung einer solchen Anstalt hoffen können, so muß es in unsern Tagen seyn, da die Erkenntniß ausgebreitet, die Kriegszucht befestigt, der Monarch wohlthätig, und der Minister voll Einsicht ist. Die Errichtung der französischen Akademie wird der Namen ihres Urhebers bis auf die entferntesten Nachwelt bringen; die Stiftung einer militärischen Akademie sollte denjenigen nicht minder verewigen, welcher den Grundstein dazu legen würde. Einer unserer gelehrten Kriegsmänner hat in einem vortrefflichen Werke* bereits den Plan ihres Heiligthums entworfen. Möchte doch meine schwache Stimme diese Idee wieder aus der Vergessenheit rufen, oder wenigstens als ein Beweis meines patriotischen Eifers angesehen werden!

Einl. die Tactic, Band 1. S. 103.

Comment. sur Enée.

Nachricht.

Wenn ich den Leser auf den Text oder die Kupfer meiner Einleitung in die Taktik verweise, so führe ich am Rande bloß den Theil und das Hauptstück oder den Band an, ohne den Titel des Buchs anzuzeigen. Da gegenwärtige Schrift besondere Materien abhandelt, und auch diejenigen näher ausführet, bey welchen ich mich im obigen Werke auf allgemeine Regeln eingeschränkt hatte, so gehöret sie zwar nicht wesentlich dazu, und kann davon getrennet werden. Gleichwol muß man sie miteinander verbinden, wenn sie ein vollständiges Lehrbuch über die Taktik ausmachen sollen.

Beiträge

Beyträge zur Kriegskunst.

Erstes Hauptstück.
Betrachtungen über die römische Legion.

Erster Abschnitt.
In welche Zeit man die Errichtung der Legion und ihre Stellart setzen müsse. Beweis daß die Römer den Griechen dießfalls nichts abgeborgt haben.

Ich habe im ersten Theile meiner Taktik gesagt, daß man gleich bey der Gründung des römischen Staats die Spuren der Schlachtordnung antrifft, worinnen dieses Volk nach der Hand gefochten hat. In der That hat man die Einsetzung der Haſtarier, Principes und Triarier allezeit dem Romulus zugeſchrieben. Dieſe Meynung war ſo allgemein, daß Ovid kein Bedenken trug, es in ſeinen Zeitbüchern zu verſichern a). Was die Waffen betrifft, ſo konnten ſie von den folgenden Zeiten nicht ſehr verſchieden ſeyn. Diejenigen welche einen Schaft hatten, wurden damals ohne Rückſicht auf deſſen Länge Haſta oder Pilum genannt. Daher mag der Name der Haſtarier entſtanden ſeyn; wie die Peltaſten, eine mittlere Infanterie der Griechen, den ihrigen von der Pelta, einem ihnen eigenen Schilde bekommen haben.

Die Römer waren nicht die einzigen welche Legionen hatten. Da dieſes Wort die Auswahl einer Schaar Bürger zum Kriege bezeichnete, ſo pflegten die Lateiner allen Truppen die ſie zu Felde führten, dieſen Namen zu geben. Im Livius wird der Legionen der Sabiner, der Volſker, der Hetrusker und Samniter erwähnet. Alle dieſe Völker hatten ungefähr gleiche Art ſich zu waffnen und zu fechten, und es iſt wahrſcheinlich, daß Romulus ihnen die Form ſeines Streithaufens abgeſehen hat.

Einige Autoren, die ſich auf eine unrecht verſtandene Stelle des Livius gründeten, haben ſich eingebildet, die Römer hätten von den Griechen die phalangitiſche Anordnung gelernt. Wenn man ihnen glauben ſoll, ſo müſſen ſie zuerſt beweiſen, auf was Art und zu

---

Faſt. Lib. II. Cap. 3. (a) Haſtatos inſtituitque decem, totidem Principes, totidem Triarii. Man findet auch dieſen Unterſchied beym Livius vor der Errichtung des Decemvirs.

zu welcher Zeit solches geschehen ist; dieses aber werden sie unmöglich thun können. Die Römer hatten noch keine Gemeinschaft mit Griechenland, als sie vom Pyrrhus angegriffen wurden. Wenn sie gleich Gesandten beschickten und Gesetze zu hohlen, so finden wir doch nicht, daß sie eine einzige Verordnung mitbrachten, welche in die Kriegskunst einschlug. Alles was sie hievon wußten, kam von ihnen selbst, oder von ihren Nachbarn her, die so wenig als sie mit den Griechen zu thun hatten. Außer den Seestädten des sogenannten großen Griechenlandes, wurde der Rest von Italien selten besucht und für barbarisch angesehen. Die Einwohner desselben folgten eigenen Gebräuchen, welche sie entweder eingeführet, oder von ihren Voreltern empfangen hatten. Die Griechen hätten zwar durch ihre vormaligen italiänischen Colonien etwas dazu beytragen können; allein jene Zeiten, die sich mit den Tagen der Fabel vermengen, sind zu entfernt, als daß sich eine gewisse Folge daraus ziehen ließe. Wir wollen uns also bey der unstreitlichen Behauptung der obgedachten Schriftsteller nicht länger aufhalten.

Die Römer haben sich keiner andern als ihrer eigenthümlichen Stellart bedient, welche sie gleich anfangs ersonnen, und durch die Erfahrung verbessert haben. Die Anordnung in Form einer durchschnittenen Phalanx war allerdings die gemeinste, und fast durchgängig gebräuchlich. Einige Völker brachten mehr oder weniger Kunst hinein, je nachdem sie einen Grad von Kriegskenntnissen besaßen. Daher haben die Griechen, welche es in der Mannszucht und an Geschicklichkeit

lichkeit allen andern Nationen zuvor thaten, diese Stellung am meisten verfeinert. Der Bestandfuß der Legion hatte mit der Bildung der griechischen Phalanx, mit ihrer Berechnungsart, und mit ihren Waffen nicht die geringste Aehnlichkeit, und die Grundzahl der Eintheilungen, worauf sie gleich anfangs gebauet wurde, hat niemals eine Veränderung erlitten; folglich haben die Römer sich ohne Zuthun der Griechen in ihrer hergebrachten Ordnung gestellt, welche sie so lange für die beste hielten, bis sie durch das Nachsinnen oder das Beyspiel zu Abänderungen veranlaßt wurden.

Die Quincuncialstellung welche die Römer wählten, konnte von den Toscanern herrühren, die unter allen Völkern dieser Gegend die sinnreichsten und mit den Künsten am vertrautesten waren. * Die jungen Römer giengen zu ihnen, um ihre Sprache zu lernen, und sich in den Wissenschaften zu unterrichten, wie sie in spätern Zeiten nach Griechenland reisten. Hieraus läßt sich vermuthen, daß sie auch in der Kriegskunst keine geringe Fertigkeit besaßen.

*Dionys. Halicarnass.

Bey dieser Gelegenheit ist ein Fehler des Ritters Folard anzumerken, der sich in einem eigenen Kapitel über den Livius erzürnet, weil er, wie er sagt, die Zeit nicht anführt, da diese Stellart aufkam; woraus er die Muthmaßung ziehet, daß solches eher nicht als kurz vor dem ersten punischen Kriege geschehen sey. Mit gleicher Zuversicht behauptet er, daß vor dem Pyrrhus weder Hastarier, noch Principes, noch Triarier angetroffen werden. Wenn er den Livius gelesen hat, wie man aus dem Lobe, das er seiner Schreibart

Comment. sur Polybe. Liv. 1. Chap. 4.

art ertheilet, schließen sollte, so mußte er ihn auch wieder vergessen haben. In den Kriegen gegen die Hetrusker und Samniten, welche vor dem epirotischen hergiengen, fällt die schachförmige Stellung überall ins Auge. Doch ich will durch ein Beyspiel, das weit älter ist, als die Vertilgung dieser beyden Völker, den Irrthum des Ritters erweisen, und andere dagegen verwahren. In der Schlacht welche die Bürgermeister T. Manlius, und P. Decius den Lateinern lieferten, hatten sie ihre Armee in drey Treffen gestellet. Auf dem linken Flügel, den Decius anführte, wurden die Hastarier zurück geschlagen, und zogen sich in die Zwischenräume der Principes, se ad Principes recepere, welches den Consul bewog sein Leben aufzuopfern. Das Treffen wurde hergestellt, und beyde Theile schlugen sich lang mit größter Erbitterung. Als endlich die Lateiner die Römer von neuem in die Enge trieben, eilte Manlius zu den Triariern, welche ihrer Gewohnheit nach mit dem rechten Knie auf der Erde lagen: Triarii genu dextro innixi. Er ließ sie vormarschieren, um die bereits getrennte und durchlöcherte Linie zu verstärken. Wo sich Oeffnungen zeigten, mußten sie hinein treten. Receptis in intervalla ordictum, clamore subito Principia Latinorum perturbant.

In eben diesem Treffen findet man auch die Gattung Truppen, welche Accensi genannt wurden, und deren der Consul sich zuerst bediente, bevor er zu den Triariern seine Zuflucht nahm. Der Erzählung dieses Gefechtes, das am Fuße des Vesuvs vorfiel, hat Livius die Beschreibung der Stellart beygefügt, welche die Buch 8.

Legion damals, nämlich im 413ten Jahr nach Roms Erbauung, und sechzig Jahr vor dem Kriege mit Porthus befolgte. Ueber dieses wimmeln die vorhergehenden Bücher von Stellen, welche beweisen, daß sie lange vor dieser Schlacht auf gleichem Fuße geordnet wurde. Ich berufe mich hier auf keine bloße Muthmaßungen; man darf nur lesen, um sich davon zu überzeugen.

Indem Livius die damalige Stellart der Römer umständlich beschreibet, meldet er uns zugleich, daß sie sich anfangs kleiner runder Schilde * bedienten, welche sie nicht eher mit großen vertrochselten, als bis sie einen Sold bekamen, da sie auch statt der mit der Phalanx übereinstimmenden Anordnung, die sie zuvor hatten, sich nach Manipuln formierten. Dieses hat Livius (a) eigentlich sagen wollen. Hieraus können wir schließen, daß kurz nach der Belagerung von Veji, wo den Völkern ein Sold ausgemacht wurde, die Legion ihre nachherige Gestalt annahm, und sich schachförmig ordnete. " Die Eroberung von Veji, sagt ein berühm-

* Clypei.

Im Jahr Roms 347.

─────────────

(a) Postquam stipendiarii facti sunt, scuta pro Clypeis fecere, & quod antea phalanges similes Macedonicis hoc postea Manipulatim instructa acies cœpit esse. Ob es gleich heißt, daß sie sich anfänglich in Form einer Phalanx, das ist, in eine volle Linie wie die Macedonier stellten, so folgt doch nicht daraus, daß diese ihnen zum Muster gedient haben. Der Verfasser des französischen Kriegswörterbuchs hat den neuern Scribenten die er zu Rathe gezogen, den unrechten Sinn dieser Stelle abgeborgt. So werden die Irrthümer fortgepflanzt.

berühmter Schriftsteller "war eine Art von Staatsveränderung, welche bey den Römern eine neue Kunst,
eine andere Art zu kriegen hervorbrachte." Da die
Truppen eine Löhnung empfiengen, konnten sie desto
länger bey ihren Fahnen behalten, und zu einer strengern Mannszucht gewöhnt werden. Ein besoldeter
Kriegsknecht ist abhängiger und gehorsamer, als der so
auf seine Kosten dienet. Es war also damals der Zeitpunkt eine neue Stellart anzunehmen, welche viel Ordnung und die genaueste Kriegszucht erforderte.

Obgleich in den ersten Zeiten diese Legion sich in einer
vollen Linie zur Schlacht ordnete, so hatten sie dem
ungeachtet ihre merklichen Abschnitte. Man kann ihr
die Manipular-Form deutlich ansehen, weil der ältere
Tarquin nach Erneuerung des Bundes mit den Lateinern, und ihrer Vereinigung mit den Römern, die
Fahnen halb und halb aus beiden Völkern bildete, und
ihnen Centurionen oder Hauptleute vorsetzte (a).

Wenn der Quincunx nicht in allen Schlachten sichtbar ist, die nach dessen Einführung geliefert wurden,
so geschieht es entweder darum, weil die Geschichte
diese Besonderheiten übergangen hat, oder weil die
römischen Feldherren oft für dienlicher hielten in einer
vollen Linie zu fechten. Das letztere thaten sie in dem
Treffen beym Fluß Anio, wo sie die Hitze der Gallier, die
mit dem Degen in der Faust auf sie einstürmten, mit
gefällten Pilen aufhielten. Auf gleiche Art betrugen sie
schick-

(a) Miscuit Manipulos ex Latinis Romanisque ut ex binis   Livius
singulos faceret binosque ex singulis. Ita geminatis Ma-   Buch 1.
nipulis Centuriones imposuit.   Kap. 52.

ſich bey Heraclea, obgleich die ſchachförmige Stellung ſchicklicher geweſen wäre. Da ſie aber bey dieſer Gelegenheit zum erſten male mit der Phalanx zu thun bekamen, ſo konnten ſie noch nicht auf die Mittel geſonnen haben, ſie zu überwinden. Sie wurden ihres Fehlers bald gewahr, und verbeſſerten ihn in der Schlacht bey Asculum. Bey Benevent ließ der Conſul Curius mit Fleiß ein ungleiches und bergigtes Erdreich hinter ſich liegen, wohin er ſeinen Rückhalt geſtellet hatte. Er wurde, wie er voraus ſah, bis an dieſen Ort zurück getrieben; hier trennte ſich die Phalanx; die Elephanten konnten keine Dienſte thun, und er erhielt einen vollkommenen Sieg. Ich habe genug von dieſer Materie geſagt, um den Irrthum des Ritters Folard und gewiſſer Compilatoren darzuthun, welche ihn ohne Bedacht ausgeſchrieben haben. Livius ſetzt die Sache auſſer allen Zweifel, und Peckt in Abſicht der Waffen eben ſo helles Licht auf, wie wir unten ſehen werden.

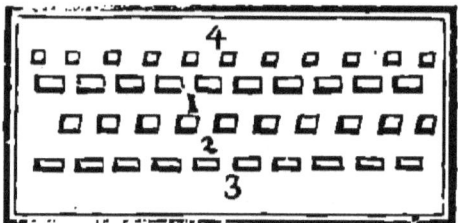

Schlachtordnung der Infanterie einer Legion nach der erſten Stellart.

1. Haſtarier.
2. Principes.
3. Triarier in fünf Gliedern.
4. Leichtbewaffnete.

Zweyter

Zweyter Abschnitt.
Bestandfuß der Legion durch die Steuerord-
nung des S. Tullius erwiesen. Ihre ver-
schiedenen Trutzwaffen. Errichtung der
Veliten. Gebrauch der
Accensen.

Ob wir gleich die schachförmige Stellart vor der im Livius bemerkten Zeit nicht antreffen, so ist doch kein Zweifel, daß die Römer sich in verschiedenen Linien geordnet, oder wenigstens die zwote zum Rückhalt bestimmt haben. Dieses erhellet aus der Beschreibung des Gefechtes beym See Regillus, (†) das im 257ten Jahr der Stadt Rom kurz nach der Vertreibung der Tarquinier geliefert worden (a). Der Rückhalt bestund nicht immer aus den Triariern, weil sie oft zur Bewachung des Lagers zurück bleiben mußten. In dem Treffen wo Tolumnius der Vejer-König umkam, wurden sie durch ein abgesondertes Corps im Lager angegriffen. In einem andern weit ältern Gefechte mit den Vejern und Toscanern ward das römische Lager ebenfalls während dem Treffen angefallen, und von den Triariern vertheidiget.

Dionys.
Halicar-
naß.

Livius,
Buch 4.

Ebendass.
Buch 2.

Wenn es eine ausgemachte Wahrheit ist, daß die Rö-

(†) Heut zu Tag Lago di Castiglione, in der Provinz Campagna di Roma.

(a) Ex subsidiariis Manipulos in primam aciem secum rapit dictator.

Römer nie anders als unter dem Schutze einer zwoten Linie gefochten, welches dem Gebrauch der Griechen, die selten mehr als eine hatten, schnurstracks zuwider läuft, so hatte die Natur und Bestimmung ihrer beiderseitigen Waffen eben so wenig Aehnlichkeit. Die italienischen Völker mengten nichts ausländisches in ihre Kriegsgebräuche; sie hatten ihre eigenen Grundsätze, deren die Römer sich zu ihrer Unterjochung zu bedienen wußten.

Der Steueranschlag des Servius Tullius kann zur Kenntniß des damaligen Zustandes der römischen Miliz und der Natur ihrer Waffen vieles beytragen. Dieser Fürst welcher dem Volke das Uebergewicht in den Staatssachen benehmen wollte, ohne jedoch das Ansehen zu haben, als ob er dessen Rechte schmälerte, ließ ein allgemeines Verzeichniß der Bürger und ihres Vermögens aufsetzen. Er vertheilte sie hierauf in hundert und drey und neunzig Centurien, woraus er sechs Klassen machte. In die erste setzte er acht und neunzig Centurien, die aus dem Adel, den Rittern und denjenigen Bürgern bestunden, welche hundert tausend Asses im Vermögen hatten. In die zwote that er zwey und zwanzig, in die dritte zwanzig, in die vierte zwey und zwanzig, in die fünfte dreyßig Centurien: Die letzte Klasse welche die zahlreichste war, hatte nur eine, die aber den gesammten Pöbel begriff. Da nun die Stimmen in wichtigen Angelegenheiten centurienweis gesammlet wurden, so war das gemeine Volk zwar nicht von rechtswegen, aber doch in der That davon ausgeschlossen, weil die Umfrage selten bis an dasselbe gelangte.

langte. Diese Einrichtung diente auch zu einem angemessenen Austheiler der Vermögensteuern; ein Gebrauch den man überall befolgen sollte. Sie erleichterte zugleich die Aushebung der Truppen, indem jede Centurie gehalten war, eine gewisse Anzahl Soldaten zu stellen. Die aus der ersten Classe mußten den Helm, einen klei- nen Schild, Panzerstiefel * und ein Panzerhemd füh- ren. Ihre Trutzwaffen waren ein Spieß oder halbe Picke, ein Schwerdt, und Wurfpfeile. * Die aus der zwoten Klasse trugen einen größern Schild * aber kein Panzerhemd; sonst waren sie mit dem nämlichen Trutzgewehr ausgerüstet. In der dritten fielen blos die Panzerstiefel weg; in der vierten endlich hatten sie nur die halbe Picke und die Wurfpfeile. Die Ursache dieses Unterschieds ist leicht zu ermitteln. Die drey ersten Classen lieferten die Schwerbewaffneten, wovon die reichsten und angesehensten das Panzerhemd tragen durften; die übrigen führten blos ein eisernes Brustslück. Die vierte Classe mußte den leichtbewaffneten Theil der Hastarier stellen; die fünfte begriff die Schleuderer die Accensen, und diejenigen, welche die Kriegsinstrumente spielen mußten. Die letzte Centurie kam in keine Betrachtung; sie war nebst den Sklaven von allem Kriegsdienste ausgeschlossen; doch wurden sie nach der Hand beym Seewesen gebraucht, und auch unter das leichte Fußvolk aufgenommen (a).

Livius, Buch II. N. 43.
* Ocrex.
Band. 1. Haupst. 3. Abschn. 1.
* Tela. Scutum.

Es

(a) Es ist nicht zu vergessen, daß bey der Zählung zwo Centurien vorkamen, welche unbewaffnet, und blos zum Dienste der Kriegsmaschinen bestimmt waren. Auch die-

Es scheint, daß alle Truppen, welche die eigentliche Schlachtordnung ausmachten, damals die halbe Picke * führten, und daß das Pilum noch nicht üblich war; doch kam es bald hernach auf, wie ich besser unten erweisen werde. Ihre Art zu streiten und mit entblödtem Degen auf den Feind einzustürmen, vertrug sich nicht mit einem langen Reichgewehr. Sie begnügten sich es den Triariern zu lassen, welche zur Vertheidigung des Lagers bestimmet waren, und sich desselben auch sonst nach Maßgabe der Umstände bedienen sollten. Bey Einführung der schachförmigen Stellart bekamen die Hastarier eben so schwere Rüstung als die Principes, nur

* Hasta.

Livius, Buch 8. N. 8.

---

ses beweiset, daß die Römer hierinn den Griechen nicht nachgefolgt sind, wie Athenäus, und nach ihm verschiedene neuere geglaubt. Mit diesen Maschinen wurden Steine und Balken * geschleudert. Die Vornehmsten waren die Baliste und Katapulte deren Erfindung in das entferntestle Alterthum zu setzen ist, weil schon im 5ten Buch Mosis *, in der Geschichte Davids, und in den Büchern der Chroniken † davon geredet wird. Was den Sturmbock, die Schildkröte, die Rollthürme, und die verschiedenen bey Belagerungen üblichen Erfindungen betrift, so sind sie später bekannt worden. Plutarch und Diodor berichten, daß die Schildkröte und der Sturmbock von einem gewissen Arteman aus Clazomenä herkommen, der sie bey der Belagerung von Samos gebrauchte als Perikles Athen beherrschte. Doch haben die Römer sich ihrer bey der Belagerung von Camerinum bedienet. Es ist wahrscheinlich, daß dieser Arteman die bereits bekannte Erfindung blos verbessert hat (†).

* Strontrauts.

* Kap. 20.
† Kap. 26.

Jahr Roms 752.

Dionys. Halicarnass.

(†) Man sehe Band 2. den Zusatz zu Seite 272. des ersten Bandes.

nur daß bey jedem Manipul zwanzig Leichtbewaffnete gelassen wurden, um bey den Scharmützeln und andern Gelegenheiten welche Geschwindigkeit erforderten, dienen zu können. Zu diesem Gebrauche waren auch die sogenannten Rorarii bestimmt; sie schlugen sich ohne Ordnung mit dem Wurfgewehr, ehe die Linien handgemein wurden. Sobald sie zusammen stiegen, warfen sie sich in die Zwischenweiten der Manipuln, wo sie nebst ihnen fortstritten. Zuerst stellten sie sich hinter den Linien in Schlachtordnung, und wenn es nöthig war, ließ man sie auf die Fronte vorrücken. Oft wurden die Armeen so geschwind handgemein, daß diese Truppen nicht zum Treffen kamen. In diesem Falle unterstützten sie die Hastarier und Principes, indem sie sich an alle Orte zogen, wo sie den Feind mit ihren Wurfpfeilen beunruhigen konnten (a). Sie dienten sehr lange vor den Velilen; welche erst während der Belagerung von Capua errichtet wurden. Weil die Römer wenig Reuterey hatten, so geriethen sie auf den Einfall junge auserlesene Soldaten abzurichten, welche sich zwischen die Schwadronen mengen und sie verstärken mußten. Da dieses von einem Hauptmann Namens Mavius angegebene Mittel vortrefflich ausschlug; so vermehrte man diese neue Miliz; man vertheilte sie in Compagnien welche gleich den Manipuln zwar Centurionen bekamen, und an die Stelle der Rorarier den Legionen

Jahr Roms 542.

Val. Max. Lib. II. Cap. 3.

(a) Scaliger und Stewechius haben ihre Verrichtungen sehr wohl beschrieben: Rorarii quod id genus hominum antequam aciem coïrent in modum rorantis tempestatis dimicaret.... Qui ante gravem armaturam prodibant, Rorarii appellabantur.

S. 74.

Legionen einverleibt wurden. Im Grunde waren sie mit diesen einerley, und es ist glaublich, daß sie bey ihrer neuen Einrichtung blos den Namen änderten.

Die Römer hatten für die Legion eine festgesetzte Stellart; das ist, die Anzahl der Compagnien blieb unverändert, weil die Form des Dienstes, der Lagerung und der Kunstbewegungen darauf gebauet war. Bey einer Vermehrung brauchte man blos die Manipuln zu verstärken, und sonst weiter nichts zu ändern. Eben diese Regel haben sie auch zur Zeit der Cohorten beobachtet, und blos die Stärke der Centurien vermehret; eine höchst weise Maxime, deren Vortheil man in Frankreich nach dem letzten Kriege eingesehen, und schon lange hätte befolgen sollen. (†)

Eine andere vortreffliche Methode war der Gebrauch der Accensen, welches übervollzählige Soldaten waren, die nicht zur eigentlichen Schlachtordnung gehörten, sondern sich hinter die Triarier stellten. Ihre Bestimmung war die Soldaten zu ergänzen, welche während dem Feldzuge abgiengen: Ob sie gleich im Rückhalt stunden, so setzte man doch nicht eben das Vertrauen auf sie als in die Triarier: minimæ fiduciæ manus. Sie waren leichter bewaffnet, und wurden bisweilen zur Bewachung des Lagers zurück gelassen. Diese Accensen finden wir unter dem Namen Optionarii zu den Zeiten der Kayser. *

Livius, Buch 8.

* Test. & Stewech. Comment. in Veget.

Es

(†) Vorhin wurden in Kriegszeiten die französischen Bataillonen mit einer gewissen Anzahl Compagnien, z. B. von zwölf auf sechzehn vermehret.

Es gab auch noch Freywillige: Dieses waren Ritter oder andere angesehene Jünglinge, welche aus Eifer für das Vaterland oder aus Liebe zum General auf eigene Kosten zu Felde zogen. Die sogenannten Evocati waren alte entlassene Soldaten, welche von freyen Stücken wieder Dienste nahmen. Sie wurden als Recrutruppen in besondere Schaaren gesammelt, oft aber auch unter die Compagnien vertheilt, um die andern anzufrischen.

Dritter Abschnitt.
Irrthümer einiger Schriftsteller in Absicht der römischen Waffen. Ihr Gebrauch.
Streitart der Legion.

Die Trutzwaffen der Hastarier und Principes waren, wie schon mehrmals gemeldet worden, der Degen, oder Pallasch, das Pilum, und ein Wurfspieß. Hieran ist gar nicht zu zweifeln; allein Vegez fügt noch verbleyte Pfeile hinzu, welche mit der Hand g. worfen wurden. Er sagt, daß jeder Soldat fünf derselben in der Höhlung seines Schildes trug, und nimmt sogar die Triarier nicht davon aus. Gewiß ists, daß bey vielen Gelegenheiten, wo man mit Schießgewehr streiten mußte, der Wurfspieß und das Pilum bald ausgegangen wären. Die mit frischen Waffen beladenen Wagen, welche der Armee nachfuhren, waren nicht für dergleichen unvermuthete Fälle, von denen ich jetzt rede. Als z. B. Cäsar * und Afranius einander im Gesichte campirten, wollte

Band 1. Theil 1. Hauptst. 3.

Vegez Buch. 11. Kap. 14. u. 16.

*Bell. Civ. Lib. 1.

wollte ein jeder sich einer Anhöhe bemeistern, welche zwischen ihnen lag. Die neunte Legion wagte sich aus allzu großer Hitze an einen mißlichen Ort, wo sie umzingelt wurde. Die Truppen des Afranius, welche lange in Spanien Krieg geführet, hatten sich gewöhnet, nach Art der Barbaren ohne Beobachtung ihrer Glieder zu fechten. Man stritt fünf Stunden lang mit Schießwaffen, und die Legion des Cäsars griff nicht eher zum Degen, um auf den Feind loszugehen, als bis sie sich gänzlich verschossen hatte. Es folgt ganz natürlich hieraus, daß die Soldaten mit andern Geschoßen als dem bloßen Pilum und Wurfspieße versehen seyn mußten. Aus einer Stelle des Plutarch läßt sich ebenfalls vermuthen, daß in der Schlacht bey Tarent die Elephanten des Pyrrhus mit Piken und Wurfspießen von den Triariern getödtet wurden. Da aber weder Polyb, noch Livius, noch Cäsar von diesen verbleyten Pfeilen reden, so läßt sich hieraus abnehmen, daß sie erst nach ihnen aufgekommen sind. Dieses Geschoß war ganz kurz, seine Klinge überaus dichte ohne Wiederhaken, und einem Fangeisen ähnlich. Dieser Theil wurde zur Vermehrung seiner Schwere mit Bley beschlagen, und das andere Ende mit Federn besteckt, um den Pfeil in der Luft zu halten, und seinen Flug zu beschleunigen, so daß er, wie man ihn auch werfen mochte, immer hart auffallen mußte. So beschreibt ihn ein ungenannter Autor, der allem Vermuthen nach zur Zeit Theodosius I. gelebet hat.

Schlacht des Pyrrhus.

De Rebus bellicis.

Die Form und der Gebrauch des Pilums, welches das vornehmste Gewehr der Legionisten war, ist bisher sehr

ſehr wenig bekannt geweſen. Ablancourt giebt ihm in ſeiner Schrift von den Schlachten der Römer nichts als einen Wurffpieß und Degen (a). Der Ritter Folard, der weit mehr Einſichten beſaß als jener, hat den Unterſchied zwiſchen dem Pilum und der Picke nicht beſſer eingeſehen. Er macht aus dem Pilum eine Partiſane, die er den Trjariern giebt, und von dem Gewehr der Haſtarier und Principes redet er gar nicht. Schon Machiavel iſt in ſeiner Kriegskunſt auf dieſen und noch viel andere Jrrthümer über die römiſche Stellart gerathen (b). Der Herzog von Rohan der ſie ſtudierte und ſehr wohl verſtund, hat ſich, wie alle andere, in der Materie von den Waffen betrogen. Aus der Picke der Triarier macht er einen Wurffpieß, und unterſcheidet das große Pilum nicht. Als ich mich vor einigen Jahren auf die römiſche Kriegsgeſchichte legte, mußte ich erſtaunen, daß unter ſo vielen fleißigen Männern keiner eine Sache begriffen hat, die beym Polyb und Vegez ſo deutlich erkläret iſt. Ich freute mich über meine Entdeckung, als mir das vortreffliche Buch des Hn.

Nouvelles Decouvertes.

Buch 4.

(a) Nur den Triariern, die er in das erſte Glied ſtellet, läſt er eine ſchwere Rüſtung. Er ſagt aber auch, daß es nicht wohl zu begreifen ſey, warum ſie die Picke von ſich geworfen hätten, um den Degen zu ziehen, welches daher kömmt, weil er ſie mit dem Pilum verwechſelt. Dieſe der Ueberſetzung des Frontins angehängte Abhandlung iſt vollkommen geſchickt von den Waffen und der Stellart der Römer falſche Begriffe zu geben.

(b) Dieſer geiſtvolle aber unerfahrne Strütler hat dennoch ſehr gute Gedanken über die Wahl der Waffen und die Stellordnung. Man darf nur ſein 7tes Buch leſen.

III.Th.etk.

Hn. Guischard in die Hände fiel. Ich sah, daß er mir zuvor gekommen war, und ließ es mir um so weniger leid seyn, da dieser geschickte Kunstrichter mir manche Untersuchung ersparet hat, die ich anstellen wollte, um meine Zweifel über die Meynung des Hn. von Folard aufzuklären.

Der Gebrauch des Pilums war bey den römischen Armeen sehr alt. Schon im 271ten Jahre Roms finden wir, daß in einer Schlacht gegen die Vejer und Volsker, die Soldaten, welche sich verschworen hatten zu siegen, oder zu sterben, so hitzig auf den Feind losgiengen, daß sie sich die Zeit nicht nahmen, ihre Pilen zu schließen, sondern sich auf die Erde warfen, und mit dem Degen in der Faust vordrungen. Ein gleiches thaten sie zwölf Jahre hernach auf den Befehl des Q. Servilius in einem Treffen mit den Volskern. Da er den Feind auf einer Höhe angreifen wollte, ließ er sie dieselben in die Erde pflanzen; pilis in terra fixis, quo leviores in ardua evaderent, cursu subeunt. Es ist augenscheinlich, daß in diesen beyden Fällen von dem großen Pilum geredet wird, mit dem sie sich nicht belästigen wollten. Die Römer waren nicht die einzigen die sich dessen bedienten. Dieses Gewehr mußte in Italien gemein seyn; wenigstens ist es gewiß, daß die Vejer und Hetrusker es gebrauchet. Die Römer aber haben ihm mehr Vollkommenheit und Schwere gegeben.

Livius Buch. II. N. 46.

Der Manipul formierte einen fast viereckigten Schlachthaufen, weil er zwölf Rotten und zehn Glieder hatte. War man im Treffen handgemein geworden, so fuhren die zurückgezogenen Veliten fort durch
die

die Zwischenräume oder in der Lagerlinie Geschosse zu werfen. Es ist leicht zu ermessen, daß der Feind gar bald in diese Lücken eindringen mußte; weil aber der Manipul eine gewisse Tiefe hatte, so konnten die Flankenrotten sich in Glieder schwenken, und dem Feinde von dieser Seite eben so heftig als die Spitze zusetzen. Alsdann leisteten ihnen die Leichtbewaffneten einen kräftigen Beistand, indem sie nicht nur ihre Pfeile warfen, sondern auch den Degen zogen. Dem ungeachtet ist es gewiß, daß dieses erste Treffen mit seinen der Fronte gleichen Zwischenweiten gegen einen Feind schwach seyn mußte, der in einer vollen Linie stund, und kurze Waffen führte. Ich sage kurze Waffen, weil diese allein in einem solchen Zwischenraume, wo man gepreßt ist, und doch freye Arme haben muß, mit Vortheil dienen können. Ein hineingedrungener Abschnitt von Pikenieren wäre nicht im Stande sich zu drehen, oder die Spitze seiner Picken umzuwenden. Sie würden selbst seitwärts angegriffen; und ohne sich wehren zu können in die Pfanne gehauen werden. So groß ist der Vortheil der kurzen, oder doch nur mittelmäßigen Reichwaffen.

Die Art wie die Römer sich schlugen, war nach den Umständen verschieden. Zuerst ertönte gemeiniglich das Feldgeschrey; hierauf wurde zum Angriff geblasen; sie setzten sich in Bewegung, und marschierten hurtig mit gehobenen Schritten: Sie machten Halt, um den Wurfspieß oder das Pilum zu schießen, und drangen sodann mit bloßem Seitengewehr in den Feind ein. Wollten sie aber dem Anfall mehr Ungestumm geben und die Hitze des Soldaten benutzen, so setzten sie sich mit dem Degen in der Faust in vollem Lauf, und ermunterten einander durch ein lautes Geschrey (a). Um nicht aufgehalten zu werden entledigten

---

(a) Wann die Matrosen ihre Schaluppen oder Schiffe ans Land ziehen, und am Kabelltau arbeiten, so stossen sie ein lautes Geschrey aus. Dieses thun auch die Galeerensklaven wenn sie rudern, um sich aufzumuntern und mit vereinigten Kräften zu ziehen. Die Jäger frischen sich und die Hunde durch das Getöne der Waldhörner an, und diese reitzen einander durch ihr Bellen. Wenn es in der Natur liegt, daß das Getöse und Geschrey zu einer gemeinsamen und stärkern Thätigkeit anspornt, so ist dasselbe in den Gefechten von einer unumgänglichen Nothwendigkeit. Die Römer, so wie die Argier, Mantinäer und Macedonier ordneten ihr Feldgeschrey durch die Kriegszucht, so daß sie dasselbe nach gewissen Regeln erhoben und absetzten. Diejenigen Griechen welche einen Schlachtgesang anstimmten, bedienten sich desselben auf gleiche Art. Er mußte kurz und in kleinen Versen auf eine rasche Melodie gesetzt seyn. So oft man den Angriff erneuerte, ward er wiederholt. Die größten Heerführer haben die Nothwendigkeit eines dieser beyden Gebräuche jederzeit eingesehen. Tamerlan, jener berühmte asiatische Eroberer, hatte seine Tartarn zu einem regelmäßigen Feldgeschrey abgerichtet, welches mit einem gräßlichen Getümmel von Trommeln, Pauken und Posaunen begleitet wurde. Unsere Vorfahren griffen jederzeit schreyend an, und die Schotten thun es noch heut zu Tage. Dieses Geschrey kann weder dem Commando mit der Stimme, noch mit den Kriegs-Instrumenten schaden, weil es nicht während dem manöuvrieren sondern beym Anlaufe gegen den Feind ausgestossen

ten sie sich ihrer Pilen, wie wir es bey den oben angeführten Gelegenheiten gesehen haben.

Wenn der Soldat den Wurfspieß oder das Pilum schwingen wollte, so trat er mit dem linken Fuße vor, und schoß sein Gewehr in der Linie des Auges. Um recht zu zielen und scharf zu treffen, mußte er fest stehen; dennoch waren sie auch abgerichtet es laufend zu werfen. Wir lesen, daß bey Pharsalus die Soldaten still stunden, um Athem zu schöpfen; als sie aber ihren Lauf fortgesetzt, schossen sie ihre Pilen ganz nahe, ohne zu halten, und griffen darauf zum Seitengewehr. Eben so verhielten sie sich in der Schlacht bey Munda.

Mem. de Guischard.

Band 1. S. 147.

Wenn sie höher stunden als der Feind, so konnten sie von dem Wurfgewehre allen möglichen Vortheil ziehen. Der Abhang des Erdreichs gab dem ersten Gliede wie dem letzten die Bequemlichkeit es zu schleßen und die Wirkung war auch weit sicherer: Insonderheit bekam das Pilum, welches sehr schwer war, alsdann viel Nachdruck und Stärke. In einem Kriege gegen die Hetrurier, welche Sutrium belagerten, rückte der Consul Q. Fabius zum Entsatze herbey. Die feindliche Armee kam ihm entgegen, und da sie weit stärker als die seinige war, zog er sich auf einige Anhöhen, wo er sich in Schlachtordnung stellte. Die Hetrurier warfen voll Hitze und Zuversicht ihre Wurfspieße von sich, und griffen zum Degen, um desto eher handgemein zu werden.

fen wird. Für ein Bataillon, welches ein Pelotonfeuer macht, würde sich das Schwenken nicht schicken, wohl aber für eines das colonnenförmig in den Feind einbrechen soll:

den. Die Römer bedeckten sie mit einem Hagel von Pfeilen und Steinen, welche in Menge um sie her lagen (a). Als sie wahrnahmen, daß die Unordnung bey ihnen einriß, erhoben die Hastarier und Principes ein großes Geschrey, und stürzten mit dem Pallasch in der Faust auf sie ein. Die Hetrurier wandten um und wollten in ihr Lager zurückkehren; allein die Reuterey welche ihnen den Weg abschnitt, machte ihre Niederlage vollkommen.

Livius, Buch 9. N. 35.

Eben so schlug Marius die Deutschen, indem er die List brauchte, sich auf ein erhabenes Erdreich zu stellen. Er wußte wohl, daß die nachtheilige Gegend diese ungestüme Nation vom Angriffe nicht abhalten würde. Als sie gegen ihn hinan stiegen, empfieng er sie mit verschiedenen Salven von Wurfspießen und Handpfeilen; die Pilen wurden nur zuletzt und ganz in der Nähe geworfen. Wenn diese plumpen Maschinen die Leute nicht trafen, so drangen sie doch in die Schilde; jene konnten sie nicht heraus ziehen, und mußten daher die Schilde selbst fahren lassen. Inzwischen stürzten die Römer mit entblößten Degen von der Anhöhe herunter, und schlugen diese ungeheure Menge Barbarn aufs Haupt, so daß mehr denn hundert tausend umkamen.

Plutarchs Marius.

Die Picke der Triarier war zwar ein eigentliches Handgewehr; dennoch wurde sie bisweilen wie das Pilum geschossen. Pilum haud modo quam hasta vehementior ictu missuque telum. Dieses Gewehr ist in den

Livius.

Hegcs, Buch 2. Cap. 4.

(a) Der Soldat war abgerichtet mit bloßer Hand Pfundschwere Steine zu werfen.

den entfernteſten Zeiten bekannt geweſen. Homer und
Virgil malen uns ihre Helden mit einer Picke bewaffnet, die ſie ſtießen oder ſchoſſen. Die Römer hatten ſie
abgeſchafft; allein Camillus, der unterſchiedene Veränderungen in den Waffen machte, führte ſie wieder ein,
um dem ſtürmiſchen Anfalle der Gallier deſto nachdrück-
licher zu widerſtehen. In der Folge wurde für dienlich
erachtet, ſie blos den Triariern zu laſſen. Obgleich die
lateiniſchen Schriftſteller häufigen Anlaß geben, dieſes
Gewehr mit dem Pilum zu vermengen, ſo findet man
doch Fälle, wo ihr Unterſchied ganz deutlich angemerkt
wird. Livius ſagt in der Erzählung eines Treffens, wo
die Römer den Vortheil eines höhern Erdreichs über die
Gallier hatten, daß die Picken und Pilen dadurch weit
mehr Kraft empfiengen, ſo daß alle trafen. Pila omnia *Livius,*
haſtæque non tanquam ex æquo miſſa vana caderent, *Buch 7.*
ſed omnia liberata ponderibus figerentur. Dieſes ſind
die Grundſätze, welche die Römer befolgten, und von
denen ſie nicht abwichen, ſo lange ſie auf Kriegszucht
hielten. Als ſie aber in Verfall kamen, ſo legten ſie
mit den Schutzwaffen auch die andern ab. An die Stelle
des Pilums führten ſie verſchiedene Geſchoſſe ein, welche *Buch 1.*
leichter waren und weiter trugen. Vegez ſagt, daß man *Kap. 2.*
zu ſeiner Zeit faſt keine Pilen mehr ſah; dahingegen die
Fußknechte der Barbaren ſie unter einem andern Namen
häufig gebrauchten, und zwey bis drey derſelben mit
ins Treffen brachten. Nachdem alſo die Römer ihre
Maximen, denen ſie ſo viele Siege ſchuldig waren,
geändert hatten, ſo wurden ſie nun auch der Raub ihrer Feinde, welche ſie mit ihren eigenen Waffen über-
wanden.

Vierter

Vierter Abschnitt.

Gebrauch des Degens; Vortheile dieses Gewehrs. Nutzen einer Anzahl Arbeitsleute bey jedem Regimente.

Wenn die Römer nur mit Infanterie zu thun hatten, so war ihr Lieblingsgewehr der Degen, welcher das vornehmste Werkzeug ihrer Gröſſe geweſen zu ſeyn ſcheint. Die Soldaten wurden zum Gebrauch deſſelben ſorgfältig abgerichtet, indem ſie gegen einen Pfahl fechten mußten. Sie ſetzten beym Stoßen den rechten Fuß vor, und zogen die linke Seite, welche der Schild bedeckte, ſcharf ein. Daher waren ſie auch an dem rechten Beine, das am meiſten bloß ſtund, mit einer eiſernen Schiene bewaffnet (a). Der Gebrauch des Schildes und des Degens ſchickte ſich ungemein wohl zu allen Arten des Gefechtes. Man konnte für einen Sturm, für eine Ueberraſchung, für den Angriff einer Verſchanzung nicht beſſer bewaffnet ſeyn, und ihre meiſten Siege ſind durch dieſes Mittel entſchieden worden. Die tiefen Streithaufen der Gallier

---

Val. Max. de Mil. inſtit.

(a) Die Stellung des römiſchen Soldaten war zu einem weiten Ausfalle die beſte. Die Samniten hatten eine entgegen geſetzte Gewohnheit: ſie traten mit dem linken Fuße vor, und in dieſer Lage waren ſie beſſer mit dem Schilde bedeckt. Vielleicht hatten die Römer anfangs den nämlichen Gebrauch, den ſie vermuthlich änderten, als ſie auf den Rath des P. Rutilius Fechtmeiſter bekamen; dann behielten ſie bloß am rechten Bein eine Schiene, da ſie vorher, wie es ſcheint, beyde bewaffnet hatten. Man ſehe aber die Steuerordnung des S. Tullius.

Gallier und Cymbrier, das furchtbare Ansehen der griechischen Phalanx machte bey ihnen nur einen vorbeygehenden Eindruck. Sie lernten gar bald die Schwäche dieser letztern kennen, und sich durch den Wald von Silen den sie darbot, einen Weg bahnen. Der Vorzug den die Römer dem Degen einräumten, scheint bloß in der natürlichen Gewohnheit und in einem uralten Herkommen seinen Grund zu haben. Das erste Schutzgewehr ist unstreitig der Schild gewesen. Der Degen welcher nur den Gebrauch der rechten Hand erforderte, schickte sich weit besser dazu, als die lange Pike. Nachdem die römischen Legionen lauter Schießtraffen angenommen, und mit ihrer Schutzrüstung auch den Gebrauch des Pilums und des Degens abgelegt hatten, so wurden sie von den Franken mit diesem letztern Gewehr, das ihrer natürlichen Hastigkeit so wohl zu statten kam, angegriffen, und überwunden. Wir haben schon oben gesehen, daß diese eine kleine und mit einem sehr kurzen Stiel versehene Streitaxt führten, welche sie mit vieler Geschicklichkeit auf den Feind warfen, hernach aber den Degen zogen. Band 2. S. 477. Francken. quæst.

Dieser seurige Karakter der Franzosen ist noch nicht gar ausgelöscht, und kann, so bald man nur will, wieder angefacht werden. Unter dem zweyten, und noch eine geraume Zeit unter dem dritten Stamme der Könige in Frankreich, führten die Truppen kurze zweyschneidige Schwerdter. In der Schlacht bey Beneuent, welche Karl von Anjou, Bruder Ludwigs IX. gegen seinen Mitwerber, Manfried, gewann, bekamen die Franzosen, welche kurze Pallasche hatten, Befehl damit zu stoßen.

stoßen. Dieses gab ihnen den Vortheil über die Deutschen und Saracenen, welche mit langen Säbeln und Streitkolben bewaffnet waren. Unter Franz I. waren die Degen weit länger, und wurden, wie heut zu Tage, an einer Leibgurt getragen. Dann kamen die Wehrgehänge auf, welche bis 1684. Mode blieben, da man sie bey allen Regimentern abschaffte. Diese Art den Degen zu tragen, war sehr unbequem, und vielleicht mit Schuld daran daß wir desselben überdrüssig wurden. Er muß gleich dem römischen kurz seyn, einen halben muschelförmigen Handkorb haben, und also über die Schulter gehangen werden, daß das Gefäß oberhalb der Hüfte zu stehen kömmt (†). Die Pallasche, welche nach dem Aachner-Frieden der französischen Infanterie gegeben wurden, wären sehr gut gewesen, wenn man bessern Zeug dazu genommen hätte. Die Säbel der Granadiers waren zu lang und sind mit gutem Grunde verjüngt worden. Der Reuter hingegen würde mit seinem Pallasch wenig ausrichten, wenn er nicht eine gewisse Länge hätte. Es ist ein allgemeiner Wahn, daß dem Fußvolk das Seitengewehr nichts nützet; erstlich weil man in den Schlachten nicht mehr handgemein wird, zweytens weil im ereignenden Falle das Bajonet ungleich dienlicher wäre. Ueber dieses hat man

---

(†) Der Marschall von Sachsen hat diese Art das Seitengewehr zu tragen bey seinem leichten Reutercorps wieder hervorgesucht, und seit dem letzten Frieden, ist dieselbe bey allen französischen Dragonerregimentern eingeführt worden.

man wahrgenommen (†), daß die Soldaten dieses Gewehr öfters wegwarfen, weil sie es beschwerlich und unnütz fanden: Daher haben beym Anfange des Krieges von 1741. verschiedene Regimenter die ihrigen, ehe sie über den Rhein giengen, an einem sichern Ort zurückgelassen, um nicht genöthigt zu seyn, beym Frieden wieder neue zu kaufen. Eben dieses ist auch im vorigen Kriege geschehen, und ohne Zweifel sind sie nachher bey der ganzen Infanterie nur deswegen abgeschafft worden, weil es wunderlich schien, den Soldaten ein bloßes Paradegewehr zu lassen, das er allein in den Städten zu Friedenszeiten anstekte. Vielleicht hoffte man auch hierdurch die Zweykämpfe zu vermindern, welches aber ein Irrthum ist. So lange das Vorurtheil noch besteht, so wissen die, welche sich schlagen wollen, allzeit Degen zu finden, oder sie balgen sich mit ihren Bajonetten.

Obgleich dieses letztere im Krieg allerdings vorzuziehen ist, so kann der Pallasch dennoch nöthig seyn; er kann den Mangel des erstern ersetzen, wenn es sich krümmen oder zerbrechen sollte; er benimmt dem Soldaten den Vorwand auszutreten, wenn ein ähnlicher Zufall seiner Flinte begegnet; er ist bey Stürmen überaus brauchbar, und kann mit einem Worte bey allen Gelegenheiten dienen, wo man die Flinte über die Schulter hängt. Ich habe einen Granadierhauptmann gesehen, der

---

(†) Dieses ist vornemlich in den Feldzügen von 1734. 1735. und 1736. geschehen, und gibt uns keinen sehr hohen Begriff von der damaligen französischen Krigszucht.

der beym Angriff eines verschanzten Postens in den genuesischen Gebürgen dieses Mittel mit dem besten Erfolg versuchte. Endlich ist auch zu bemerken, daß die Franzosen diesem Gewehr verschiedene noch nicht gar alte Siege zu danken haben. Als in der Schlacht bey Staffarta die vor der feindlichen Fronte befindlichen Landhäuser erobert waren, so giengen die Regimenter Hennegau, Grancey und Bourbon mit entblößten Degen auf den Feind los, und versicherten sich des Sieges, der bisher noch gewanket hatte. Bey Steinkerken griff die Französische und die Schweitzergarde auf gleiche Art an; ihr Beyspiel wurde durch andere Truppen mit Bewilligung der Prinzen und Generale nachgeahmt, die sich an ihrer Spitze befanden. Eben so hieb ein irrländisches Regiment bey Höchstädt in ein engklisches ein, und richtete es völlig zu Grunde. Ich könnte noch durch viel andere Beyspiele beweisen, daß diese Methode bey den neuern sowol als bey den Alten jederzeit den glücklichsten Erfolg hatte, so oft man kühn genug war, sich ihrer zu bedienen.

Kriegsgeschichte Ludwigs XIV.

Laßt uns aber auf die Römer zurückkommen. Ihre Veliten, welche sieben kleine Wurfspieße führeten, trugen eben die Pallasche, wie die Legionisten. Wenn sie sich in einer Schlacht verschossen hatten, so konnten sie gleich den Schwerdbewaffneten zum Handgemenge kommen, und sich des Seitengewehrs auch beym Angriffe der Posten und Verschanzungen bedienen. Dieses gab ihnen oft den Vortheil über ihre Feinde. Als Philipp, König von Macedonien, und der Bürgermeister Q. Sulpitius gegen einander zu Felde lagen, ließ

die

der erstere einen Theil seiner Reuterey und leichten Fußvölker ausrüken, welche aus Jlyriern und Cretern bestunden, die ihre Geschoße sehr geschickt werfen, und mit vieler Behendigkeit entfliehen konnten. Der Consul sandte ihm eine gleiche Schaar von Reutern und Veliten entgegen, die dem Vergnügen des Königs, der dem Gefechte aus seinem Lager zusah, bald ein Ende machte. Diese letzten, welche eben so leicht, aber weit besser bewaffnet waren, als seine Schleuderer und Bogenschützen, liesen sich nicht lange durch Geschoße mißhandeln, sie liefen mit dem Degen in der Faust auf sie los, und setzten ihnen so hart zu, daß sie genöthigt wurden, sich mit ihrer Cavallerie ins Lager zu flüchten, welche nicht besser davon kamen.

Livius, Buch 3. Kap. 34.

Aus allem was ich bisher über diese Materie gesagt habe, siehe ich den Schluß, daß es nicht übel wäre, wenn die Infanterie den Pallasch beybehielte, und vielleicht gar einige Schilde mit sich führte. Dieses Schutzgewehr würde in unvermutheten Vorfällen dienen, wo man sich mit keinen Blendungen decken kann; da ich es aber heut zu Tage bey den Schlachten für unbrauchbar halte, so würde ich mich begnügen, jedem Regiment eine Compagnie von acht:zig Runraschieren anzuhängen. Ich würde ihnen einen fünfthalb Fuß hohen Schild, der unten waagrecht abgeschnitten, und oben rund seyn müßte, einen Karabiner und einen kurzen Pallasch mit einer geraden und sehr breiten Klinge geben. Diese Mannschaft könnte bisweilen zu Posten, Angriffen gebraucht werden; doch wollte ich sie nur selten blos stellen, weil ich sie eigentlich zu Arbeitern bestimme. Ein

müßten

müßten aus Zimmerleuten, Grobschmieden und Waffenschmieden bestehen, zwo bewegliche Schmieden mit sich führen und allenfalls Brücken bauen, oder ausbessern, wie auch an den benöthigten Orten Nachen und Flöße zimmern können. Es giebt eine Art kleiner Schiffe, die sehr nützlich sind. Ihre Haupttheile bestehen aus einem ganz leichten Holze, der Rest aus Baumrinden oder geflochtenen Weiden, die mit gedörrtem Leder überzogen werden. Es ist leicht zu begreifen, wie nützlich bey einem Regiment eine Anzahl Arbeitsleute (†) wäre, welche die Werkzeuge mit sich führen, die man im Kriege jeden Augenblick brauchet. Durch dieses Mittel konnten die römischen Legionen so leicht alles verfertigen, was sie bey Belagerungen sowol als zu jeder andern Unternehmung nöthig hatten. Die Soldaten des Cäsars waren zu dergleichen Arbeiten so wohl abgerichtet, daß er niemals in Verlegenheit kam.

Fünfter Abschnitt.
Zeitpunkt und Beschreibung der zwoten römischen Stellordnung; ihre Bildung und Streitart.

Die römischen Legionen blieben bis zu des Marius Zeiten auf dem oberwähnten Fuße. Die bürgerlichen Kriege sind heftige Zuckungen, welche die Gesundheit des

---

(†) In den beiden letztern Kriegen hatte die königliche Legion eine solche Compagnie Arbeiter, welche aber 1763. verabschiedet wurden.

des Staates erschüttern, und eine Art von Auszehrung zurück lassen. Die Händel des Marius und Sylla hatten diese Würkung, und können als der Zeitpunkt der Veränderung des römischen Kriegswesens betrachtet werden. So lange Rom nur mit den italienischen Völkern im Streite lag, wurden die Legionen erst beym Ausbruche des Krieges angeworben, und gleich nach dessen Ende wieder entlassen. Die Stärke des militärischen Geistes, welcher die Seele der Regierung und der herrschende Karakter der Bürger war, machte daß sie gar wenig Zeit brauchte, um abgerichtet zu werden. Sobald sie aber auswärtige Feinde bekamen, wurden die Kriege langwieriger, ernstlicher, und nach dem Frieden mußten sie das eroberte Land bewachen. Am Ende des zweyten punischen Krieges waren sie Meister von Spanien und den Inseln des mittelländischen Meeres: Gleich darauf giengen sie nach Griechenland, und wandten ihre Waffen gegen den Philippus; unmittelbar hernach folgten die Kriege mit dem Perseus und Antiochus, der dritte punische, der numantische, der asiatische wegen der Erbfolge des Attalus erfüllten den Zeitraum, der bis auf den Marius verstrich. Als dieser zum Feldherrn gegen den Jugurtha ernannt wurde, warb er Sklaven und Arme an, welches bisher nur in der größten Noth, und nach den schwersten Niederlagen geschehen war. Ehedem vertraute die Republick ihre Waffen blos denjenigen Bürgern, deren Vermögen sie kannte, und als ein Pfand ihrer Treue in Händen behielt. Ob dieses zwar gleich ein Staatsgriff des Marius war, der den Pöbel gewinnen wollte, aber dadurch Murren erregte, so scheint es dennoch, daß die

Sallustius.

Besold

Befolgung der alten Regel anfieng unmöglich zu werden. Die Anzahl der Legionen hatte sich vermehret und sie mußten beständig auf den Beinen bleiben. Die Klassen der Reichen, die vom alten Eifer abliessen, waren nicht mehr hinreichend sie vollzählig zu erhalten, und die Staatsklugheit machte die Beschäfftigung einer Menge armer Bürger nothwendig, die bey einem freiern Müßiggange zu nichts gedienet hätten, als Aufstände zu erregen. Die Kriege mit den Cymbriern, Allobrogen und Bundsgenossen, welcher letztere so verderblich war, daß in drey Jahren mehr als dreymal hundert tausend Mann von dem Kerne der italienischen Jugend umkamen, vermehrten diese Nothwendigkeit. Die Veränderung im Kriegsstaate, erstreckte sich in kurzem auch über die Stellart. Die Manipulu wurden zusammen geflossen und daraus Cohorten von fünf bis sechs hundert Mann gebildet, welche aber die alten Waffen beybehielten. Alsdann bestund eine Legion aus zehn Cohorten, welche sich in zwo, und noch öfters in drey Linien formierten. Bey der ersten Stellart waren sechs Tribunen, wovon in der Schlachtordnung immer zween jedes Treffen anführten. Diese Zahl blieb unverändert bis zu den Zeiten der Kayser, welche sie vermehrten.

Im Jahr Roms 647.

Die Cohorte war in fünf Centurien abgetheilt. Bey Formierung der Legion stellte die erste Cohorte sich auf den rechten Flügel, hernach die vier folgenden, so daß fünf in der ersten, drey in der zwoten, und zwo in der dritten Linie standen. Bey der Legion die den linken Flügel der Linie schloß, mußte die erste Cohorte auf die Linke treten. Es scheint, daß die Römer sich nach

nach der Hand mit zwo Linien begnügten, und sogar eine Regel daraus machten. Fünf Cohorten wurden ins erste; und eben so viel ins zweyte Treffen geordnet. Denn ungeachtet war die erste Linie allezeit zahlreicher; weil damals die erste Cohorte gedoppelt so stark war als die übrigen. Vegez meldet, sie habe aus Soldaten von vorzüglicher Geburt und Erziehung bestanden, welches aber nur so viel sagen will, daß sie nicht vom allerniedrigsten Pöbel waren. Diese Einrichtung muß in Augusts Zeiten fallen, denn sein Freygelassener, Hygin, erwähnet dieser Cohorte in seiner Lagerkunst (a), und man findet nicht, daß sie bis dahin von den andern verschieden gewesen (h). Sie führte den Adler als die Hauptfahne der Legion, welche der

Buch 4.
Cap. 6.

Wache

(a) Diese Castrametation, und ein Astronomicon, das dem Hygin zugeeignet wird, haben die Kunstrichter für das Werk eines Schriftstellers aus dem morgenländischen Kayserthum erkläret. Es ist wahr, daß man darin die Schreibart des octavianischen Jahrhunderts vermisset. Indessen ist doch gewiß, daß die Dinge von welchen dieser Schriftsteller redet, unter den griechischen Kaysern nicht mehr vorhanden waren. Weit wahrscheinlicher ist es, daß sein Buch verunstaltet und fehlerhaft abgeschrieben worden.

(b) Vegez zählet fünfhundert fünf und fünfzig Mann auf eine Cohorte, weil er fünf Centurionen und fünfzig Decurionen oder Anführer der Decurien dazu rechnet. Er fügt sechs und sechzig Reuter mit Inbegriff zween Officiers hinzu, welche gleichfalls Decurionen hießen. Die doppelte Cohorte * begriff nach seinem Berichte eilf hundert und fünf Fußknechte, und hundert und zwey und

Band 1.
S. 72

* Cohors milliaria.

III. Theil.   D   dreyßig

Ebend.
Buch 2.
Cap. 13.

Wache des ersten Hauptmanns, der Centurio primi pili hieß, anvertrauet wurde. Ueberdießes hatte jede Cohorte einen Drachen zu ihrer besondern Fahne. Er war so wie der Adler auf eine sehr hohe Picke gepflan-

Stewechii Commen.

zt; sein Schweif aber bestund aus einem purpurfarbnen Gewebe, das in der Luft flatterte. Jede Centurie führte ebenfalls ihr eigenes Feldzeichen, wie solches bey der ersten Stellart jeder Manipul gehabt hatte. Es war eine kleine Fahne in Form eines Paniers (†) worauf die Nummer der Cohorte in der Ordnung der Legion, und die Zahl der Centurie in der Reihe der Cohorte beschrieben stund. Diese kleine Fahne hieß Vexillum;

Ebendas.

dahingegen die übrigen Feldzeichen, Signa genannt wurden. Die fünf Fahnen einer Cohorte waren durch die Farben, so wie die Schilde jeder Centurie durch die darauf gemalten Figuren unterschieden. Ueberdieses wurde auch der Name des Soldaten, die Nummer seiner Cohorte und seiner Centurie auf diesen letztern geschrieben. Nichts war bequemer im Ferm des Gefechtes die Vereinigung der Truppen zu erleichtern. Alle diese Feldzeichen kamen in die mittlern Glieder, das ist in das fünfte und sechste zu stehen. Aus dieser

Ursache

---

dreyßig Reuter. Es ist also zu merken, daß damals siebenhundert sechs und zwanzig Reuter bey der ganzen Legion stunden, und daß diese Vermehrung erst unter den Kaysern aufkam. Ich werde im Hauptstück von den Lagern die Ursache anführen, warum Vegel die Reuterey unter jede Cohorte vertheilet.

(†) Sie war nämlich an einem beweglichen Querholze fest gemacht, statt daß die heutigen Kriegsfahnen der Länge nach an eine Lanze genagelt sind.

Urſache wurden die vordern Glieder Ante-Signani, die mittlern Sub-Signani und die hintern Poſt-Signani genannt.

Jede Legion hatte das, was wir heut zu Tage einen Stab nennen: Die Teſſerarii theilten allen Cohorten, und ſodann den Kamerabſchaften oder Decurien die Order aus. Die Menſores maßen jeder Schaar das Erdreich ab, auf welchem ſie ſich ſchlagen ſollten; da hingegen die Metatores den Platz für das ganze Heerlager beſtimmten. Die Librarii waren die Proviantmeiſter oder Austheiler der Lebensmittel und des Futters. Auguſt und ſeine Nachfolger ſtifteten noch verſchiedene zuvor unbekannte Stellen, als einen Obertribun *, der nach der Hand Präfekt hieß; die Tribunus Ordinarii, Auguſtales, Flaviales, deren Verrich- Major. tungen und Nutzen ſchwer zu errathen ſind (†).

* Tribunus Major.

___

(†) Aus dem Wege; erhellet nur ſoviel, daß die Auguſtales vom Auguſt, die Flaviales vom Veſpaſian den Legionen beygefügt worden. Es iſt aber nicht ausgemacht, ob es beſondere Kriegsämter oder eine gewiſſe Gattung Soldaten geweſen. Wenigſtens konnte es keine hohe Würde ſeyn, indem die Ordinarii ſelbſt, denen nach dieſes Schriftſtellers Berichte die Auguſtales zugeſellt worden, ſchwerlich etwas anders als Rottmeiſter waren. Ordinarii, ſagt er, dicuntur qui in prælio primos ordines ducunt. Unter dem Ausdrucke Ordines werden gemeiniglich die Rotten oder Reihen verſtanden. Nach andern Schriftſtellern wäre der Ordinarius gar nur ein gemeiner Soldat geweſen. Allem Anſehen nach iſt dieſes Wort in mehreren Bedeutungen genommen worden, und hieraus eben der dunkle Begrif

Buch 2. Kap. 7.

Geſtud.

So lange die Republik dauerte, fielen im Kriegsstaate wenig Veränderungen vor, weil die einmal festgesetzten Einrichtungen anders nicht als mit Einwilligung des Senats umgestoßen werden konnten. Als aber die Freyheit erloschen war, so wurde alles willkührlich und dem Gutdünken eines einzigen unterworfen. Dann, sagt Sueton, sah man viele Neuerungen im bürgerlichen Regimente. Eben so gieng es auch dem Kriegswesen; es kamen neue Gesetze, neue Lagerordnungen, neue Aemter auf; man sah neue Waffen und bisher unbekannte Gattungen von Truppen; lauter Dinge die nicht immer das Beste des Dienstes und die Vollkommenheit befördern.

In Octav.

Die dreyerley Gattungen der Soldaten wurden also in der Cohorte vereinigt, welche übrigens die alte Stellart von zehn Gliedern beybehielt. Doch hatte diese Regel ihre Ausnahmen: Wenn nämlich die Cohorten schwach waren oder ein größeres Erdreich einnehmen sollten, so ließ man es bey acht oder neun Gliedern bewenden. In der alten Stellordnung thaten die Hastarier als die jüngsten und hitzigsten den ersten Angriff; die reifern und gesetztern Principes unterstützten sie, die ältesten stuuden im Rückhalt. Bey der Cohorte mußte

---

griff entstanden, den in tausend Jahren die Benennung Brigadier veranlassen konnte, welches in Frankreich die niedrigste Generalstufe, und zugleich auch einen Corporal der Reuterey bezeichnet; denn Vegez sagt an einem andern Orte: Decem Centuriae cohortis prima à quinque ordinariis regebantur, woraus zu schließen wäre, daß zwo Centurien unter einem Ordinarius gestanden haben.

Kap. 8.

mußte dieses geändert werden. Da die Armen und
Sklaven keine so lautere Gesinnungen hatten, wie die
bemittelten Bürger, so mußte man mehr auf die Kriegszucht und Erfahrung bey ihnen zählen. Deswegen
wurden die ersten und letzten Glieder aus den ältesten
Soldaten gebildet, und jede Cohorte formirte eine
Schaar von fünfzig bis sechzig Rotten in zehen Gliedern, welche mehr Dichtigkeit besaßen, als die kleinen
Haufen der Manipuln. Diese Veränderung geschah
nur stufenweise; denn zu eben der Zeit, da Marius
in dieser Ordnung die Cymbrier und Teutonen be- Appian. da
stritt, folgte Sylla nach der alten Stellart, und be- Bell. Mi-
diente sich ihrer in der Schlacht bey Orchomen gegen den
Archelaus sechzig Jahre nach der Zerstörung von Jahr
Karthago. Roms
667.

Die Centurien der Cohorten sind niemals unter
hundert Mann, wohl aber darüber gewesen. Sie waren so wie die Manipuln in Decurien abgetheilt, welche beysammen campirten. Die Zelte waren, wie bey
den übrigen Völkern, von Leder rund gewölbt und
oben zugespitzt *, so daß die Grundlage zehn Fuß im 'en pavil-
Durchschnitt hatte (a). Sie wurden nebst dem Kü- lon.
chengeräthe und einer kleinen Handmühle von Lastthieren Hygin. de
getragen. Die Fußknechte waren nicht nur mit ihren tatione.

D 3   Waffen,

―――――――――――――――――――――――――――――――
(a) Diese Form ist die bequemste und beste. Man braucht
nur eine einzige Stange zur Unterstützung, anstatt daß die
ümsrigen zwo aufrechte und ein Querholz erfordern. Da
sie von Zwilch sind, so bringet der anhaltende Regen fast
immer durch, welches auch bey den Gewehrmäntchen geschieht, wodurch die Waffen unbrauchbar werden.

Waffen, mit dem Proviant, und einem Pfahl zur Verschanzung des Lagers beladen, sondern auch mit Aexten, Sägen, Schaufeln und Hacken versehen, welche unter die Decürien vertheilet wurden: denn wir müssen nicht glauben, daß ein Mann alle diese verschiedenen Werkzeuge trug, wie aus einigen unrecht verstandenem Schriftstellern geschlossen worden. Was den Schild, den Helm, das Brustsück und die Trutzwaffen anlangt, so machte die Uebung und lange Gewohnheit, daß sie in keine Betrachtung kamen (†). Gemeiniglich hatte jede Kamerabschaft einen Sklaven oder Feldknecht.

Frontin Strategi can. L. I.

Bey der Cohorte wurde zur Erleichterung des Laufens, sowol als des Werfens der Geschosse der vormalige Abstand der Rotten und Glieder beybehalten. Vermittelst dieses Zwischenraumes konnte das zweyte Glied, das Pilum und den Wurfspieß kernrecht hinaus schießen. Die entferntesten mußten die ihrigen bey einer allgemeinen Salve in der Bogenlinie werfen, es sey denn, daß sie Cavallerie vor sich hatten. In diesem Falle schlossen sich die Rotten und die vordersten Glieder hielten das Pilum vor, mittlerweile daß die andern es auf die Reuter zuwarfen. Die Schlachtordnung des Arrians gegen die Alanen kann uns dieses vortrefflich erläutern, und die französische Uebersetzung welche Hr. Guischard davon gemacht hat, steckt in der römischen Taktik ein grosses Licht auf. Obgleich schon verschiedene

Mem. Mil. T. I. p. 107.

(†) Der Marschall von Sachsen berechnet das Gewicht der römischen Infanteriewaffen auf sechzig Pfund.

schiedene Neuerungen eingeschlichen waren, so hatten die Römer doch zum Theil noch ihre alten Waffen, und die nämliche Art sie zu gebrauchen. Bey dieser Gelegenheit bestund die Stärke des Feindes in schwerer Cavallerie. Das erste Glied erhielt Befehl bey ihrer Annäherung die Spitze des Pilums oder Spießes den Pferden auf die Brust zu setzen: Die drey folgenden mußten sich fertig machen es zu werfen; die vier letzten führten halbe Picken, welche zum Schießen und Vorhalten geschickt wären. Arrians Schlachtordnung stund zwischen zween Hügeln, die seine beyden Flanken deckten, und worauf er viel Wurfmaschinen und Schützen gestellet hatte. Hinter der Linie stunden zwey Corps reitender Bogenschützen in einem winkelförmigen Rückhalt; sie waren bestimmt den Feind anzugreifen, wenn er sich von hinten genähert hätte. In diesem Falle würden die vier letzten Glieder der Legion auf diese Seite Fronte gemacht haben. Sie hatte auch ein neuntes Glied, welches aus Bogenschützen bestund.

Wir sehen hier die Art und Weise der Cavallerie das große Pilum vorzuhalten, das, weil es sich auch werfen ließ, für die ersten Glieder einem längern Gewehre vorgezogen wurde. Dieses Pilum, welches sechs Fuß und drey Zoll hatte, dünkte den Römern hinreichend zu seyn. Sie glaubten, daß der Vortheil eines längern Schaftes nur scheinbar, und daß seine Gewalt leicht abzulenken wäre.

Es ist unstreitig, daß der Pickenirer sich seines Gewehres blos vorwärts, und auf einem ebenen Erdreich bedienen kann. Wenn man ihn davon weglockt, oder ihm

ihm auf die Flanke kömmt, so ist er verlohren. Polyän erzählt, daß in einer Vestung welche Cleonymus, König von Sparta belagerte, die Feinde sich mit sechzehn Ellen langen Picken auf der Bresche zeigten; er aber ließ seinen beyden ersten Gliedern nichts als den Pallasch und den Schild; er befahl ihnen die Spitze der feindlichen Picken seitwärts zu biegen, und sie mit beyden Händen zu fassen, da indessen die folgenden Glieder vorrücken und zustoßen sollten, welches mit dem besten Erfolg bewerkstelliget wurde. Hier wäre der Fall gewesen, die List des Marschalls von Brissac zu gebrauchen, deren der Ritter Folard erwähnet. Dieser General kam auf den Einfall sein drittes Glied mit kurzen Pallaschen zu bewaffnen: beym Angriffe sollte es zwischen den Beinen der zwey vorderste durchkriechen, und den Feinden die Kniekehlen zerschneiden. Dieses Mittel kann nur gegen Pickenierer gebraucht werden.

Wir sehen hieraus, daß die Griechen die Phalanx oft nicht besser zu besiegen wußten, als wenn sie sie auf römische Art angriffen. Dieses beweist, daß der Vortheil eines langen Gewehrs gegen die Stärke und Geschicklichkeit gar bald verschwindet.

Laßt uns hier eine mit lauter Piken wie zu Cäsars Zeiten bewaffnete Cohorte annehmen, welche den Anlauf der Renterey erwartet. Die vier ersten Glieder müßten sich so stellen, wie wir sie im Kriege gegen die Alanen gesehen haben. Wird die Cohorte zu gleicher Zeit von hinten angegriffen, so formiert sie eine doppelte Fronte, welche gleiche Stellung nimmt. Es ist unleugbar, daß meine mit Flinten und Bajonetten bewaffneten Cohorten eben diese Anordnung beybehalten müßten. Ich finde bey dieser Vergleichung keinen andern Unterschied als die Anzahl der Schüsse, wo der Vortheil völlig auf meiner Seite ist.

Band 1.
Seite 96

Wenn die Legion eine zahlreiche numidische Reuterey gegen sich hatte, so traten die Fußknechte in ganzen oder halben Rotten vor die Fronte, und schossen ihre Wurfpfeile. Cäsar hatte in seinem afrikanischen Feldzuge seine Truppen hauptsächlich zu diesem Manöuvre abgerichtet. Er mußte den Feind in der Entfernung halten, der ihn auf den Märschen beständig zwackte, und wenn ihm eine allzugroße Menge zusetzte, so ließ er einige Cohorten auf sie losgehen, welche sie weit genug zurück jagten, um ihm auf eine Zeitlang Ruhe zu schaffen. Wenn der Legionist den Feind festes Fußes erwartete, so setzte er das linke Bein vor, zog den Leib scharf ein, und machte sich fertig den Wurfpfeil zu schießen, oder das Pilum vorzuhalten. In dieser Stellung war er ganz durch seinen Schild bedeckt: Jedes Glied der Cohorte glich einem ehernen Walle; wenn aber der Soldat zu weit vor die Fronte hinaus trat, so gab er seine Hüften den Pfeilen bloß, welche von allen Seiten auf ihn heran flogen. Cäsar der viel neugeworbene Leute hatte, welche die feindlichen Ränke nicht verstunden, verbot ihnen weiter als vier Fuß über die Fronte zu schreiten, und so konnten die Soldaten ein und eben derselben Rotte nacheinander ganz bequem durch einen Gegenmarsch vorrücken. Diese Bewegung war auch üblich, wenn man von dem Ufer

Bell. Afric. Cap. 1.

D 5 eines

eines Flusses an das andere schließen, oder eine Verschanzung vertheidigen wollte. In solchen Fällen wurden den Soldaten der ersten Glieder die Wurfspießen zugereicht, wie wir es mit unsern Flinten thun könnten (a). Bey eben diesen Gelegenheiten bediente man sich auch der langen Reichwaffen, der Bogenschützen, der Fustibularier, Tragularier und anderer, welche runde Kieselsteine oder große Bleykugeln mit der Hand warfen. Das Fustibulum war eine große lederne Schleuder (†). Der Tragularius oder Manubalistarius führte eine Maschine, welche große Pfeile warf (††). Dieses war die kleine Artillerie, welche zwischen den großen Balisten und Katapulten und den gewöhnlichen Schießwaffen das Mittel hielt. Zur Zeit des Cäsars und in dem goldenen Alter der römischen Taktik, dienten sie bloß zur Vertheidigung der Mauren und Verschanzungen; in der Folge aber wurden sie den Legionen in großer Menge nachgeführet, und mit vieler Zuversicht in den Schlachten gebraucht. Die Flanken der Armee und alle vortheilhafte Orte wurden damit besetzet.

(a) Durch die Verordnung 1766. ist diese Methode, wovon ich im ersten Bande geredet habe, in Frankreich eingeführt worden.

(†) Sie war an einem vier Fuß langen Stocke befestigt. Fustis longus pedibus quatuor, cui per medium ligatur funda de corio & utraque manu impulsus, prope ad instar Onagri dirigit saxa. So beschreibt sie Vegez, der den Fustibularius auch Fundibulator nennet.

Buch 3. Kap. 14.

Ebendas. (††) Er hieß auch Arcubalistarius, und sein Geschoß, Tragula, war mit einem Wiederhaken versehen.

fährt. Vegez meldet uns, sogar daß man bisweilen eine ganze Linie davon machte.   Buch 3. Kap. 14.

Die Menge des groben Geschützes, das seit einiger Zeit bey uns überhand nimmt, ist eben so wenig ein Beweis unsers Fortgangs in der Kriegskunst, als die große Anzahl der Maschinen es bey den Römern gewesen. Dieser von den Deutschen entlehnte Gebrauch hat den Franzosen nothwendig geschienen, um der Lebhaftigkeit ihres Feuers gleich zu kommen. Indem sie aber ihren Nachbarn zu hitzig nachahmten, haben sie nicht bemerkt, daß sie die Hauptsache versäumten, die Stellordnung schwächten, die Grundsätze derselben vollends umkehrten, und ihre wahre Stärke einem scheinbaren Vortheil aufopferten.

Sechster Abschnitt.
Von dem Zwischenraume der Linien.

Ich glaube nichts übergangen zu haben, was zu einer genauen Kenntniß des römischen Fußvolks und seiner Streitart gehöret: Gleichwol habe ich noch eine wichtige Sache, nämlich die Zwischenräume der drey Linien zu untersuchen. Cäsar berichtet uns in der Geschichte seines Krieges gegen den Afranius, daß zwischen beyden Lagern ein Abstand von zwey tausend Fuß war; daß als die beyden Armeen in Schlachtordnung stunden, sie zween Drittheile desselben einnahmen, und daß der Rest zu einem Raume für den Anlauf diente.   Bell. Civ. Lib. I.

Aus

Aus dieser Beschreibung sehen wir, daß der Platz zum Anlaufe sechs hundert und sechs und sechzig Fuß und einige Zoll betragen mußte. Jede von beyden Armeen hatte ein gleiches Erdreich inne. Da der Soldat in alle Wege sechs Fuß einnahm, so war die Höhe der jeden Glieder der Cohorte sechzig Fuß, und folglich wurden für die drey Linien hundert und achzig Fuß erfodert. Wenn wir voraus setzen, daß die dritte Linie dichte am Lagergraben stund, so bleiben für die zween Zwischenräume der drey Linien vier hundert sechs und achzig Fuß übrig (†). Da der römische Fuß nicht völlig so stark war als der französische (††), sondern nur etwann eilf Königszolle betrug, so machte dieses vier und siebenzig Klafter, und folglich sieben und dreyßig für jeden Zwischenraum. Auf diese Art war die dritte Linie vor den Wurfspießen sicher, deren Schußweite sich nur auf vier bis fünfhundert Fuß erstreckte. Allein die Schleudern und Pfeile, welche weiter trugen, konnten sie schon erreichen: Daher mußte der Soldat auf einem Knie liegen, und bis auf den Augenblick, da man sie brauchen wollte, vor den Geschoßen sicher zu seyn. Es

(†) Wenn die Römer bey ihrer veränderten Stellart mit der Pike der Triarier, auch die Höhe ihrer Glieder für die dritte Linie beybehielten, so würden, weil sie nur fünf Mann hoch stunden, für die beiden Zwischenräume dreyßig Fuß mehr heraus kommen.

(††) Der römische Pes oder Fuß, welcher dem preußischen am nächsten kömmt, enthielt 4 Palmos, 12 Pollices und 16 Digitos. Anderthalb Fuß machten 1 Cubitum; 5 Pedes einen Passum oder Schritt, und 1000 Passus oder 5000 Fuß, eine Meile, Milliare.

Es ist unleugbar, daß diese zwote Stellart der Römer weit mehr Stärke und Dichtigkeit hatte, als die erste, welche in einzelne kleine Haufen getheilt war, die durch einen ihrer Fronte gleichen Abstand von einander getrennt wurden. Die Cohorten des ersten Treffens ließen nur so viel Zwischenraum als zum Durchzuge der Leichtbewaffneten nöthig war, und diese Oeffnungen beliefen sich nicht über breyßig Fuß (a). Da sich auf der zwoten Linie weniger befanden, so mußte sie größere Zwischenweiten haben, damit die getrennten Haufen der ersten sich leicht hindurch ziehen konnten. Was die dritte betrifft, welche ein großer Rückhalt war, so wurde sie nach den Umständen und dem Gutbefinden des Anführers geordnet. Mit dieser letztern Stellart haben Marius, Sylla, Pompejus und Cäsar, Africa, Asien und Europa vollends unter das Joch gebracht, und Roms Größe auf den höchsten Gipfel erhoben.

Folard welcher sich in der römischen Taktik öfters betrogen hat, ist im Wahne gestanden, daß Cäsar bey Pharsalus in einer einzigen Linie gefochten habe. Er hat sich auf seine Schwäche und auf das Erdreich berufen, welches sie nöthigte seine Fronte der pompejanischen

---

(a) Wenn wir auf jeden Mann sechs Fuß rechnen, so konnte die Cohorte eine Länge von drey hundert Fuß haben. Ich bin aber überzeugt, daß nach Abschaffung der Manipuln diese Zwischenweite geringer war. In der Beschreibung welche Degez von der Stellart seiner Zeit gibt, behält er zwar die sechs Fuß für die Tiefe bey, rechnet aber nur drey für die Fronte. Dieser Gebrauch mußte damals sehr alt seyn.

nischen gleich zu machen, die um mehr als das gedoppelte stärker war. Allein wie hat der Ritter sich eine so schwache Stellart als die Anordnung in einem einzigen Treffen gegen einen Feind gedenken können, der drey Linien und eine zahlreiche Cavallerie hatte?. zu geschweigen daß man diese Stelle des Cäsars nur lesen darf, um sich zu überzeugen daß sein Heer in drey Treffen stund, welche mehr als einmal sehr deutlich angemerkt sind. Um seinen Satz zu behaupten, giebt Folard dem Ausdrucke Triplex acies, der beym Frontin und Cäsar oft vorkömmt, eine falsche Erklärung, indem er eine in drey Haufen getheilte Linie darunter verstehet. Hieraus schließt er, daß die Armee des Cäsars auf diese Art geordnet war. Er bekennet aber ganz offenherzig, daß er sich nicht der Commentarien, sondern nur des Frontins bedient habe. Doch auch diesen letztern hat er nicht recht verstanden. Eine dreyfache Schlachtordnung, Triplex acies, hat jederzeit drey Linien oder Treffen angedeutet, und kann nicht anders ausgelegt werden. Die Worte Prima acies, secunda acies, tertia acies, bezeichnen bey den lateinischen Schriftstellern allemal die erste, zwote, dritte Linie, besonders aber können sie bey dieser Gelegenheit keinen andern Sinn haben.

S. die Vorrede zu seinem 4. Bande.

Wären die Römer wie die alten Franzosen, in eine Linie von drey abgesonderten Schlachthaufen * gestellt worden, so hätten sie dieselben freylich durch das Wort Acies ausdrücken können: dieses aber ist niemals geschehen. Um den rechten Flügel, den linken Flügel und das Mitteltreffen einer Armee zu bezeichnen, sagten

* bataillen.

ten die Lateiner, dextrum cornu, sinistrum cornu, media acies. Es verdrießt mich für den Ritter Folard, daß er das schöne Manouvre des Cäsars, und die vortreffliche Unordnung womit er seinen Mangel an Reuterey ersetzte, nicht eingesehen hat. Es wäre für sein militärisches Genie ein neues Vergnügen gewesen. Wenn er aber auch mehr auf die Originalschriftsteller gemerkt hätte, so würde er sich viel unsichere Schlüsse und leere Muthmaßungen ersparet haben.

Siebenter Abschnitt.
Von der Reuterey der Legionen.

Ehe wir dieses Hauptstück endigen, müssen wir auch etwas von der römischen Reuterey sagen. Romulus hatte gleich anfangs die dreyhundert auserlesenen Bürger, die er beritten gemacht, und welche nachmals Ritter [*] genannt wurden in drey Centurien getheilet. Jede Centurie führte den Namen der Zunft [*], aus der sie gezogen war. Tarquin der ältere verstärkte ihre Zahl um ein großes, und als sein Nachfolger S. Tullius die obgedachte sinnreiche Austheilung einführte, bildete er aus den Rittern achtzehn Centurien, welche er in die erste Classe setzte. Die Geschichtforscher stimmen weder in der Zahl noch in der Stärke der Centurien mit einander überein: Es ist auch wenig an dieser Untersuchung gelegen; wir brauchen mehr nicht zu wissen, als daß Rom, so wie es an Einwohnern und Macht anwuchs, auch seine Reuterey vermehrte, die

[*] Equites.
[*] Tribus.

bis auf drey tausend sechs hundert Pferde stieg; die Cavallerie der Bundsverwandten Legionen nicht mitgerechnet, welche noch so stark war, und gleich der römischen aus den reichsten Bürgern bestund.

Alle italienische Völker aus der Gegend Roms hatten im Gebrauche ihre Reuterey zu Fuße und zu Pferde fechten zu lassen; daher war auch die römische sehr leicht bewaffnet. Der Reuter konnte von der Rechten wie von der Linken auf sein Pferd springen. Er trug kleine Stieseletten, die fest an dem Beine saßen, und keine Stiefeln, wie es einige Uebersetzer verstanden haben, welches einen ganz andern Begriff darstellet (a). Oft saßen sie mitten unter dem Gefechte ab; eine Gewohnheit, welche ihnen bis zur Schlacht bey Cannä nicht übel ausschlug. Als aber Hannibal sie dieses Manövre machen sah, sagte er: daß er sie eben so gern in diesem Zustande, als mit gebundenen Händen und Füßen erblickte. Der Vorzug welchen die Karthaginenser und Griechen in dieser Gattung Truppen vor den Römern hatten, nöthigte sie einige Veränderungen damit

Freians Saltil.

(a) Die Alten führten weder Steigbügel (†) noch Sättel, sondern bloße Pferdebecken. Es war ein Zeichen der Weichlichkeit, wenn man verschiedene übereinander legte, welches Xenophon den Persern vorwirft.

(†) In der Folge erleichterten sie sich das Aufsigen durch ein an der Lanze festgemachtes Eisen, welches eine Art von Sprosse vorstellt, und vermittelst eines Gelenkes an dem Schaft auf- und zugelegt wurde. Die Entdeckungen des Abbts Winkelmanns lassen hierüber keinen Zweifel übrig.

damit vorzunehmen. Sie setzten sie auf den Fuß der damals gewöhnlichsten Reuterey, deren Rüstung aus einem eisernen Helm, einem Panzerhembde und einem länglichten Schilde bestund. Sie führten die an beyden Enden beschlagene Lanze, nebst einem langen und breiten Pallasch, der über die Schultern hieng. Es erhellet aus den Würkungen, die Livius davon erzählet, daß er vortrefflich und von dem besten Stahl seyn mußte. Ihm hatten sie ihre ersten Vortheile über die macedonische Cavallerie, und den Schrecken zu danken, den sie ihr einjagten. Die Römer hielten sowol bey der Reuterey als Infanterie besonders viel auf dieses Gewehr, das ihnen sehr wohl zu statten kam; dahingegen die Griechen, welche jederzeit schlechte Degen führten, gar oft dafür gestraft wurden.

Polyb. Buch 6. Cap. 2.

Buch 38. N. 2.

Gemeiniglich stunden nur dreyhundert Reuter bey der Legion; es wurden aber dreyhundert und zwanzig erfordert, wenn die Turmen sich in acht Rotten und vier Glieder formiren sollten; das ist, die Turme mußte zwey und dreyßig Mann enthalten, welche Zahl ihr auch Vegez gibt. Da sie aber in drey Decurien getheilt war, so konnte sie vielleicht anfänglich in drey Gliedern gestanden, und man hernach für dienlicher gefunden haben, sie auf viere zu setzen (†). Sie wurde gleich

Buch 4. Cap. 3.

(†) Es ist schon oben angemerkt worden, daß man nur die zwey Decurionen, welche nicht commandirten, mit zu der Turme rechnen darf, um die vom Vegez bestimmte Zahl von zwey und dreyßig Mann herauszubringen. Vermuthlich stunden diese beyden Officiers im ersten Gliede, und zwar auf den Flügeln der Turme.

Band 1. S. 72.

gleich der leichten Cavallerie abgerichtet plotzenweis anzugreifen. Arrian meldet, daß ein Theil derselben Wurffspieße führte, welche zum Schießen und Anlaufen dienlich waren; hierunter aber versteht er vielmehr die besoldeten Ausländer, als die römische Reuterey (a).

Die obererwähnte Eintheilung der Ritter in Centurien bezog sich bloß auf die Staatsverfassung. Im Kriege formirte man Compagnien oder Turmen, welche von einem Decurio geführet wurden. Die Reuterey der Bundsgenossen ward auf gleiche Art ausgehoben und eingetheilet. Diese Stellart erhielt sich noch eine lange Zeit unter den Kaisern, nicht aber die Grundbildung, welche aus verschiedenen Ursachen, als durch die Weitläuftigkeit der römischen Herrschaft, durch ihre lebhaften und langwierigen Kriege, und besonders durch ihre innerlichen Unruhen eine Abänderung litt. Als

---

(a) Hier folgen alle Bewegungen, welche P. Scipio seiner Reuterey vorschrieb, als er in Spanien anlangte. Sie mußte das Pferd rechts, dann links schwenken, und hierauf zurück weichen lernen. Die ganzen Turmen unterrichtete er, sich auf eine Seite zu schwenken, hernach sich herzustellen, dem Feinde in zwo Wendungen den Rücken zu kehren, in dreyen sich wieder gegen ihm zu drehen, von den Flügeln oder der Mitte eine oder zwo Decurien hurtig wegzuziehen, und wieder auf ihren Posten zu bringen, ohne sich zu vermischen oder ihre Glieder zu trennen; sich auf einen oder den andern Flügel zu stellen; gegen den Feind anzurücken, und sich auf solche Weise zurück zu ziehen, daß sogar im Jagen die Ordnung der Glieder und Rotten, nebst den Zwischenräumen der Turmen auf das genauste beobachtet wurde.

Als die Römer nach dem Bundeskriege * den italiänischen Völkern das Bürgerrecht verliehen hatten, so
waren ihre Legionen und die Legionen dieser ihrer
alten Bundsgenossen nicht mehr von einander unterschieden. Sie hatten alle ihre gewisse Zahlnahmen;
als die erste, zwote, dritte, und bald darauf blieb
es nicht blos bey den römischen Bürgern, sondern alle
Provinzen mußten Soldaten stellen. Die Aushebun-
gen geschahen durch Vorgesetzte und Commissarien, anstatt daß sie zuvor durch die Wahl vollzogen wurden.
Diese Veränderung hatte auch ihren Einfluß auf die
Reuterey. Die Unternehmung der Gracchen gegen den
Adel, welchen sie zur Abtretung der eroberten Länd-
ereyen zwingen wollten, die er in Besitz genommen hatte,
veranlaßte hitzige Streitigkeiten. Um einen Anhang
zu bekommen, ließen sie bey der Untersuchung die Ritter
zu Commissarien ernennen, welches ihnen ein großes
Ansehen zuwege brachte. Hierauf ward ihnen die Entscheidung verschiedener Streitfälle, und die Verwal-
tung der gemeinen Einkünfte übergeben, die sie in Pacht
nahmen. Diese neuen Amtsverrichtungen entfernten sie
vom Kriegsdienste, und verleiteten die Reichsten unter
ihnen den Rang eines gemeinen Reuters zu verschmä-
hen, so daß die Cavallerie nach und nach ausartete,
und eine Zeit kam, da sie gleich den Fußvölkern gewor-
ben wurde. Diese Veränderungen waren eine Folge
der verderbten Sitten und des Verfalls der Republik,
welche ihre Freyheit nicht erhalten konnte.

* Bellum sociale. Im Jahr Roms 696.

Die Cavallerie-Corps, welche unter den Kaysern
bey den Legionen dienten, wurden Ala, ein Flügel,
genannt;

Patercu- lus Lib. II. C. IV.

genannt; und jede Legion hatte den ihrigen. Vegez gibt ihr sieben hundert und zwanzig Reuter, welche in eben so viel Schwadronen abgetheilt waren, als man Cohorten zählte. Da die miliarische Cohorte das gedoppelte der andern betrug, so war der dazu gehörige Trupp Reuter auch noch so stark als die übrigen. Eine jede dieser Schaaren bestund aus sechs und sechzig Pferden mit Innbegriff der beyden Decurionen oder Rittmeister (†). Hieraus siehet man klärlich, daß die damaligen Turmen noch so stark waren, als bey der alten Stellart, oder daß ihre Zahl vermehret worden, um die Schwadronen zu verstärken.

Vegez, Buch II. Kap. 6.

Die sogenannte Hülfs-Reuterey ward in Regimenter von drey bis vier hundert Mann eingetheilt, wovon jedes eine gewisse Anzahl Schwadronen in sich faßte. Sie wurden aus den Spaniern, Numidiern, Galliern gezogen, die man als Ausländer betrachtete, bis diese Nationen gänzlich bezwungen, und dem Reiche einverleibet wurden.

(†) Da jede Decurie von zehn Mann einen Decurio hatte, so mußte diese gedoppelte Turme eigentlich sechs Decurionen haben, wovon aber nur zween commandierten. Auch die Infanterie-Compagnien hatten zween Centurionen, wie oben angemerkt worden.

Zweytes

Zweytes Hauptstück.
Rückzug des Antonius aus Medien.

Nach der Zerstörung von Karthago hatten die Römer alle Könige bezwungen, und die Mächte der drey Welttheile, die ihnen widerstehen wollten, ihrer Herrschaft unterworfen. Es schien, daß alles dem Glücke ihrer Waffen weichen sollte, als es sie gegen die parthische Nation verließ, welche bestimmt war, ihren Triumphen Gränzen zu setzen. Der thörichte Ehrgeiz des Crassus, und sein schlechtes Betragen zog ihnen einen der härtesten Streiche zu, die sie jemals empfangen hatten. Sieben Legionen wurden gänzlich zu Grunde gerichtet; ihre Adler und Fahnen mußten den Barbaren zu Trophäen dienen; der Sohn des Feldherrn blieb im Treffen, und er selbst ward gefangen. Die bürgerlichen Kriege, welche bald hernach die Republik zerrütteten, erlaubten ihr nicht, die Schmach dieser Niederlage zu rächen, bis nach dem Tode des Cäsars Antonius in Orient eine unumschränkte Macht erlangete, und einen Mann von niedriger Herkunft zu den höchsten Würden erhob, der aber durch seine Tapferkeit und übrigen Verdienste, die Wahl seines Gönners rechtfertigte, welcher ihn gegen die Parther ins Feld schickte. Es war Ventidius, der sie in drey großen Treffen überwand, und sie aus Palästina und Syrien vertrieb, davon sie sich bemächtiget hatten. Pacorus der Sohn ihres Königes verlohr in der letzten Schlacht das Leben. Der römische Feldherr, der sich begnügte sie für den über den Crassus erhaltenen Vortheil gezüchtiget und nach Mesopotamien zurück gejagt zu haben, wollte seinen Sieg nicht weiter verfolgen, aus Furcht er möchte den Antonius zur Eifersucht reitzen. In der That eilte der Triumvir, welcher damals in Griechenland war, bereits herbey, um seinen Ruhm zu theilen. Doch es blieb ihm bey seiner Ankunft nichts mehr übrig, als die Früchte der Arbeiten seines Unter-Feldherrn einzuerndten. Er empfieng ihn mit allen den Gunstbezeugungen, die er verdiente, und sandte ihn nach Rom, um daselbst der Ehre des Triumphes zu geniessen.

Antonius der nach Griechenland zurück gekehret, und von da nach Italien gegangen war, um mit dem Octavius einen Vertrag zu schliessen, kam hierauf wieder nach Syrien, wo Cleopatra, die er noch immer auf das heftigste liebte, ihn besuchte. Dieser Schritt ward ihr durch die prächtigsten Geschenke vergolten, und ihre Herrschaft mit Phönicien, dem untern Syrien, der Insel Cypern, und einem Theile von Cilicien erweitert. Indem er die Gefälligkeit seiner Buhlerinn mit Landschaften bezahlte, und sich mit ihr in dem Schoose der Wollust wiegte, ermordete Phraates seinen Vater Orodes, und bemächtigte sich des parthischen Reiches. Verschiedene Grossen, darunter Monäses einer der vornehmsten war, flüchteten sich zum Antonius, den sie sehr leicht beredeten, dem Mörder den Krieg anzukündigen. Er konnte keine schönere Gelegenheit und keinen bessern Vorwand finden. Er
sandte

fandte Cleopatren nach Egypten zurück, und nahm seinen Zug durch Armenien, um sich mit seinen Bundsgenossen den baßgen Königen zu vereinigen. Sein Heer bestund aus zehn Legionen, welche sechzig tausend Mann (a) betrugen, aus zehn tausend theils spanischen, theils gallischen Reutern, und dreyßig tausend von verschiedenen Nationen gestellten Hülfsvölkern, die römische Reuterey und leichten Truppen dazu gerechnet. Mit diesen Zurüstungen, welche ganz Asien in Schrecken setzten, wäre etwas großes auszurichten gewesen, wenn nicht Antonius voll Ungebuld Cleopatren wieder zu sehen, den Feldzug vor der Zeit eröffnet, und in dem Taumel seiner Leidenschaft sich seiner Macht blos mit einer unordentlichen Eilfertigkeit bedient hätte.

Sein erster Fehler war, daß er die durch einen Marsch von dreyhundert Meilen abgemattete Armee nicht ausrasten ließ. Der andere, daß er in Atropatänien einfiel, und sich bey der Verheerung dieses Landes verweilte, anstatt daß er gerade nach Meden hätte marschieren, und den Parthern keine Zeit lassen sollen, sich zu versammeln. Der größte aber bestund darinn, daß er um desto leichter fortzukommen sich seiner Belagerungs-

(a) Es scheint, daß die bey den Legionen stehende Reuterey unter dieser Zahl begriffen war. In den punischen Kriegen hatten die Römer angefangen fremde Corps in Sold zu nehmen, welche gleich denen so die bundesverwandten Mächte lieferten, Hülfstruppen genannt wurden. Man muß sie aber nicht mit den alten italiänischen Bundesgenossen vermengen, von denen keine Frage mehr war.

gerungsmaschinen entledigte (a). Er ließ sie mit einem Corps Truppen unter dem Commando des Statianus zurück, und setzte seinen Zug immer fort. Phraates der seine Armee zusammen gebracht, und des Antonius Unvorsichtigkeit erfahren hatte, sandte ein starkes Corps ab, welches den Statianus angriff, über den Haufen warf und die Maschinen verbrannte oder zertrümmerte. Von nun an verlohren seine Soldaten den Muth, und seine meisten Bundsgenossen kehrten ihm den Rücken. Nichts destoweniger drang er bis vor die medische Haupt-

* oder Praaspa.

stadt Phraata * die er belagerte. Allein aus der Schwierigkeit die er fand, seine Maschinen zu ersetzen, konnte er gar bald einsehen, was er zu hoffen hatte. Der parthische König belagerte ihn selbst, und schnitt ihm die Lebensmittel ab, so daß ihm kein anderer Weg übrig blieb, als ihn zu einer Schlacht zu bringen, welches aber keine so leichte Sache war. Die Siege des Ventidius hatten die Parther von der Ueberlegenheit der Römer in ordentlichen Schlachten überzeugt und auf den Grundsatz gebracht, daß die Vermeidung eines Treffens und beständige Scharmützel die sichersten Mittel seyen sie zu überwinden. Dennoch wagte der Triumvir einen Versuch; er ließ einige Truppen zur Bedeckung der Arbeiter zurück, und zog mit den übrigen etliche Meilen vorwärts, um dem Scheine nach eine große

---

(a) Sie wurden auf dreyhundert Wagen nachgeführt. Es befand sich ein achtzig Fuß langer Sturmbock darunter. Die Geschichtschreiber melden, er habe diesen Verlust nicht zeitig genug ersetzen können, weil dem Holze dieser Provinzen die zu Mauerbrechern erforderliche Härte fehlte.

große Fouragierung zu unterstützen. In kurzem sah er die feindliche Reuterey um ihn her schwärmen, und den größten Theil der Armee eine Bewegung machen, als ob sie ihm den Rückweg abschneiden wollte. Sogleich ließ er das Schlachtpanier aufpflanzen (a); die in einem halben Mond gestellten Parther erwarteten ihn auf dem Wege. Der König bewunderte die schöne Etikart der Römer, welche in der Stille heran zogen, ihre Zwischenräume beobachteten, und die Wurfspieße schwangen.* Sobald ihre Reuterey in einer gewissen Nähe war, sprengte sie mit Ungestümm auf die parthische los, um ihr keine Zeit zu lassen, sich ihrer Pfeile zu bedienen. Sie ward mit vieler Tapferkeit empfangen; als aber die Infanterie mit lautem Geschrey angriff, und mit ihren Waffen auf die Schilde schlug, so wurden die Pferde der Parther scheu, bäumten sich, geriethen in Unordnung, und rannten davon, ehe es zum Handgemenge kam.

* Plutarqu. tiente.

Antonius glaubte durch dieses Gefechte den Krieg gerndigt zu haben; allein er und seine Soldaten waren nicht wenig bestürzt, als sie feindlicher seits nur achtzig Todte und dreyßig Gefangene zählten. Ueber einen so schwachen Vortheil misvergnügt, kehrte er vor Phraata zurück, wo er seine Arbeiten durch die Schuld ihrer Wachen zerstöret fand. Er bestrafte ihre Feigheit durch die Zehndung *; diejenige welche das Loos traf

* Decimatio.

E 5

───────────────

(a) Es war eine rothe Fahne, die vor das Zelt des Heerführers aufgesteckt wurde.

traf, wurden hingerichtet (a); die andern bekamen statt des Waitzens Gersten zu ihrer Nahrung. Indessen war die römische Armee noch immer in ihrem Lager eingeschlossen, und die Lebensmittel begunnten ihr auszugehen. Auf der andern Seite fürchtete der König, welcher voraus sah, daß die Parther ihn mit Anfang des Winters verlassen würden, die Römer möchten allzu hartnäckig auf der Belagerung beharren, und wünschte nichts mehr als ihnen den Rückmarsch zu erleichtern. In dieser Absicht ließ er einige Vergleichsvorschläge entwerfen, und gab ihnen zu verstehen, daß er sich ihrem Abzuge nicht widersetzen würde. Antonius freuete sich, den Krieg mit Ehren endigen zu können. Um aber dieser Unternehmung einen vortheilhaften Anstrich zu geben, ließ er die bey der Niederlage des Crassus eroberten römischen Fahnen zurück fordern. Der Parther versagte sie ihm, jedoch unter der nochmaligen Versicherung, daß es ihm übrigens frey stünde, sich ungehindert zurück zu ziehen.

Antonius

(a) Soldaten welche gewiß sind, daß im Fall eines schlechten Verhaltens, der zehnte unter ihnen sterben muß, haben einen starken Bewegungsgrund gut zu fechten, zumal wenn sie auf der andern Seite die reizende Lockspeise der Belohnungen vor Augen sehen. Keine That ward in Rom vergessen. Was würde man nicht durch eben dieses Mittel noch heutiges Tages ausrichten können? Die Römer besaßen nicht mehr natürliche Tapferkeit, noch eine größere Lust zum Kriege als wir. Bey aller Strenge ihrer Gesetze hat es ihnen mehr als einmal an beiden gefehlet.

Antonius beschloß eben den Weg zu nehmen, wo er hergekommen war; ein Mardier aber, der es mit den Römern hielt, und wohl wußte, daß die Parther sich nur deswegen willig finden ließen, um sein Heer in den weiten Ebenen desto leichter aufzureiben, bewog ihn sich durch ein minder offenes Land rechts zu schlagen, wo er auch eher Lebensmittel antreffen würde. Der Triumvir erfuhr gar bald, daß die Warnungen des Mardiers nicht ungegründet waren. Als er nach zwo Tagreisen voll Zuversicht auf den mit den Parthern geschlossenen Vertrag nachläßig wurde, fand er einen Damm, der das Wasser eines Flusses aufhalten sollte, ganz frisch zerstöret, und das umliegende Land völlig überschwemmet. Der Mardier versicherte ihn, daß dieses ein Werk der Feinde wäre, die seinen Marsch aufhalten wollten, und ermahnte ihn auf guter Hut zu seyn. In der That stund die Armee kaum in Schlachtordnung, als die Parther zum Vorschein kamen, sich rings um ausbreiteten, und ihn einzuschließen suchten. Sie wurden diesesmal durch die Schützen und die gallische Reuterey verjagt, welche sie hitzig anfiel und zerstreuete. Nun erkannte der römische Feldherr, daß er in Zukunft verschlagner seyn müßte; er bildete ein Viereck aus der Infanterie seiner Legionen, warf seine Bogenschützen und Schleuderer auf die Flanken, an die Spitze und in den Rücken, machte einen Theil seiner Cavallerie zum Vortrabe, den Rest zum Hinterzuge, und befahl ihr den Feind, wenn er sich zeigen sollte, blos zurück zu schlagen, ohne ihm zuweit nachzusetzen. In dieser Ordnung marschierte er vier Tage, ohne den

mindesten

mindesten Schaden zu leiden (a), weil die Parther immer durch seine Cavallerie und Leichtbewaffneten zurück getrieben wurden. Am fünften Tage lag ihm ein Officier Namens Flavius Gallus inständig an, er möchte ihm einen Theil der Reuter und der Leichtbewaffneten anvertrauen, und versprach einen wichtigen Streich damit auszuführen. Als die Feinde zum Vorschein kamen, griff dieser Officier sie lebhaft an, und schlug sie in die Flucht. Anstatt sich aber seiner Vorschrift gemäß auf das Hauptcorps der Infanterie zurück zu werfen, drang er zu weit vor und setzte das Gefecht hartnäckig fort, ob er gleich zum Rückzuge Befehl erhielt. Kaum sahen die Parther, welche nichts anders gesucht hatten, als ihn an sich zu locken, daß er von der Armee getrennt war, so umzingelten sie ihn auf allen Seiten. Nun ließ er um Hülfe anhalten. Wenn Canidius der an diesem Tage die Legionen des Hinterzugs anführte, mit dem größten Theil

_____

(a) Vermuthlich war dieses Viereck mehr lang als breit, und jede Seite von zwo Linien. Sonst hätten sie sich zu weit ausgedehnet. Der Troß befand sich in der Mitte. In dieser Ordnung geschah der Marsch, so lange das Erdreich es verstattete. Mußte man durch enge Wege ziehen, so besetzte ein Theil der Leichtbewaffneten die Anhöhen; ein anderer brach mit der Reuterey des Vortrabs heraus; dann folgten die Legionen in so viel Colonnen als möglich war. An der Mündung des Passes nahmen die Truppen so wie sie anlangten, ihre vorige Stellung wieder ein. Beym Uebergang der Flüsse ward ein gleiches beobachtet. Fiel auch schon der Feind in den Rücken, so hielt er darum den Marsch nicht auf, wenn nicht der Angriff besonders hitzig war. Die Reuterey und die Fußvölker baten ihm die Spitze.

Theil derselben aufgebrochen wäre, so hätte er ihn leicht bestreyen können. Er begnügte sich aber ihm einige Cohorten zuzuschicken, welche niedergemacht wurden. Er sandte noch einige andere ab, die ein gleiches Schicksal hatten; und als er dieses lächerliche Manduvre zu verschiedenen malen wiederholte, so brachte er das ganze Heer in Schrecken und Unordnung. Es lief Gefahr aufgerieben zu werden, wenn nicht Antonius eine beträchtliche Zahl Cohorten von der Spitze mitten durch die Flüchtlinge vorgeführt und die nachsetzenden Feinde aufgehalten hätte. Bey dieser Gelegenheit wurden ihm drey tausend Mann getödtet, und fünf tausend verwundet; lauter Schlachtopfer des Ungehorsams und der Verwegenheit des Gallus, der dabey umkam (a).

Dieser Unfall gieng dem Antonius ungemein zu Herzen; er besuchte alle Verwundete in ihren Zelten, und tröstete sie mit weinenden Augen. Bey diesen Umstän-

---

(a) In solchen Fällen muß ein General keinen lebhaften und hitzigen Mann, wie dieser war, brauchen. Er hätte bloß auf die Sicherheit seines Rückzuges denken, und seinen Nachtrab einem standhaften und vorsichtigen Officier anvertrauen sollen. Der Ungehorsam des Flavius hätte die strengste Bestrafung verdienet, wann er am Leben geblieben wäre. Dergleichen tollkühne Unternehmungen ziehen oft den Verlust einer ganzen Armee, oder doch wenigstens vieler tapfern Leute nach sich, und können den ganzen Plan eines Heerführers verrücken. Daher wurden bey den Römern so harte Strafen darauf gesetzet. Die Franzosen haben wie sie, mehr als einen Flavius gehabt, der sie vieles Blut gekostet; allein ihre Gesetze sind weit gelinder.

ständen konnte man die seltensten Würkungen der Liebe der Truppen zu ihren Feldherren wahrnehmen. Voll Rührung über sein Mitleiden, beschwuren ihn die Soldaten, er möchte sich nicht betrüben, noch ihretwegen so sehr bemühen, sondern sich schonen, und um des gemeinen Bestens willen für seine Gesundheit sorgen. Als er in seiner öffentlichen Rede, die, welche Stand gehalten, lobte, und die so geflohen waren, tadelte, versicherten ihn jene ihrer beständigen Tapferkeit, und diese wollten sich freywillig zehnden lassen. Dieses bewegte ihn so sehr, daß er die Hände gen Himmel hob, und die Götter anflehte, daß wenn sie sein bisheriges Glück durch irgend einen großen Unfall stören wollten, sie denselben über ihn allein verhängen, und seine Armee verschonen möchten (a). Antonius ist niemals für einen

---

(a) Es war damals üblich, Reden an die Truppen zu halten; bey den Römern durfte dieses am wenigsten versäumet werden. Antonius war wegen des üblen Ausgangs seiner Unternehmung so beschämt und niedergeschlagen, daß er einem seiner vornehmsten Hauptleute auftrug es an seiner Stelle zu thun. Einige legten es als eine Verachtung aus; die andern die den wahren Grund erriethen, wurden davon gerühret, und glaubten, daß dieses Betragen ihnen noch mehr Ehrfurcht und Gehorsam gegen ihren Feldherrn auflegte. Wenn der Heerführer als Redner auftrat, war er in Purpur gekleidet und bestieg seinen Thronstuhl.* Ein gleiches geschah, wenn er die Strafen und Belohnungen austheilte. Wenn die Rede im Lager gehalten ward, konnte er so lange sprechen als er wollte. Stand aber die Armee schlachtfertig, so pflegte er, indem er längs der Linie hinritt, die Trup-

*Tribunal

nen General der ersten Gröſſe gehalten worden. Hingegen malet ihn der Geſchichtſchreiber mit alle den Eigenſchaften, welche fähig waren ihm die Zärtlichkeit und Hochachtung der Truppen zu erwerben. Er war von ungekünſtelten Sitten, herablaſſend, freygebig, und vereinigte das tapferſte Herz mit der Stärke der Beredſamkeit. Kein Heerführer war geſchickter als er, die Gemüther mit der Zunge zu lenken.

Die durch ihren erhaltenen Vortheil aufgeblaſenen Parther lauerten die ganze Nacht vor dem Lager der Römer, in der Hoffnung, daß ſie die Flucht ergreifen und ihr Feldgeräthe im Stiche laſſen würden. Inzwiſchen ſetzte die Armee ſich bey Anbruch des Tages in ihrer vorigen Ordnung in Marſch. Die Flanken und der Nachzug wurden mit Schützen und Reutern ſorgfältig verwahret. Die Barbaren, welche im Wahne ſtunden, daß ſie nun ungehindert plündern dürften, ſahen ſich in ihrer Rechnung gewaltig betrogen, und hätten bald ihren Anſchlag völlig aufgegeben. Als ſie ſich aber bis auf vierzig tauſend Pferde verſtärkt hatten, ſetzten ſie ihre Verfolgungen fort; ſie griffen die Römer an der Neige eines Hügels an, wo ſie um die Unordnung zu verhüten, überaus langſam marſchieren muſten. Die Leichtbewaffneten wurden zurück gejagt, und die Cohorten mit einem Pfeilhagel bedeckt, der um ſo beſchwerlicher war, da er weiter trug als die Geſchoſſe der

---

gen mit einigen Worten aufzufriſchen. Von dieſer letztern Art ſind die Reden der neuern Feldherrn, davon ſich eben ſo ſchöne Umſchreibungen machen ließen, als Livius und Thucydides uns von den Alten geliefert haben.

der Legionisten, so daß diese den Feind nicht erreichten, und Wunden empfiengen, ohne sie erwiedern zu können. Doch waren die Anführer gleich bedacht. Sie schloßen die Leichtbewaffneten in das Viereck ein, zogen die Zwischenräume zusammen, und befahlen den Soldaten das Schildbach zu formieren (a). Die Parther, welche diese Bewegung als ein Zeichen der Mattigkeit ansahen, saßen ab, legten ihre Bogen weg, ergriffen ihre langen Lanzen, und fielen die Römer an. Auf einmal richteten diese sich mit großem Geschrey auf, schoßen ihre Wurfspieße, welche große Lücken machten, stießen die Vordersten mit ihren Pilen über den Haufen, und jagten die übrigen in die Flucht. Die folgenden

Dio Cassius.

Plutarch.

Tage

(a) Um das Schildbach festes Fußes zu bilden, hielten die Soldaten des ersten Gliedes, die auf einem Knie lagen, ihren Schild gerade vor sich hin: Die folgenden legten sie kreuzweis über dem Kopf, welches eine Art von würklichem Dache vorstellte, darunter sie vor den Geschoßen sicher waren. Eben dieses Schildbach ward auch beym Angriff einer Mauer oder Verschanzung gemacht. In dem Poliorceticon (†) des Justus Lipsius trifft man alle Arten an, wie es nach Maßgab der verschiedenen Gelegenheiten gebildet wurde. Die Griechen haben bisweilen das Schildbach gegen die Streitwagen gebraucht, indem sie auf die Erde lagen, und sich mit ihren Schilden bedeckten: Dieses war aber nur an engen Orten üblich, wo sie sich nicht öffnen konnten. Ein Beyspiel hievon finden wir in der Geschichte Alexanders. Er gab seinen Soldaten diesen Befehl, weil die auf dem Hämus verschanzten Thracier ihre Wagen von der Höhe des Berges herabrollen ließen.

Arrian Buch 1.

(†) Ein sehr brauchbares Werk von dem Feldzuge und den Geschoßen der Alten.

Tage verstrichen unter ähnlichen Gefechten; die Römer wurden beständig gezwackt, und öfters genöthiget, Halt zu machen, um die Reuterey und das leichte Fußvolk zu unterstützen.

Allein bald riß ein tödtlicherer Feind als die Par̈ther, der Hunger, unter ihnen ein. Sie konnten sich keine Lebensmittel als mit bewaffneter Hand, und auch diese nur in geringer Menge verschaffen (a). Ein großer Theil

---

(a) Appian meldet, daß der attische Scheffel Waitzen im Lager funfzig Drachmen, oder ungefähr sechs und einen halben Reichsthaler galt, welches einen großen Mangel anzeigte. Es fehlte ihnen auch an Handmühlen, die sie nachzuführen pflegten, weil die Austheilung der Mundkost beständig in Getreide geschah, welches einen großen Theil der Unkosten und des Geschleppes ersparte, denen wir ausgesetzt sind. Man hat schon lange vorgeschlagen den Soldaten vom Brode zu entwöhnen und ihn wenigstens eine Zeitlang mit Zwieback zu nähren. Bey dieser Gelegenheit zermalmten die Römer ihr Korn mit Steinen so gut sie konnten, und backten kleine Kuchen daraus. Die Soldaten bereiteten ihr Brod selbst, welches nicht besser war, als unser Commisbrod, und der Speck, den man ihnen nebst einigem Zugemüse reichte, mußte den Magen auch noch schwächen. Allein der Eßig, womit sie ihr Wasser vermischten, schützte sie vor den Krankheiten, denen wir aus Mangel dieser Vorsicht so häufig unterworfen sind. Jeder Soldat führte ein Fläschgen voll mit sich, und diese heilsame Arzney wurde regelmäßig ausgetheilet. Cassius, General des Kaysers Antonius, verbot seinen Soldaten etwas anders als Speck, Zwieback und Eßig mit sich zu führen.

Theil der Lastthiere war hingefallen; den übrigen wurden die Verwundeten und Kranken aufgeladen, welche sich täglich vermehrten. Das schlimmste aber war, daß viele unter den gesammelten Kräutern und Wurzeln giftige mitbrachten, die sie im Haupte verwirrten, zum Brechen reizten, und unter den grausamsten Schmerzen des Lebens beraubten, weil sie keinen Wein hatten, der das einzige Gegenmittel gewesen wäre (†). Als in einem dieser Augenblicke Antonius den Jammer seines Heeres betrachtete, erinnerte er sich des Rückzuges der zehn tausend Griechen, und beneidete das Glück des Xenophon, der auf einem weit längern Marsche von einer ungeheuren Menge Barbaren verfolgt ward, und dennoch fast alle seine Völker nach Hause brachte.

Da die parthischen Feldherren sahen, daß sie die Schlachtordnung des Triumvirs nicht trennen konnten, so brauchten sie ihren gewöhnlichen Kunstgriff. Sie befahlen ihren Reutern, sie sollten die Römer ungehindert Futter und Lebensmittel holen lassen, ein Gespräch mit ihnen anfangen, ihre Tapferkeit loben, sie versichern, daß sie nun ihren Verfolgungen ein Ende machen, und ihnen nur noch einige Meder nachschicken würden, blos um die abgelegenen Dörfer vor ihren Streifereyen zu schützen. Dieses Spiel, welches etliche Tage dauerte, fieng an sie zu täuschen, und Antonius selber faßte den Vorsatz, sich auf die weit bequemere Fläche

Ebendas. (†) Im Anfange der Hungersnoth flohen einige zu den Feinden, welche sie im Angesichte der Römer jämmerlich hinrichteten, und dadurch dem Ausreissen ein Ende machten.

Fläche zu schlagen, als zum Glücke Monäses aus Erkänntlichkeit für die in Syrien empfangene Wohlthaten ihn durch einen seiner Verwandten warnen ließ. Dieser sagte ihm, daß er auf jenem Wege genöthigt seyn würde, an dem Fuße hoher Gebürge vorbey zu ziehen, die er ihm von ferne zeigte, daß die Parther sich daselbst in einen Hinterhalt stellen wollten, und daß alle ihre Ränke blos dahin abzweckten, ihn auf selbige Straße zu locken. Auf diese Nachricht zog Antonius durch das bergichte Land fort, ob es gleich dürr und rauh war. Er befahl seinen Truppen sich mit Wasser zu versehen: jeder schaffte sich welches so gut er konnte; einige trugen es in Schläuchen, andere in ihren Helmen, weil es ihnen an Gefäßen mangelte. Beym Anbruche der Nacht setzte sich das Heer in Bewegung, und machte durch einen Schnellmarsch zwey hundert und vierzig Stadien (a), in der Hoffnung sich von den Feinden zu entfernen. Diese aber, welche davon Wind bekommen, brachen wider ihre Gewohnheit noch in selbiger Nacht auf, und erreichten den Nachzug beym Aufgang der Sonne. Nun fiengen die von Durst und Müdigkeit erschöpften Römer, die gar noch unerwartet fechten sollten, endlich an den Muth zu verlieren.

Da der Vortrab eben an einem kleinen Flusse anlangte, der ein sehr klares Wasser hatte, warfen sie sich

---

(a) Die Meynungen über das Zeitmaaß der Stadien sind getheilt. Die meisten geben ihr hundert und fünf und zwanzig geometrische Schritte, oder sechs hundert fünf und zwanzig Schuhe. Dacier hat zwanzig Stadien auf eine Stundenmeile gerechnet.

haufenweiß an das Ufer, und tranken mit größter Begierde. Weil es aber gesalzen und sehr kalt war, so verursachte es ihnen alsbald ein grausames Reißen im Leibe. Antonius und sein getreuer Wegweiser, der Mardier, gaben sich alle Mühe sie abzuhalten. Sie liefen überall umher, munterten sie auf, ermahneten sie zur Gebuld, und versicherten sie, daß sie bald das Ziel ihrer Mühseligkeiten erreichen würden. Ungeachtet der beständigen Scharmützel, welche die Reuterey, und die Leichtbewaffneten unter dem Schutze einiger Cohorten aushielten, setzte die ganze Armee glücklich über das Wasser.

Mithridates, der Gesandte des Monöses kam wieder, und rieth dem Antonius, sobald seine Völker sich ein wenig erhohlt haben würden, den Marsch bis an einen gewissen Fluß fortzusetzen, über welchen die Parther ihn nicht verfolgen dürsten. Der Triumvir sandte ihn mit prächtigen Geschenken zurück, und ließ kurz vor Nacht zum Aufbruche blasen. Kaum hatte man einige Stadien zurück gelegt, als eine Rotte aufrührischer Soldaten die Wache der Kriegskasse anfiel, sie plünderte und hierauf zum Trosse des Antonius vordrang, sein Feldgeräthe und Silbergeschirr in Stücken schlug und es unter sich vertheilte. Dieser Aufruhr erfüllte die ganze Armee mit Schrecken und Getümmel, weil man auf jeder Seite glaubte, daß der Feind irgendwo eingedrungen wäre. Antonius selbst, der nicht daran zweifelte, faßte bereits den Entschluß sich zu entleiben (†),
als

(†) Er befahl seinem Freygelassenen, ihm den Kopf abzuhauen.

als er die wahre Ursache des Lerms erfuhr. Um denselben zu stillen, und die Truppen wieder in Ordnung zu bringen, wurde zum Lagern Befehl gegeben. Hierauf gieng der Marsch weiter, und als der Tag grauete, konnten die parthischen Vortruppen den Hinterzug mit ihren Pfeilen (a) erreichen. Bald darauf erschienen auch ihre Schwadronen, welche ihn heftig zusetzten, und ihn nöthigten sich auf die Flanken des Vierecks zu ziehen. Die Legionen warfen sich auf ein Knie, und hielten unter dem Schutz ihrer Schilde verschiedene Angriffe aus, bis der Hinterzug sich wieder gesammlet hatte. Dieser wurde von einem Theile der Cohorten zurück begleitet, welches den Feind nöthigte sich zu entfernen. Hierauf näherte sich Antonius einem kleinen Flusse, an welchem er seine Reuterey und seine Schützen zur Rechten und Linken der Legionen stellte. Als die

zubauen, und denselben zu verbergen, oder also zu verstellen, daß er von den Feinden nicht erkannt, und gleich dem Haupte des Crassus beschimpft werden möchte.

Florus Buch 4. Kap. 10.

(a) Die Pfeile der Parther waren sehr groß, ungemein steif, und trugen überaus weit. Nichts war fähiger eine schwere Infanterie zu Grunde zu richten. Sobald die Römer nach Asien kamen, wo es vortreffliche Bogenschützen gab, erkannten sie die Vorzüge derselben vor den Pfeilen, deren Wurfpfeile nicht so weit reichten. Ueberdieses führte der Veliter nur sieben mit sich, dahingegen der Bogenschütze achtzehn bis zwanzig Pfeile in seinem Köcher hatte. Sie errichteten daher abgesonderte Schaaren von Bogenschützen und Schleuderern, welche sie leichte Truppen * * *levis nannten. Diese gehörten nicht zu der Legion wie die leichten* armatura. *Fußknechte, die derselben einverleibet waren.

die ersten Cohorten durch waren, ließ er die Kranken und Verwundeten mit dem wenigen Trosse hinüber ziehen. Dann folgten die Infanteriecolonnen und endlich der Hinterzug. Hier machten die Parther ihren Verfolgungen ein Ende; sie erhoben die Tapferkeit der Römer bis an den Himmel, und versicherten sie, daß sie nicht weiter gehen würden. Diese verließen sich keinesweges auf ihre Versprechungen, und fuhren fort alle Vorsicht zu gebrauchen. Endlich erreichten sie nach einem sechstägigen Marsche das Ufer des Araxes, der das parthische Gebiete von Armenien trennte, dessen König ein Bundsgenosse der Römer war (a). Antonius musterte hier seine Armee, die er um zwanzig tausend Fußknechte und vier tausend Reuter vermindert fand, wovon die Hälfte durch Krankheiten aufgerieben worden. Dieser Rückzug von Phraata bis nach Armenien dauerte vier und zwanzig Tage, indem sie sich unaufhörlich herum schlagen mußten; Den Verlust ausgenommen, so sie durch die Unvorsichtigkeit des Gallus erlitten, war der Vortheil allemal auf ihrer Seite. Der Feind konnte den Schwerbewaffneten niemals beykommen, und wurde zurück geschlagen, so oft er sich an sie wagte. Wenn auch die Reuterey und das leichte Fußvolk, welche allemal zuerst ins Gedränge kamen, öfters weichen mußten, so erhielten sie doch gleich wieder

---

(a) Sie hatten zwar noch weit bis nach Syrien; allein sie waren hier in Sicherheit, obgleich der König sie wie alle andere verlassen hatte, als er den üblen Ausgang merkte, so daß Antonius mit seinen Römern allein vor Phraata zurück blieb.

der die Oberhand, sobald sie von den Cohorten unterstützet wurden. Die Römer hatten alles Ungemach auszustehen, das auf einem langen Marsche durch ein feindliches Land, zumal nach einem unglücklichen Feldzuge, wo alle ihre Bundsgenossen sie verließen, unvermeidlich war. Ob sie sich aber gleich in einem traurigen Zustande befanden, so brachten sie doch ihre Kranken und Verwundeten zurück, sie verlohren nichts von ihrem Trosse, als was sie aus Mangel der Lastthiere zurück lassen mußten, und konnten sich rühmen, daß wenn sie durch die Schuld ihres Generals Meden nicht eroberten, sie wenigstens die Parther überwunden hätten.

Anmerkungen.

Erster Abschnitt.

Dieser Rückzug kann weder in Absicht der Wegeslänge, noch der Stärke des Heeres, mit dem Xenophontischen verglichen werden, indem die Armee des Antonius weit zahlreicher war; hingegen waren die Parther wegen ihres Muthes und der Natur ihrer Waffen auch ganz andere Feinde als die Perser. Es war ein großes Glück für den Antonius, daß er zween Männer antraf, deren Rath ihm ungemein zu statten kam (†), und

---

(†) Einen dritten Retter fand er an einem alten römischen Soldaten, der seit der Niederlage des Crassus unter den

Florus, Buch 4. Kap. 10.

und ihn abhielt den Versprechungen der Parther zu trauen, welche ihn auf die Ebene locken wollten, wo sie ihm weit leichter die Lebensmittel abschneiden, und ihn mit größerm Vortheil hätten angreifen können. Crassus mußte seine Leichtgläubigkeit theuer bezahlen, indem er einem Verräther trauete, der ihm weißmachte, das parthische Gesindel würde nicht Stand halten, er aber durch die Beschleunigung seines Marsches die Vereinigung der feindlichen Macht hindern, und dem Krieg auf einmal ein Ende machen. Durch seine Ränke bewog er ihn das Ufer des Euphrats, der ihn deckte, und ihm die Zufuhr erleichterte, zu verlassen, und sich auf dürre Sandebenen zu wenden, wo er von allem entblößt war.

Plutarch, Crassus.

Die römischen Feldherren sind oft in der Ordnung des Antonius marschirt, und wie man auch den Ausdruck Quadratum agmen, verstehen mag, so läuft er immer auf das hinaus, was wir gemeiniglich das Viereck nennen. Wenn es mehr lang als breit ist, so bildet es zwo Colohnen mit einem Vortrab und einem Hinterzuge, welche den Zwischenraum derselben schließen: Geschieht aber der Zug mit der längern Seite der Vierung, so sind es Linien, deren Flanken bedeckt sind. Bey dieser Stellart hat man die Absicht auf alle Seiten Fronte zu machen. Crassus begieng bey seiner Anordnung den Fehler, daß er seine Reuterey schlecht benutzte, indem er die Turmen mit Cohorten vermischte. Auf

§. 4 Haupths.

ben Parthern geblieben war, und seine Landsleute vor den gefährlichen Anschlägen der Feinde warnte.

Auf diese Art konnte sie ihm wenig helfen, und war seinem Fußvolk im Wege. Der Ritter Folard hat seine Stellart mit Grunde getadelt, nur hätte er daraus keinen Beweis gegen die gevierte Anordnung ziehen sollen. Sie allein kann einen umringenden Angriff aushalten, und schickt sich insonderheit für ein schwaches Heer, das in großen Ebenen den Anfällen einer überlegenen Reuterey ausgesetzt ist. Da der Feind jeden Augenblick auf unterschiedenen Seiten anrücken kann, so muß man nothwendig bereit seyn, ihm überall die Spitze zu bieten, wie ich solches oben gezeiget und mit Beyspielen erläutert habe.

Ebend. Hauptst. 8. Abschn. 2.

Die vornehmsten Ursachen der Niederlage des Crassus waren die Mattigkeit seiner Infanterie, die er auf dem Zuge nicht geschonet hatte, seine Bestürzung und Schläfrigkeit, als bey den ersten Anfällen seine Leichtbewaffneten und Reuter zurück geschlagen wurden. Anstatt unbeweglich zu bleiben, hätte er die Turmen an der Spitze und dem Schlusse des Vierecks in stärkere Schaaren vereinigen, und sie blos mit leichtem Fußvolk durchstechen sollen. Beym Anzuge des Feindes hätten sie durch Cohorten unterstützt, auf ihn los gehen, und dieses Manduvre bey jedem neuen Versuche der Parther wiederholen müssen, ohne ihnen jedoch zu weit nachzusetzen. Der junge Crassus war des Tages zuvor das Schlachtopfer seiner stürmischen Hitze. Er wurde so weit auf die Seite gelockt, daß ihm die Hauptarmee nicht beystehen konnte: Er verlohr dabey mit seinem ganzen Commando das Leben. Plutarch sagt, die Parther hätten die Römer mit der Lanze angreifen

Crassus.

greifen und es versuchen wollen, ihre ersten Glieder zu durchbrechen: Als sie aber ihre dichte und gedrungene Stellung wahrgenommen, so hätten sie sich zurück gezogen, und dem Scheine nach zerstreuet, um ihre Ordnung zu trennen. Die Infanterie hätte also beständig diese Stellung behalten, die Reuterey aber sie nicht anders verlassen sollen, als um die Feinde zurück zu treiben, ohne sie zu verfolgen. Indessen wäre er immer gegen Carrhä vorgerückt, welches nicht mehr weit war und eine römische Besatzung hatte. Wenn Hr. Guischard, der sonst immer so richtige Einsichten zeiget, auf alle Fehler des Crassus Acht gegeben hätte, so würde er sein Unglück nicht, wie der Ritter Folard, der Wahl des Vierecks sondern dem schlechten Gebrauche zugeschrieben haben, den er davon machte.

Es scheint nicht, daß bey der Armee des Antonius Piken gewesen, und der Triarier wird hier eben so wenig als in den Commentarien des Cäsars und beym Tacitus gedacht (a). Es ist also augenscheinlich, daß man ohne dieses Gewehr die lebhaftesten Angriffe des Fuß-

---

(a) Indem sie mit den Pilen einrannten, und die vordersten zu Boden warfen, jagten sie alle in die Flucht. So drückt sich Appian * in der Stelle aus, wo er meldet, die Römer hätten das Schild abgebildet und die Parther zurück geschlagen. Es ist auch zu merken, daß er hier den Ausdruck ὑσσῷ gebrauchet, dessen Polyb sich ebenfalls bedienet, um die Pilen zu bezeichnen, und daß die Piken der Triarier bey diesem δόρατα heißen. Wenn die Römer Piken gehabt hätten, so wäre hier der Fall sie in die ersten Glieder zu ordnen.

* de bello parthico.

Buch 6. Kap. 11.

Fußvolks und der Reuterey aushalten kann. Ich berufe mich hier auf den Hrn. von Feuquierres, der ih- Memoires nen jederzeit entgegen gewesen, und behauptet hat, daß de Feu- ein mit Bajonetten verdammtes Bataillon, das zugleich Chap. 6. ein starkes Musketenfeuer macht, vollkommen geschickt sey, der Reuterey in der Ebene zu widerstehen. Die wahre Stärke des Fußvolkes liegt nicht sowol in den langen Waffen, als in einer gewissen Tiefe der Rotten, welche seinen Anlauf und seinen Widerstand vermehret. Es ist klar, daß ein Pferd das in vollem Jagen gegen eine Rotte von drey Mann anrennet, sie leicht umstürzet; fällt ein verwundetes Pferd mitten in die Glieder, so machet es eine Lücke, die sich immer mehr vergrößern muß, da die benachbarten und nachfolgenden Reuter sich schleunig hinein werfen, und den Rotten keine Zeit lassen, werden sich wieder zu schließen. Folglich wird die Unordnung zunehmen, und das geöffnete Bataillon umzingelt, eingestürzt und niedergehauen werden. Eine Linie von Bataillonen hat allemal Zwischenräume; denn wie klein sie auch seyn mögen, so kann man ihrer nicht entbehren, und wenn keine da sind, so werden welche bey dem Marschieren entstehen. Die Reuterey wird kleine Haufen abschicken, welche sich mit verhängtem Zügel in die Oeffnungen werfen, und indem die Schwadronen vorwärts angreifen, auf den Rücken und die Flanken fallen werden. Mit Cohorten von acht Gliedern ist dieses nicht zu befürchten. Wenn auch ein Reuter bis in das dritte oder vierte vordringet, so wird er doch nicht weiter kommen; Mann und Pferd werden bald hinfallen, und die Lücke ausfüllen. Da die ersten Soldaten der an den Riß stoßenden Rotten durch

die

die letzten zusammen gehalten werden, so können sie dadurch in keine Unordnung gerathen. Die kleinen Haufen, welche in die Zwischenräume einbringen, können weder auf den Flanken, noch im Rücken etwas ausrichten, indem nur zwey oder drey Glieder sich schwenken, und ihnen die Spitze bieten dürfen. Es ist bekannt, daß in der Schlacht bey Placenz die französische Reuterey von ihrer Infanterie nicht sobald getrennt war, als diese in die Flanken gefaßt, und von einigen Schwadronen zusammen gehauen wurde, die sie in eine greuliche Verwirrung brachten. Wäre sie abgerichtet gewesen sich nach meinen Grundsätzen zu formieren, so hätte sie diese schändliche Schlappe nicht bekommen, sondern sich wenigstens in guter Ordnung zurück gezogen. In dem Treffen bey Dzaait in Böhmen brachen die französischen Bataillonen in Viertelsgliedern zwischen Sümpfen hervor, um das Erdreich einzunehmen, wo sie sich in Schlachtordnung stellen sollten. Die Carabiniers und zwey Regimenter Dragoner hieben sich bereits mit einem Corps von zwey tausend östreichischer Küraßiers herum. Wären sie geschlagen worden, so würden die feindlichen Schwadronen die Spitze dieser Infanterie angefallen, und sie wie bey Placenz heimgeschickt haben.

Ich weis gar wohl, daß ein Kriegshaufen auch bey den tiefsten Rotten immer einen oder den andern schwachen Theil hat, sobald er auf mehrere Seiten Fronte macht; denn wenn er seine Flanken vertheidigen will, so schwächt er die Ecken seiner Spitze. Dieser Ungemächlichkeit ist anders nicht abzuhelfen, als wenn die Vorderrndauer ihre gewöhnliche Stellung beybehalten.

1742.

Der

Der Feind wird zwar an diesem Orte nur ein Glied gegen sich haben; allein dieser unvermeidliche Mangel ist bey einer hochstehenden Schaar lange nicht so erheblich, als bey einer seichten. Denn da die Soldaten, nach welcher Seite sie sich auch wenden mögen, einander wechselsweits unterstützen und beysammen halten, so ist ihre Masse um so viel dichter, da die Tiefe der Länge angemessen bleibt.

Es ist unläugbar, daß die Fußvölker ohne eine gewisse Höhe nimmermehr einer wohlangeführten Reuterey widerstehen werden. Eine dünne Mauer von drey Gliedern wird die gehäuften Anfälle verschiedener Schwadronen, die gleich den preußischen in vollem Galopp anrennen, nicht aushalten. Ihre Angriffe sind so lebhaft, so ungestümm, daß eine Infanterie viel Standhaftigkeit und Zuversicht auf ihre Stellung haben muß, wenn sie nicht wanken soll (a). Diese Betrachtung hat mich veranlaßt ein Reichgewehr zu ersinnen, das mit seinem eigenthümlichen Vortheil auch den

Vorzug

(a) Die französische und östreichische Cavallerie wird nunmehr auf gleiche Weise geübet. Jemehr die Reuterey an Güte und Behendigkeit zunimmt, destomehr wird die Infanterie die Schwäche ihrer dreygliederigten Stellart empfinden. Schon ist es so weit gekommen, daß ein Bataillon es für nöthig hält, sich auf die Erde zu werfen. Wir können es also noch wohl erleben, daß die Vollkommenheit einer Gattung Truppen die Mängel der andern aufdecken, und die Nothwendigkeit einer tiefen Stellung für das Fußvolk erkannt wird. Glücklich ist die Macht, die es zuerst wahrnimmt.

Vorzug des Feuers verbindet. Es ist eine neun Fuß, zwey Zoll lange Partisane, auf welche ein Flintenlauf eingeschäftet wird. Das Schloß ist zur Linken, weil man mit dieser Hand los drücken müßte. Das Gewehr läßt sich in der Mitte abnehmen, und kann gegen die Cavallerie in seiner ganzen Länge dienen: Es wäre auch hinter einer Verschanzung, in einem bedeckten Wage, und bey Ausfällen zu gebrauchen. Geht es an ein Feuern, und der Soldat darf nicht fürchten, daß ihm der Feind auf den Leib kommen werde, so bedienet er sich des Schießgewehrs vermittelst eines eingeschraubten Kolbens, und hängt den Rest des Schaftes auf den Rücken. Ich behalte mir vor, den mannigfaltigen Gebrauch dieses Gewehres, und die Art wie es in der Stelleordnung auszutheilen wäre, in einer eigenen Abhandlung zu beschreiben.

Dieser Einfall kann mich mit den Vertheidigern der Piken wieder aussöhnen; sie müssen sich aber nicht einbilden, daß ich ihnen damit gewonnen gebe. Ich stehe noch immer in der Ueberzeugung, daß gegen die Reuterey nichts dienlicher ist, als ein wohlvertheiltes Musketenfeuer, und daß das Bajonet ein bloses Nothbehülf, oder deutlicher zu reden, ein Nothgewehr seyn soll. Ist eine Schwadrone durch das Feuer eines Bataillons bereits zerrüttet und beschädiget, so muß der stachlichte Damm der Bajonette (a) sie allerdings aufhal-

---

(a) Unser dreykantiges Bajonet ist schwach und schlecht. Es sollte platt, zweyschneidig, in der Mitte mit einem *Arête Grät* oder Riemen versehen, und wenigstens fünfzehn Zoll lang seyn.

aufhalten. Die Kriegsgeschichte Ludwigs XIV. wimmelt von solchen Beyspielen sowol als von Gefechten, wo das Fußvolk, ohne zu feuren, mit aufgepflanztem Bajonet glücklich angriff. Der Ritter Folard mußte sie ganz vergessen haben, als er in seinem Buche von den neuen Entdeckungen behauptete, daß man ihm kein Exempel hievon anführen könne.

Zweyter Abschnitt.

In einer großen Schlachtordnung, welche mit Fußvolk und Reuterey vermenget ist, muß diese nicht warten, bis sie auf ihrem Erdreich angegriffen wird: Sie jaget dem Feinde wenigstens sechzig Schritt entgegen. Hat sie wie die, so auf dem eilften Kupfer des zweyten Bandes mit (1) bezeichnet ist, zur Rechten und Linken Infanterie, so wird ihr Feuer sie unterstützen, und der Feind keine Umflügelung wagen. Würde sie getrennt, so könnte sie sich im innern Raume des Vierecks unter dem Schutze der beyden Plessionen sammlen, welche vorrücken müßten. In dem Kupfer 14. Fig. 2. erstreckt sich die Reuterey bis an die Winkel. Diesem Mangel wird durch die Reserven abgeholfen, welche auf ihre Flanken treten, wenn sie vormarschieren soll. Man kann auch jeden Winkel mit einem Plesson, oder auch nur blos mit einer verdoppelten Cohorte verwahren. Doch wird bey einem großen Viereck, das wenig Reuterey hat, diese allemal am besten auf die Facen, und zwar also gestellet, daß sie zur Rechten und Linken

Tb. 4.
Haupst.
8. Abschn. 2.

Ebend.
Hauptst.
11. Abschnitt 2.

Infan-

Infanterie bekömmt, und diese letztere, wie bey der nachstehenden Figur, alle Winkel bildet. Erlaubt es

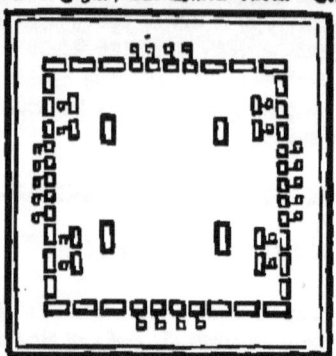

die Zeit, sie nach Belieben zu ordnen, so kann man sie ausrunden, welches die Unbequemlichkeit nicht hat, wie bey einem kleinen Vierecke von zwey Bataillonen, das die Cavallerie unterstützen, und jeden Augenblick eine lebhafte Bewegung machen soll.

Diejenigen, welche die Winkel der Vierung haben verbessern wollen, sind in andere weit erheblichere Fehler gefallen. Es giebt keine Stellart, die nicht ihre Stärke und Schwäche hätte. Der geschickte Taktiker verdecket diese letztere so gut als möglich, und wählet unter den verschiedenen Formen die minder fehlerhafte, das ist, diejenige, deren Vortheile einige kleine Mängel auslöschen. Dieses ist die Theorie: Dann kömmt es auf die Erfahrung und auf ein schnelles Augenmerk an, alle Mittel zu ergreifen, welche das Erdreich und die Umstände zur Verstärkung an die Hand geben. Es lassen sich hierüber keine andere als allgemeine Regeln ertheilen.

Unter

zur Kriegskunst. 97

Unter allen Figuren, die man zur Verbesserung des Vierecks ausgesonnen hat, würde ich die ausgeschnittenen Winkel der folgenden Zeichnung vorziehen. Al-

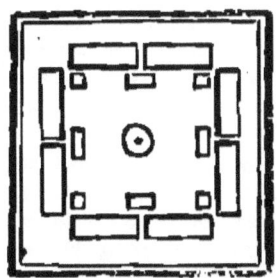

lein zu diesem Ende müßte man in einer gewissen Tiefe von wenigstens zehn bis zwölf Gliedern geordnet seyn. Die Ausschnitte könnten mit Kanonen bepflanzet, und ebenfalls mit gegenüber gestellten Leichtbewaffneten oder mit Granatier-Compagnien von innen her zugeschlossen werden. Da die Seiten nicht zusammen stoßen, so würden sie ganz leicht aus- und einrücken können. Diese Stellart hat eine große Vertheidigungskraft, und zugleich mehr Bewegbarkeit als irgend eine andere, welches in der Taktik ein beträchtlicher Vortheil ist.

Wenn die Packwägen in einem großen Vierecke beysammen sind, so müssen sie während des Marsches so lange darinn bleiben, als man bloß mit streifenden Partheyen zu thun hat. Nur müssen immer einige Truppen bey der Hand seyn, welche sie zurück treiben können; ist aber der Angriff ernstlich, so kann man sich auf irgend einer Seite damit bedecken. Auf die

III. Theil. G Art,

Art, wie ich sie stelle, lassen sie den weichenden Truppen alle Gemächlichkeit zum Rückzuge, und dienen ihnen zugleich zu einer Freystadt, wo sie sich wieder sammlen, und allenfalls einpferchen können.

Band 1.
Kupf. 14.
Fig. 2.

Die großen Vierecke sind fast nie so genau zugeschlossen, wie man sie auf den Kupfern vorstellet. Selten wird das Erdreich es erlauben; genug, wenn die Truppen der Spitze und des Nachzuges den Colonnen so nahe sind, daß sie die Zwischenräume decken können: Die Infanterie muß auch nicht zu gedrängt stehen, damit sie, ohne sich mit der Cavallerie zu verwirren, manduvriren und sich öffnen könne. Bisweilen ist das Erdreich auf irgend einer Seite zu einer Kreislinie geschickt. So war auch die Stellart, welche die Römer Orbis oder Zirkel nannten, nicht immer vollkommen rund. Cäsar, der auf einem Marsche von dem Vercingentorix angegriffen wurde, warf den Troß in den innern Raum seiner Infanterie, und stellte sie so, daß sie nach der Seite des Angriffs Fronte machte. Dieses war gewiß kein runder Kreis, denn der marschieret nicht, es sey denn, daß er in ein Viereck verwandelt werde. Das Manoeuvre des Cäsars in Africa, als er bey einer Fouragierung vom Labienus angefallen wurde, war blos eine Stellung mit zwo Fronten, die durch das Wort *Orbis* ausgedrückt ist.

Bell. Gall.
Lib. 7.

Man kann nicht leugnen, daß eine wohl eingerichtete Dierung große Vortheile habe. Ob sie gleich ihrer wesentlichen Beschaffenheit nach zu den Wehrstellungen gehöret, so enthält sie doch auch zum Angriffe viele Hülfsmittel, die bey den andern geschlossenen Ordnungen,

nungen, als dem Zirkel, dem Achteck und dem Ovalkreis, welchen einige Schriftsteller ohne Grund vorziehen, sich nicht so leicht finden laßen. Ich habe bereits erwiesen, wie wenig von dergleichen Spielwerken zu halten sey.

Der Herr von Santa Cruz stellt dem halben Monde den Ovalkreis sowol als das Viereck, und hinwieder den halben Mond diesen beyden Anordnungen entgegen. In der That ist der halbe Mond gegen den Ovalkreis und das Viereck sehr dienlich; allein diese leztern sind gegen den halben Mond ungemein schwach. Wir haben dieses in dem Treffen bey Alcazar gesehen, wo der König in Portugall aufs Haupt geschlagen wurde. Das Oval taugt hier noch weniger als das Viereck; es ist eine todte Stellart, die keine Bewegung hat. Eine weit vortheilhaftere Anordnung gegen den halben Mond, sind die verschiedenen abgesonderten Corps, deren die geschicktesten Feldherren sich bedienet haben. Tamerlan, jener berühmte Eroberer Asiens, den ich anzuführen vergaß, hat bald in allen seinen Schlachten diese Methode gebrauchet. Er machte eine Fronte von drey oder vier großen Corps, denen er einen Rückhalt beyfügte. Vor jeden Flügelhaufen stellte er einen starken Vortrab, und bisweilen gab er ihnen auch besondere Nachzüge. Der Vortrab that den Angriff; der Feind suchte ihn zu umzingeln; der Flügelhaufe kam ihm zu Hülfe, und der Nachzug streckte sich seitwärts, um ihn über zu hinterziehen. Dieser Fürst hatte seine Tartarn so gut als möglich abgerichtet; sie waren in lauter Corps von zehntausend Mann, welche

Band 2. Hauptst. 2

S. seine Geschichte durch Hn. Petit aus dem per- ins franz. übersetzt.

Toumans hießen, diese in besondere Schaaren von tausend, und diese wieder in Compagnien von hundert Köpfen abgetheilt. Einige waren mit Schilden, Säbeln und Pfeilen, andere mit Lanzen und Streitaxten bewaffnet: Einige hatten Netze, welche sie über die Feinde warfen; eine Erfindung, die das entfernteste Alterthum

Solydn. kannte * (a). Vor Tamerlans Zeiten konnten die Tartarn bloß herumstreifen; er aber lehrte sie im erforderlichen Falle zu Fuße fechten, und die Festungen nicht nur mit Leitern, sondern auch mit Sturmböcken und andern Maschinen angreifen. Man findet kein Beyspiel, daß er in dem Lauf seines langen und mit lauter Feldzügen angefüllten Lebens, in eigener Person geschlagen worden, oder von einer einzigen Stadt hätte abziehen müssen. Seine Taktik hätte nicht feiner seyn können, und schickte sich vortrefflich gegen zahlreiche Völker, wie die Russen, Perser und Mogulen, die sich mondsförmig stelleten. Er brachte sie alle unter das Joch, und demüthigte den Uebermuth des ottomannischen Kaisers Bajazeth, den seine Siege so stolz gemacht hatten.

Strabo Buch 13. . (a) Pittacus, einer der griechischen Weisen, bediente sich derselben in einem Zweykampfe gegen den Phrino, wie wir unten sehen werden. Die Römer hatten eine Art von Fechtern, welche davon Gebrauch machten; sie hießen

Lipsius. Retiarii, das ist, Netzwerfer. Diese Gewohnheit muß sich bey gewissen barbarischen Völkern in Asien erhalten haben.

Le Beau Hist. du Bas Empire. Tom. 10. pag. 1. Denn wir finden, daß die Ovaren welche unter dem K. Justinian I. Thracien anfielen, in der Linken Hand Netze führten, worinn sie die Feinde verstrickten.

Drittes

Drittes Hauptſtück.
Von den Lagern.

Erſter Abſchnitt.
Von der Lagerungsart der Römer. Ihre Vortheile: Bau ihrer Verſchanzungen; Urſache der Schwäche unſerer Lager.

Alle Völker des Alterthums hatten die Gewohnheit ſich entweder mit aufgeworfener Erde, oder mit Wagen zu verſchanzen, welches letztere die Gallier und die nordiſchen Barbaren zu thun pflegten (†). Die Perſer führten Säcke mit ſich, die ſie an dem Orte wo ſie gelagert waren, mit Erde oder Sand füllten, und zu einer Verſchanzung machten. Die Griechen deckten ſich mit einem guten Graben und einer verpfählten Bruſtwehr; man findet aber nicht, daß ſie dieſen Gebrauch zu eben der Vollkommenheit brachten, wie die Römer, welche es ihnen nicht nur in der Regelmäßigkeit ſondern auch in der Sorgfalt des Baues zuvorthaten. Die herrſchende Meynung daß ſie dieſe Kunſt von Pyrrhus gelernt, iſt grundfalſch. "Die

———

(†) Die alten Deutſchen, und die Bezwinger der römiſchen Monarchie, und die kriegeriſchen Gothen, haben ſich durch Verhaue verſchanzet.

Römer die sich nach dem Beyspiel ihrer Nachbarn im Felde verschanzten, richteten ihre Methode nach der Grundbildung der Legion ein. Polyb, der sie beschreibet, meldet nicht daß sie dieselbe von den Griechen gelernt haben: Er lobt sie vielmehr, daß sie die ebenen Plätze vorzogen, statt daß jene um sich die Arbeit zu ersparen, die stärksten wählten, welches ihre Lage allezeit unregelmäßig machte. Er sagt auch, daß sie weit bessere Pfähle dazu nahmen, als die Griechen (a).

Das Lager einer consularischen Armee, die aus zwo römischen und zwo bundsverwandten Legionen bestund, war vollkommen viereckigt. Die Truppen brauchten vermöge ihrer Stellart nicht mehr Bewegung, um sich auf diese oder jene Seite zu ziehen, und der General durfte nicht fürchten, daß der Feind seine Aufmerksamkeit theilen würde. Wollte dieser auch in eben dem Augenblicke drey falsche und einen wahren Angriff thun, so mußte er alle vier Facen gleich stark mit Infanterie besetzt finden. Die Reuterey, welche in der Mitte lag, war im Rückhalt, der bereit stund, aller Orten Hülfe zu leisten. Da jede Seite nur drey hundert sechs und dreyßig Klafter betrug, so sieht man, wie wenig Erdreich sie selbst in einem länglichten Lager von sechs hundert zwey und siebenzig Klaftern durchschrei-

---

(a) Frontin weis nicht, was er sagt, wenn er behauptet, daß die Alten vor Pyrrhus in getrennten Schaaren ohne Ordnung campirten, und keine andere Einfassung als die Ringmauren der Städte kannten. Alle Geschichtschreiber und schon Homer berichten das Gegentheil.

schreiten durfte (a). Mithin hatte der General alle seine Leute bey der Hand, und der Feind, der durch einen weiten Umkreis getrennt war, lief Gefahr durch einen Ausfall angegriffen und geschlagen zu werden, welches auch öfters geschehen ist.

Zwischen den Gezelten und der Verschanzung ward ein Raum von zwey hundert Fuß gelassen. Dieser Raum diente zu einem Behältniß für die Beute, die Gefangenen und das Vieh, so der Armee folgte. Wenn man einen Angriff besorgte, räumte man diesen Platz, um daselbst ungehindert manduvriren zu können. Eben
so

(a) Wenn zwo consularische Armeen zusammen fliessen, so vereinigten sich die beyden Lager in der Fronte. Ueberhaupt waren die Lager der Alten sehr gedrungen; allein nicht alle richteten sie so regelmäßig ein als die Römer. Die Juden haben wie sie in Form eines Vierecks campiret, wovon jede Seite drey Stämme begriff, die in Schaaren vertheilt waren, welche ihre besondern Paniere führten. Die Stiftshütte, die Leviten und die Häupter der Armee lagen in der Mitte. Ich habe schon oft angemerkt, daß dieses Volk unverbesserliche Kriegsregeln hatte. Im achten Buche der Cyropädie finden wir die Lagerungsart des Cyrus, welche der römischen sehr nahe kam. Sein Gezelt war in der Mitte; die Reuter und Streitwagen stunden rings umher, die Schützen an der Spitze und am Schluß der Cavallerie. Die Schwerbewaffneten besetzten gleich einer Mauer das ganze Lager, um die ersten Anfälle des Feindes abzuhalten, und der Reuterey sowol als den Wagen Zeit zu geben, sich zu rüsten. Das Haupt jeder Schaar hatte eine besondere Flagge auf seinem Gezelt, und die Gassen waren so eingerichtet, daß ein Haufen sich, ohne die andern zu stören, leicht bewegen konnte.

4 Buch Mosis Kap.
Band 1. S. 36.

so wurde in den Festungen ein leerer Raum zwischen der Mauer und den Häusern gelassen. Er war den Göttern geheiligt, um dieser Regel durch den Bewegungsgrund der Religion desto mehr Gewicht zu geben.

Die gewöhnliche Form der Lager ist viereckigt und regelmäßig; jedoch pflegte man sich auch nach dem Erdreich zu richten. Vornemlich wurde auf die Sicherheit vor der Bestreichung und den Wassergüssen, auf freye Zugänge, um die Truppen nicht am ausrücken und entwickeln zu hindern, und auf die Nachbarschaft von Waſſer, Holz und Futter geſehen. „Die Form, „ſagt Veges, beſtimmt deſſelben Güte nicht; doch hält „man diejenigen für die ſchönſten, deren Länge die Tiefe „um einen Drittheil übertrifft.„ Sterwechius beſchreibt uns in ſeinen Commentarien die Figur eines Lagers des Galba, welches halbrund * war. Es wird auch von abhangen und dreywinklichten Lagern geredet. Da die Alten nicht wie wir in einer Bankerſtonte campirten, ſo war ihnen an der Form des Lagers wenig gelegen; ſie richteten ſich nach der Natur des Erdreichs, und der Menge ihrer Truppen.

Buch. 3. Kap. 8.

* Semi-rotundæ.

Die Zuſammenſtoßung der Manipuln in Cohorten veranlaßte anfänglich nur einen kleinen Unterſchied in der Lagerungsform. Da die erſte Stellart eine gleiche Zahl der Manipuln, der Haſtarier, Principes und Triarier enthielt, ſo campirten drey Manipuln, und zwar eine von jeder Ordnung hintereinander, und hatten an ihrer Spitze eine Turme, welche ſich gegen die Gaſſe kehrte, die auf das Prätorium oder Hauptquartier führte. Dieſes wurde ſchon damals eine Cohorte genannt,

Kupf. 1. Fig. 1.

genannt, und der Dienſt ward hierdurch ungemein erleichtert. Wollte man ein mit Reuterey und Fußvolk vermiſchtes Commando anſchicken, ſo hieß es bloß die und die Cohorten, die und die Legionen ſollen marſchieren. Bey der Vereinigung der drey Ordnungen ward hierinn nichts geändert. Jede Legion behielt ihre zehn Cohorten und zehn Turmen. Jede Cohorte mußte in gleicher Stellart mit ihrer Turme campieren, außer daß ſie von keiner Gaſſe durchſchnitten war, welche ſonſt die Triarier und Principes von einander trennte. Da die erſte Cohorte zwo anderthalblich, ſo bekam ſie auch die gedoppelte Breite an Erdreich. Das Lager war durch zwo rechtwinklichte Hauptgaſſen, welche die Prätoria und Quintania hießen, gleichmäßig durchſchnitten (a). Unter den Kayſern campierten die prätorianiſchen Cohorten, und ihre Reuterey nahe bey dem Hauptquartier an der Stelle der Extraordinarier, von welchen keine Rede mehr war.

Hyginus de Caſtrametatione

In den Zuglagern* ward eine bloße Bruſtwehr von Raſen, mit einem beygefügten Pfahlwerk angelegt, oder ein Graben von fünf Fuß in der Breite und drey in der Tiefe ausgeworfen, ohne viel Kunſt an die Bruſtwehr zu wenden. In Raſtlagern aber, oder wenn der Feind nahe war, öffneten ſie einen Graben, von zehn, zwölf und mehr Fuß, nachdem es die Umſtände erfoderten (b). Die Tiefe betrug wenigſtens ſieben Fuß.

Campus de palliage.

(a) Man ſehe die Erklärung am Ende des folgenden Abſchnitts.

(b) Degeß ſagt, neun, eilf oder dreyzehn Fuß, bisweilen

Fuß. Die aufgeworfene Erde diente zu einer Erhö-
*Levée. hung *, welche mit untermischten Stämmen und
Baumzweigen befestigt oder mit Pfählen und Faschi-
*Sepibus nen * unterstützt wurde. Hierauf pflanzte man die
ductis.
*Berme. Pallisaden auf den Wallrand *; jeder Soldat mußte
eine und bisweilen zwo tragen, welches ein Mittel an
die Hand gab, das Lager sehr geschwind zu verschanzen (a). Oberhalb diesem Walle führten sie eine
Brustwehr mit Schießlöchern wie an den Mauren der
Festungen auf. Sie wurden von Rasen oder gestampf-
ter Erde erbauet, und mit Hürden verbunden. Oft
machten sie auch eine bloße Verkleidung von Flechtwerk,
welches stark genug war die Pfeile und Wurfspieße abzuhalten. Mehr brauchten sie zur Feldbefestigung nicht,
weil bey einem hastigen Angriffe die großen Maschinen
selten Dienste leisteten.

Wenn sie vor einer Festung Linien anlegten oder ein
Schutz-

-en siebzehn; nach Maßgabe der obwaltenden Gefahr. Er
schreibt die ungerade Zahl vor, welches eine Kinderey ist.
Cäsar bekümmerte sich wenig darum. Die Römer hatten
von den Egyptiern einen Aberglauben wegen den geraden
Zahlen geerbt, welche sie für unglücklich hielten. Daher
setzte Numa Pompilius bey Verfertigung seines Calenders,
ungerade Tage in alle Monate; bis auf einen welcher den
Höllengöttern gewidmet war. Diese Einrichtung setzte
ihn in große Verlegenheit; allein es war auch kein Spaß.

(a) An jedem Pfahle wurden zween oder drey scharfe
Zacken gelassen. Man pflanzte sie fest an den Fuß des
Walles oder der Brustwehr, und lehnte sie ein wenig nach
dem Felde zu. Sie waren also vereinigt, daß die Zweige
sich kreuzten, und die Spitzen heraus ragten.

zur Kriegskunst.

Schutzlager * bezogen, so pflegten sie mit den gewöhn- *Camp
lichen Vorsichtsanstalten noch andere zu verbinden. défensif.
Cäsar machte seine Gräben zwölf bis fünfzehn Fuß tief; Bell.Gall.
der Wall hatte zwölf in der Höhe; auf diesen ließ er L. 7. & s.
eine sehr feste Brustwehr mit Schießlöchern setzen, und
am Fuße der Brustwehr noch eine andere Reihe Pfähle
stecken, welche ebenfalls mit Aesten versehen waren.
In einer Entfernung von achtzig Schritten, die man
oft um die Hälfte verkürzte, wurden Thürme erbauet,
welches aufgeworfene Hügel in Form eines Hufeisens
waren, und die Verschanzung bestrichen.¹ Sie hatten Josephus
ebenfalls ihre Brustwehr mit Schießlöchern. Diese vom jüdi-
kreisförmigen Werke kreuzten ihre Schüsse, und flan- schen
kirten die Linie. Die Ballisten und Katapulte wurden Kriege.
auf dieselben gestellet; die kleinern Maschinen aber, als
die Scorpionen, Handballiste, und andere welche die
leichte Artillerie ausmachten, vornemlich auf die Zwischenwälle vertheilet. * Bisweilen gab Cäsar seinen *courti-
Thürmen verschiedene gezimmerte Stockwerke. Er nes.
verband sie auch vermittelst eines Ganges der von einem
Thurme zum andern reichte, und auf Pfeilern und
Streben ruhete. Es wurden Maschinen von mittlerer
Größe und verschiedene Arten von Schützen darauf
gestellt, welche durch eine Brustwehr von Hürden bedeckt waren.

Die Ausgänge des Lagers wurden mit Schranken
von starkem Flechtwerk geschlossen, welche man nach
Belieben wegnehmen und vorziehen konnte. Befürch-
teten sie einen Angriff, so fügten sie eine Rasenmauer
hinzu, die sich leicht umwerfen ließ, wenn sie einen
Ausfall

Ausfall thun wollten. Vor Cäsars Zeiten hatte man noch keine Thürme von mehreren Stockwerken, noch gedoppelte Brustwehren gesehen. Es scheint daß er der Erfinder davon war, und diese Vorsicht gegen die zahlreiche und hitzige Motion der Gallier für nöthig hielt.

Das Vertrauen, welches die Römer in ihre Lager setzten, war nicht, wie man etwa glauben möchte, auf die Beschaffenheit ihrer Waffen gegründet. Zu Cäsars Zeiten hatten sie keine Triarier mehr, und das Pilum war nur sechs bis sieben Fuß lang. Doch gebrauchten sie bey solchen Gelegenheiten ein sehr großes Reichgewehr, welches sie Mauerpilum* nannten. Nichts hindert uns, es auch bey uns einzuführen, und wenn man eine Verschanzung vertheidigen soll, so ist diese Vorsicht nicht zu versäumen. Die wahre Ursache der fast unüberwindlichen Stärke der römischen Lager ist, daß die Truppen in zehn oder wenigstens acht Gliedern fochten, und wenig Reuterey hatten. Vermittelst einer ganz leichten Berechnung wird sich ergeben, daß die bloße Infanterie eines in Schlachtordnung stehenden Heeres, noch mehr als die gedoppelte Länge einer Seite des Lagers betrug (a). Folglich konnten, wenn sie darinn blieben, alle Seiten stark besetzt werden.

Das Fußvolk einer heutigen Armee verhält sich in der Schlachtordnung gegen das Fußvolk einer römischen

* Pilum murale.

(a) Die Länge der zehn Manipuln Hastarier mit ihren Zwischenräumen, oder der in eine volle Linie vereinigten Principes und Hastarier war von zwey hundert zehn Klaftern, wobey die Triarier im Rückhalt stunden: folglich betrugen vier Legionen acht hundert und vierzig Klaftern.

schen, wie drey zu sehen. Allein das Verhältniß eines römischen Heeres zu einer Face seines Lagers war wie 2⅜ zu 1. und zu allen vier Facen wie 2⅜ zu 4. Das ist, es konnte den Umfang sieben Mann hoch besetzen; da wir hingegen kaum drey Glieder hinein brächten, wenn ich annehme, daß man sich auch im Rücken und auf den Flanken vertheidigen müßte. Ich habe die Veliten und Triarier nicht mitgerechnet, welche mit den Principes und Hastariern in eine Linie gestellt, die Schlachtfronte um anderthalb Drittheile vermehret hätten. Hieraus folgt, daß die Stärke eines heutigen verschanzten Lagers gegen einem römischen sich nur ungefähr wie drey zu zwölf verhalten würde.

Ich habe in dem ersten Bande dieses Werks dezeigt, daß die Römer oft Gefahr liefen in ihren Lagern überwältigt zu werden, und sich bloß durch Ausfälle gerettet haben: Was können wir also von den unsrigen, zumal von Circumvallationslinien hoffen? Unsere Stärke wird vermehret, wenn die Verschanzungen wohl geflügt sind, und die ganze Aufmerksamkeit auf die Fronte gerichtet ist. Gleichwol sind wir auch hier noch schwächer als die Römer in ihrem ganzen Umfange. Hiezu kömmt noch, daß, da wir uns dreymal weiter ausdehnen, es uns um so viel schwerer fällt, die Truppen von einem Orte zum andern zu bringen, und von den Reserven Hülfe zu bekommen.

Da wir gewohnt sind, in einer der Schlachtordnung gleichen Fronte zu campiren, so läßt sich leicht ermessen, wieviel Stärke wir in den Verschanzungen sowol als im freyen Felde erhalten würden, wenn wir

und acht Mann hoch ſtelleten. Die Prinzen von Oranien, welche von den Vertheidigern der verſchanzten Lager und der Linien ſo oft angeführt werden, fanden in dieſer Stellart ihre vornehmſte Stütze. Dennoch haben ſie in den niederländiſchen Kriegen nicht mehr ſpaniſche Verſchanzungen als die Spanier von den ihrigen eingenommen, weil die Stellart beyder Armeen dieſelbige war. Die Franzoſen verſchanzten ihre Lager nach eben den Regeln, aber mit weniger Sorgfalt und Kunſt als die Holländer und Spanier (†). Auch hier äuſerte ſich der unveränderliche Karakter der franzöſiſchen Nation, deren Lebhaftigkeit und ſtolzer Leichtſinn im Kriege wie in andern Sachen hervorſticht.

Kap. 6. Der Herzog von Rohan ſagt in ſeiner Abhandlung vom Kriege, daß der Prinz Moritz den Gebrauch der nach römiſcher Art verſchanzten Lager wieder aufgebracht, das iſt, daß er ſie verbeſſert habe; denn er machte ſie nicht ſo tief und campierte auch nicht in der nämlichen Ordnung. Sein Lager war ein langes Viereck, deſſen Ausdehnung mit der Fronte der Quartiere überein kam, und dreyhundert Fuß in der Tiefe hatte. Da die Truppen zuvor in Dörfern lagen die man Quartiere nannte, ſo behielt man dieſen Namen, um den von jeder Schaar eingenommenen Platz zu bezeichnen.

Stewins Caſtrametation. Eine Compagnie von hundert Mann beſetzte zwo Reihen, Feldhütten. Jede Reihe hatte zwey hundert Fuß

(†) Die Geſchichte des dreyßigjährigen Krieges lehret uns, daß auch die Schweden- und Deutſchen- es hierin den Franzoſen weit zuvorthaten.

Fuß in der Länge, und acht in der Breite. Sie wurde durch eine acht Fuß breite Gasse getrennet. Der Hauptmann campierte an der Spitze, die Marketenter am Schlusse. Der Oberste lag in der Mitte des Gliedes der Hauptleute; er hatte eine Breite von vier und sechzig Fuß inne, und hinter ihm trennte eine Gasse von gleicher Breite das Regiment in zween Theile. Die Reuterey campirete in gleicher Tiefe. Dieses Lager war mit einer Verschanzung eingefaßt, deren Verfertigung unter alle Truppen vertheilt wurde. Allein zwischen ihr und den Wohnungen ward ein leerer Raum von zwey hundert Fuß gelassen; wenn also das Lager vorne und hinten befestigt war, so kam eine Tiefe von sieben hundert Fuß heraus. Wir sehen, daß die Lagerungsart des Prinzen Moritz sich nach der Schlachtordnung richtete, welche damals nur in einer Linie stund. Vor Ludwig XII. verschanzten die Franzosen sich selten im Felde, weil sie wenig und dabey schlecht abgerichtete Fußvölker hatten, welche nicht den Grundstoff der Armeen ausmachten (a). Unter eben dieser Regierung wollte

(a) Man hatte zwar unter Carl V. darauf gedacht; weil dieser weise Fürst durch die Einsichten des Du Guesclin unterrichtet, gar wohl einsah, daß man den Franzosen Zeit lassen müsse sich von der Betäubung zu erhohlen, worinn die Unfälle der vorigen Regierung sie gestürzt hatten. Er befahl daher seinen Feldherren vortheilhafte Posten zu wählen, wo sie nicht zum Treffen gezwungen werden könnten, den Feind nach Möglichkeit zu beunruhigen, ihm die Lebensmittel, das Futter abzuschneiden, und ihm nicht eher eine Schlacht zu liefern, als bis sie

allen

wollte der Margraf von Mantua die Spanier hindern weiter in das Königreich Neapel einzubringen, und verschanzte sich am Flusse Carigliano, über den er eine Brücke schlug. Der Marschall Anna von Monmorency lagerte sich bey Avignon so vortheilhaft, daß der Kayser Karl V sich nicht getrauete, ihn anzugreifen, so gern er auch ein entscheidendes Treffen geliefert hätte, weil sein Heer durch den Mangel aufgerieben würde, welches ihn auch zum Rückzuge nöthigte.

Aus diesem und andern Beyspielen erhellet, daß man sich bloß in unvermeidlichen Fällen verschanzte. Ja die Armeen waren nicht immer in einer Bataillerfronte gelagert; oft bezogen sie einen Strich von benachbarten Flecken und Dörfern, wo sie sich leicht versammlen konnten. Dieses erforderte viele Wachen und setzte sie den Ueberfällen aus, wie solches dem Admiral Coligni bey Jarnac begegnete. Es scheint sogar nicht, daß das Beyspiel des Prinzen Moritz anfangs in Frankreich recht befolget wurde. Denn die Nachrichten aus der Regierung Ludwigs XIII. und der Minderjährigkeit Ludwigs XIV. lehren uns, daß die Armeen damals nur eine kurze Zeit campierten, und daß man noch der alten Gewohnheit folgte sie quartierweis zu vertheilen. In die Truppen hatten noch nicht einmal gewisse Regeln zum campieren. Hr Martinet, Obristlieutenant des Königlichen Leibregiments war der erste,

der

allen Vortheil auf ihrer Seite haben würden. Zuvor konnte man nichts als den Feind auffuchen, und bey dessen Erreichung mit wilder Hitze auf ihn anstürmen, ohne sich einen Rückzug zu versichern.

der seinem Corps die Art zeigte, die Zelte oder Bara- | Milice
cken nach regelmäßigen Reihen und Gassen einzutheilen, | franç. du
und die Waffen an die Spitze jeder Reihe bundweis auf- | P. Daniel.
zustellen: Es war in dem flandrischen Feldzuge von 1667.
Der König, der diese Methode schön fand, führte sie auch
bey den übrigen Truppen ein. Dieses ist der Zeitpunkt
der französischen Lagerkunst, welche bis dahin sehr unvollkommen gewesen. Damals hätten nur die Officiers
Zelte: Die Soldaten baueten sich Feldhütten, und erst
in dem durch den Ryswicker Tractat geendigten Kriege,
wurden ihnen Zelte ausgetheilet. Zu dieser Zeit war
die Infanterie schon auf fünf Glieder herab gesetzt, und
die Armeen lagerten sich bereits in zwo Linien.

Zweyter Abschnitt.

**Von der alten Feldbefestigung der Franzosen;
Verhalten der Römer, wenn sie in ihrem
Lager angegriffen wurden; Ordnung
ihres Dienstes, und Form ihrer
Lagerung.**

Die Kunst sich im Felde zu befestigen, mußte nothwendig in gleichem Schritte mit der Befestigung der
Plätze zur Vollkommenheit steigen. Ziska war nach
dem allgemeinen Vorgeben der erste, der die alte Methode mit Werken von seiner Erfindung vermehrte.
Dieser berühmte Heerführer der Hussiten, der den

III. Theil.   H   Kaisern

Kaisern manchen Angstschweiß auspreßte, und dessen Armeen, die fast aus lauter Fußvolk bestunden, sich zum Theil durch Kinder ergänzten, welche im Lager gebohren wurden, mußte sich nothwendig mit aller Sorgfalt darinn verschanzen. Freylich herrschte in der Befestigung noch nicht soviel Kunst als nachher ein de Ville, ein Vagem und andere geschickte Ingenieurs hinein brachten, welche den Hrn. Cochorn und Vauban den Weg gebahnet haben (a). Man begnügte sich mit der Tüchtigkeit und einigen Flanken zur Vertheidigung. In den langwierigen niederländischen Kriegen studierten die Holländer und Spanier dieses Fach eben so sehr, als die Kunst der Belagerungen, worinn die Holländer sowol für den Angriff, als für die Vertheidigung die Meister waren. Die Franzosen erlangten diese Geschicklichkeit bey weitem nicht. Es herrschte unter ihnen ein lächerliches Vorurtheil, welches den Fortgang der Vernunft wie gewöhnlich aufhielt. Die Infanterie war mit Adelichen und andern Leuten von guter Herkunst angefüllt, welche die Waffen trugen. Der zum Soldaten gewordene Bauer oder Handwerker, nahm ihre Denkungsart an, und hielt es für schimpflich in der Erde zu wühlen. Kaum wollten sie in den Laufgräben arbeiten. Sie verstunden sich nur deswegen dazu, weil Gefahr dabey war. Zu allen andern Werken mußte man Schanzgräber brauchen, welche von den Sol-

---

(a) Der Ritter Clairac hat die Feldbefestigung durch verschiedene sehr einfache Manieren, die Vertheidigungslinien also abzutheilen, daß die Schüsse sich auf der Oberfläche des Erdreichs ohne Lücke kreuzen, um ein großes verbessert. Man darf nur seinen Feld-Ingenier nachschlagen.

Soldaten mit schmählichen Uebernamen belegt wurden (a). Die Officiers, die wir Ingenieurs nennen, welche den Arbeiten vorstehen, waren wenig geachtet. Wenn einer von der Infanterie sich damit abgeben wollte, so wurde er von seinen Kameraden verspottet. Indessen war es doch das sicherste Mittel der Beförderung, weil gleich nach Vollendung der Arbeit ihr Nutzen ins Auge fiel, und man dadurch die Hochachtung des Generals erwarb, der sonst oft in große Verlegenheit gekommen wäre. Dieser falsche Wahn herrschte noch unter Ludwig XIII. Herr von Fabert (†) der ihn verachtete, machte sich eine Ehre daraus, bey allen Gelegenheiten als Ingenier zu dienen. Da die Officiers der Leibwache, worunter er Hauptmann war, ihm dieses vorwarfen, antwortete er: Sie hätten vermuthlich Lust lang auf ihrer Stuffe zu bleiben, er hingegen suchte alle erlaubte Gelegenheiten höher zu steigen. Noch vor weniger als dreyßig Jahren trugen die Franzosen gleiche Verachtung für die Partheygänger oder diejenigen, welche sich freywillige ausbaten, um gegen den Feind zu streifen. So wahr ist es, daß auch in Kriegssachen die Vorurtheile verschwinden, je nachdem die Vernunft sich aufheitert,

H 2 und

(a) Als der Marschall von Montluc in der Belagerung von Boulogne ein nöthiges Werk anlegen wollte, so konnte er keine Arbeiter finden. Endlich bewog er die Soldaten seiner Compagnie durch schweres Geld und eigene Handanlegung, sich damit abzugeben. Heinrich IV. nicht der erste, der im Jahr 1596. bey der Belagerung von Amiens die Soldaten Lasterweis bezahlen ließ. Buch. 1. B. S. 25.

(†) Nachheriger Marschall von Frankreich.

und daß dieses Licht beides, die Moral und die Künste bestralet.

So große Vortheile die Römer in der Form ihrer Lager fanden, so ließen sie es doch nicht bey den gewöhnlichen Werken bewenden. Sie vermehrten sie, wie ich oben gesagt habe, und suchten sich nichts destoweniger den Feind durch lebhafte Ausfälle vom Halse zu schaffen. Nachdem Germanicus bis an die Ems und den Wahlplatz des Varus vorgedrungen, zog er sich längs dem Meere zurück, mittlerweile daß Cecinna mit vier Legionen einen andern Weg nahm. Dieser ward angegriffen, und in einen zwischen Gebürgen liegenden Morast gesprengt; doch erstieg er schleunig eine Anhöhe, wo er sich verschanzte. Hermann* und Ingniomar griffen ihn hitzig an; plötzlich aber stürmten die Römer zu ihren Thoren heraus, fielen auf die Deutschen, und schlugen sie in die Flucht.

*Annal. Tacit. Lib. 1.
* Arminius.*

Galba, der Verweser des Elsaß, der im Wallistra Lande campirte, wurde von einem Schwarme Barbaren angegriffen. Er lief Gefahr überwältigt zu werden, als ein Tribun und ein Hauptmann ihm vorstellten, daß keine Rettung mehr zu hoffen sey, wenn er dem Feinde Zeit ließe, das Pfahlwerk umzureißen, womit er würcklich beschäfftigt war. Er glaubte ihnen, sammlete seine Macht, fiel zu allen Thoren heraus, und zerstreuete die Feinde, welche nicht mehr zum Vorschein kamen.

Die Waffen der Alten leisteten ihnen bey Stürmen und Posten Angriffen große Dienste. Mit ihren Schilden bedeckt, rückten sie in aller Sicherheit bis an den

Fuß

Fuß der Mauer oder an den Rand des Grabens vor, indeß daß die Bogenschützen auf die Besatzung der Brustwehr schossen. Da die Pfeile in der krummen wie in der geraden Linie trafen, so mußten sie den Vertheidigern sehr zur Last fallen. Es wurden auch Maschinen aufgeführt, welche Steine und brennende Wurfpfeile schleuderten. Bey einer förmlichen Berennung des Lagers, wurden wie vor den Festungen, die Erdschütte, Sturmschildkröten und Rollthürme gebraucht. Als Ambiorix den Cicero in seinem Lager nicht bezwingen konnte, umschloß er ihn mit einer Circumvallation, und hielt ihn lange belagert, bis Cäsar ihm Luft machte. Die Gallier hatten den Römern den Gebrauch der beweglichen Thürme, der Mauerbrecher, Böcke und der Sturmgänge abgelernet, deren sie sich bey dieser Gelegenheit bedienten. Als unter dem K. Vespasian, Civilis das Oberhaupt der rebellischen Bataver, das alte römische (a) Lager nicht mit Sturm ersteigen konnte, so umzingelte er es auf allen Seiten: Er ließ Sturmschildkröten * bauen, um den Graben auszufüllen und den Wall zu öffnen. Er ließ auch Rollthürme vorführen; weil aber diese Werke unförmlich und schlecht waren, so wurden sie durch die Ballißte und Katapulte der Römer gar bald zertrümmert (b).

* Bell. Gall.

* Vineæ

H 5 Die

———————————

(a) Es hieß es, weil es eines von den Lagern war, welche August auf den Gränzen erbauen ließ, um die Belgen, Bataver und übrigen Anwohner des Rheins im Zaum zu halten. Es war damals beynahe zerstöret, und die hierin geflüchteten Legionen besserten es in der Eile aus.

(b) Perfugæ euptiqique docebant ſtruere materias in cit. Lib. modum

Annal T.

Die gegenseitige Nachbarschaft der Lage und die Furcht vor den Ueberfällen machte die Verschanzungen unumgänglich nöthig. Heut zu Tage sind wir dieser Gefahr weniger ausgesetzt, weil die große Schußweite der Kanonen nicht erlaubt, daß zwo Armeen allzu nahe beysammen liegen; denn sobald sie einander beschießen können, wird eine von beyden in kurzem gezwungen ihre Zelte abzubrechen und sich weiter zurück zu ziehen. Wir finden in neuern Zeiten genug Beyspiele von Armeen, welche einander ganze Tage canonirt haben, bis endlich die, so am übelsten zugerichtet war, den Schluß gefaßt sich zu entfernen. Dieses geschieht, wenn zwey Heere zu gleicher Zeit zwo benachbarte vortheilhafte Stellungen nehmen, oder wenn ein General der sich in kein Treffen einlassen will, einen gegen allen Angriff gesicherten Posten faßt; da denn der Feind sich ihm so viel möglich nähert, in der Absicht ihn zu beunruhigen und zum Aufbruche zu nöthigen.

Da die stärksten Wurfmaschinen der Alten nicht über dreyhundert Klafter trugen, so konnte man einander lang im Gesichte stehen, ohne ein Treffen zu liefern. Ja es hatte auch wenig zu bedeuten, ob ein Paß oder eine Festung beherrscht wurde, wenn nur die Anhöhen außer dieser Schußweite lagen. Die Verschanzungen schützten sie vor allen Ueberfällen, und überhoben sie der Feldposten, so daß sie nur innerhalb längst den Wällen und bey den Thoren Wache hielten. Diese Ver-

---

modum pontis, non subjectis rotis propellere, et alii superstantes tanquam ex aggere praeliarentur, pars intus occulti muros subruerent.

Verrichtung gieng vornehmlich die Veliten an: Doch hatten sie auch jenseit des Grabens Nachtposten (a). Von jeder Legion mußten zween Manipuln, Principes, und eben so viel Hastarier die Sauberkeit des Lagers besorgen, und die große Gasse der Fronte rein halten, welche des Tages über der Sammelplatz der Armee war. Das Erdreich derselben mußte eben gemacht, gekehret und bey heissem Wetter angefeuchtet werden. Die übrigen Manipuln lieferten die Wachen des Gene-

Polyb. Buch 6.

(a) Lipsius hat diesen Punkt ohne Noth im Zweifel gelassen. Polyb scheint zwar blos von den innern Wachen der Verschanzung zu reden: allein er setzt hinzu ὅλων καϑ ἡμέραν τῶν χάρακα παραμυϑντες, welche des Tages über um den Wall postiert waren. Eine von diesem Alterthumsforscher beygebrachte Stelle des Festus ist nicht zweydeutig, und ergänzet sehr wohl was Polyb nicht gesagt hat. Procubitores dicuntur fere Velites qui noctu custodiæ causa ante castra excubiant, cum castra hostium in propinquo sunt. Vorposten hiessen die Veliten, welche des Nachts außerhalb dem Lager zur Wache ausgestellt werden, wenn das feindliche in der Nähe ist. Dieses war zur Sicherheit des Lagers unumgänglich nöthig. Veges berichtet uns, daß man auch Reuteren hinaus legte; equites extra vallum nocturnas excubias facere debent. Die Reuter müssen außerhalb des Walls Nachtwache halten. Aus verschiedenen Stellen des Livius und Tacitus erhellet, daß man wenigstens lauschende Partheyen, oder nach der heutigen Art zu reden, Patrollen ausschickte. Was die Thore betrifft, so ist gewiß, daß man die Wache derselben, so wie die andern Posten nach dem Gutbefinden des Generals mit Schwerbewaffneten verstärkte.

De militia romana Dialog. 9.

Buch 3. Kap. 8.

rals, der Unterbefehlshaber, des Quästors, und der Tribunen. Die Triarier durften bloß die Pferde der Reuterey bewachen, bey der sie gelagert waren.

Gegen Abend wurde die Parole * ausgegeben. Ein Soldat vom zehnten Manipul jeder Classe der Legion, als nämlich ein Hastarier, ein Princeps, ein Triarier, und ein Reuter von der zehnten Turme; verfügten sich zum Tribun, der den Dienst hatte. Dieser gab jedem eine kleine Tafel, worauf das Wort geschrieben war. Der Soldat brachte es seinem Manipul, dem er es in Gegenwart einiger Zeugen, die aus dem folgenden genommen wurden, überreichte. Dieser übergab es auf gleiche Art einem andern, und so gieng es bis zum ersten fort, welcher es dem Tribun wieder zustellte (a). Eben dieser Tribun ließ die Nachtposten aufziehen, und vertheilte die Stunden. Die Nacht wurde in vier gleiche Vigilien * abgetheilt, welche durch eine Wasseruhr angezeiget wurden. Beym Anbruche der Dämmerung wurden die Posten der ersten Vigilie oder Nachtwache ausgestellt. Diese Posten oder Stationen bestunden nicht wie die unsrigen, aus einer einzigen Schildwache;

* Nocturnum signum.

* Vigiliæ

(a) Diese Tafel, Tessera genannt, war von Holz, und ohne Zweifel mit einem Pergament überzogen, worauf der Befehl, den man geben wollte, geschrieben stund. Einer ähnlichen Tafel bediente man sich um die außerordentlichen Befehle auszugeben. Diese Täfelchen waren größer als die so bey der Runde dienten, wovon ich besser unten reden werde. Die Griechen befolgten eben diese Methode, und scheinen den Römern in der Form des Dienstes, in den Lagern sowol als in den Städten zum Muster gedient zu haben.

* Just. Lipf. de militia romana. Dialog. 9.

zur Kriegskunst.

wache; es waren wenigstens vier Mann beysammen. Alle Manipuln oder Cohorten mußten eine an der Spitze ihres Quartiers haben. Ein Tergiductor (a) führte die zur ersten Nachtwache commandirten Soldaten seines Manipuls zum Tribun, welcher ihnen eben so viel Täfelchen * gab, als Vigilien waren. Auf jedes war eine besondere Zahl gedruckt, welche die Stunde, und eine andere, die den Posten anzeigte. Sie mußten nach und nach bis zu denen fortlaufen, welche die letzte Nacht-Wache hielten. Von jeder Legion wurden vier Ritter zu den Runden, und zwar einer für jede Nachtwache ernannt, um welche sie das Loos zogen. Sie wurden ebenfalls zum Tribun geführt, welcher ihnen die Posten, die sie entweder innerhalb dem Lager, oder rings um den Wall besuchen sollten, schriftlich bezeichnete. Sie fiengen bey dem ersten Manipul der Triarier an, deren Hauptmann das Feldhorn * blasen ließ, um die andern zu benachrichtigen. Diese Station übergab dem Rundierer ihr Täfelchen, und so auch die übrigen. Die Runden der folgenden Vigilien geschahen auf gleiche Art, indem jede Station dem Rundierer das Täfelchen zustellte, so sie für ihn empfangen hatte (b). Des Mor-

* Tessa rula
* Bucedina
* Serrefile.

(a) Auf griechisch οὐραγός; ist eigentlich das, was wir Hintermann * oder Rottenschließer nennen; es waren immer auserlesene Soldaten.

(b) Wenn die Station der ersten Vigilie ihr Täfelchen dem Rundierer überreicht hatte, so gab sie die drey übrigen den Soldaten die sie ablösten. Diese stellten dem Rundierer das mit ihrer Nummer bezeichnete Täfelchen zu, und gaben die beyden andern denen, welche zur dritten

gens brachten die Ritter alle diese Täfelchen dem Tribun zurück. Wenn eines fehlte, mußte er gleich von welcher Station, und sobald man sie mit dem Rundreiter verhörete, ergab sichs, ob dieser sie nicht besucht hatte, oder ob sie selber schuldig war.

Man findet weder beym Polyb, noch anderswo den Lagerplatz der Veliten angemerkt. Lipsius hat mit Grunde gemuthmaßet, daß sie an der Verschanzung längs den vier Seiten campierten. Dieses ist ziemlich wahrscheinlich, weil dieser ganze Umfang ihrer Hut anvertrauet war. Es mußte also auch Täfelchen geben, wodurch man sich ihrer Wachsamkeit versicherte. Die Betrachtung des Kupfers wird die allgemeine Einrichtung des Lagers begreiflicher machen.

Erklärung des ersten Kupfers. Fig. 1.

A. Drctorium, oder Hauptquartier. Es waren ihm zweyhundert Fuß ins Gevierte zugemessen.

1. Wohnung des Quästors.
2. Wohnung des Generals der Reuterey, der unter dem Consul commandierte.

Zu Cäsars Zeiten war bey jeder Legion ein Unterbefehlshaber mit Innbegriff des Quästors, der eine mit anführte. Dieser hatte die Kriegskasse, die Proviantlieferungen, die Kleidungsstücke, die Waffen und Kriegsmaschinen zu besorgen.

B. Marktplatz. C. Quä-

ten Nachtwache kamen. Endlich übergaben diese bey ihrer Ablösung das letzte Täfelchen denen, die zur vierten bestimmt waren.

C. Quästurplatz.
D. Zelte der Tribunen, welche sechs an der Zahl bey jeder Legion stunden. Das Erdreich, so man ihnen zutheilte, glich an Länge dem Lagerplatze ihrer Legion, der ihre Zelte zugekehrt waren.
E. Hauptgasse der Fronte. Sie war hundert Fuß breit.
F. Eine fünfzig Schuh breite Gasse, welche die römischen von den allirten Legionen trennte.
   3. Die zwo römischen Legionen.
   4. Die zwo Legionen der Bundsgenossen.
G. Die große Mittelgasse des Lagers. Polyb gibt ihr nur fünfzig Fuß in der Breite.
H. Die Quintangasse * welche also hieß, weil sie die Legion unterhalb dem fünften Manipul durchschnitt. Ihre Breite war fünfzig Fuß.

   * Quinta.

Jedem Manipul und jeder Turme gab man einen Raum von hundert Quadratfuß für ihre Zelte und Gepäcke. Die Triarier hatten nur die Hälfte. Die Turmen (5) der Reuterey waren der senkrecht auf die Fronte laufenden Gasse zugekehret, welche zum Hauptquartier führte. Die Zelte der Triarier (6) welche rückwärts an die Reuterey stießen, machten auf die entgegen gesetzte Seite Fronte. Die Principes (7) machten gegen die Triarier Fronte, von welchen sie durch eine fünfzig Fuß breite Gasse getrennet wurden. Die Hastarier (8) waren rücklings an die Principes gelehnet.

  Da die allirten Legionen gleiche Lage hatten, so folgt daraus, daß ihre Reuterey gegen die römischen Hastarier Fronte machte, und daß ihre Hastarier das Gesicht gegen die Verschanzung kehrten.

                     Nach

Man wird sich erinnern, daß die Cavalerie der Bundsgenossen doppelt so stark war als die römische. Ein Drittheil wurde heraus gezogen, um unter dem Namen Extraordinarii bey dem General zu campiren. Dem ungeachtet gab man dem Reste nicht mehr Erdreich, als die römische Cavalerie bekam.

Die drey Manipuln der Hastarier, Principes und Triarier formirten das, was nachher eine Cohorte hieß, welcher eine Turme Reuter beygefügt wurde. Wollte man also eine ganze Cohorte, z. B. die erste (9) marschieren lassen, so bedurfte es eines einzigen Befehls, und nichts war leichter zu bewerkstelligen. Eben diese Einrichtung mußte folglich auch bey der letzten eigentlich sogenannten Cohortal-Stellung Statt finden, wie ich im Anfange dieses Hauptstücks gesagt habe.

Die Veliten (10) campirten auf dem innern Umriß des Lagers; ihre Zelte waren gegen die Verschanzung gerichtet.

I. Quartier der freywilligen Infanterie.

K. Quartier der freywilligen Reuterey, welche auf die Quästur- und Marktplätze stieß.

L. Quartier der aus den Bundsgenossen gezogenen Extraordinar-Cavallerie.

M. Quartier der Extraordinar-Infanterie, die nach der Verschanzung Fronte macht.

N. Ein leeres Erdreich, das für die neuankommende Infanterie und Reuterey bestimmt war. Es diente auch zur Niederlage der Maschinen, der vorräthigen Waffen, und der Mundbedürfnisse.

O. Das

O. Das Prätorial-Thor*, welches diesen Namen führte, weil es dem Eingang des Prätoriums gegenüber war. * Porta prætoria.

P. Das Decumantthor*, durch welches die Uebelthäter zum Richtplatze geführt wurden. * Decumana.

Q. Seitenthore. Lipsius nennt sie Principalthore (†), principalis dextra, principalis sinistra. Es gab also vier große und öffentliche Hauptthore. Ich habe immer gemuthmaßet, daß sie nicht die einzigen waren: Denn da die Römer bey ihren Ausfällen oft nur von einer Seite, und zwar an dem der angegriffenen Fronte am nächsten gelegenen Orte ausrücken konnten, so schienen mir mehrere Ausgänge unentbehrlich, weil ein einziger zu einem schnellen Ausfalle nicht hinreichte. Eine Stelle des Kaisers Leo bestätigt mich in dieser Meynung: Hier ist sie, wie Stewechius in seinem Commentar über den Vega sie beybringt. Ambitus fossati, sive castrorum quatuor portas majores & publicas habeat. Portulas autem complures parvas præterea. Der Umfang der Verschanzung oder des Lagers soll vier öffentliche Thore, und überdieses noch viel kleine Pförtchen haben. Da dieser Kaiser die alten Gebräuche hervorsuchte, so hat man Ursach zu glauben, daß das was er hier vorschreibt, in den ältern Jahrhunderten üblich war. De Bell. co apparatu. C. IL Nro. 15.

Obgleich Polyb sagt, daß die rücklings aneinander gekehrten Manipuln der Triarier, so wie die Manipuln der Hastarier und Principes sich auf dem Erdreich berührten, so habe ich sie doch in meinem Plane von einander

---

(†) Beym Festus führen sie gleichen Namen.

anber getrennet. Ich bin weder dem Texte, noch dem Ausleger buchstäblich gefolget. Erstlich, weil man sie auf diese Art besser von einander unterscheidet; zweytens, weil von einem Manipul zum andern entweder hinten oder auf den Seiten, natürlicher weis kleine Gassen zum Durchgange seyn mußten.

Ich habe die Lagerungsform der Bundsgenossen den römischen Legionen ähnlich vorgestellet, weil sie sich auf gleiche Art nach Manipuln ordneten, und nach Abzug eines fünften Theils der Infanterie für die Extraordinarier die nämliche Zahl wie bey der römischen Legion übrig blieb. Was die Cavallerie betrifft, so brauchte sie, wenn ein Drittheil für die Extraordinarier davon abgieng, nicht mehr Erdreich als die Reuterey der römischen Legion, weil die Reuter der Bundsgenossen weniger Troß als die römischen Ritter hatten. Indessen sagt doch Polyb, daß man ihnen ein wenig mehr Tiefe gab.

Dieser Schriftsteller meldet auch, daß die Zelte der Tribunen, welche eine Linie ausmachten, gleich weit von einander abstunden; es ist mir aber viel wahrscheinlicher vorgekommen, daß der Lagerplatz der sechs Tribunen nicht mehr Breite hatte als die Legion. Auf diese Art sind nach dreyen der großen auf den Markt und den Quästurplatz stoßenden Gassen, Zugänge vorhanden, welche für den Durchlaß und die Zufuhren unumgänglich nöthig waren.

Der Platz des Quästors, welcher im Lager mit Q bezeichnet ist, war für den Kriegs- und Bundsvorrath be-

beſtimmt; im Nothfall aber griff man auf das Erdreich N, dafern es leer war. Wenn zwo conſulariſche
Armeen in einer Verſchanzung beyſammen completirten,
ſo ſtießen ſie auf der Seite, wo die Extraordinarier von
beyden Theilen zu ſtehen kommen ſollten, das iſt, mit
dem Rücken des Lagers zuſammen. Es äußert ſich
beym Polyb eine Zweydeutigkeit, welche in Abſicht der
Lagerfronte einen Irrthum veranlaſſen kann; Man
weis nicht, ob er die Seite der Tribunen, oder die
entgegen geſetzte meynet; Es iſt aber gewiß, daß der
Schluß des Lagers hinter dem Prätorium war.

Dritter Abſchnitt.
Von den Vortheilen der Feldverſchanzungen. Anmerkungen über dieſen Gegenſtand, und über die Art ein Lager auszuſtecken. Vorſchriften über den Angriff und die Vertheidigung.

Ob man gleich nicht ohne die äußerſte Noth in den
Verſchanzungen bleiben, und den Angriff darinn erwarten ſoll, ſo iſt es gleichwol eine ſehr kluge Vorſicht,
wenn man ſich in der Nachbarſchaft des Feindes verſchanzet. Es ſchützet vor Ueberfällen, und erhält den
Soldaten in der Uebung zu arbeiten. Allein die Linie
muß breite und mehrere Oeffnungen haben, damit
man in einer ſtarken Fronte hervorbrechen könne, wenn
man ausrücken, und ſich in Schlachtordnung ſtellen,

oder im Fall eines Angriffes, sich die Unordnung des Feindes zu Nutze machen, und ihn auf seinem Rückzuge verfolgen will.

Alle unsere Schriftsteller des sechzehnten und folgenden Jahrhunderts bringen stark auf diese Regel. Man darf nur des Herzogs von Rohan Abhandlung vom *Kriege* und in den Werken des Brantome seines Bruders Bourdeille* kurzen Begriff der Kriegskunst nachschlagen. Die Preußen haben itzt die Gewohnheit ihr Lager, gleich den Römern, auf allen Seiten zu verschließen, um sich vor den Ueberfällen und Streifereyen der leichten Truppen zu schützen, welche bey den östreichischen Armeen so zahlreich sind. Da sie auf allen Seiten häufig umher schwärmen, so ist es auch bey der vortheilhaftesten Lage schwer zu verhindern, daß sie nicht von hinten her eindringen. Dieses Mittel hilft auch dem Ausreißen vorzubeugen (a).

*Traité de la guerre par le D. de Rohan.
*Abrégé de la guerre par le Seign. de Bourdeille.

Der Graf von Sparre will die Cavallerieflügel mit Fußvolk vermischen, den Zeuggarten* in verschiedene Divisionen vertheilt, hinter die zwote Linie verlegen, und jeder Brigade leichte Truppen* zugeben, welche die Vorposten besetzen sollen. Des Abends läßt er die Piketer der Armee bis auf zwölf Mann vorrücken, welche er zur Handhabung der Mannszucht im Lager zurück behält. Von dieser Art sich zu bewachen, habe ich anders-

*parc d'artillerie.
*Troupes de Campagne.

(a) Zuweilen haben die feindlichen Hussaren bey einem dicken Nebel an der Spitze der französischen Lager einige Standarten weggenommen: Ein schimpflicher Zufall für ein Regiment, dem es begegnet, wovor man aber in einem verschanzten Lager sicher seyn könnte.

anderswo geredet, und freue mich, daß meine Gedanken mit den Vorschriften dieses Generals übereinstimmen.

Man muß sich also lagern, daß kein Theil vom andern getrennt sey, oder doch ungesäumt gute und breite Zugänge öffnen. Diese alltägliche Regel würde hier überflüßig seyn, wenn man sie nicht öfter aus Nachläßigkeit, als aus Unwissenheit außer Acht ließe. Im Jahr 1671. lagerte sich Montecuculi im Angesichte des Turenne am Mayn. Da er sehr spät eintraf, so gieng er zur Ruhe, und überließ dem General-Quartiermeister die Besorgung des Lagers. Der Officier, der die Wachen ausstellte, bemerkte, daß ein starker Bach mit unwegsamen Ufern die beyden Flügel trennte. Er hinterbrachte es sogleich dem Feldmarschall, welcher sein Lager veränderte. Hätte Turenne Zeit gehabt, diesen Fehler wahrzunehmen, so würde er einige Truppen an den Bach postiert, mit aller seiner Macht einen Flügel angegriffen, und denselben in solcher hülflosen Lage unfehlbar geschlagen haben. ^{M. de Charagnas p. 222.}

Es kann sich ereignen, daß eine Armee, wie die Alliirte vor der Schlacht bey Rocoux auf dem Jecker, an den beyden Ufern eines Flusses gelagert ist. In solchen Umständen muß man viel Vereinigungs-Brücken, und an den beyden Spitzen Redouten haben, um im Nothfall den Rückzug zu decken; denn der Feind mag die Armee angreifen, oder den Augenblick erwarten, wo sie eine Bewegung zum Aufbruche macht, so ist diese Lage allzeit vieler Gefahr unterworfen. ^{1745. Band 2. S. 115.}

Es ist weit besser gar keine als schlechte Verschanzungen haben, weil die Truppen ihr Vertrauen darauf setzen, und wenn sie erstiegen sind, alles verlohren geben. Ich habe schon anderswo gesagt, daß diese Vorsicht eine Schwäche verräth und den Muth vermindert. Diese Meynung liegt zwar in der Natur des Menschen; sie rührt aber auch mit von dem seltenen Gebrauche der Verschanzungen her: Die Römer dachten nicht wie wir, weil sie gewohnt waren, sich auch bey einem kurzen Aufenthalt in allen Lagern zu verschanzen. Die erstaunlichen Arbeiten der siegreichen Soldaten des Cäsars verminderten weder ihre Kühnheit, noch ihre Zuversicht. Ein verschlossenes Lager wäre also ein wirklicher Vortheil; wenn es nämlich nach der von mir angenommenen Methode, entweder mit Redouten, oder mit offenen Verschanzungen befestiget würde.

Als der Prinz von Oranien bey Neerwinden wider sein Vermuthen angegriffen ward, hatte er keine Verschanzungen, sondern, fieng erst bey Erblickung des französischen Heeres an, darauf zu denken. Er ließ die ganze Nacht daran arbeiten; und diese in der Eile ohne Pallisaten verfertigte Werke konnten nichts anders als höchst elend seyn. Sie beraubten ihn auch des Vortheils, zwischen den Dörfern Neerwinden und Neerlanden, woran er sich lehnte, hervorzubrechen, wovon das erstere nicht eher als nach drey überaus blutigen Angriffen erobert wurde. Ueberdieses hinderten sie ihn die Reuterey seines linken Flügels, die wegen des engen Erdreichs unthätig bleiben mußte, mit Nutzen zu gebrauchen. Die ganze französische Infanterie, einige Brigaden

Journal dieses Feldzuges

Brigaden ausgenommen, hatte man, zum Angriffe der beyden Dörfer, auf die Flügel geworfen. Die Reuterey stund in vier Linien mit dem Reste des Fußvolckes in der Mitte, welches zwischen dem ersten, zweyten und dritten Cavallerietreffen zwo Linien formierte. Hätten die Feinde vorrücken können, so wäre diese letztere Stellung sehr schlecht gewesen; ich bin aber auch überzeugt, daß in diesem Falle der Marschall von Luxenburg sie nicht gewählet hätte.

Die Bauart der römischen Verschanzungen war unendlich besser als die unsrige. Wir begnügen uns, die aus dem Graben gezogene Erde aufzuhäufen, und sie für die Brustwehr fest zu stampfen: Ob auch schon unsere Pallisaden sehr plump sind, so haben sie doch weniger Stärke. Wenn man Zeit und Materialien hat, so muß man außer dem Pfahlwerke der Brustwehr, zwanzig Schritt vor dem Graben noch eine Reihe Pallisaden stecken, welche in einem Winkel von 40 Graden abgebacht, und mit Queerhölzern verbunden seyn müssen. Man kann auch einen Vorgraben, oder Wolfsgrube *palta.* machen, welche mit leichten Hürden, und etwas darauf geschütteter Erde zugedeckt werden, oder auch zwischen den beyden Gräben dergleichen Gruben auswerfen. Vor den ersten kann man starke mit drey eisernen zwey Zoll langen Spitzen versehene Pfähle pflanzen, welche zween Fuß tief im Boden stehen. Das Erdreich wird mit beschlagenen Sturmeggen* oder mit dicken Bohlen* *hersea.* belegt, die mit eisernen Stacheln besäet und wohl befestigt werden (†). Diese Hindernisse können anders nicht

(†) In solchen Fällen könnten auch die Fußangeln gute Dienste leisten.

nicht überstiegen werden, als wenn man starke Hürden darauf wirft. An verschiedenen Orten würde ich einen Vorrath von allerhand Werkzeugen und spanischen Reutern bereit halten, um den durch den Feind gemachten Riß nach dessen Vertreibung sogleich zu verstopfen.

Ein verschanztes Kriegsheer hat tausenderley Mittel seinen Widerstand zu vermehren: Das wesentlichste aber ist die Stärke der Befestigung, und die Stellung der hinter ihr befindlichen Truppen. Wenn der angreifende Theil durchgedrungen ist, so muß er eilends einen Stützpunkt wählen, um nicht von den Feinden, welche rechts und links auf ihn los stürmen, in die Flanke gefaßt zu werden. Am besten thut er, wenn er einen an die Linie gelehnten doppelten Galgen bildet. Jenachdem seine Truppen einrücken, werden die Seiten verlängert und die Fronte ausgedehnet. Er muß auch längs der Brustwehr einige Mannschaft mit kleinen Feldstücken vertheilen. Indem er also vorrückt, ebnen die Arbeiter die Verschanzung ein, um der Reuterey einen breiten Durchlaß zu öffnen. Sieht alsdann die Infanterie sich unterstützt, so muß sie vormarschieren, um alle noch zusammen haltende Truppen zu zerstreuen, oder die Redouten der innern Verschanzungen anzugreifen, wenn welche vorhanden sind. Diese Anordnung ist unstreitig allein geschickt, die Angriffe der Reserven zurück zu treiben, welche gemeiniglich die eingedrungnen Truppen mit Ungestümm anfallen. Von A bis B muß man Arbeiter stellen, und sich mit der Oeffnung einer einzigen Polygonfronte nicht begnügen.

Die ersten Truppen, welche in eine Verschanzung fallen,

Kupf. 1.
Fig. 2.

Fig. 1.

fallen, sind immer in Verwirrung, und man muß sich wundern, daß sie nicht alsbald zurück geworfen werden. In der That sollte dieses geschehen, wenn die Vertheidiger nicht betäubet wären. Allein der Schrecken überfällt sie, sobald sie die Brustwehr ein wenig niedergerissen, und den Feind auf derselben erblicken. Hierdurch findet er Zeit die obenerwehnten Verfügungen zu treffen, um innerhalb der Linie Stand zu fassen. Zu diesem Ende müssen alle höhere und selbst die niedern Officiers der Angriffstruppen von allem unterrichtet seyn, und die Anführer gleich mit der ersten Mannschaft innerhalb der Verschanzung vorrücken. Ist diese einmal erstiegen, und die Truppen dringen haufenweis hinein, so werden sie bey guten Veranstaltungen sie auch behaupten, und die ersten Anfälle des Feindes zurück schlagen, welcher sich in kurzem zum Abzug anschicken wird. Greift man eine Circumvallation an, so muß man die Truppen in Ordnung halten, sie hindern nach der Stadt zu laufen, noch sich der Plünderung wegen zu trennen, sondern immer in Schlachtordnung längs der Linie hinziehen, bis der Feind gänzlich daraus vertrieben ist.

Es ist immer gut, wenn man den Angriff durch ein starkes Kanonenfeuer vorbereitet, welche die Brustwehr niederschießt, und die Streichlinien * zu Grunde *défenses* richtet. Man kann auch einige Stücke aufführen, welche ein Prellfeuer machen, und die anzugreifende Fronte nach der Länge bestreichen. * Dieses muß vor- * enfiler. nemlich gegen die dichten und kurzen Verschanzungen geschehen. Von dieser Art sind diejenigen, welche die

Kehl

Kehlwege zwischen den Gebürgen zuschließen. Ist aber ihr Umfang groß, das voranliegende Erdreich flach und offen, kann man die Aufmerksamkeit des Feindes durch unterschiedene Angriffe theilen, so wird das Kanonenfeuer minder nöthig; denn bey nächtlichen Anfällen thut es keinen sonderlichen Schaden, und dennoch ist diese Zeit, besonders vor der Morgendämmerung, am bequemsten zu dergleichen Verrichtungen, weil man seine Bewegungen und Anstalten am besten verbergen kann. Bricht alsdann der Tag an, und das Werk ist angefangen, so ergibt es sich, was zu dessen Vollendung am dienlichsten ist. Wollte man bey solchen Gelegenheiten Kanonen brauchen, so wäre es besser, sie bey den falschen als wahren Angriffen spielen zu lassen, weil sie die Aufmerksamkeit des Feindes noch mehr auf diese Seite ziehen würden. Wenn er sich aber doch nicht berücken läßt, so hat man immer einen Vorsprung, und ein Mittel mehr, um in dieser Gegend einzudringen. Deswegen müßte man hieselbst eine hinlängliche Anzahl Truppen, und einen Vorrath von Hürden, Maschinen, und Werkzeugen bey Handen haben. Es geht bey diesen Gelegenheiten wie bey den Belagerungen, wo die blinden Angriffe bisweilen die wahren abgeben, wenn es sich zeiget daß der Widerstand allda schwächer seyn würde.

Der Marschall von Vauban gibt den Rath, daß man den Feind verschiedene Tage vor dem Angriffe durch beständige Lermen ermüden soll. Ist er unerfahren genug, um sich hierdurch täuschen zu lassen, so werden seine Truppen matt und schlaftrunken seyn.

Wenn

Wenn die Lage des Feindes und die Natur des Erdreichs, den Angriff auf eine oder die andere schmale Fronte, als von drey bis vier Courtinen einschränkte, so kann man statt bey einem offenbaren Sturme Schaden zu leiden, Erdschütte aufwerfen, und grobe Stücke darauf führen, um die Streichlinien der Verschanzung zu zerstören, sie selbst über den Haufen zu werfen, und hierauf mit weniger Gefahr anzugreifen. Diese Werke müssen des Nachts durch eine zahlreiche Mannschaft erbauet; und die Arbeiten wohl ausgetheilt werden (a).

J 4 Die

(a) Man kann sie wenigstens in zwo Nächten zu Stande bringen. Ein hinlänglicher Vorrath von Schanzkörben, Faschinen, und andern nöthigen Materialien muß zuvor in Bereitschaft seyn. Hätte der Marschall von Villeroi bey Chiari diese Vorkehrungen gemacht, so hätte er keine so schmähliche Schlappe bekommen, und der Prinz Eugen wäre genöthigt gewesen, seine Verschanzungen zu verlassen, worinn er zwischen Chiari und der Bajona postiert war. Allein der Marschall verachtete voll stolzen Eigendünkels die Warnung des Hrn. von Catinat, und wollte wie der Ritter von Belleisle bey Assiette auf französische Manier, das ist, hastig und ohne Vorsicht angreifen. Die Truppen zeigten wie gewöhnlich den besten Willen, und näherten sich der Verschanzung auf fünfzig Schritte. Hier war es, wo der Tod sie erwartete. Vier und zwanzig deutsche Bataillonen, welche hinter der Brustwehr auf einem Knie lagen, fuhren plötzlich auf, und ein greßlicher Hagel von Musketenkugeln und Kartetschen stürzte zwey tausend Franzosen zu Boden. Ein zweyter Versuch diente blos ihren Verlust zu vermehren, ohne daß der Feind auch nur zehn Mann einbüßte. Der Marschall nahm mit dieser Lection vorlieb, und zog sich zurück.

1701.

Hist. du Prince Eugene, Tom. I. pag. 334.

Die Erdſchütte müſſen achtzehn bis zwanzig Fuß hoch ſeyn. Oben wird eine Bruſtwehr mit Schießſcharten, * Bettungen * von ſtarken Bohlen, und hinten eine Apparelle * (†) angebracht, um die Kanonen hinauf zu führen. Da dieſe Batterien höher liegen als die feindlichen, ſo müſſen ſie die ſeinigen zerſtören, und ihn äußerſt mißhandeln. Man muß ſie auf die ausgehenden Facen des Edgenwerkes richten, ſo werden ſie die Streichlinien von einer Seite nach der Länge, und die andere ſowol als den Zwiſchenwall * ſchräg beſchieſſen (a). Dieſe Methode iſt zur Zerſtörung der Bruſtwehr und des Pfahlwerkes die beſte.

* plateformes.
* Rampe.

* courtine.

Wenn die Erdſchütte dauerhaft ſeyn ſollen, ſo müſſen ſie denen gleichen, welche die Alten bey Belagerungen gebrauchten; das iſt, die Erde muß mit aſtigten Baumſtämmen vermiſcht werden. Die Fronte und Flanken müſſen etwas Löſchung haben, und mit Faſchinen verbrämt, dieſe aber mit ſtarken Pfählen geſpickt ſeyn. Außer den Kanonen kann man ſie auch mit Haubitzen beſetzen, und einige Bombenbatterien darauf anlegen. Die Erdſchütte und andere Batterien müſſen durch eine hundert und zwanzig Klafter vom Graben

---

(†) Ein abſchüſſiger Weg von ungefähr 12 Fuß in der Breite.

(a) Wenn die Linien baſtioniret, das iſt, mit baſteyförmigen Zacken erbauet wären, ſo müſte man die Batterien auf die Verlängerung der Flanke richten. Da weder der Courtinwinkel * noch der Schulterwinkel niemals gerade ſind, ſo werden die Facen und der Zwiſchenwall ſchief beſchoſſen werden.

* l'angle de flanc.

Graben gezogene Parallele unterstützt werden; es sey
denn, daß einige Anhöhen, Hohlgräben oder Vertiefungen einen nähern Stand erlaubten. Sie muß also
gemacht seyn, daß die Reuterey hindurch setzen kann.
Bey dieser Gelegenheit darf man sich nicht, wie in Belagerungen, der Schanzkörbe bedienen, sondern nur eine
Linie von Faschinen anlegen, auf welche die Erde geworfen, und hinlänglich ausgegraben wird, um darhinter
gesichert zu seyn. Die Brustwehr muß eine innere und
äußere Apparelle haben. Diese Angriffsform kann nicht
nur gegen gewisse verschanzte Lager, sondern auch gegen
diejenigen dienen, welche unter den Kanonen einer Festung angelegt werden. Der Ritter de Ville redet von
Katzen* die man im Feld aufwirft, um die erhabensten   * Cavaliere.
Oerter einer Stadt zu beschießen. Bey der Belagerung
von Werne banten die Spanier eine von neun und drey-   Strada.
ßig Fuß in der Höhe, und Alexander Farnese that ein
gleiches vor Mastricht. Diese alten Gebräuche, woran   1579.
man nicht mehr denkt, könnten im ereignenden Falle
mit Nutzen hervorgesucht werden. Um dergleichen Katzen zu erbauen, muß man zuvorderst sechs Fuß außerhalb ihrem Umrisse, eine Breite von fünfzehn bis achtzehn
Schuhen aufwerfen. Diese dient zur Schulterwehr,
und so wie sie empor steigt, wird auch der Schulthügel
erhöhet. Auf solche Art sind die Arbeiter bis zur Vollendung des Baues in Sicherheit.

    Wenn man aller angewandten Mühe ungeachtet die
Verschanzung nicht erobern kann, oder nach deren Ersteigung wieder heraus getrieben wird, so läßt man die
Infanteriereserven vorrücken, um die in Unordnung gerathe-

rathenen Truppen zurück zu ziehen. Die dahinten gebliebene Reuterey hält sich bereit, den feindlichen Ausfällen zu begegnen, und bedecket den Rückzug (a). Viele machen eine Regel daraus, daß man sie außer dem Kanonenfeuer stehen lassen soll; sie bedenken aber nicht, daß sie sich auf diesen Fall über zwölf hundert Klafter entfernen müßte. Alsdann würde sie zu weit von der Hand und nicht vermögend seyn, die Fußvölker zu unterstützen, entweder um unmittelbar nach ihnen in die Verschanzung einzudringen, oder um ihnen Beystand zu leisten, wenn der Feind plötzlich herausfallen sollte. Uebrigens erlaubt das Erdreich nicht immer, sie in der Nähe zu halten, weil sie in der Schlachtordnung, oder wenigstens schwadronenweis in Colonnen bleiben muß, damit sie nicht defiliren darf, wenn man sie vorrücken läßt. Alles was ihre Befehlshaber thun können, ist eine Vertiefung oder eine beschirmende Anhöhe zu benutzen, um soviel Feuer zu vermeiden als möglich ist.

(a) Bey allen Kriegsbegebenheiten, Feldschlachten, Angriffen oder Vertheidigungen von Schanzwerken, muß man frische Truppen zur Versicherung des Rückzuges aufbehalten, und nicht damit warten, bis alles in Unordnung ist. Ein geschickter Kriegsmann weis den Augenblick, wann er diesen Entschluß ergreifen soll, und besteht nicht hartnäckig auf seinem Vorhaben, sobald er umsonst alles mögliche versucht hat, um die Scharte auszuwetzen.

Viertes

Viertes Hauptstück.
Von der Stellordnung.

Erster Abschnitt.
Grundregeln der römischen Stellart. Gegensatz eines Lehrgebäudes mit dem Colonnensystem.

Wenn man alle Kriegsbegebenheiten der Römer durchgehet, so wird man finden, daß sie bald eben so viel Niederlagen als Siege zählen konnten. Denn ungeachtet läßt sich hieraus kein Schluß gegen ihre Taktik ziehen, weil ihre Unfälle von besondern Ursachen herrührten, welche mit jener Art nicht zusammen hiengen. Hannibal hatte seine ersten Siege blos seinen Ränken und der Unfähigkeit der Anführer zu danken, die man ihm entgegen stellte. Die schmählichen Stöße, welche die Römer in Numidien bekamen, rührten von der Verschlagenheit und dem Gelde des Jugurtha her, der sich nur so lange hielt, als er Feldherren vorfand, die sich bestechen ließen. In dem narbonnesischen Gallien verlohren sie theils durch den Verfall der Kriegszucht, theils durch die Mißhelligkeit der Befehlshaber, vier Schlachten gegen die Cymbrier. Allein die Scene veränderte sich, sobald Marius das Commando übernahm.

nahm. Eben so gieng es im Sclavenkriege und in den numantischen Unruhen. Spartacus, ein elender Fechter, jagte drey Jahr lang die römischen Armeen in die Flucht, weil sie durch das Wohlleben vergiftet, und durch den Müßiggang entnervt waren.

Die Römer haben die wahren Ursachen ihrer Widerwärtigkeiten und die nöthigen Gegenmittel jederzeit eingesehen. Hätten sie geglaubt, daß ihre Kriegsverfassung Ursach daran wäre, so würden sie dieselbe unfehlbar abgeändert haben. Dieses Volk war zu scharfsichtig, um nicht die Mängel seiner Verfassung zu bemerken. Ob sie gleich im zweyten punischen Kriege zu verschiedenen malen geschlagen, und in die äusserste Noth versetzt wurden, so gaben sie doch ihrer Stellart keine Schuld. Der siegreiche Hannibal hielt vielmehr für dienlich, sein Fußvolk nach ihrer Art zu bewaffnen. Hierdurch entzog er den Römern zwar diesen Vortheil, nicht aber die Ueberlegenheit der Anordnung. Pyrrhus entlehnte nicht nur ihre Waffen, sondern bediente sich auch italiänischer Truppen, deren Streitart er mit der römischen übereinstimmiger und geschickter fand, sie zu überwinden. Er stellte eine ihrer Cohorten wechselsweis zwischen eben Abschnitt seiner Phalanx. Diese vermischte Stellart, so unvollkommen sie auch war, schien ihm dennoch besser als die blose Phalanx. Folglich erkannte Pyrrhus die Vorzüge der römischen Stellung eben so sehr als ihrer Waffen, und es ist kein Zweifel, daß Hannibal, als er diese bey seinen Afrikanern einführte, sie nicht auch unterrichtet habe, wenigstens so weit es ihre Zusammensetzung erlaubte, nach Art der Römer zu fechten.

Polyb, Buch 17. Kap. 3.

Je

Je aufmerksamer man ihre Grundsätze untersucht, je weniger findet man, daß sie gleich den Griechen die Absicht gehabt, gedrungene Massen zu bilden, deren Würkung in der Prellkrafft des Anlaufs bestehen sollte (a). Ich habe schon gezeigt, daß die Stellung des Scipio bey Zama die Absicht nicht hatte, sich in gedrungenen Haufen, das ist, in Colonnen zu schlagen; sondern daß er geradlaufende Zwischenräume habe bilden wollen, um den Elephanten einen freyen Durchgang zu öffnen. Der Ritter Folard hat uns auch bey Lützen vollständige Colonnen vorgemalt, welche eben so ungewiß sind, als die bey Zama. Ich würde mich nicht wundern, wenn Gustav Adolph sich ihrer bedient hätte; allein unser Schriftsteller sagt nicht, wo er diese Anekdote her hat. Der Marschall von Gassion, ein Schüler Gustavs, und der Marschall von Turenne, der unter dem Herzog von Weymar, einem seiner Feldherren gedient hat, thun keine Meldung davon. Der Ritter war von seinem System bezaubert, und glaubte es über-

Band 2. Theil 3. Haupts.

(a) Die einzige Gelegenheit, wo sie nach dieser Regel zu handeln schienen, war die Schlacht bey Sesula, wo Catilina geschlagen wurde. Da er sich an Felsen lehnte und nicht hintezogen werden konnte, so veranlaßte sein Widerstand den Entschluß seinen Mittelpunkt zu durchbohren. Dennoch weis man nicht, ob die Bürgermeister einen Keil bildeten. Es heißt nur, sie hätten ihr Mitteltreffen durch die prätorianischen Cohorten verdoppelt, welche das feindliche einsprengten. Uebrigens würde dieses blos ein besonderer Fall seyn, und dem Angriff einer Verschanzung gleichen, wo man seine Macht verdoppelt um hinein zu dringen.

überall auch bey den kleinsten Merkmaalen anzutreffen. Da er der römischen Armee bey Cannä gleiche Stellung andichtet, so schilt er auf den Livius, der den Polyb ausgeschrieben, und auf seinen Uebersetzer den Casaubon, daß sie ihn nicht verstanden haben. Dieses konnte ohne Wunderwerk geschehen; es scheinet aber daß die Römer keineswegs an Colonnen dachten. Der Consul Varro, welcher die Ordnung der Manipuln änderte, denen er mehr Tiefe als Fronte gab, suchte dabey nichts anders, als die Höhe der Phalanx zu erreichen. Einen Augenblick vor dem Angriff, nachdem die Leichtbewaffneten sich bereits zurück gezogen hatten, rückten die Principes in die Zwischenräume der Hastarier, um eine volle Linie zu bilden, so daß er sich den ganzen Vortheil der römischen Stellard, und zugleich das Mittel benahm, mit seiner zahlreichen Infanterie den Feind zu überflügeln. Die Triarier und die hinter sie getretenen Leichtbewaffneten schlossen sich an die erste Linie, um das Gewicht derselben zu vermehren. Nun formierte die ganze römische Infanterie, welche mehr als sechzig tausend Mann stark war, nichts mehr als eine gediegene Masse, die auf den Mittelpunkt der Karthaginenser anprellte. Da dieser zurück wich, so drang sie in die Falle, welche Hannibal ihr öffnete, und ward alsbald von allen Seiten umringet. Ich habe im dritten Hauptstücke des dritten Theils von dieser Schlacht geredet. Allein sie läßt sich weit besser aus dem Werke des Hn. Guischard beurtheilen, wo sie vortrefflich entwickelt ist.

Alle diese Beyspiele von Colonnen, die Folard bey den

den Römern zu entdecken glaubte, finden sich nur in den Zeiten der Manipuln. Warum hat er bey der Cohortalstellung keine gesehen? Weil ihre Form nicht eben der Anordnung fähig war, wie die Manipuln (†), und man die Vorsicht, den Elephanten Gassen zu öffnen, nicht mehr brauchte. Doch laßt uns das System der Colonnen bey Seite setzen, welches mit allzugroßer Hitze vertheidigt, und der Welt gleichsam aufgedrungen worden. Ich will ihre große Brauchbarkeit nicht leugnen, wenn man sie nur zu rechter Zeit wählet, und sie nicht zu Grundsäulen der Taktik erheben, oder bey jeder Gelegenheit anbringen will. Es kömmt alles darauf an, daß wir uns nicht durch Vernünfteleyen täuschen lassen, sondern unsere Sätze blos auf Berechnung und Erfahrung bauen. Die Römer, die doch unstreitig viel Einsicht besaßen, glaubten nicht, daß der eine gewisse Anzahl Glieder übersteigende Druck, die Gewalt des Anlaufs merklich vermehren würde. In der That mag man zween zusammen stoßende Körper immerhin mit beweglichen Kräften vergleichen, wovon die so einen höhern Grad von Schnelligkeit oder Schwere hat, die andere bezwingen muß. Diese statikgeometrische Speculation hat, wenn sie auf zween Kriegshaufen angewandt wird, in der Ausübung nicht den nämlichen Grad der Wahrheit (a). Die wahre Dichtigkeit beste-

het

(†) Dieses wird der Verfasser nur in Absicht der Fronte und der Zwischenräume der beyden Schlachthaufen verstehen; denn übrigens konnte man mit Cohorten unstreitig die nämliche Anordnung machen, wie mit Manipuln.

(a) Man hat mir eine Handschrift mitgetheilet, deren

Verfasser

het in dem wechselseitigen Vertrauen der Glieder, welche einander unterstützen und beysammen halten. Ein dabey beobachtetes richtiges Verhältniß macht ein Corps fest und fertig, ohne es der Verwirrung auszusetzen, die bey einer großen Masse unvermeidlich ist. Nach dieser Grundregel habe ich meine verdoppelte Cohorte gebildet. Kein Bataillon von drey, vier, oder sechs Gliedern kann ihr widerstehen. Bekömmt sie mit einem dichtern Corps zu thun, so wird sie es mit dem Vortheil angreifen, welchen kleine abgesonderte und dabey doch verstärkte Schaaren gegen einen zahlreichern und schwerfälligern Haufen haben müssen.

Der Ritter Folard mag seine Colonne von drey Bataillonen noch so hoch erheben, so werden doch zwo meiner Cohorten sammt ihren Leichtbewaffneten bald mit ihr fertig seyn. Diese letztern werden sie mit ihrem Feuer zerrütten. Wenn sie halt macht, um es zu erwiedern, so werden meine Cohorten ebenfalls, und zwar die eine auf die Spitze, die andere auf die Flanke feuren. Wenn sie auf eine derselben losgeht, so wird die andere sie in die Flanke fassen, und meine Leichtbewaffneten können ihr in den Rücken fallen. Dann hat ihre vorgebliche Schwere keine Würkung mehr, weil sie auf die blose Gegenwehr eingeschränket ist. Am

besten

Verfasser die Ausmessungen, und Grade der Stärke eines Körpers in allerley Lagen und Erdreich geometrisch untersucht, und daraus die Art sich zu bewaffnen und zu schlagen bestellet. Seine Ideen, welche einen Mahn von Seele verrathen, haben mich ungemein vergnügt, ob ich gleich seiner Berechnung vom Drucke nicht beypflichte, weil ich die Falschheit derselben durch die Erfahrung erkannt habe.

besten thut sie, wenn sie sich in Abschnitte trennet, da sie denn mit den Cohorten in gleicher Ordnung stehen wird. Diese aber würden sich in solchem Fall abdoppeln, um vier Haufen von acht Gliedern zu bilden. Ob nun schon die Abschnitte der Colonne von fünfzehn Gliedern sind, so werden sie doch nichts dabey gewinnen, weil sie zu gleicher Zeit mit dem vierten Corps und mit den Leichtbewaffneten zu thun bekommen (a). Ueberdieses ist es ein fester Grundsatz, daß zwey hundert Mann in zwey getrennten Haufen drey hundert schlagen müssen, die nur einen ausmachen, und daß sie in vier vertheilt, noch der Schaar von drey hundert überlegen sind, wenn sie in drey Haufen abgesondert ist. Man wird einwenden, daß die Colonne auch ihre Leichtbewaffneten haben könne: Wenn dieses ist, so kann sie einen ihrer Abschnitte ausbreiten, um zwey von meinen Corps die Spitze zu bieten, und alsdann die zween andern einstürzen, weil auf einem sehr flachen Erdreich die Dicken und die Tiefe der Glieder allerdings einigen Vortheil gewähren. Doch gebe ich ihn nur unter der Bedingung zu, wenn die Pickenierer mit einem schußfreyen Brustftück bewaffnet sind. Dieses wäre die sicherste Stütze des Folardischen Systems gewesen, die er aber außer Acht gelassen hat.

Wenn eine mit Partisanen und Flinten vermischte Schaar einen Vortheil gegen eine feindliche behaupten soll, welche lauter Flinten führet, so wird es anders nicht

---

(a) Bey der Folardischen Colonne macht jedes Bataillion einen Abschnitt aus.

III. Theil.

nicht als auf einem flachen Erdreich, und mit Schutzwaffen geschehen können. Es ist also unläugbar, daß die Grundbildung meiner Cohorte, sowol für den Angriff als die Gegenwehr, der Zusammensetzung der Colonne überlegen ist. Für den Angriff kann sie alle den Druck, den man der Colonne beymißt, und mit einer ungleich größern Leichtigkeit vereinigen. Für die Gegenwehr kann ich ihr durch lauter einfache und leichte Bewegungen jede Form geben, so die Umstände erfordern. Alle Kriegsverständige, alle gute Heerführer, haben so sehr über das Schwanken der drey oder vier gliedrigten Bataillonen geschrieen, und man hat die Unbequemlichkeit ihrer Schwenkungen in Frankreich so wohl eingesehen, daß sie vermöge der Verordnung von 1766 plotonweis gemacht werden. Diese Bewegungen sind schön, aber unter den Augen des Feindes unsicher. Wenn eine Schwadrone nahe genug wäre, um sie in diesem Zeitpunkt anzugreifen, so würden sie ohne Rettung verlohren seyn. Eine aus gevierten Zahlen zusammengesetzte Cohorte, deren vordere Schlußglieder, und die Flankenrotten jeder Compagnie * aus alten Soldaten bestehen, welche keine schwache Seite, und um die Hälfte weniger Länge zeigt, muß ihre Gesichtsstellung mit minder Gefahr, und größerr Leichtigkeit ändern können.

* Manipula.

Zweyter Abschnitt.
Nähere Erklärung meiner Stellart. Beantwortung der Einwürfe. Erweis.

Man ist in Frankreich so sehr gegen alle Lehrgebäude eingenommen, daß man ihnen durchgängig mehr blendendes in der Theorie, als Nutzen in der Anwendung zuschreibt. Oft geschieht es auch nicht ohne Ursache: Wenn aber mein System nichts anders ist, als ein Auszug der besten Regeln der Alten, mit den Neuern verglichen; wenn es auf Erfahrung und Berechnung gegründet ist; wenn es endlich durch die Vernunft und durch starke Beyspiele unterstützt wird, soll man es alsdann mit eben der Gleichgültigkeit ansehen? Die Alten betrachteten einen Kriegskörper, als den Innbegriff verschiedener Theile, deren Vereinigung zu dessen Vollkommenheit nöthig war. Die Infanterie ward in leichte und schwere eingetheilet; ein gleiches finden wir von ihrer Reuterey; dann die, welche Geschosse warf, wurde anders gebraucht, als die, so die Lanze führte, und in der Schlachtordnung sochte. Diese verschiedenen Truppen unterstützten einander wechselseitig in ihrer eigenthümlichen Streitart. Die Natur der heutigen Waffen konnte keinen hinreichenden Grund zum gänzlichen Umsturze dieses Systems abgeben. Man darf nur ein wenig über die Kriegsverrichtungen nachdenken, um die Nothwendigkeit desselben einzusehen.

Diesemnach errichte ich eine schwere Infanterie,
welche

welche ich nach Art der Legionisten mit einem Brust-
stück bewaffne. Ihr Kopfzeug und ihre Beinkleidung
sind in der Abhandlung von den Schutzwaffen beschrieben worden. Das Kleid müßte aus einer etwas
weiten Weste und einem Brustlatz, ungefähr nach der
Vorschrift des Marschalls von Sachsen bestehen (a).
Dem Bajonet würde ich, wie ich schon oben angemerkt,
wenigstens fünfzehn Zoll in der Länge, und eine platte
zweyschneidige Klinge geben. Ich füge einen kurzen
Pallasch hinzu, der auf eine unbeschwerliche Art getragen werden muß. Aus dieser in Regimentern oder Legionen, (der Name thut nichts zur Sache,) eingetheil-
ten Infanterie, formiere ich Cohorten, wie ich sie im
dritten Theile der Taktik beschrieben habe. Jeder Cohorte, die aus acht Compagnien oder Manipuln von
achtzig Mann bestehen soll, gebe ich eine Compagnie
Granadiers, welche eine starke Pickel-Art (†) mit einem
oben

Band 1.
S. 484.
u. 489.
Kriegs-
Nachricht.
Hauptst. 1

Hauptst. 8
Abschn. 2.

―――――――――――――――――

Tunica. (a) Die Kriegskleidung der Römer war ein kurzer Leibrock * auf welchen der Harnisch zu liegen kam. Ueber diesen hiengen sie einen Mantel Sagum genannt, welcher
angeschnallt wurde. Das Sagum diente den Soldaten auch
zu einer Feldbedecke in den Gezelten. Sie trugen es nicht
in den Treffen noch bey den Kriegsarbeiten, wo sie nur
den Leibrock anbehielten. Die vom Marschall von Sachsen
vorgeschlagene Kleidung ist also nichts anders als die
römische; welche ich für die beste und bequemste ansehe.

(†) So nämlich, daß dieses Gewehr auf einer Seite
eine Axt, auf der andern eine Spitzhacke vorstellet. Hoffentlich will der Verfasser dadurch die Flinte nicht
ausschließen. Der Stachel muß kurz seyn, sonst
würde er den Gebrauch der beyden übrigen Werkzeuge
hindern.

oben angebrachten Stachel führen müssen. Wenn man hundert und zwanzig Leichtbewaffnete auf jede Cohorte zu stark findet, so mögen achtzig Mann in zwo Compagnien genug seyn. Bey den dazu erforderlichen höhern und niedern Officiersstellen, will ich mich nicht aufhalten.

Wenn ein Regiment aus vier Cohorten bestünde, so müßte die erste eine weiße Fahne mit dem Namenszuge (†) und dem Sinnspruche des Corps führen, die drey übrigen können jede eine durch einfache oder vermischte Farben unterschiedene Fahne haben, welche ebenfalls mit dem Namenszuge des Regiments und der Zahl der Cohorte bezeichnet seyn müßte. Jeder Compagnie könnte man ein kleines auf gleiche Art durch die Farbe und Nummer der Cohorte unterschiedenes Fähnchen geben, oder sie auf dem Helm durch Federbüsche unterscheiden. Dieses sind die besten Mittel die Soldaten kenntlich zu machen, und ihre Wiedervereinigung zu erleichtern. Ich weiß nicht, wozu zwo Fahnen in einem Bataillon dienen. Vor zwanzig Jahren hatten die Franzosen gar drey (††), welches daher kam, weil vor Zeiten der Abschnitt der Pickenierer und die beyden Musketier-Abschnitte, ihre besondere Fahne hatten.

K 3 Nach

———————

(†) Dieses setzt voraus, daß die Regimenter, wie bey der französischen National-Infanterie, einen unveränderlichen Namen haben. Nichts ist bequemer als diese Methode.

(††) Die ausländischen Regimenter hatten noch im letzten Kriege bey jeder Compagnie eine Fahne, welches bey verschiedenen Armeen, sonderlich in Deutschland noch üblich ist.

Nach Abschaffung der Pickenierer, wurden alle drey in die Mitte zusammen gestellt, welches sehr überflüßig war, indem jeder Schlachthaufen nur ein einziges Unterscheidungszeichen brauchet.

Jede Compagnie der Leichtbewaffneten muß eine besondere, kleine und deutlich unterschiedene Feld-Flagge haben, welche ihr zum Vereinigungspunkte und dem Anführer zum Commandierzeichen dienen kann, wenn sie zu weit zerstreuet sind, um seine Stimme zu hören.

Das leichte Fußvolk muß abgerichtet seyn, nicht nur einzeln, sondern auch mit der schweren Infanterie zu fechten. In jedem Falle müssen die Officiers die gehörigen Manoubres und alle vortheilhafte Posten kennen. Es muß auch im springen, laufen, klettern, schwimmen und zur Unterstützung der Reuterey unterrichtet seyn; man mag es nun auf ihre Flügel oder plotonweis mit den Schwabronen vermengen wollen. Es muß im marschieren, und selbst im laufen, laden und feuern lernen. Diese Art Truppen kann sich in drey, und sogar in zwey Glieder stellen, um desto leichter und lebhafter zu schießen. Außer gewissen Fällen, die ein ordnungsmäßiges Feuer erfordern, muß man sie, wenn das Commando einmal gegeben ist, nach eignem Willen schießen lassen. Es gibt kein heftigeres und kein blutigeres Feuer als dieses, welches die Franzosen feu de Bilbaude nennen.

Der leichte Fußknecht muß mit einer Flinte zu 18. Kugeln auf das Pfund, samt einem Bajonet bewaffnet seyn. Dieses pflanzt er nicht eher auf, als bis sein Trupp wieder zur Cohorte stößt, um gemeinsam anzugreifen

greifen, oder einen feindlichen Anfall auszuhalten. Da diese Infanterie vornämlich zum feuern bestimmt ist, so kann sie sich durch die Weglassung eines Stoßgewehrs erleichtern, welches sie nur hindern würde. Die Patrontasche muß wenigstens vierzig Schüsse führen. Zu diesem Ende muß sie kein gebohrtes Holz, sondern blos einen in die Decke wohl eingefügten Sack von gesottenem Leder haben. Der Kopfzeug muß eine lederne Mütze mit einer Krempe seyn, die sich gleich den Reisehüten, herunter schlagen läßt. Die Beinkleidung hat der leichte Fußknecht mit den Schwerbewaffneten gemein. Band 1. S. 489.

Die Granadiers sind eine auserlesene Mannschaft, welche beybehalten werden muß: Man würde sich eines Arms berauben, wenn man sie abschaffen wollte; sie wären durch Veteraner nicht ersetzt, welche weder die nämliche Behendigkeit noch die nämliche Stärke, vielleicht auch nicht den nämlichen Geist haben würden. Der Marschall von Sachsen, welcher der Urheber dieses Vorschlags ist, sagt, daß sie die Infanterie schwächen. Er hat recht, wenn er ihre bisherige Bestimmung erwäget. Dieses wird aber nicht geschehen, wenn man sie nur zu gelegener Zeit und zu ernsthaften Unternehmungen gebrauchet. In den Schlachten können sie am besten als ein Rückhalt dienen; es sey nun, daß man jede Compagnie hinter ihr Bataillon stellen, oder die Compagnien verschiedener Brigaden vereinigen will, um eine Stützmauer daraus zu bilden, und seine Macht irgendwo zu verstärken. Auf diese Art können sie wichtige Dienste thun, anstatt daß sie in der Linie nicht mehr als andere leisten. Die Streitärte, welche ich ihnen gebe,

gebe, werden beym Angriffe der Posten, der pallisadierten Verschanzungen, und bey tausend Vorfällen nützlich seyn, wo wir selten mehr als unsere Tapferkeit mitbringen, ohne nur ein Werkzeug zur Oeffnung eines Thores bey der Hand zu haben (a); Denn keine Nation ist in diesem Stücke saumseliger als die Franzosen. Ich habe mehr als einmal gesehen, wie theuer sie diese Nachläßigkeit bezahlet, und aus Mangel der kleinsten Vorsicht, bey nichts bedeutenden Unternehmungen nichts als Schande und Verlust eingeerndtet haben.

Wenn die Cohorte vollständig ist, so muß ihre Stellung achtzig Rotten und acht Glieder enthalten. Dieses Corps ist in eine Schlachtlinie vollkommen geschickt. Noch besser wird es, wenn ich von jeder Compagnie sechzehn Mann wegnehme. Diese Verminderung wird im Felde durch die tägliche Einbuße, durch die Lazarethe, und durch die auf den Wachen und Commandos befindliche Mannschaft von selbst heraus kommen. Der Abgang, den die Cohorte leidet, muß auf alle Compagnien,

---

(a) Die einschneidige Streitart, die ich vorschlage, hat einen mannigfaltigen Gebrauch, und ist im Kriege unentbehrlich. Die Hussiten hatten zweyschneidige mit einem oben angebrachten Stachel. Dieses ist das grausamste Gewehr, so man ersinnen kann. Im vorigen Jahrhundert waren die pohlnischen Fußvölker und Dragoner damit bewaffnet. Beym Angriffe des verschanzten Lagers zu Choczim, wo dreyßig tausend Türken umkamen, thaten sie Wunder mit diesem Gewehr. Vor Zeiten wurden bey den Ausfällen, oder gegen die feindlichen Stürme einer gewissen Anzahl Soldaten, welche ausgetheilet. Dieses Gewehr ist überaus alt.

pagnien, und der Verlust des Regiments, auf alle Cohorten vertheilt werden, damit die Beschwerlichkeiten des Dienstes immer gleich abgewogen, und die Chorten und Compagnien am Tage einer Schlacht gleichförmig seyn mögen.

Die auf vier und sechzig Mann gesetzte Compagnie wird ein Viereck von acht Mann in der Fronte und Höhe formiren, und die acht Compagnien werden der Cohorte eine Fronte von vier und sechzig Mann geben. Diese vollkommene Quadratzahl ist die allerbequemste für die Genauigkeit der Manövren, und die richtige Ausführung aller möglichen Kunstbewegungen (a). Die Höhe von acht, oder wenigstens von sechs Gliedern, ist jederzeit als unentbehrlich betrachtet worden. Erst seit dem Ende des vorigen Jahrhunderts hat man sie nach und nach vermindert. Die Fronte von sechzig bis achtzig Mann ist nicht zugedehnt, und das bey langen und seichten Schaaren eben so gefährliche, als unvermeidliche Schwanken, findet bey dieser keine Statt.

Wenn es vortheilhaft ist, in kleinen Haufen zu fechten, so müssen sie, zumal bey der heutigen Gattung von Soldaten, doch nicht allzuklein seyn. Bey der

Cen-

____

(a) Die Plestonen, womit ich die Reuterey unterstützen will, bekommen alsdann das vollkommenste Ebenmaaß. Ein Pleston von zwo Cohorten würde auf jeder Seite 64 Mann, und die Spitze sowol als den Rücken, mit den beyden Grenadiercompagnien und hinter diesen mit zwo Compagnien Leichtbewaffneter zugeschlossen haben. Die beyden andern begleiten das Pleston, oder werden anderswo gebraucht.

Centurialstellung des Marschalls von Sachsen, welche mit der Stellart der römischen Manipuln übereinkömmt, sind. Die Zwischenräume auf der Linie zu zahlreich, die Flanken zu häufig, und folglich die Anordnung zu schwach. Sie sind zweymal seltener bey den Cohorten, welche mehr nicht als einen Abstand von zwanzig Schritten zum Rückzuge der Leichtbewaffneten zwischen sich lassen (a). Diese müssen den Zwischenraum nicht ausfüllen, sondern sich hinten daran stellen, und hierauf wieder hervorbrechen, um sich auf die Flanken der feindlichen Bataillonen zu werfen. Was die zwote Linie betrifft, welche nicht so stark seyn darf, so können die Zwischenweiten ihrer Cohorten der Fronte gleich seyn, damit die getrennten Truppen sich leicht hindurch ziehen können.

Man hat mir wohl hundertmal den Einwurf gemacht, daß ich in eben dem Maaße, wie ich meine Tiefe vermehre, meine Länge vermindere, da es doch nöthig sey, dem Feinde eine gleiche Fronte entgegen zu stellen. Wenn ich auch diesen Satz zugebe, so ist es leicht zu zeigen, daß er meinem Lehrgebäude nicht widerspricht. Gesetzt, ich wäre eben so stark, als der Feind, so würde ich weniger Truppen in die zwote Linie stellen; und meine Zwischenräume desto größer machen. Der Feind, heißt es, wird hinein dringen, und meine Cohorten in die Flanken fassen; allein meine Leichtbewaffneten und Granadiers, welche gegen über stehen, werden diesen Bataillonen, die weit weniger Festigkeit haben,

---

(a) Ich rechne den Schritt gleich dem militärischen nur zu vier und zwanzig Zoll.

haben, selbst in die Seiten fallen. Da ich überdieses sehr hurtig auf ihn losgehe, so werde ich seine ganze Linie bald durchbrochen, und seine Bataillonen über den Haufen geworfen haben. Sollten alsdann diese halb eingestürzten und halbgetrennten Haufen wohl noch sehr furchtbar seyn? Oder werden sie nicht vielmehr beym ersten Anlaufe die Flucht ergreifen?

Wenn ich aber auf der ganzen Schlachtfronte ein Erdreich zu einer vortheilhaften Postierung antreffe, wenn ich mich mit Hecken, Graben oder Höhlungen decken kann, so werde ich mich da nicht in acht Glieder stellen, sondern meine Cohorten ausdehnen, ja sogar ihre Zahl vermindern, um sie in den offenen Gegenden zu vermehren; und daselbst eine so starke Angriffsordnung zu machen, als es mir beliebt. Der Feind, wird man sagen, kann sich hier aus gleicher Ursache verstärken. Auch das will ich zugeben; er wird aber nichts destoweniger den Kürzern ziehen. Wie wird er sich verstärken? Er wird seine Bataillonen ohne Zwischenräume zusammenrücken, und verschiedene Treffen hintereinander stellen. Diese gleich schwache Linien werden nacheinander unterliegen, weil ich nach Umstürzung der ersten die zweyte mit gleicher Uebermacht in der Anzahl und Stellung angreife; mit der dritten und allen folgenden wird es nicht anders ergehen. Noch vor dem Anlaufe wird der Anblick der Unordnung, das Gewühl der auf sie zurück fallenden Flüchtlinge und der unausbleibliche Schrecken sie zerstreuen. Denn der Einfluß einer guten Stellart ist so stark, daß sie allein schon dem Feinde Furcht einjagt, und ihn oft nöthigt, den Sieg ohne Schwerdtstreich aufzugeben.

Aus

Aus allem obigen erhellet, daß meine Taktik nichts weniger als unmöglich ist, und daß meine Grundsätze den heutigen Gebräuchen keineswegs zuwider laufen. Bey ihrer Befolgung kann man einer größern Macht Trotz bieten, und darf seine Feinde nicht mehr mit einer ängstlichen Aufmerksamkeit abzählen. Man kann durch die Anordnung die Schwäche der Anzahl ergänzen, und seinen Gegner durch kühne noch nie gewagte Manöuvren in Erstaunen setzen.

Jene plötzlichen Veränderungen der Scene, jene allgemeinen Bewegungen, welche einer Armee in einem Augenblick eine ganz neue Gestalt geben, sind, wie es heißt, und nicht so leicht, als sie den Alten waren. Wo mag dieses herkommen? Von unserer Stellart, welche allein die ungeheure Ausdehnung unserer Armeen verursachet. Ich will auch zugeben, daß heut zu Tage die Manöuvren mehr von der Marschordnung abhängen (a).

Was

* Lettre aux Aut. du Jul. Encycl. du 15. Oct. 1766.

(a) Ich entdecke hier voll Zuversicht alle Waffen, die man gegen mich gebrauchen kann. Ich bin sogar bereits damit betriegt worden, * und fürchte mich vor keinem neuen Angriffe, weil ich mit einem Schutzgewehr versehen bin, vor welchem sie jederzeit zurück prellen müssen. Ich habe sogar Ursach in mancher Absicht auf einen Gegner (†) stolz zu seyn, den seine Kenntnisse und Talente furchtbar machen. Ob er sich gleich mit dem Vorurtheil gegen mich zu wapnen scheint, so ist er doch viel zu scharffsichtig, und in der alten und neuern Taktik zu wohl erfahren, als daß

(†) Der Ritter von Chatelux, dem wir die wohlgerathene Uebersetzung des Kriegsunterichts des Königs in Preußen zu danken haben.

Was liegt aber daran, ob alle schräge Stellungen sich aus der Marschordnung oder aus der Schlachtordnung herleiten. Ihre Wahl müssen die Umstände und das Erdreich entscheiden. Man wird immer Wege finden einen, oder wenn das Mittelheer entfernt bleiben soll, beyde Flügel, und hingegen falls man diese zurück lehnen will, das Mittelheer zu verstärken, einen Rückhalt geschwind an sich zu ziehen, eine Anzahl Bataillonen zu einer colonnenförmigen Stellung bereit zu halten, und seine Absicht bis auf den Augenblick des Angriffs zu verbergen. Ich gestehe, daß der Gebrauch der Artillerie mich nöthigen kann, die Bewegungen außer der Schußweite der Kartetschen anzufangen. Es wäre allerdings gefährlich, sie unter dem feindlichen Feuer zu machen, weil in diesem Augenblick sehr wenig Personen die Befehle des Generals deutlichen und getreu hinterbringen, noch weniger aber sie recht vollziehen können. Viele von denen, welche nach einem Treffen mit Thaten prahlen, die sie nicht gethan haben, die aus vollem Halse sich für die Erretter der Armee ausschreyen und das Betragen des Anführers tadeln, haben in dem Gefechte nicht genug kaltes Blut behalten, um ihre rechte Seite von der linken zu unterscheiden. Man muß daher die Maschine in einer gewissen Entfernung aufziehen, ihr den Stoß der Bewegung geben, und sie sodann gehen lassen.

Wenn ich mit unserer heutigen Infanterie den Feind
an

---

daß ihm irgend ein Vortheil, den man aus jener ziehen kann, verweigern. seyn sollte. Ich zweifle daher nicht, daß er einst eben die Grundsätze, die er in unsern Streitigkeiten über die Theorie angefochten hat, in Ausübung bringen werde.

an einem Theil seiner Fronte angreifen wollte, so würde ich ihm eine Linie von dreygliederigten Bataillonen mit ihren Feldstücken weisen. Wir wollen ihre Zahl auf achte setzen. Hundert Schritte weiterhinten, würde ich acht andere Bataillonen haben, deren jedes auf ein gegebenes Zeichen sich in vier Divisionen theilen, diese aber einen Raum von fünfzehn Schritten unter sich lassen müßten. Ein Rückhalt von acht Schwadronen wird sich in größter Geschwindigkeit hinter sie stellen. Bringt meine erste Linie die feindliche zum weichen, desto besser; so werde ich meinen Vortheil verfolgen, und die zwote auch bald einstürzen. Da ich aber annehme, daß die meinige durch ein überlegenes Feuer der Feinde Noth leiden wird, so kann sie sich leicht durch die großen Zwischenräume der zwoten zurück ziehen, welche zu gleicher Zeit vorrücken muß. Alsdann müssen die Divisionen auf einander vordringen, und die feindliche Linie anfallen, die sie unfehlbar durchbrechen werden.

S. die folgende Figur.

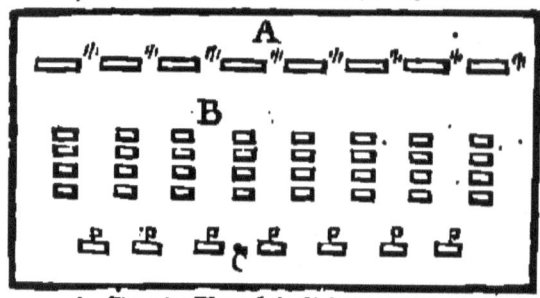

A. Eine vier Mann hohe Linie.
B. Bataillonen, welche Divisionsweis in Colonnen stehen.
C. Schwadronenlinie.

Man

Man darf nicht fürchten, daß sie viel von den Kanonen leiden werde, deren gröste Verheerung nur die erste Linie trifft. Sobald die zwote aufgedeckt ist, wird sie auf die feindliche stoßen, welche wegen ihrer eigenen Bewegung ihre Artillerie nicht mehr benutzen kann. Uebrigens hoffe ich einst eine Berechnung der Kräfte dieser so furchtbar schelnenden Artillerie, den Liebhabern in einer eigenen Schrift vor Augen zu legen.

Ich glaube nicht, daß irgend ein Vertheidiger der neuen Stellart diese Anordnung tadeln werde. Wenn sie, wie ich hoffe, mir bey dieser Gelegenheit ihren Beyfall nicht versagen können, so denke ich sie bald zum Geständnisse zu bringen, daß sie sich durch das Vorurtheil haben hinreißen laßen, weil ihr Lehrgebäude nur unter dem Zusatze gewisser Verbesserungen erträglich ist. Ich kenne keinen erfahrnen Officier, der nicht seine Schwäche, und die Schwierigkeiten einsehen sollte, welche es allen kühnen und entscheidenden Hauptbewegungen in den Weg legt. Folglich ist eine festere Taktik nöthig, die dem Muthe wieder aufhelfen und Vertrauen einflößen kann. Wer weis nicht, daß hierinn die halbe Stärke eines Heeres bestehet?

Fünftes

Fünftes Hauptstück.
Von den leichten Truppen.

Erster Abschnitt.

Von den sogenannten verlohrnen Kindern der ältern Zeiten. Von dem Nutzen leichter Fußvölker. Vom Ursprung der Granadiers und der Karabiner. Vortheil der Dragoner-Plotonen bey den Küraffier-Regimentern. Beyspiele zum Beweise.

Alles was wir von der Kriegskunst wissen, haben wir von zwey alten Völkern, den Griechen und Römern, gelernt, welche sie besser als wir gekannt, und uns die Grundsätze derselben aufgezeichnet haben. Der Veränderungen ungeachtet, welche nach dem herrschenden Wahne die Erfindung des Pulvers hervorbringen mußte, sehen wir doch, daß unser Fortgang sich von der Zeit herschreibt, da wir anfiengen, sie nachzuahmen. So wie die Neuern ihre Lehrsätze angenommen, sind sie in gewissen Theilen der Vollkommenheit näher gerückt; die andern sind unvollkommen geblieben, weil sie sich davon entfernet haben.

Ich setze den Ursprung der französischen Infanterie nicht höher hinauf, als unter die Regierung Franz I,

weil

weil sie nur erst unter diesem Fürsten in einige Achtung gekommen ist. Sie bestund aus Arkebusierern und Picknirern, welche mit dem Helm und dem Harnisch (a) bewaffnet seyn mußten (†). Da man die Nothwendigkeit einer Gattung Soldaten einsah, welche den römischen Veliten gleich kämen, so begnügte man sich, einige Haufen Arkebusierer auszuziehen, oder Freywillige zusammen zu stoßen, welche den Streitkrieg* führten, und in den Schlachten unter dem Namen der verlohrnen Kinder dienten. Diese Scharmuzierer waren damals nicht unnütz und bloß zur Kurzweil der Neugierigen bestimmet, wie der Verfasser der Réflexions sur le Commentaire de Polybe behauptet hat. Da die Bataillonen Pickenierer in der Mitte und Büchsenschützen** auf den Flügeln hatten, so waren die Scharmuzierer bestellt, auf die Pickenträger zu feuern, welche ihnen nicht antworten konnten. Dieses Vorspiel war höchst nützlich, besonders wenn die Reuterey sie angreifen sollte (b). Freylich hatte der Feind auch seine

* petite guerre.

Pag. 60.

** Arquebusiers.

(a) Er hieß Corcelet und bestund aus einem Brust- und Rückenstücke; war aber nur gegen die Pistole schußfrey. Man sehe hievon die Abhandlung von den Schutzwaffen. Band 1.

(†) Die meiste europäische Infanterie war damals auf gleiche Art bewaffnet.

(b) Anfänglich gab es weit weniger Arkebusierer, als Pickenträger. Unter Karl IX. war ihre Zahl ungefähr gleich. Die Pickenträger stellten sich in die Mitte, und die Arkebusierer in gleichen Theilen auf die Flanken. Doch wurden sie auch besonders gebraucht. Da die Musketen aufkamen, welche leichter waren als die Büchsen, so erhielten

ſeine Scharmuzierer, und da der Krieg unter den europäiſchen Mächten zu einem verabredeten Spiele geworden iſt, ſo haben ſie ganz weislich eine Sache abgeſtellt, welche heut zu Tage ein bloſes Fiſcherſtechen ſeyn würde. Dieſes iſt auch die vornehmſte Verrichtung meiner leichten Fußknechte nicht: Ich beſtimme ſie hauptſächlich die Flanken meiner Cohorten zu ſchützen, den Feind in die ſeinigen zu faſſen, und ſich den Zwiſchenräumen gegenüber zu ſtellen, um ſie im Nothfalle auszufüllen. Dieſe Zwiſchenräume, welche viele Feldherren als einen Mangel betrachten, ſind gleichwol unentbehrlich. Ohne ſie iſt der Marſch einer Linie allezeit ſchwerfällig und unſtät. Hingegen geben ſie, zumal der Reuterey, Oeffnungen blos, wodurch ſie den Flanken und dem Rücken beykommen kann. Gewiſſe Reſervetruppen, welche ſie zu ſchließen bereit ſind, können alſo großen Nutzen haben.

Ver-

*Manche. hielten ſie nach und nach den Vorzug: Im Jahr 1651. wurden die Pickenierer auf einen Drittheil geſetzt, und drey gleiche Abſchnitte gebildet, wovon der Pickenier-Abſchnitt *immer in der Mitte ſtund. Zuletzt blieb nur noch ein Fünftheil übrig, der ſich auf gleiche Art ſtellte, welches höchſt ungereimt war. Da das Bataillon in fünf Gliedern ſtund, ſo wäre es beſſer geweſen, wenn man die Picken ins dritte geordnet, und die ganze Fronte damit geſpicket hätte: Zur Zeit der drey gleichen Abſchnitte würden die Pickenierer in den beyden mittlern Gliedern auch beſſer gedienet haben; denn da ſie abſchnittweis in der Mitte des Bataillons ſtunden, ſo konnten ſie zwar die Reuterey von vorne her abhalten; wenn aber einmal die Musketierer wichen, und die Pickenierer in die Flanken gefaßt wurden, ſo waren ſie verlohren.

Verlohrne Kinder nannte man auch diejenigen, welche bey den Angriffen die vordersten waren, worinn alle Waghälse, die sich hervorthun wollten, eine Ehre suchten. Diese hatten mit dem Karakter leichter Truppen weniger gemein, als die obigen. Du Belai* fügte seiner Legion acht hundert acht und sechzig verlohrne Kinder bey, welche das Treffen anheben, und sich ohne Ordnung unter die schwere Reuterey mischen sollten; er bildete sie aus Bogenschützen, Arkebusierern und Armbrustschützen, die damals noch üblich waren, und bewaffnete sie leichter als die Pickenträger. Freylich war dieses blos ein Vorschlag, der sich aber auf die Gebräuche seiner Zeit bezog. Der Name der verlohrnen Kinder ist, sowol als ein Theil ihrer Verrichtungen, aus der Mode gekommen. Hingegen hat man den Namen der Freywilligen denen beybehalten, welche sich von freyen Stücken entweder zum Kriegsdienst überhaupt, oder zu einer kühnen Unternehmung darbieten, und in den letzten Feldzügen haben die Franzosen besondere Schaaren unter dem Namen Jägercompagnien (†) daraus gebildet. Es wahr ist es, daß man die Nothwendigkeit einer gedoppelten Infanterie, einer schweren und leichten, eingesehen hat. Wenn man aber gleich diese Wahrheit an sich erkannte, so hat man doch nicht, wie bey den Römern, jeder Gattung die ihr zukommenden Eigenschaften beygelegt.

Es scheint, daß man an die Stelle der verlohrnen Kinder die Granadiers habe setzen wollen. Sie wurden

* De la Discipline militaire.

(†) Durch die neueste Verordnung vom 19. Junii 1771 hat der König jedem Infanterie-Bataillon eine solche Jägercompagnie zugedacht, die Errichtung aber verschoben.

den in Frankreich im Jahr 1667. eingeführt. Anfänglich stunden vier bey jeder Compagnie; bald darauf wurden sie bey dem königlichen Leibregiment in eine besondere Schaar vereinigt, und endlich wurden bey allen Regimentern Compagnien daraus gemacht. Man las junge, flinke und handfeste Leute dazu aus; der Hauptmann durfte nicht über vierzig Jahr alt seyn, um noch die benöthigte Stärke und Behendigkeit zu haben. Sie waren die ersten, denen man statt der Musketen Flinten gab, welche leichter und zu ihrer Dienstart geschickter waren. Man brauchte sie zu allen kühnen und schnellen Unternehmungen (†). Sie mußten auch zu Geleiten und Commandierungen dienen; lauter Dinge, welche genug anzeigen, daß der Zweck ihrer Errichtung war, den Mangel leichter Truppen durch sie zu ersetzen. Doch nahmen sie bald nach ihrem Ursprung einen ganz andern Karakter an. Die Sorgfalt womit man sie wählte, der Vorzug den man ihnen bey allen Angriffen einräumte, haben ihnen einen gewissen Stolz, eine gewisse Ehrliebe eingeflößt, wodurch sie sich über alle andere Truppen an edeln Gesinnungen und Tapferkeit erheben. Dieses geht in Frankreich so weit, daß jede Compagnie den Ruhm und die Ehre des Regiments als ihre Beylage betrachtet. Was man auch immer anfänglich aus ihnen machen wollte, so sind sie doch heut zu Tage nicht mehr so zusammen gesetzt und abgerichtet, daß sie leichte Truppen abgeben können. Es

ist

(†) Das Werfen der Granaten, welches der Verfasser mit Stillschweigen übergeht, war lange Zeit eine ihrer vornehmsten Verrichtungen, und hat sogar ihren Namen veranlasset.

ist vielmehr ein Kernhaufen, der viel Festigkeit besitzet, der zu den schärfesten Unternehmungen dienen kann, und größtentheils zu den letzten Hauptstreichen aufbehalten werden sollte, weil alsdann der abgemattete und erschöpfte Feind, diesem neuen Angriffe nicht widerstehen würde. Wenn man sie im Gegentheil an die Spitze stellt, so gibt man sie den ersten Streichen bloß, welche allezeit die blutigsten sind. Werden sie zurück geschlagen, so benimmt dieses den andern allen Muth, und wenn erst diejenige Mannschaft, auf welche man sich am meisten verließ, aufgerieben ist, so ist das beste Hülfsmittel verlohren. Die römischen Triarier waren, wie unsere Granadiers, auserlesene Soldaten; man hütete sich wohl, sie gleich anfangs zum Treffen zu lassen. Es war ein Rückhalt, der unter den weichenden Truppen das Treffen herstellen, oder den allzu ungewissen Sieg entscheiden mußte.

Wenn die Franzosen in ihren böhmischen und bayrischen Feldzügen wohl abgerichtete leichte Truppen gehabt hätten, so würde die hungarische Miliz sie auf ihren Märschen nicht so sehr beunruhigt, und ihnen nicht so viel Gepäcke weggenommen haben. Die französische Infanterie, welche nicht geübt war in den Wäldern und engen Wegen zu fechten, konnte nicht fortkommen, und oft waren vier Banduren hinreichend, den ganzen Hinterzug aufzuhalten. Die daselbst befindliche Granadiers sind vortrefflich zum Stehen und Zurücktreiben, nicht aber zu den fliegenden Gefechten, die bey solchen Gelegenheiten vorfallen. Man würde sie sogar verderben, wenn man sie dazu gewöhnen wollte.

Es sind also leichte Truppen nöthig, welche sich auf die Flanken, und den Rücken der Colonnen zerstreuen, um einen Feind zu entfernen, der keine andere Absicht hat, als den Marsch zu stöhren und aufzuhalten.

Wenn dieser starken Gründe, und der Beyspiele des Alterthums ungeachtet, auch neuere Zeugnisse verlangt werden, so kann ich alle unsere guten Kriegsschriftsteller, einen Du Belai, La Noue, Rohan, Montecuculi, und endlich den Marschall von Sachsen anführen, welche zwar lauter eigene Stellordnungen vorschlugen, aber alle darinn übereinkamen, daß man dem Haupttreffen leichtbewaffnete Reuter und Fußvölker beyfügen müsse. Der ungenannte Verfasser der kleinen Abhandlung vom Kriege, die den Werken des Marschalls von Vauban angehängt ist, sagt, die Reuterey müsse immer mit dem Pallasch in der Faust angreifen, und daß man auf die Flanken der Schwadronen Karabinierer stellen könne, um von Ferne auf den Feind zu feuern. Ein Tadler des Ritters Folard hat ohne Grund vorgegeben, man habe den Misbrauch dieser Gewohnheit eingesehen. Die Meynung der meisten und besten Feldherren ist ihm entgegen. Als die hierzu bestellten Büchsenschützen zu Pferde und die Karabiner eingiengen, zog Ludwig XIV. aus jeder Cavallerie-Compagnie eine Anzahl Reuter, welche unter dem Namen der Karabinierer zu diesem Dienste bestimmt wurden. Aus ihrer Vereinigung ist nach der Hand das französische Karabinier-Corps entstanden, welches allezeit zu Fuß und zu Pferde wohl gedienet, aber seine erste und wahre Bestimmung verlassen hat, kraft deren es unter den Küraß-

Küraſſierern vermengt fechten ſollte. So gieng dieſe vortreffliche Methode verlohren, ehe ſie zur Vollkommenheit kam. Kaum fieng das Licht an zu dämmern, ſo ward es wieder verfinſtert. Wie viele Mühe braucht es die wahre Gründlichkeit zu erreichen, anſtatt daß die Alten gleichſam beym erſten Schwunge dazu gelangten.

Wenn man jeder Schwadrone vier und zwanzig Dragoner beyfügte, welche ich hinfort reutende Jäger** nennen will, ſo würden ſie nicht allein vor der Linie, ſondern auch nach Erforderniß der Umſtände, auf den Flügeln oder den Flanken einer Brigade zu brauchen ſeyn. Wenn ſie ausgefeuert hätten, könnten ſie mit der Piſtole oder dem Säbel angreifen. Wenn ein Cavalleriecorps antgeſchickt würde, um den Feind auszuſpähen, zu begleiten oder zu beobachten, ſo müßten die Jäger vorausgehen, und die Schwadronen in Schlachtordnung bleiben. Auf einem Rückzuge könnten ſie eben ſo gute Dienſte leiſten. Sie würden abſitzen, um den Rand einer Wegenge oder die feſten Oerter zu beſetzen, von wannen ſie die Küraſſiers beſchützen können. Wenn man im Angeſichte des Feindes über einen kleinen Fluß zurück kehren müßte, und es in Schwadron-Colonnen thun wollte, ſo würde ein Theil der Jäger auf den Flanken, und der Reſt im Rücken der Colonnen in Schlachtordnung ſtehen. Im Treffen würden alle Jäger eine Vordertinie bilden, und einige Plotonen die Flügel verſichern. Iſt die Cavallerie über den Fluß gegangen, ſo macht ſie wieder Fronte, um dieſe Plotonen an ſich zu ziehen. Da ſie ſich hierauf ſchwenken

** Chevaux legers.

und entfernen wird, so können die am Gestade zurück
bleibenden Jäger, den Feind lang genug im Zaume
halten, um den Schwadronen Zeit zu lassen, fünf bis
sechs hundert Schritt Erdreichs zu gewinnen. Bey
diesem Lehrgebäude könnte man die Kürassiers vielleicht
auch des Karabiners überheben, welcher ihnen nur
eine schwere und unnütze Last ist, weil sie nicht feuern
sollen (a). Kurz, der General würde darinn für alle
Theile

(a) Viele Officiers sind dieser Meynung: Andere sagen,
daß die schwere Cavallerie zum absitzen genöthigt werden
könne, daß sie den Karabiner brauche, um sich in einem
Quartier oder auf einem Feldposten zu wehren, wenn sie
gezwungen wird, sich auf ein geschlossenes Erdreich oder
in ein Haus zu ziehen. Ich antworte hierauf, daß man
ihr in einem mißlichen Quartier Infanterie beyfügen, und
die Feldwachen so stellen soll, daß sie nicht abgeschnitten
werden, sondern sich auf die Infanterie-Posten zurück
ziehen können: Daß man sie endlich mit Dragonern vermischen, oder welches noch besser wäre, nur diese und andere leichte Truppen dazu gebrauchen kann. Uebrigens
bin ich nicht darwider, daß der Reuter einen sehr kurzen
Karabiner führe, den er umhängt. Dieses Gewehr ist
ihm bey einigen Gelegenheiten, und besonders alsdann
dienlich, wenn er kein Pferd hat. Die Fälle, da die
Reuterey genöthigt wird zu Fuße zu fechten, sind zwar
selten; allein sie können sich doch ereignen, und alsdann
wird ihr der Karabiner unentbehrlich. Er muß mit dem
ganzen Schafte mehr nicht als 3. Fuß und 4. Zoll in der
Länge haben. Ich bin kein Freund von den gezogenen Ka-
rabinern, weil sie zu viel Zeit zum Laden brauchen. Die
Bestimmung dieses Gewehrs ist, aus einer großen Entfernung zu feuern, um die Husaren abzuhalten: Sobald
aber

Theile des Dienstes eine Bequemlichkeit und Genauigkeit finden, die sich leicht ermessen läßt. Jede Schwadrone, jedes Regiment würde auf dem Commando beständig seine Leichtbewaffnete zur Begleitung haben, und eben so müßte es auch bey der Infanterie seyn.

Im Jahr 1671 campierte der Marschall von Crequi im Elsaß bey dem Schlosse Kochersberg. Die Feinde welche in der Nähe waren, ließen zwey tausend Pferde gegen seine Reuterposten anrücken. Der Marschall sandte ihnen eine Brigade und die königliche Haustruppen entgegen, welche sich in zwo Linien stellten. Die Feinde formierten eine einzige von zwölf Schwadronen; allein die ganze kayserliche Armee näherte sich, um sie zu unterstützen. Der Marschall von Crequy, der sich in kein Treffen einlassen wollte, gab dem Marquis von Villars, welcher commandierte, den Befehl zum Rückzuge. Das Umkehren war gefährlich: Sobald auch die Schwadronen anfiengen sich zu wenden, setzte der Feind sich in Bewegung um sie anzugreifen. Vierzig Freywillige, die beym Regimente Villars stunden, hielten durch ihr Feuer die gegenüber befindlichen Schwadronen im Zaum; ❦ daß, als dieses aus zwo Schwadronen bestehende Regiment nicht verfolgt wurde, der Hr. von Villars anstatt es durch die Zwischenräume der zwoten Linie zu ziehen, dasselbe schwenkte und den feindlichen in die Flanke fallen ließ, welche dem Reste der Linie nachsetzten. Er warf sie über den Haufen, und schlug sie bis an die Spitze ih-

aber die Kürassiers Jäger bey sich haben, werden sie diesen die Sorge überlassen, die Scharmützier zu entfernen.

der Armee zurück. Dieses Beyspiel kann schon allein den Nutzen beweisen, den eine Anzahl reitende Jäger bey der schweren Cavallerie leisten könnte (a).

Wenn man unter den Verfolgungen des Feindes sich zurück zieht, so entweichet die erste Linie durch die Zwischenräume der zwoten, und diese hinwieder durch die Zwischenräume der ersten, welche sich in ihrem Rücken wieder hergestellt hat. Es ist aber immer zu befürchten, daß der Feind, wenn er eine dieser Linien erreichet, sich der Zwischenräume bemächtige, und die Schwadronen oder Bataillonen in die Flanken fasse: Hier fällt also der Vortheil von Truppen ins Auge, welche ihrer Natur nach bestimmt sind, diesem Uebel vorzubeugen, und zugleich den Feind abhalten, sich zu sehr zu nähern, sonst würden die Schwadronen sich niemals sicher schwenken können (b). Wenn sie bey den Rückzügen nöthig sind,
so

* gardes ordinaires.

(a) Da man zu jenen Zeiten viel Cavallerie hatte, so waren die Feldwachen von einer Schwadrone, und die Lagerwachen * von fünfzig Pferden. Jene wurden von einem hohen Staabs-Officier angeführt, der wohl eher zwey oder drey derselben commandierte. Diese wurden noch durch Piketer von drey hundert Pferden unterstützt, wenn der Feind in der Nähe war. Hieraus entstunden an der Spitze der Armee tägliche Cavallerie-Gefechte, wobey zwar sehr schöne Manöuvren vorfielen, die aber weiter nichts nützten.

(b) Die Bewegungen der Reuterey sind rascher, aber auch gefährlicher als bey der Infanterie. Man muß sich wohl hüten sie anzufangen, wenn man nicht gewiß ist sie zu vollbringen. Wenn ein Cavallerie-Haufen, so sehr ins
Ge-

so würden sie nicht weniger in einer Schlacht nützen, und dem getrennten Feinde nachsetzen, mittlerweile daß die Corps sich wieder aufstellen, entweder um das zweyte Treffen anzufallen, oder diejenigen zu hinterziehen, welche zusammen halten, und ihre Flanke bloß geben. Diese leichten Reuterplotonen müssen sich mit den Schwadronen in den Waffen üben, und in allen Manöuvres erfahren seyn, welche ihre Bestimmung erfordert.

In dem letzten Kriege sah man bey den Alliirten ganze Corps Hussaren, wovon jeder einen Fuß-Jäger hinter sich auf dem Pferde hatte: Diese saßen ab, und versteckten sich an einem bedeckten Orte, mittlerweile daß die Hussaren sich mit den Franzosen herum hieben, und sie in das Feuer ihrer Infanterie zu locken suchten. Hierdurch erhielten sie bey verschiedenen Gelegenheiten den Vortheil über die französischen Partheyen. Der Ritter Folard hat ein nach diesem Muster eingerichtetes Corps ausgedacht, und es nach seiner Art bewaffnet. Wir haben oft weit minder nützliche Neuerungen angenommen. Tacitus meldet, die alten Deutschen hätten

---

Gedränge kömmt, daß er sich nicht wenden kann, ohne Gefahr zu laufen, unter der Bewegung überfallen zu werden, so thut er am besten, wenn er den Feind angreift. Ich würde die halben Schwenkungen zu vier Mann den Bogenwendungen * vorziehen, weil sie kürzer sind, und *caraco-die Schwadrone nicht aus ihrer Stelle rücken, wie die les.volle Schwenkung, welche dieselbe der Schwadrone des zweyten Treffens entgegen stellet, anstatt daß sie gerade auf den Zwischenraum los marschieren soll. Aber freylich muß man zu diesem Ende die Glieder neun Fuß weit öffnen.

ten die jüngsten und leichtesten aus ihrem Mittel aus,
gelesen, um sie mit der Reuterey zu führen, der sie
sogar im Jagen folgten. Glaubt man daß es gefährlich
wäre, dergleichen Infanterie mit Schwadronen zu vermengen, und daß sie sich nicht sollte zu retten wissen?
Frankreich enthält ja mehrere Landschaften von unter-
schiedener Natur, welche auf den körperlichen Bau,
die Gemüthsart, die Größe, die Stärke, die Behendigkeit der Einwohner würket. Man kann aus denselben Leute ziehen, die zu allen Arten von Soldaten
tauglich sind. Die Basken, Navarresen, Languedocker,
die Einwohner von Dauphiné und Ober-Provence,
sind vortrefflich zu leichten Truppen; die Normänner,
Burgunder, Elsaßer, Lothringer und Niederländer
für die schwere Reuterey und Infanterie (a).

(a) Das nämliche Hülfsmittel würden wir auch für alle
Arten der zu einer Armee erforderlichen Pferde haben,
wenn man diesen Gegenstand eben so eifrig beherzigen
wollte als viele andere, daran weit weniger gelegen ist.
Wir würden alsdann nicht mehr von den Fremden abhangen und einen Kanal verstopfen, durch welchen ein Theil
unsers Geldes aus dem Lande fließt.

Zweyter

Zweyter Abschnitt.

Von der Nothwendigkeit der Schutzwaffen. Verwahrungsmittel gegen das Kanonenfeuer. Plan eines Angriffs. Gebrauch des groben Geschützes bey dieser Gelegenheit.

Ein System leichter Fußknechte setzt voraus, daß das Hauptcorps schwer bewafnet sey. Wer hat nicht die Nothwendigkeit der Brustharnische bey gewissen blutigen Anfällen eingestanden? Da wir sie aber nicht mehr gewohnt sind, so fallen sie uns zu beschwerlich. Ueberdieses werden die tapfersten immer eine Ehre darinn suchen, keine zu tragen. Als der Marschall von Villars nur noch Brigadier war, und an der Spitze eines Corps Dragoner stund, bot man ihm einen Küraß an: Er warf ihn weg und sagte: Meine Freunde, mein Leben ist nicht kostbarer als das Eurige. Ein gleiches that der Hr. von Chevert bey Hastenbeck, ob er schon General-Lieutenant war. Dieses wird immer geschehen, so lange die Rüstung nicht gemein ist, und die Spötter sich über diejenigen Klassen der Officiers aufhalten können, welche das Vorrecht habey sich damit zu decken. Der Geist der Alten war ganz verschieden; bey ihnen war es eine unumgängliche Pflicht, Schutzwaffen zu tragen. Isadas, ein junger Spartaner, warf sich bey einem Ueberfalle mit der Pike in der Faust nackend unter die Feinde. Er wurde von den Ephoren wegen seiner Tapferkeit gelobt, aber zugleich in eine Strafe verdammt, weil er sich gegen alle Regeln

gegen der Kriegszucht so tollkühn gewagt hatte. „Es
„ist eine unerträgliche Schande,„ sagt der Herzog von
Rohan „die heutige Weichlichkeit der Soldaten und
„ihre Verachtung gegen ihre Schutzwaffen zu sehen.
„Um diesen Fehler zu beschönigen, geben sie vor, daß
„es ein Mangel der Herzhaftigkeit sey, in der Rüstung
„zu gehen, und daß sie in dem blosen Wamms der größ-
„ten Gefahr Trotz bieten wollten. Es ist nicht genug,
„daß man dem Tod entgegen gehe, man muß fechten
„um zu siegen, und nicht um geschlagen zu werden."
Es läßt sich nichts gegen den Ausspruch dieses großen
Feldherrn einwenden, der gewiß die Ehre so gut kannte,
als unsere niuthigsten Stutzer. Ehe der Herzog von
Choiseul Kriegsminister wurde, hielt man es für unmöglich die Franzosen einer scharfen Mannszucht zu
unterwerfen; gleichwol hat er es dahin gebracht. Man
würde sie ebenfalls an eine Schutzrüstung gewöhnen können, wie ich sie im ersten Bande vorgeschlagen habe.
Sobald der Franzose den Ernst sieht, läßt er vermöge
seines Nationalcharakters, alles mit sich machen, zumal wenn es ihm zur Ehre gerechnet wird.

  Die Verheerung des täglich zunehmenden groben
Geschützes ist der stärkste Einwurf, den man gegen
mein Lehrgebäude machen könnte. Ich habe die schwache Würkung dieses Donners, und das Mittel gezeigt,
sie zu vermindern.* Das sicherste Mittel ist, wenn ich
frisch auf den Feind los gehe. Eine Linie von drey
Gliedern die nur langsam marschiren kann, oder stehen bleibt, wird weit mehr leiden, als verdoppelte Cohorten, welche funfzig oder sechzig Schritt, nämlich
zwan-

* Traité de la guerre. Chap. 2.

* Journal Encycl. Fevr. 1767

zwanzig über das Maaß ihrer Fronte zum Zwischenraum haben. Diese Cohorten, welche sich bloß zum Angriffe verdoppeln, legen den Raum der sie vom Feinde trennet, so schnell zurück, daß sie ihn bey alle seinem Kanonenfeuer bald nöthigen, auf seine Vertheidigung oder auf seine Flucht zu denken, wenn er sich nicht Mann gegen Mann schlagen will. Ich bin vollkommen überzeugt, daß diese Cohorten an der Spitze einer viergliedrigten Linie, weit weniger leiden müssen, als zwo volle Linien von drey Gliedern. Um aber den Würkungen der Kanonen noch mehr vorzubeugen, willige ich darein, daß meine Cohorten vier Divisionen zu vier Mann in der Tiefe mit Zwischenräumen von fünfzehn Schritten bilden. Achtzig Schritte von dem Feinde, schließt sich die zwote Division an die erste, und die vierte an die dritte, indem sie den verdoppelten Schritt beschleunigen, denn die erste muß ja nicht still stehen. Wenn der Feind ebenfalls auf sie los käme, so müßten sie sich wenigstens in einer Entfernung von hundert und zwanzig Schritten schließen. Alsdann wird das Kanonenfeuer erloschen seyn, weil meine Leichtbewaffneten, die es nicht fürchten, das ihrige bereits auf die Kanoniers gerichtet haben, und mittlerweile daß die Cohorten sich nähern, sie aber in gleicher Höhe in den Zwischenräumen vorrücken, zu feuern fortfahren werden. Da alles dieses nur auf der Seite vorgeht, wo ich angreife, so kann die übrige Linie in vier Gliedern bleiben, wenn sie durch die schräge Stellung von dem Feinde entfernet ist, oder das Erdreich die Näherung der beyden Heere schwer macht.

Man

Man hat mir eingewandt, daß mein System der Leichtbewaffneten wohl für die Alten gut war, welche in den Feldschlachten ihre Maschinen nicht brauchten, daß sie aber, wenn ich sie voraus gehen lasse, der Artillerie im Wege stehen. Da hier von nichts als kleinen Feldstücken die Rede ist, welche die Leichtbewaffneten mit sich fortziehen, so können sie ihnen ohne Gefahr folgen, weil sie, sobald die Armeen zusammen treffen, mit ihnen in die Zwischenräume zurück weichen werden. Man kann sie auch auf die Flanke einer Brigade vertheinigen, wie auf Kpf. 2. Fig. 1. zu sehen ist. Diese kleinen Stücke werden allezeit höchst brauchbar seyn, weil man sie zur Vertheidigung eines Flusses, einer Anhöhe, eines Passes, einer Wegenge leicht nachführen kann. Was die gröbern Stücke betrifft, wovon man feste Batterien anlegt, so werden sie so gerichtet, daß sie in die Flanke oder schief spielen (a). Kann man zur Beschützung des Angriffs diese Richtung nicht nehmen, und wird beym vorrücken genöthigt, die Batterie hinter sich zu lassen, so muß man diesen Vortheil ohne Bedenken einem weit größern, nämlich der geschwinden Erreichung des Feindes aufopfern. Durch die nachstehende Schlachtordnung glaube ich alle Einwürfe zu beantworten, die man mir in Absicht der Artillerie machen könnte.

Erklä-

───────────────────────

(a) Wenn man eine Batterie gegen die feindliche Flanke anbringen kann, so muß sie allemal so gestellt werden, daß sie seine beyden Linien queer bestreiche, welches eine weit größere Wirkung thut, als in der Parallellinie.

Erklärung der ersten Figur des 2ten Kupfers.
1. Verdoppelte Cohorten mit ihren Leichtbewaffneten und Feldstücken im Zwischenraume.
2. Batterien, welche schräg auf den Angriffspunkt feuern.
3. Granadier-Corps.
4. Zwote Linie mit Dragonern und Infanterie vermischt.
5. Cavallerie-Flügel mit seinen Colonen.
6. Leichte Infanterie mit kleinen Feldstücken, welche sich längs dem Berge her zieht, um die Cavallerie-Flanke zu schützen, und die feindliche zu beunruhigen.
7. Hussaren.
8. Hohlgraben der den linken Flügel hindert auf den Feind los zu gehen.
9. Gehölze und Moräste.
10. Corps, welche die Flanke der angreifenden Infanterie decken.

Wenn das Erdreich durchgängig eben, und auf beyden Flügeln frey wäre, so könnte man in einer gedoppelten Queerstellung angreifen, und die zween Flügel vorrücken, das Mittelheer aber dahinten lassen. Dieses ist so leicht zu begreifen, daß es keines neuen Risses bedarf. Ich will nur anmerken, daß wenn man um eine Angriffsordnung von zwo schrägen Linien zu bilden, die Parallelstellung verläßt, die Bataillonen gerad aus marschieren und in ungleichen Entfernungen* halt machen müssen; wie die nachstehende Figur ausweiset. Wenn sie ihr Erdreich eingenommen haben,

*Siehe Band 1. Kupf. 8.

III. Theil. M so

so werden sie durch eine Viertelsschwenkung die Linie formieren.

```
. . . . . . . . . . . . . . . . .   — —   . . . . . . . . . . . . . . . . .
                                  A
                            —   —
                         —         —
                      —               —
                   —                     —
                —                           —
             —                                 —
   — —                                              — —
    B.                                              B.
```

Man siehet, daß eine Vertiefung (A) heraus kömmt, in welche der Feind nicht eindringen kann, ohne Gefahr zu laufen, durch das Kreutzfeuer zernichtet zu werden, und die aus dieser schrägen Linie fahrende Kanonenschüsse können zugleich zur Unterstützung der Angriffspunkte (B) dienen, weil man sie gegen denjenigen Theil der feindlichen Linie richten wird, auf den die Flügel los gehen. Es ist hauptsächlich viel daran gelegen, daß der Anschlag dem Feinde verborgen bleibe. Man mag daher von der Parallelstellung, oder von der Marschordnung ausgehen, und in diesem Falle die Flügelcolonnen mehr als die aus dem Mittelpunkte vorrücken lassen, um sich hierauf in eine schräge Linie zu entwickeln, so müssen die zur Verstärkung der beyden Angriffe bestimmten Truppen, allemal so stehen, daß sie sich schnell dahin begeben können: Man muß sich auch wohl in Acht nehmen, daß der Feind aus ihrer ersten Stellung nichts errathe. Das Erdreich und die Geschicklichkeit des Generals müssen diese Einrichtungen leiten.

Dritter

Dritter Abschnitt.
Verschiedene Arten eine Batterie anzugreifen. Ursache der Vermehrung des groben Geschützes. Warum ich die Dragoner der leichten Infanterie zur Vermischung mit den Schwadronen vorziehe.

Da ich mich unvermerkt in eine Untersuchung der Artillerie, und ihrer Würkungen eingelassen habe, so will ich hier noch einige Vorsichtsanstalten beybringen, welche die Verheerungen derselben am besten vermeiden können, wenn man auf eine postierte und bedeckte Batterie los geht. Ist man ihr gerade gegenüber, so muß man durch eine veränderte Richtung seines Marsches die ihrige zu vermeiden suchen. Dieses kann nicht anders geschehen, als wenn man sich nach der rechten oder linken Flanke ziehet. Mit Bataillonen ist dieses eine höchst beschwerliche Sache, weil alle ihre Bewegungen, sonderlich die nach den Flanken, langsam und der Unordnung unterworfen sind. Allein mit kurzen Schaaren, wie die halben Cohorten, ist nichts leichter und schneller; sie marschieren mit der Flanke eben so hurtig als mit der Spitze; sie werden also eine oder zwo Salven, die Bataillonen hingegen fünf oder sechs empfangen, welche sie zu Grunde richten müssen.

Der König in Preußen liefert in seinem Kriegsunterricht einen Plan, eine Batterie anzugreifen, den er auf eigene Erfahrung gebauet hat. Er zeigt sich in zwo

Linien: Nach einem schwachen Angriffe zieht die erste sich durch die Zwischenräume der zwoten zurück. Der Feind glaubt, er dürfe sie nur verfolgen und bricht hervor: Alsdann schwenkt sich der angreifende Theil, und fällt ihn mit seinen zwo vereinigten Linien an. In der Schlacht bey Kesselsdorf machten die Preußen einen Versuch hievon. Dieses Dorf, welches vor dem linken Flügel der Sachsen lag, und weggenommen werden mußte, wenn man ihrer Flanke beykommen wollte, war mit Infanterie und mehr als dreyßig Kanonen gespickt: der Fürst von Anhalt-Dessau ließ es mit drey Granadier-Bataillonen und seinem Regiment angreifen, welche von fünf Schwadronen Küraßiers unterstützt wurden. Der erste Anlauf war hitzig; Allein das Feuer der Artillerie sowol als der dabey postierten sieben Bataillonen richtete so großen Schaden an, daß er es durch eine kleine Wendung nach der Rechten zu vermeiden suchte. Die Preußen wurden zurück geschlagen, und wiederhohlten den Angriff mit eben so schlechtem Erfolge. Dieses ermunterte die Feinde aus ihren Verschanzungen hervor zu brechen, um sich der preußischen Feldstücke zu bemächtigen. Kaum bemerkte der Fürst, daß sie durch diesen Ausfall ihre Kanonen maskierten, so ließ er sie mit verhängtem Zügel durch ein Corps Dragoner angreifen, welches unter ihnen in das Dorf drang, da inzwischen das Fußvolk sich der Batterien bemeisterte, welches den Preußen den Sieg zu wege brachte. Es ist bekannt, daß Franz I. durch eben diesen Fehler die Schlacht bey Pavia verlohr. Folglich muß der Vertheidiger einer Batterie sich vor der allzuhitzigen Verfolgung der Feinde, zumal nach

dem

1745.

Campagnes du Roi de Prusse. Tom. 2. Lettre 4.

dem erſten Angriffe, hüten, der gleich dem preußiſchen
verſtellt ſeyn, oder doch leicht durch friſche Truppen
erneuert werden kann, welche die zurückgelaſſenen unterſtützen. Er muß warten, bis er von der feindlichen
Unordnung vollkommen verſichert iſt. Dieſe Klugheit
hatte der Herzog von Broglio bey Bergen. Er hielt
einige Regimenter auf, welche im Begriffe waren, ihre
Poſten zu verlaſſen, und ihn vielleicht um die Frucht
ſeiner vortrefflichen Anordnung zu bringen.

Geſetzt, daß auf der Flanke der Infanterie (A) ſich
eine Batterie befände, ſo laſſe ich ſie durch die Truppen (1) angreifen. Sie lenken ihren Marſch ſo, daß Kupf. 2.
ſie ihr die Flanke abgewinnen können. Wenn die Bat- Fig. 2.
terie ihre Richtung ändert, um auf ſie zu feuern, ſo
geht meine Linie flugs auf den Feind los, ohne die
Eroberung der Batterie zu erwarten, weil die angreifenden Truppen ſie hinlänglich beſchäftigen, um ſie zu
hindern, mit großen Schaden zuzurüſten, und wenn
einmal die feindliche Linie eingeſtürzt iſt, ſo wird die
Batterie bald weggenommen ſeyn.

Iſt es eine Batterie, welche wie (B) die Reuterey Fig. 3.
flankiert, ſo würde ich ein gleiches thun, und dabey
noch den Vortheil haben, daß die Reuterey wenn ſie
vorrückt, den Schutz ihrer Kanonen verlieren, und
wenn ſie ſtehen bleibt, mit Nachtheil fechten wird,
weil ihre Natur einen laufenden Angriff erfordert.
Meine Stellart iſt zu dieſer Verrichtung überaus geſchickt.
Im erſten Plane formiere ich eine Linie von Leichtbewaffneten, die nach einigen ſcheinbaren Verſuchen ſich
in einer beſtelkten Urordnung auf meine Cohorten zurück

rück zieht. In dem zweyten maskiret diese Linie (z) die Bewegung, welche ich die Cohorten machen lasse, um sich auf die Flanke der Batterie zu werfen.

Fig. 2.

Alle Kriegsschriftsteller, und sogar diejenigen, welche wie Machiavel, nichts als Theorie besaßen, haben eingesehen, daß das Kanonenfeuer nur einen Augenblick gefährlich ist, und durch die Schnelligkeit des Angreifenden, oder durch die Kunst seiner Bewegungen, bald vereitelt werden kann. Blos die Art es anzuordnen, kann es gefährlich und zu großen Würkungen geschickt machen. Alle die Artillerie, welche vor den Bataillonen liegt, schreckt mich nicht ab; wenn sie aber so verdeckt ist, daß man mit dem Kopfe darwider läuft, so wird sie weit mehr Schaden anrichten. Ein Beyspiel geben mir die vier Cohorten (D), in deren Zwischenräume ich zwölf Kanonen gepflanzt habe. Sie werden von vier halben Cohorten zu vier Gliedern (E) bedeckt, und haben die Leichtbewaffneten auf den Flanken. Wenn der Feind sich auf drey hundert Schritte genähert hat, müssen die vier halben Cohorten sich öffnen, um die Kanonen zu enthüllen. Ueber diese Veränderung der Scene nicht minder bestürzt, als durch ein heftiges Kartetschenfeuer zerrüttet, wird er in der größten Verwirrung den Rückweg nehmen. Alsdann werden die vier halben Cohorten (E) und die Leichtbewaffneten ihn verfolgen. Hier ist das Nachsetzen nicht gefährlich, wie in dem Falle da man aus einer Verschanzung hervorbricht; denn wenn auch die Verfolger heimgeschickt würden, so könnten sie sich ganz sicher unter dem Schutze der Cohorten (D) und der Batterie zurückziehen, welche fortspielen würde.

Fig. 4.

Die

Die große Menge des groben Geschützes ist allerdings für den Angreifenden eine neue Hinderniß, welche aber nicht unüberwindlich ist, und ihm doch noch einigen Vortheil übrig läßt (a). Dieser Gebrauch rührt von der längst eingerissenen Gewohnheit her, von ferne und ohne Schutzwaffen zu fechten. Er ist bey den Deutschen aufgekommen, die wegen ihrer phlegmatischen Gemüthsart vorzüglich aufgelegt sind, sich mit dem Wurfgewehr zu schlagen. Ob es gleich scharfsinnige Männer genug unter ihnen gibt, welche die ganze Schwäche der dreygliedrigten Stellart einsehen, so ist es ihnen doch eine so erwünschte Sache, und zu dieser Neuerung vermocht zu haben, daß sie sich wohl hüten werden, sie zu verlassen, weil sie ihren Vortheil dabey finden, und weil wir, wenn sie eine dichtere Stellordnung einführten, sie wieder nachahmen, und dadurch unsere volle Stärke erhalten würden. Der Anlauf der Franzosen hat ihnen immer so furchtbar geschienen; daß sie

---

(a) Der Grund dieses Vortheils liegt nicht nur in moralischen Ursachen, sondern es ist auch nicht schwer zu beweisen, daß der angreifende sich sogar die Ueberlegenheit des Artilleriefeuers gegen eine postirte Armee verschaffen kann. Alle seine Schüsse treffen auf feste Punkte, dahingegen der Feind auf Truppen feuert, die in Bewegung sind, und durch ihre Stellart sowol als durch die Benutzung der kleinen Schirme des Erdreichs, die größte Würkung des groben Geschützes vermeiden. Wenn gleich der Angreifende verrückt, so kann er sich dennoch des Prellschusses, der Haubitzen und kleiner Bomben bedienen, welche allezeit Unordnung stiften, und eine unbeweglich stehende Mannschaft in Schrecken setzen.

Band 1. Theil 2. Hauptst. 6 Abschn. 1.

sie auf Mittel bedacht waren, sich davor zu schützen. Aus diesem Grunde sollten wir uns nicht mit ihnen auf das Feuern einlassen, sondern entgegen gesetzte Maximen befolgen, nemlich unsre ganze Lebhaftigkeit ins Spiel bringen, und unserm natürlichen Ungestümm freyen Lauf lassen. Es ist eine der ersten Kriegsregeln, daß man das Gegentheil von dem thun soll, was der Feind wünschet.

Ehe ich dieses Hauptstück schließe, muß ich den Vorzug rechtfertigen, den ich den Dragoner-Plotonen vor den Infanterie-Haufen einräume, um hiemit den Reuterschwadronen fechten zu lassen. Als man auf die Einmischung der Arkebusier-Plotonen verfiel, waren die Schwadronen der schweren Reuterey sehr stark, plump und ihre Bewegungen ziemlich langsam. Diese kleinen Truppen konnten ihnen also gar leicht folgen, und sobald man einander nahe kam, richteten sie bey dem Feinde großen Schaden an. Freylich waren sie unfehlbar verlohren, wenn ihre Reuterey den Kürzern zog; allein in Vergleichung des Nutzens den sie gewährten, wurde dieses als eine ganz kleine Unbequemlichkeit betrachtet. Daher haben auch seit der Schlacht bey Pavia, bis auf den Marschall von Turenne, alle große Feldherren sich ihrer bedienet. Nachdem die Reuterey mehr Hurtigkeit bekam, wurden sie für überflüssig gehalten. Die heutige Art sie abzurichten macht ihre Bewegungen noch weit rascher, und daher haben mir die Plotonen der reitenden Jäger dienlicher geschienen. Dieses wird in der Folge noch deutlicher ins Auge fallen, wenn man sich die Operationen vorstellet, von
denen

denen ich reden werde. Uebrigens ist dieser Vorschlag so wie das System der bey den Bataillonen angestellten Leichtbewaffneten, weiter nichts als ein höherer Punkt der Vollkommenheit, der vornemlich alsdann nöthig wäre, wenn man einen Drittheil oder Fünftheil Partisaner einführen wollte. Genug, diese Truppen sind in der Hand des Generals, und er kann sich ihrer nach Maßgabe der Umstände, und nach eigenem Gutbefinden auf der Linie, auf den Flanken, bey den Vorposten, oder zu kleinen Bedeckungen bedienen. Die Römer gebrauchten die ihrigen, zumal bey der Cohortalstellung, nicht immer auf der Infanterielinie; sie gaben ihnen Posten zu besetzen, oder vermischten sie mit der Reuterey.

Nicht nur die Griechen und Römer, sondern auch die letzten Jahrhunderte, liefern mir Zeugnisse für meine Dragonerplotonen, und ich kann die Aussprüche der größten Feldherren zur Gewährschaft anführen. Unter Kayser Karl V begriff eine Reuterfahne sechzig Lanzierer in voller Rüstung, hundert und zwanzig halbe Küraßierd, und sechzig leichte Reuter mit langen Büchsen. Die Fahne formierte eine Schwadron in acht Gliedern; die Büchsenschützen standen in den beyden ersten in einiger Entfernung von den Lanzierern. Diese bildeten ebenfalls zwey Glieder, auf welche die Küraßiers in den vier übrigen folgten, welche fest geschlossen waren. Wenn die Arkebusierer gefeuert hatten, so öffneten sie sich rechts und links, und zogen sich auf die Flanken, oder hinter die Schwadrone zurück, welche sofort den Angriff that. Als die Franzosen die Vortheile dieses Gebrauchs einsahen, wurden ihre Schwadronen eben-

sauls

falls in geschlossene Glieder gestellt, und ihnen Carabinierplotonen zugegeben, welche den linken Flügel derselben ausmachten. Auf die Losung des Befehlshabers rückten sie hundert bis hundert funfzig Schritte vor, um Glied vor Glied* zu feuern, und stellten sich hernach in den Rücken der Schwadrone. Wenn der Feind keine solche Truppen hatte, so zogen sie den Vortheil auf ihre Seite. War er auch damit versehen, so konnte man ihrer nicht entbehren, weil sie alsdann zum Angriffe der seinigen dienten. Dieses geschah nicht in vollen Haufen, sondern blos zum scharmuzieren, um jene zu hindern auf die vorrückende Schwadrone zu feuern (a). Der Herzog von Rohan sagt; wenn er eine Reuterey zu formieren hätte, so würde er jedes Regiment auf fünf hundert Pferde setzen, wovon vierhundert den vollen Harnisch führen, funfzig als Carabinierer, und eben so viel als reutende Arkebusierer bewaffnet seyn müßten. Ich könnte noch viel andere Zeugnisse anführen, wenn ich mich in eine umständlichere Erörterung einlassen wollte: Allein ich glaube genug gesagt zu haben, um den Ideen aller guten Feldherren zu winken, die durch ihr Ansehen Maximen in Schwang bringen können, deren Gründlichkeit unleugbar ist.

*Band 1. Theil 2. Hauptstück 12.

Traité de la guerre. Chap. 2.

(a) Die Deutschen griffen seit Carls des V. Zeiten in geschlossenen Schwadronen an: Doch wußten sie, so wenig als die Franzosen, das wahre Verhältnißmaß der Zahl nicht immer zu beobachten. Man findet Fälle, wo die Schwadronen achtzig, hundert, und bis auf hundert und zwanzig Rotten hatten. In der Schlacht bey Jvry befanden sich bey der Armee des Herzogs von Mayenne, drey zehn hundert niederländische Lanzierer, welche nur zwo Schwadronen ausmachten.

Sechstes

Sechstes Hauptstück.
Vom Zuge über Flüsse und durch enge Pässe.
Verschiedene Rückzugordnungen.

Erster Abschnitt.
Vom Rückzug über einen Fluß im Angesichte des Feindes. Anmerkungen über dieses Manöuvre. Verschiedene Vorsichtsanstalten. Beyspiel einer Armee, die über einen Fluß gehet, und den Feind vor und hinter sich hat. Methode der Alten.

Wenn eine Armee in Gegenwart des Feindes über einen Fluß zurückkehren will, so schafft sie sich zuvorderst das Gepäcke, den Artilleriezug, und das Lazareth vom Halse, die man unter einer Bedeckung hinüber gehen läßt (a). Der bequemste Platz zur Schlagung einer Brücke, ist eine eingebogene Krümmung, wie die ausgebogene Seite es für vormarschierende Truppen ist. Vor allen Dingen muß man ein Com-

---

(a) Diese Vorsicht ist unumgänglich nöthig, weil ein feindliches Corps oberhalb oder unterhalb hinüber setzen, und sie wegnehmen kann, ehe man im Stand ist, ihnen Hülfe zu leisten.

Commando mit Kanonen hinüber setzen, welches sich längs dem Ufer also stellen wird, daß es die Brückenschanze flankieren kann. Zur Rechten und Linken werden ebenfalls Batterien aufgeworfen, um die Seiten der Armee zu beschützen, und auf den Feind zu feuern, wenn er sie umflügeln will. Je enger sie sich zusammen drängt, desto näher müssen diese Batterien einander liegen. Wenn ein Kreis von Redouten an der Spitze der Brücken angelegt ist, so wird der Rückzug wie der unter dem Prinzen von Conty, leicht und ohne Gefahr von statten gehen." Ich setze allemal voraus, daß wenigstens zwo vorne an der Krümmung befindlich sind, um den Rückzug des Nachtrabs zu versichern. Die Infanterie (1) woraus er bestehet, muß sich in Form eines Galgens an das Wasser lehnen, und die Dragoner oder reutenden Jäger in denselben verschließen; die Bataillionen müssen ihre spanischen Reuter vor sich hin werfen: Wären es Cohorten, so würden sie keine nöthig haben. Das Feuer des jenseitigen Ufers wird den Feind abhalten in die Flanken zu fallen; er wird blos die Spitze, und zwar in gleicher Fronte angreifen können. Ist die Infanterie gut, so muß er zurück geschlagen werden; alsdann brechen die Dragoner hervor, und verfolgen ihn bis auf eine genugsame Weite. So bald sie zurückkommen, gehen sie über die Brücke, und die letzten Fußvölker stellen sich zwischen den beyden Redouten in Schlachtordnung. Wenn sie über die Brücke ziehen, wird der Feind es noch nicht wagen, sich dem Ringwalle * zu nähern, noch die Redouten anzugreifen, weil er ins Verderben laufen würde. Man wird also Zeit haben die Brücke abzubrechen, und die in den

1745.

* Th. 4. Hauptst. 1 Abschn. 1.

Kupf. 3. Fig. 1.

* Enveloppe.

Redou-

Redouten und Verschanzungen gebliebenen Truppen, werden sich in bereit liegende Schiffe werfen, und ebenfalls hinüber kommen.

Wenn man unter einer solchen Arbeit angegriffen wird, so geschieht es selten von der ganzen Armee, weil ein General mit dem Abzuge nicht wartet, bis er den Feind auf dem Nacken hat. Man bekömmt also gemeiniglich nur mit seinen leichten Truppen, mit der Reuterey, und mit einigen leichten Fußvölkern zu thun, welche diese etwa hinten aufsitzen läßt. Wenn die feindliche Armee so nahe steht, als sie seyn kann, welches wegen der Schußweite der Kanonen doch immer eine gewisse Entfernung ist, so muß man die Fig. 2. angemerkte Stellung nehmen. Die Cavallerie welche im zweyten Treffen stehet, wird mit den Flügeln A. und B. über die beyden Brücken defiliiren. Wenn diese zween Flügel hinüber sind, so können ihnen die Infanterie-Brigaden C. und D. folgen. Zu gleicher Zeit müssen die Truppen des Ringwalles sich dem Ufer nähern; dann wird die übrige Reuterey, hierauf die Infanterie-Brigaden E. F., und zwar die letzten Bataillonen der Linie zuerst, hernach H. und I. hinüber gehen. Diesen leeren Raum wird die Mannschaft des Ringwalles nach und nach durch ihren Rückmarsch zuschließen, und die Granadiercorps G. immer auf den Winkeln stehen bleiben. Sie werden mit der Brigade M. und den Dragonern N. die dritte Stellung formiren, welche der auf der ersten Figur gleichen, und eben so stark seyn wird. Ihre Rückbewegungen sind der Entfernung angemessen, aus welcher der Feind zum Angriffe herbey kommen kann; die

Kupf. 3.
Fig. 2.

Flanken

Flanken find wohl unterstützt; sie können nicht angegriffen werden, und die ganze Aufmerksamkeit vereinigt sich auf die Fronte. Der innere Raum ist auch immer der Menge der darinn gelassenen Reuterey angepaßt, so daß, wenn eine Unordnung entstünde, die Truppen Erdreich genug haben würden, sich wieder zu sammeln.

Wenn ein General sich in diesen Umständen befindet, so thut er am besten, wenn er seine Bewegungen verbirgt, und des Nachts aufbricht. Gesetzt aber, der Feind liesse ihn nicht aus dem Gesichte, so darf er mit standhaften und festgeordneten Truppen in dieser Stellung kein Bedenken tragen, sich unter seinen Augen bey hellem Tage zurück zu ziehen, oder ihn zu erwarten, und ein Treffen zu liefern. Erlaubt es die Zeit, so kann er sich durch eine Linie von Sägenwerken befestigen. Doch setze ich immer voraus, daß die Feinde ihm kein vortheilhafteres Erdreich abgewinnen können; daß das Feuer des jenseitigen Ufers über die ganze Ebene hinstreicht, und daß die Schlachtordnung von keiner benachbarten Anhöhe beherrschet wird (a).

Wenn man drey Brücken oder zwo und eine Fuhrt

in

(a) Wenn eine oder zwo Anhöhen nahe bey dem Flusse lägen, so könnten sie anstatt zu schaden, den Rückzug der Armee vielmehr begünstigen. Weil aber die darauf postirten Truppen nicht leicht zu entsetzen wären, so würden sie vieles leiden, sobald der Feind sie erstiegen hätte. Diese Stellung verdient also keinen Vorzug, ob man gleich Beyspiele davon findet. Das freye Erdreich ist allemal das beste, zumal wenn es etwas niedriger liegt, als das jenseitige Ufer.

in der Mitte hat, so ist es gar wohl möglich, in ganzen Marschcolonnen, und zwar die Infanterie auf den Brücken, die Reuterey durch die Fuhrt hinüber zu ziehen. Die Reuterey muß eine Linie mit zwo Reserven P. for- miren, welche den Zwischenraum der Colonnen zu schliessen. Meine achtgliedrigten Cohorten würden mit der Flanke marschieren; die Leichtbewaffneten Q. könn- ten die unter ihrem Feuer liegende Häuser, und die benachbarten Zäune, Hecken, Gräben, Vertiefungen und Hohlwege besetzen; sie müßten die kleinen Feldstücke mit sich führen, und im Nothfalle vom Nachtrab Hülfe bekommen, der sie auch über die Brücke begleiten würde. Kupf. 3. Fig. 3.

Da die drey Colonnen zugleich hinüber gehen, so fällt dabey gar kein Manöuvre vor; sie verschwinden allmählig, ohne die mindeste Lücke zu machen. Wenn der Feind einen scharfen Angriff wagte, so würde man ihm überall die Spitze bieten, und mit einem Theil der Armee, eben so stark seyn, als mit der ganzen. Es könnte verhältnißmäßig immer so viel Reuterey als Infanterie zurück bleiben, und die Stellung dieser letz- tern würde einem unbeweglichen Felsen gleichen. Die bloße Ueberlegenheit des Feindes an Artillerie könnte Schaden anrichten, weil im gegenwärtigen Falle keine Frage davon wäre auf ihn los zu gehen; so lang er sich aber auf eine Kanonade einschränkt, wird er entfernt seyn. Man kann ihm daher mit Vortheil antworten, und indessen die Colonnen immer fortziehen lassen. Wenn er auf die Flanken fällt, wird er in ein Kreuz- feuer kommen. Er kann sich also nur an die Truppen des Nachtrabs machen, welche ihm, so zahlreich er auch

seyn

seyn mag, allezeit gewachsen bleiben. Wenn ich Zeit hätte mich auf einem solchen Uebergang vorzubereiten, so würde ich zwo Redouten jenseits der Fuhrt anlegen, um sie zu vertheidigen, falls es der Feind versuchen sollte, mir durch den Fluß nachzusetzen.

Wenn eine Armee in dieser Colonnenordnung nach dem Ufer zu marschieret, so hat sie einen Vorsprung vor dem Feinde. Gesetzt es wäre nur eine Stunde, so müssen dreyßig Cohorten, welche in einer Fronte von acht Mann über eine Brücke ziehen, in zwanzig Minuten hinüber seyn (†). Wenn die Fuhrt nur zehen Pferde breit ist, so können zwo Schwadronen in eben so kurzer Zeit hinüber setzen, als eine Cohorte über die Brücke marschiert: Folglich wird eine Armee von sechzig Cohorten und sechzig Schwadronen, das jenseitige Ufer erreichen, ehe die feindliche sie mit Macht angreifen kann, und wenn blos ihr Vortrab anrückt, so halte ich ihn nicht für fähig, meine Marschordnung auszuhalten, welche ihm die Spitze bieten und sich vertheidigen kann.

Ich weis wohl, daß es sehr leicht ist, etwas auf dem Papier zu demonstriren, und daß uns die Ausübung viel Dinge zeigt, welche der Theorie entwischen. Wenn aber diese letztere in der Hauptsache mit der Erfahrung übereinstimmet, und sich allen unvorsehenen Fällen anpassen läßt, so sollte man sie, deucht mich, eben für kein Hirngespinnst halten. Dieses sey im vorbeygehen zu denen gesagt, welche sich einbilden, daß
einem

(†) Hier hatte der Verfasser billig zuerst die Breite des Flusses oder die Länge der Brücke bestimmen sollen.

einem Kriegsmanne das Studieren wenig nütze, und daß die Speculationen selten etwas anders als sinnreiche Träume hervorbringen.

Alle Kriegsverrichtungen lassen sich also mit Genauigkeit berechnen, dafern man sich einer Schrittart bedienet, die derselben fähig ist. Dieses ist um so viel leichter, da unser Marsch abgemessen und in gleiche Räume getheilt ist, und bey verdoppelter Schnelligkeit das gedoppelte Maaß Erdreich in gleicher Zeit durchschreitet. Man kann den Zug des Feindes auch noch dadurch aufhalten, daß man die Wege verderbt, oder durch Verhaue sperret, die Brücken abbricht, Fußangeln ausstreuet, und die Dörfer ansteckt, durch welche sein Weg gehet (a). Hierdurch gewinnet man Zeit die Schiffbrücken, wenn sie nicht vorher fertig werden konnten, zu vollenden, einige Redouten aufzuwerfen, und wenigstens an der Spitze jeder Brücke eine Wagenburg und einen Graben zu machen, um den Nachtrab zurück zu ziehen. Bey gewissen Gelegenheiten hat man dürres Holz in die Gräben geworfen, oder die Wagen damit angefüllt, um es bey Annäherung des Feindes in Brand zu stecken.

Wenn die Brücke wohl gelegen ist, und das Feuer des jenseitigen Ufers sich der an ihrer Spitze liegenden Schanze kreuzet, so wird man allerdings Zeit finden, sie abzubrechen. Will man sich der Schiffe nicht weiter bedienen, so muß man sie verbrennen, und nicht den Fluß

(a) Diese Feuersbrünste sind gemeiniglich höchst unnütz, und immer eine sehr geringe Hinderniß für den Feind. Man sollte sie nie ohne die äußerste Noth erlauben.

III. Theil.

Fluß hinunter schwimmen lassen, weil der Feind sie zu seinem Gebrauche auffangen könnte. In dem *Memoires de Cha-* Kriege von Bordeaux begieng der Prinz von Conde diesen *vagne.* Fehler auf der Charente. Der Herzog von Harcourt machte sich denselben zu Nuz, baute eine Brücke und verwahrte sie mit einer Verschanzung, aus der man ihn nicht mehr vertreiben konnte (a). Ich bekenne, daß es allemal eine sehr kitzliche Unternehmung ist, in der Gegenwart des Feindes über einen Fluß zurück zu kehren; indessen läßt sie sich doch vermittelst guter Anstalten ins Werk richten. Wenn bey solchen Gelegenheiten manche Armeen Noth gelitten haben, so ist es entweder aus Mangel tauglicher Maaßregeln, oder aus allzugroßer Sicherheit geschehen. Die Karthaginenser wurden in Sicilien beym Uebergange des Flusses Crimessus nur darum vom Timoleon geschlagen, weil sie sich überfallen ließen. Da sie sein kleines Heer verachteten, so *Plutarch* giengen sie in schlechter Ordnung zu Werke; er ließ *Timoleon* einen Theil defiliren, überfiel den Rest, und richtete ein gräßliches Blutbad an.

Wenn eine vom Feind verfolgte Armee über einen seichten Fluß gehen wollte, und die Fuhrt besetzt fände, so müßte sie ihn durch das Kanonenfeuer vom Ufer zu entfernen suchen. Um seine Aufmerksamkeit zu theilen, könnte sie zween falsche Angriffe vornehmen; ein Corps Infanterie müßte in zwo Colonnen zu halben Cohorten, die Reuterey in der Mitte schwadronweis hindurch setzen,

die

(a) Eben diese Bewandniß hat es mit der Räumung eines Ufers. Die bloße Versenkung der Schiffe hilft nichts, weil der Feind sie leicht wieder flott machen kann.

die Granadiers könnten an der Spitze der drey Colonnen, die leichten Truppen auf den Flanken marschieren. Die Infanterie müste bey ihrer Ankunft Stand fassen. Die Reuterey (2) und die leichten Truppen (3) würden auf den Feind losgehen, um ihn zu entfernen. Ist der Strom reißend, so stellet man eine Cavallerie-Colonne oberhalb dem Fußvolk, um die Gewalt des Wassers zu brechen. Nichts als die Fortschaffung der Kanonen würde in dem gegenwärtigen Falle Schwierigkeiten kosten. Ist das Wasser nicht über drey Fuß tief, so darf man nur das Zündloch wohl verstopfen, und die Münbung so hoch als möglich empor richten; bey einer größern Tiefe aber würden die Flösse unentbehrlich seyn. Wenn das Ufer steil ist, so muß man vor den Colonnen Schanzgräber herschicken, welche den Rand für die Pferde und Kanonen flach abdachen müssen.

Kupf. 3.
Fig. 4.

Wenn der Vortrab (1) sich des Ufers bemächtigt und sich so postiert hat, daß er den Uebergang versichern kann, so muß die Armee in drey Colonnen (4), und zwar die Cavallerie in der Mitte oder Brigadenweis mit der Infanterie nachfolgen. Es gibt hierüber keine festgesetzte Regeln, weil alles von der Stärke des Feindes, von seiner Stellung, und von der Beschaffenheit des Erdreichs abhängt, wo die Truppen sich entwickeln müssen. Der Nachtrab (5) könnte wie in Fig. 3. also geordnet, und sein Rückzug ebenfalls durch aufgeführte Kanonen unterstützt werden. Die leichten Truppen (6) stehen auf den Flanken, sie könnten auch zur Vertheidigung des Erdreichs dienen, wenn man die Hecken,

Vertiefungen, Bäche damit besetzet, wie die vorige Figur zeiget. Es ist keiner von den Vortheilen zu versäumen, welche sich anbiethen, um die Annäherung des Feindes zu verzögern, und ihn so lange als möglich entfernt zu halten.

Die zehntausend Griechen liefen Gefahr auf ihrem Rückzuge über den Fluß Centrites von vornen und hinten angegriffen zu werden. Die Schwerbewaffneten giengen in zwo Colonnen hinüber; in der Mitte hatten sie ihre wenige Reuterey, an deren Spitze die Bogenschützen voran zogen. Cheirisophus der sie führte, griff die auf ihn wartenden Feinde an, und bemeisterte sich eines Hügels, wo er sich in Schlachtordnung stellte. Xenophon hatte mit seinem Corps Miene gemacht den Uebergang etwas weiter oben zu versuchen. Sobald er aber den Cheirisophus am Lande sah, kam er zurück, und formierte den Nachzug. Die Karducher welche ihn verfolgten, fielen ihm in den Rücken, er schwenkte sich, und schlug sie eine gute Strecke zurück. Als sie auf der Flucht begriffen waren, kehrte er um, und befahl eiligst hinüber zu gehen. Cheirisophus schickte einen Theil der Bogenschützen über den Fluß zurück, um seine beyden Flanken zu beschirmen. Dieses hielt den Feind ab, welcher wieder zum Vorschein kam.

Rückzug der zehntausend Griechen. Buch 4.

Die Alten pflegten den Uebergang der Flüsse gleich uns, durch ihr grobes Geschütz zu begünstigen. Sie stellten ihre großen Wurfmaschinen ans Ufer, und wenn der Strom sehr weit war, bedienten sie sich der Flöße. Als Corbulo über den Euphrat gehen wollte, brauchte er dabey große Schiffe, welche zu drey bis vieren, fest zusammen gebaut waren. Sie wurden mit einer Bettung von Balken und Bohlen belegt, mit einer Brustwehr eingefaßt, und bisweilen mit einem Thurm von Zimmerwerk versehen. Diese schwimmenden Festungen welche mit Bogenschützen, Balisten und Katapulten besetzt waren, fuhren auf dem Fluß umher, von dessen Ufer sie die Parther entfernten, und die Erbauung der Brücke begünstigten (a).

Auch wir können uns platter Fahrzeuge mit Kanonen bedienen, wenn wir einen hinlänglich starken Rand darauf setzen, welcher der feindlichen Artillerie widerstehen kann. Bisweilen hat man auf dem Rhein und der Donau Fregatten gebraucht, entweder um einen Uebergang zu unterstützen, oder sich vom Lauf des Flusses Meister zu machen.

Die fliegenden Brücken, welche aus zusammen gejochten Schiffen bestehen, sind ebenfalls bekannt. Sie müssen dreyhundert Mann halten, und dienen nicht weniger zur Begünstigung des Uebergangs, als zur Unterstützung der Truppen, welche an der Brückenschanze arbeiten; mithin können sie auf gleiche Art zur Bedeckung eines Nachzugs gebraucht werden. Die Brustwehr darf allenfalls nur gegen die Musketenschüffrey seyn: Sobald die feindlichen Kanonen entweder nicht hoch genug, oder zu weit vom Ufer liegen, um ihre

N 3 Schüsse

(a) Et ne ponti injiciendo impedimentum hostiles turres afferrent, naves magnitudine praestantes & connexas trabibus ac turribus auctas agit per amnem: catapultisque & balistis proturbat barbaros . . . . . dein pons continuatus, &c. Annales Taciti. Lib. 15.

Schüsse in den Fluß zu senken, so können sie wenig schaden. Eine wichtige Anmerkung, sowol für die Vertheidigung als für den Angriff eines Uebergangs, um die Truppen von der Furcht zu heilen, die sie oft ohne Noth vor den Kanonen haben. Es gibt wenig Flüsse, deren Ufer nicht zween bis drey Fuß über dem Wasser liegen, wenn sie nicht durch zufällige Ursachen anlaufen. Ist alsdann das Erdreich flach, so kann der Schuß einer Kanone, die achtzig Klafter vom Ufer steht, die Mannschaft nicht erreichen, welche durch eine Fuhrt setzet. Ist es in gleicher Entfernung um zwölf Fuß erhaben, und das Bette des Flusses zwanzig Klafter breit, so wird er mit genauer Noth an das jenseitige Ufer gelangen. Liegt es dreyßig Fuß hoch, so wird die Kugel zwar die Mitte erreichen, aber nur auf einen Fleck fallen.

In unsern Zeiten sehen die Armeen selten mit offenbarer Gewalt über die Flüsse, zumal seitdem die Infanterie eine sichte Stellart bekommen hat (a). Die Ursache

---

* 1745.
* 1758.

(a) Die Züge der *Prinzen Carl* von Lothringen und *Ferdinands* von Braunschweig über den Rhein, worden ins geheim unternommen. Bey der ersten Gelegenheit schiffte ein Corps Panduren und Waradiner nach einem mit Weiden bedeckten Orte hinüber, und überfiel drey bayerische Regimenter. Während dieser Zeit baute man eine Brücke zwischen Rheinzabern und Germersheim. Der Feind war schon herüber, als die Franzosen ihn angreifen wollten. Man hat den Fehler auf den General *Seckendorf* geworfen, der vermöge seiner Stellung bey Philippsburg diese Gegend hätte bewachen sollen. In der That ist es unbegreiflich

Urſache davon iſt handgreiflich. Um ſie auszuführen, müſſen die Truppen ſich einer gewiſſen Feſtigkeit in ihrer Anordnung bewußt ſeyn, die ſie Mauern ähnlich macht. Sie müſſen auch im Angeſichte des Feindes leicht und ohne Gefahr manöuvrieren können. Mit derngliederigten Bataillonen wird es niemand wagen mit Gewalt über einen Fluß zu gehen, wie Guſtav Adolph über den Lech ſetzte. Wenn wir uns aber gewöhnten in dieſen Rotten zu manöuvrieren und zu fechten, ſo würden wir zu gleicher Zeit den zu dieſen großen Unternehmungen nöthigen Grad der Kühnheit erlangen.

1631.

Theil 4.
Kap. 1.
Abſchn. 1.

Zweyter Abſchnitt.
Wie ein Heer in Gegenwart des Feindes durch enge Päſſe ziehen ſoll. Anmerkungen. Verſchiedene Beyſpiele. Beſchluß.

Wenn eine ganze Armee durch eine Wegenge zieht, ſo muß ſie, dafern es ein Bergpaß iſt, vor allen Dingen

greiflich, warum er ſie verließ, und über den Rhein zurück gieng. Im zweyten Falle hatten die Franzoſen Weſel inne, und die Armee war in dieſer Gegend des Niederrheins cantonniret. Der Prinz Ferdinand ließ eine Schanze und einige Redouten an der Spitze ſeiner Brücke anlegen, die er an einem Orte ſchlug, wo der Rhein auf dem linken Ufer einen eingehenden Winkel macht, und ſein Bette ſchmäler wird. Der franzöſiſche General, der bey Emmerich commandirte, war entweder übel berichtet oder zu unentſchlüſſig. Er getraute ſich nicht die herüber gekommenen Truppen anzugreifen, und zog ſich zurück.

Dingen die Anhöhen besetzen, welche ihn beherrschen. Dieses muß durch Leichtbewaffnete (1) geschehen, welche nöthigenfalls durch Granadiers unterstützt werden können, um den Feind davon zu vertreiben. Wenn man sich der Ausgänge versichert hat, muß man ein Corps Infanterie mit Kanonen hinaus schicken, um die beyden Seiten der Mündungen zu besetzen. Sie muß sich an die vortheilhaftesten Oerter, als auf kleine Anhöhen (2) oder auf Abhänge stellen, welche gemeiniglich am Fuße der Berge angetroffen werden. Sie kann auch spanische Reuter mit sich führen; und falls der Weg durch einen Wald geht, muß sie an dessen Rande sich mit Verhauen umschanzen.

Auch die nahgelegenen Häuser (3) muß man besetzen, und sich nach aller Möglichkeit darinn festsetzen. Diesem Corps muß ein starkes Commando von Dragonern und Hußaren (4), samt einigen Bataillonen auf dem Fuße nachfolgen; es muß vor die Mündungen hinaus rücken, und sich wo möglich Stützpunkte suchen, als Meyerhöfe, Gärten, umzäunte Güter, oder wenn Anhöhen vorhanden sind, so kann es sich darauf postieren.

Die Infanterie der ersten Linie wird sodann aufbrechen, und sich so wie sie heraus rückt, wenigstens dreyhundert Schritte jenseits der Wegengen mit ihren vor sich habenden Feldstücken in Ordnung stellen. Die Reuterey tritt auf ihre beyden Flügel, wo sie sich winkelförmig zurück lehnet, damit sie durch die Batterien und Commandos (5) flankirt werde, welche, sobald das erste Infanterietreffen sich zu formieren anfängt,

diesen

diesen Punkt einnehmen müssen (a). Die zwote Linie wird auf gleiche Art hervorbrechen, und sich hinter der ersten aufstellen. Wenn die ganze Armee hindurch ist, müssen die Cavallerieflügel sich seitwärts ziehen, um sich mit der Infanterie in eine Linie zu richten, und dann wird man vormarschieren, um die Stellung (7) zwischen den Wäldern und dem Bache zu nehmen.

Ich habe voraus gesetzt, daß der Feind nicht mit seiner ganzen Armee den Paß verlegte, sondern, daß man nur die Posten, welche die Ausgänge besetzten, und einige Corps Reuterey und leichte Truppen zu vertreiben gehabt. Stünde er mit seiner ganzen Macht in der Nähe, so wäre es weit mißlicher vor seinen Augen und unter seinem Feuer zu defiliren. Dennoch würde die Schwierigkeit nicht größer seyn, als beym Uebergang eines Flusses, wovon ich vermittelst einer guten Stellart die Möglichkeit dargethan habe.

Band 2.
Theil 4.
Haupst. 2
Abschn. 1.

Wenn ich nun annehme, daß das Erdreich, wo der Feind gelagert, oder in Schlachtordnung ist, dasjenige nicht bestreicht, wo ich mich formiren soll, daß ich die Ausgänge wohl besetzt, und mich der Anhöhen bemächtigt habe, so wird der Vortrab sich am Fuße derselben, und zwar das Fußvolk (1) in die erste Linie, und die Dragoner (2) hinten daran stellen. Dann wird die Infanterie und Cavallerie in abwechselnden Brigaden, nämlich erst vier Cohorten, hernach vier Schwadronen hervorbrechen. Die Cohorten werden mit der Infanterie

Kupf. 4.
Fig. 2.

R 5

(a) Noch besser ist es, wenn sie bereits hieselbst postiert sind, und man vor dem Ausmarsch aus dem Passe sich dieser ganzen Länge bemächtiget hat.

terie des Vortrabs den Galgen A formieren; die Dragoner aber hinter denselben ein zweytes Treffen ausmachen. So wie die Truppen anlangen, wird die Spitze vorrücken, und jeder von den beyden Hacken sich ausbreiten. Wenn die Spitze ein hinreichendes Erdreich gewonnen hat, müssen sie sich nicht mehr rühren; sondern die nachkommenden Truppen werden sie zur Rechten und Linken verlängern. Zu diesem Ende müssen die Hacken sich in gleichem Maaße entfernen, und die Schaaren mit der Artillerie, welche sie beschützen soll, ihren Bewegungen folgen. Wenn alles ausgerückt ist, so wird die letzte Stellung dem Risse B gleichen. In dieser Anordnung darf ich mich vor keinem Anfalle fürchten. Ist der Feind unentschlüssig, so werde ich mich so stellen, wie seine Lage und die Beschaffenheit des Erdreichs es mit sich bringt. Wenn z. B. seine Flügel nicht wohl gestützt sind, so kann ich viel Reuterey und den Rückhalt auf eine Seite werfen, mich sodann entwickeln, ihn schräg angreifen und in die Flanke fassen (a). Alle diese Bewegungen werde ich gemacht und ihn umflügelt haben, ehe er sich dagegen setzen kann. Ein Theil

Fig. 2.

(a) Bey dieser Anordnung ist nichts leichter als den einen Flügel durch den Rückhalt, durch viel Reuterey und selbst mit Infanterie zu verstärken. Nur wird voraus gesetzt, daß der Zug durch einen Paß geschieht, wo die beyden Colonnen F. zu gleicher Zeit, und zwar jede wenigstens in einer Fronte von zwanzig Mann ausrücken können; die Reserve G. geht zuletzt. Ich nehme an, daß sie in der Mitte der Stellung B. ihren Platz hat; bey der Entwicklung dient sie den rechten Flügel zu verstärken, und zum Theil das zweyte Treffen des Linken zu bilden.

Theil meiner leichten Truppen wird, ihn unterdessen auf einer andern Seite beschäftigen. Ich kann auch meine Zeit so abmessen, daß ich ein wenig vor der Abenddämmerung durch die Enge komme. Zieht er sich nicht zurück, so treffe ich des Nachts meine Anstalten, um ihn des folgenden Morgens anzugreifen.

Als Turenne die Generals Caprara und Bournonville bey Sinzheim anfiel, mußte er diese Stadt in ihrem Angesicht einnehmen und durch einen sehr engen Weg ziehen. Dieses bewerkstelligte er unter dem Schutze seiner Dragoner und seines Fußvolks, das er hinter Hecken und verzäunte Weinberge postierte, wo es den Durchzug der Reuterey begünstigte. So wie diese sich ausdehnte und vorrückte, trat auch die Infanterie vor, und deckte ihre Flanken. * Er hatte zwar wenig, aber doch mehr als die Feinde, deren Armee fast aus lauter Cavallerie bestand. Die Ueberlegenheit an Fußvolk ist hier besonders nothwendig. Diese Unternehmung ist minder gefährlich als der Uebergang eines Flusses; denn wenn die ersten Truppen zurückgeschlagen werden, so finden sie eine sichere Stütze an denen, welche hinter ihnen und auf ihren Flügeln stehen, und können ungeachtet ihrer Flucht noch Erdreich genug behalten, um sich wieder aufzustellen. Bey dem Uebergang eines Flusses haben sie keine andere Stütze als das Feuer des jenseitigen Ufers; wenn dieses den Feind nicht aufhält, und er ihnen zusetzt, so kann er sie aus Ufer treiben, und rücklings ins Wasser sprengen.

* Memoires des deux dernieres Campagnes de Turenne, pag. 24.

Als im Jahr 1745 der König in Preußen in Sachsen einfiel, ehe die Feinde ihre Quartiere versammelt hatten,

ten, stunden drey sächsische Cavallerieregimenter und ein Infanterieregiment bey Katholisch-Hennersdorf, wo sie von den leichten Truppen überfallen wurden. Sie zogen sich durch den Ort, und postierten sich am andern Ende, tausend Schritte von dannen, wo sie sich in Schlachtordnung stelten, so daß das Fußvolk sich zur Rechten der Cavallerie hinter einen Zaun postierte. Der König sandte zehn Schwadronen und zwey Granadierbataillonen zur Unterstützung seiner Hussaren ab, welche sich mit der Plünderung des Dorfes beschäfftigten. Sie mußten eine lange und sehr beschwerliche Wegenge zurücklegen. Der Generalmajor Kahler setzte mit drey Schwadronen hindurch, und da er mit dem Angriffe die Ankunft der übrigen nicht erwartete, so ward er zurück geschlagen. Er setzte mit dem gesamten Corps noch einmal an, und sprengte die Reuterey auseinander. Das Fußvolk aber formierte ein Viereck. Als die preußischen Granadiers mit Kanonen anlangten, ward es getrennet und in die Pfanne gehauen. Bey dieser Gelegenheit giengen die Preußen zu hitzig zu Werke; sie hätten nicht eher angreifen sollen, als bis der größte Theil ihrer Schwadronen in Schlachtordnung, und der Rest im Stande gewesen wäre, ihnen als ein Rückhalt zu folgen. Die Granadiers hätten auch zuerst durchsetzen und die Schwadronen beschützen sollen: Denn wäre die feindliche Infanterie näher bey dem Passe gestanden, so hätte die preußische Reuterey niemals unter ihrem Feuer vorbrechen können, ohne in Unordnung zu gerathen.

Campagnes du Roi de Pr. Tom. 1. p. 204.

Oft bekömmt man Zeit ganz durch eine Wegenge

zu kommen, weil der Feind, der an einem ausgesuchten Posten in Schlachtordnung steht, den vermeynten Vortheil seiner Stellung nicht verlieren will. Diese übertriebene Zuversicht schlägt oft übel aus, wie es der General Tilly bey Leipzig, und die sächsischen Regimenter bey obiger Gelegenheit erfuhren. Sollte der Feind die Spitze der Colonnen erreichen, und sie vor der Ausbildung der Linie angreifen, so wird er sie, wenn es Reuterey ist, unfehlbar in die Wegenge zurück werfen. Man muß sich also vor dieser Gefahr hüten, und hiernächst ein hinlängliches Erdreich im Rücken lassen, um sich wieder zu sammeln, falls man zurück geschlagen wird. Für die Infanterie ist weniger zu besorgen, weil sie immer einen Platz findet, wo sie sich wieder vereinigen und in Sicherheit setzen kann (a). Gleichwol muß derjenige, so den Ausgang eines Passes mit Cavallerie vertheidigt, sich nicht zu dichte davor stellen: Der Feind welcher die benachbarten Häuser, Gärten und Anhöhen unfehlbar besetzen wird, möchte ihn durch sein Feuer hinwegtreiben. Er könnte auch Feldstücke bey sich haben, deren Kartätschenfeuer die Schwadronen zu Grunde richten würde. Es ist also besser sie außer der Schußweite des Fußvolks zu halten, und sobald man sieht, daß einige herausgerückte Schwa-

bronen

(a) Es ist auch eine grose Unvorsichtigkeit, wenn ein Heer über einem Bach gehet, wo es desiliren muß, ohne zu wissen, wie weit der Feind entfernt ist; denn wenn er mit einem überlegenen Angriffe drohet, und man wieder umkehren will, so kann es nur in schmalen Zügen geschehen, welches den Rückmarsch sehr erschweren wird. Ich könnte hievon einige Beyspiele anführen.

dronen in Schlachtordnung treten, sich in Marsch zu setzen. Wenn man auch einige Bataillonen hat, so muß man sie nicht wie das obgedähnte sächsische Regiment in gleicher Höhe mit den Schwadronen, sondern so hart als möglich an die Mündung, und zwar also stellen daß sie den Angriff unterstützen können. Bey allem werden diese Anordnungen wenig fruchten, wenn der Feind stärker an Fußvolk ist, und auch selber seine gute Maaßregeln getroffen hat.

Wenn eine Reutercolonne von keiner Infanterie begleitet wird, so muß sie sich niemals in enge Pässe wagen; es sey denn, daß sie vollkommen versichert wäre, daß der Feind entfernt ist, und sie ohne Gefahr heraus rücken kann. In dem obgenannten Feldzuge von 1745 brach nach der Eroberung von Meissen eine preußische Cavalleriecolonne aus einer Wegenge hervor, ohne von einiger Infanterie unterstützt zu seyn. Der General Sibilsky der in einem Hinterhalt stund, nahm dieses kaum wahr, so fiel er sie mit seinen leichten Truppen an, brachte sie in große Unordnung, und eroberte einige Pauken.

Im Jahr 1702 bezog der Herzog von Burgund die MoserHeide, um den Feinden welche hinter der Vestung Cleve campierten, die Gemeinschaft mit Nimwegen abzuschneiden, oder ihnen im Fall eines Widerstandes ein Treffen zu liefern. Der Graf von Athlone, der von diesem Marsche Nachricht erhielt, ließ sechs Kürassierschwadronen, und zwey Dragonerregimenter vorrücken, um sich vor den Franzosen der Anhöhen von Moos zu bemächtigen. Der Herzog von Würtemberg unterstützte

stützte sie mit zwölf Schwadronen, und der Graf folgte ihm mit seiner übrigen Reuterey, nachdem er die Infanterie beordert hatte, gegen Nimwegen zu marschieren. Der Herzog von Berwick, der den französischen Vortrab von sechs hundert Mann zu Pferd, und vier hundert zu Fuß aufführte, machte eine Schlachtlinie mit einer kleinen Reserve daraus. Er zeigte sich mit so vieler Kühnheit, daß der Herzog von Würtemberg welcher Befehl hatte, das Gefechte zu vermeiden, die Anhöhen verließ, und sich gegen den Grafen von Athlone zurück zog. Dieser fieng eben an sich in Schlachtordnung zu stellen; er schloß aus dem muthigen Anstande des Herzogs von Berwick, daß ihm mehr Truppen nachkämen, und ließ in einem kurzen Schritte zu seiner Infanterie. Mittlerweile stack die französische Armee in einem langen Schlupfwege, so daß der Feind, wenn er den Vortrab angegriffen hätte, sogleich auf ihre Spitze gefallen wäre, und diese unfehlbar umgestürzt haben würde, weil die rechte Seite des Passes, wo der Sumpf lag, ihr keinen Schutz gab, und sie beym ausrücken gewiß die oben vorgeschriebene Stellung nicht genommen hatte. Die Unternehmung war also höchst mißlich, und glückte bloß durch die Ungewißheit, welche den Feind, aus Furcht man möchte mit voller Macht unterstützt seyn, oft abhält einen Angriff zu wagen. Bey Dimait in Böhmen rettete die Tapferkeit der Carabiniers und zweyer Dragonerregimenter, die Franzosen 1742. von einer Niederlage die sie verdienten. Das Fußvolk rückte zwischen den Pfützen hervor, und die Cavallerie welche sich zu weit rechts gewandt hatte, blieb in Morästen stecken. Wären die Carabiniers, welche voran

zogen,

zogen, geschlagen worden, so hätte die Infanterie nicht Zeit gehabt, sich in Schlachtordnung zu stellen, noch die Reuterey umzulenken und sich zu formiren.

Wenn eine Armee nur einen oder zween benachbarte Ausgänge vor sich hat, so kann sie dieselben leicht bewachen. Sie werden mit einem Corps Infanterie besetzt, welches sich verschanzet, und der Rest bleibt nahe genug, um es unterstützen zu können. Liegen aber verschiedene Päsfe in einer gewissen Länge neben einander, so wird die Sache sehr schwer, weil sie ihre Aufmerksamkeit und Macht theilen muß, anstatt daß der Feind die seinige plötzlich gegen einen einzigen Punct vereinigen kann. Mithin wird er diese Gegend angreifen, sich einen Durchgang öffnen, und in Schlachtordnung stehen, ehe man im Stand ist, ihn mit einer hinlänglichen Macht zu empfangen. Der Marquis von Feuquieres hat den Marschall von Catinat ohne Ursach getadelt, daß er im Jahr 1703 sein Heer an der Etsch versammelte, statt sich vor die Pässe des tyrolischen und tridentinischen Gebietes zu legen. Dieses, sagte er, hätte den Prinzen Eugen gehindert, mit gesammter Macht hervor zu brechen, und in Italien einzufallen. Ich bin überzeugt, daß der Hr. von Catinat ein zu geschickter Feldherr war, um diesen Fehler zu begehen, wenn es anders einer heißen kann. Ueberdieses hatte er Befehl von Hofe den Venetianern durch einen Zug über die Etsch keine Unruhe zu machen. Wenn man die Feldherren beurtheilet, so kann es nie mit zu vieler Behutsamkeit geschehen, und man soll sie nicht verdammen, ohne zu wissen, ob nicht Staatsursachen oder andere wichtige Gründe ihr Betragen veranlasset haben.

Die

Die Unternehmung in Gegenwart des Feindes aus einer Bergenge hervorzubrechen ist nicht so gefährlich, als sie es beym ersten Anblicke scheint. Hat er die Anhöhen besetzt, so muß er sich davon entfernt halten, um nicht unter ihr Feuer zu kommen. Sind Verschanzungen vorhanden, und sie werden erstiegen, so befindet er sich im nämlichen Falle. Alsdann kann er mich nicht hindern zu defiliren, und meine Völker so wie sie hervortreten aufzustellen. Die Anordnungen so ich zu diesem Ende vorgeschlagen, sind keine leere Hirngespinnste. Freylich rühren sie von mir her; ich habe aber beym Nachlesen der Schriftsteller häufigen Anlaß gefunden sie zu bewähren: Hier ist ein Beyspiel.

Die Türken stunden im Jahr 1664 unter der Vestung Essek welche am Ausflusse der Drau in die Donau liegt, und waren zwischen beyden Flüssen verschanzt, woran sie sich lehnten. Karl V. Herzog von Lothringen, suchte sie aus dieser Stellung zu locken, indem er ihre Aufmerksamkeit auf Groß-Waradein zog, und Miene machte nach Siebenbürgen zu marschieren. Als er sah, daß die Türken sich nicht berücken ließen, faßte er den Entschluß über die Drau zu gehen, und sie anzugreifen. Da das Land voller Waldungen und Absätze war, so wurde die Reuterey Brigadenweis mit der Infanterie vermischet. So wie die Armee aus den Wäldern hervorkam, dehnte sie sich aus, und stellte sich in Schlachtordnung, wobey die Fußvölker ihre spanischen Reuter vor sich hinwarfen (a). Hierauf gieng der Herzog gerade auf

Geschichte der Unruhen.

(a) Sie werden acht Schritte vor das Bataillon gelegt und zusammen gekoppelt. Wenn man marschieret, so tra-

auf die Verschanzung los. Weil er sie aber unersteiglich fand, so zog er sich in eben der Ordnung zurück, wie er gekommen war. Da der Rückmarsch durch die Wälder gieng, deckte er sich mit der zwoten Linie, und formierte einen gedoppelten Galgen, dessen Arme sich an den Wald lehnten. Acht Schwadronen wurden in die Mitte in einen Rückhalt gestellt. So wie die zwote Linie sich in den Wald vertiefte, zog die erste sich in Schlachtordnung zurück, und ihre Fronte wurde nach und nach schmäler, weil sie über den Zwischenraum der Krümmungen hinaus reichte. Vermittelst dieses Manöuvres waren die Flanken nie entblöst, und alle Truppen kehrten zurück, ohne daß die Türken, welche ihnen auf dem Fuße folgten, etwas unternehmen durften. Dieser Marsch den der Prinz von Baden angab, ist sehr schön, und kann bey manchem Rückzuge durch einen engen Weg, oder über einen Fluß zum Muster dienen. Wir können daher die Grundregel festsetzen, daß man immer durch ein starkes Feuer von den beyden Seiten des Passes unterstützt seyn, und sich in Form eines Galgens

brechen

———

greift ein Soldat sie an den beyden Enden und trägt sie mit fort. Die Deutschen fiengen an sie in Ungarn zu gebrauchen als sie die Picken ablegten. Der damalige Fr. Kriegsminister M. von Louvois schrieb dieserwegen an den Marquis von Villars, der als Freywilliger bey der kaiserlichen Armee diente, um sich einen Bericht davon auszubitten: Sie waren zwar schon lange in Europa bekannt. In der Schlacht bey Murten, wollten die Schweizer sich ihrer gegen den Herzog von Burgund nicht bedienen. Sie antworteten dem der ihnen dazu rieth, man müsse nach Landsbrauch mit freyer Faust angreifen.

brechen müsse, wenn die Flanken keines andern Schutzes fähig sind.

Dritter Abschnitt.
Von den Ränken, welche einen Rückzug maskieren oder begünstigen können. Bewegungen eines Nachtrabs von Reuterey.

Wenn der Rückzug eines Heeres durch verschiedene Wegengen gehet, so muß es an der Mündung der ersten den Nachtrab in Schlachtordnung zurück lassen, um den Feind zu beschäfftigen. Hierdurch gewinnt es Zeit die zwote zu erreichen, wovon es aber schon vorher Meister seyn muß, weil er sie mit einem Commando besetzt haben könnte. Da der Nachtrab blos den Feind aufhalten soll, so muß er nicht zu weit dahinten bleiben, noch sich in Gefahr setzen abgeschnitten, oder ohne Hülfe angegriffen zu werden. Ist die zwote Wegenge zurück gelegt, so muß der zur Begünstigung des Durchmarsches ausgestellte Vortrab, nun den Nachzug ausmachen. Hinter die letzte kann man sich in Schlachtordnung stellen, um den Feind abzuweisen, und zum Rückzuge die Nacht erwarten. Dieses sind die Gelegenheiten, wo die gelehrtesten Bewegungen vorfallen, und die Geschicklichkeit eines Officiers geprüfet wird. Vorsicht und Nothwendigkeit erwecken die Ideen desjenigen, der fähig ist, zweckmäßige Hülfsmittel auszusinnen.

Frontin.
B. 3.
Kap. 5.

Als der Consul Q. Luctatius von den Cimbern verfolgt wurde, und sich wegen seiner Schwäche hinter einen Fluß legen wollte, so machte er Miene, als ob er Willens wäre, sich an dem Ufer zu lagern. Er ließ die Gezelte aufschlagen, und an den Verschanzungen arbeiten; hierauf sandte er einige Reuterey auf Fouragierung. Die Cimbrier zweifelten nicht, daß er sie erwarten, oder wenigstens die Nacht an diesem Orte zubringen wollte. Sie verschoben den Angriff auf den folgenden Tag, und zerstreuten sich um Proviant aufzutreiben. In der Nacht gieng der Consul über den Fluß, und entwischte ihren Händen (a). In solchen Fällen muß das ganze Lager mit Wachen umstellt seyn, welche beständige Patrullen ausschicken, um die feindlichen zu hindern, das vorgehende zu erkundigen, um die Ausreißer sowol als die Spionen aufzuhalten, welche die Sache verrathen könnten. Es ist nicht zu fürchten, daß er von den Ueberläufern der äußern Patrullen oder Commandirungen Bericht erhalte. Diese sollen von dem was im Lager vorgeht, nichts wissen. Nur erst im Augenblicke des Aufbruchs wird der Befehl ausgegeben, welches bey allen wichtigen und geheimen Unternehmungen zu merken ist. Man setzt sich in der Stille in Bewegung, und ziehet die Postirungen erst alsdann zurück, wenn sie den Nachtrab ausmachen sollen.

Als der Herzog von Orleans, Bruder Ludwigs XIV

(a) Bey dieser und allen andern Gelegenheiten, wo der General einen wichtigen Marsch vor hat, muß er ihn am Vorabend bey der Ordre nicht melden, noch die zu gewissen Unternehmungen bestimmten Corps aufbieten. Der Befehl wird erst im Augenblicke des Aufbruchs gegeben.

Cortryck bereunte, stellte sich der Prinz von Conde auf die Bittinger-Höhe. Kaum hatte er Stand gefaßt, so zeigte sich die Armee des Erzherzogs Leopold, welche sechzig tausend Mann stark war. Die französische betrug nicht mehr als zwanzig tausend Köpfe, und nichts trennte sie von dem Feinde. Seine Nachbarschaft machte den Rückzug höchst mißlich, und sogar unmöglich. In diesen Umständen faßte der Prinz einen Entschluß, der seiner würdig war. Er gab sogleich Befehl, sich zu verschanzen, und indem er selber Hand ans Werk legte, munterte er einen jeden auf, seinem Beyspiel zu folgen. Inzwischen stellten die Feinde sich in Schlachtordnung, und da sie sahen, daß die Franzosen sich befestigten, hielten sie ihre Arbeit schon für so vollständig, daß sie beym Angriffe Faschinen brauchen würden, daher sie denselben auf den folgenden Tag verschoben. Sobald die Nacht einbrach, befahl der Prinz, der seinen Troß bereits zurück geschicket hatte, viele Feuer anzuzünden, ließ eine Anzahl Trompeter und Tambours zurück, um die Vergatterung zu schlagen, und zog sich mit seiner Armee nach Cortryck, wo sie zu dem Heere des Herzogs von Orleans stieß. Die Feinde entdeckten es erst am hellen Tage, und erhielten die schöne Lehre, daß man die Gelegenheit ergreifen soll, wenn sie sich zeiget.

<small>Memoires de Chavegnac pag. 59.</small>

Bisweilen hält man den Feind durch einen falschen Hinterhalt auf, wodurch er seine Zeit mit unnützen Anstalten verschwendet. Die zehn tausend Griechen hatten auf ihrem Rückzuge die Stadt der Driliter eingenommen und ausgeplündert, und wollten sich mit ihrer Beute davon machen. Da sie durch eine Wegenge ziehen

ziehen mußten, und von den nacheilenden Barbaren einen Angriff besorgten, so postierten sie einen Officier mit sichs Bogenschützen in einem ausgehauenen Wald, durch welchen man das Spil ihrer Schilde und Helme erblicken konnte, die von der Sonne bestrahlt wurden; die Feinde glaubten es sey ein wahrer Hinterhalt, und getrauten sich nicht vorzurücken, wodurch denn die Griechen Zeit gewannen sich zu entfernen.

1759. Nach der Schlacht bey Minden wurden verschiedene französische Schwadronen durch die alliirten Hussaren hitzig verfolgt. Plötzlich erschien ein Officier, dessen Namen bekannt zu seyn verdiente, am Ausgang eines Waldes mit seinem Commando, das aus dreyßig Reutern bestund. Seine Standhaftigkeit machte die Feinde glauben, daß mehr Truppen nachkämen; sie stutzten und die französischen Schwadronen entwischten. In dieser Stellung wird der kleinste Haufen, der sich mit Entschlossenheit zeiget, den Feind gemeiniglich täuschen, weil er fürchtet, daß es ein Hinterhalt oder die Spitze eines Entsatzes seyn möchte, und sich Zeit nehmen will, die Wahrheit zu erkundigen. Wenn der Anführer ein richtiges Augenmerk hat, so sieht er beym ersten Anblicke des Erdreichs, auf was Art er es benutzen kann, entweder um seine Truppen zahlreicher vorzustellen als sie sind, oder um dem Feinde scheinbar zu machen, daß neue nachkommen.

Im Jahr 1695 war die französische Armee bey Sinzheim gelagert. Auf die erhaltene Nachricht von der Annäherung des Prinzen von Baden, wurde der Marquis von Villars mit zwey tausend Pferden abgeschickt,

schickt, um acht hundert Fußknechte zurück zu hohlen, welche in den Dörfern und Schlössern dieser Gegend zerstreut lagen. Er rückte so weit vor, als zur Vollstreckung seines Auftrags nöthig war. Da die Hussaren ihn einschließen wollten, bot er ihnen mit einem Theile seiner Schwadronen die Spitze, und befahl den übrigen ohne sich zu rühren, hinter ihm stehen zu bleiben. Hierauf trieb er mit seiner Linke die Hussaren durch die Ebene. Als er mitten auf dem Felde war, erblickte er die ganze feindliche Reuterey, welche über einen Bach gieng, und sich in Schlachtordnung stellte. Das Corps, so sie in der Entfernung erblickte, hinderte sie einen Angriff zu wagen, ehe sie eine zwote Linie hatte. Diese Zeit machte sich der Herr von Villars zu seinem Rückzuge zu Nutze. Seine Reserve mußte über einen hinter ihr fließenden Bach gehen; er selbst setzte nach ihr hinüber, und ließ nur drey Haufen Dragoner auf dem jenseitigen Ufer. Nachdem er von dem Bache bedeckt, sich in Schlachtordnung gestellet, befahl er allen Dragoner, Tambours hinter die Schwadronen zu treten, und den Infanterie-Marsch zu schlagen. Der Prinz von Baden schloß hieraus, daß der Hr. von Villars Hülfe bekäme, und wagte es nicht ihn anzugreifen. So abgedroschen dieser Kunstgriff ist, so wird er doch meistens gelingen, entweder weil die Menschen in den Kriegsränken immer unerfahren bleiben, oder weil es schwer fällt zu erkennen, ob die Sache wahr oder falsch ist, welches wenigstens eine Unentschlossenheit würket. Die Kriegsgeschichte des Marschalls von Villars, ist voll der schönsten Kunstbewegungen ähnlicher Art, welche seine Zeitgenossen überzeugen konnten, daß niemand fähiger und würdiger war, als er, das Amt eines obersten Heerführers zu erhalten.

Eines der glorreichsten Rückzugs-Manövren so jemals mit Reuterey gemacht worden, ist dasjenige welches Turenne bey Gien ausführte. Der Marschall von Hoquincour, dessen Standquartiere zu weitschichtig waren, wurde von dem großen Conde (†) überfallen. Turenne, der zu Briare postiert war, eilte ihm zu Hülfe, und nahm eine Stellung, welche er zum Glücke des vorigen Abends zwischen einem Walde und einem Sumpfe, die eine Landstraße durchschnitt, bemerkt hatte. Er stellte sich hieselbst in Schlachtordnung, so daß die Straße vor ihm, und eine am Rande des Waldes aufgeworfene Batterie mit etwas Fußvolk hinter ihm lag. Als der Prinz von Conde mit achtzehn Schwadronen anrückte, ließ Turenne seine Linie sich schwenken, und trat so weit zurück als nöthig war, um seine Batterie zu entblößen. Der Prinz setzte schnell über die Straße, wo die Schwadronen in Unordnung geriethen. Die Batterie begrüßte sie mit einem Queerfeuer; in eben dem Augenblicke fiel Turenne auf sie los, und warf sie über den Haufen. Dieser Vorgang entriß dem Prinzen von Conde den Vortheil, den er des vorigen Tages erfochten hatte, und rettete den Hof, der zu Gien war.

Es gibt Leute, die es für unmöglich halten, eine erste Cavallerielinie durch die Zwischenräume der zwoten sicher hindurch zu ziehen. Gleichwol ist solches oft gesche-

(†) Dieser Prinz war damals in spanischen Diensten.

schehen, und gehört zu den wahren Rückzugsmanövern (a). Man wendet ein, daß eine halb leere Linie, die von einer vollen angegriffen wird, nothwendig den Kürzern ziehen müsse. Freylich würde sie sich mit Nachtheil schlagen; in dem gegenwärtigen Falle aber zieht sie sich bey Annäherung des Feindes zurück. Es soll blos im Zaume gehalten und verspätigt werden. Sobald die zwote Linie weit genug entfernt ist, schwenkt sich die erste, um sich ebenfalls zurück zu ziehen, und so geht es immer fort. Auch hier würden die Dragoner-Plotonen sehr nützlich seyn, und den Feind mit Scharmuziren beschäfftigen, oder im Fall eines Angriffs die Zwischenräume vertheilbigen.

Wenn man mit einem Cavalleriecorps vorrückt, so kann man es auch durch Infanterie unterstützen lassen; sie muß aber in einer gewissen Entfernung bleiben, und die Bataillonen müssen Zwischenräume haben, damit die Reuterey, wenn sie zum weichen gebracht wird, die Fußvölker nicht über den Haufen werfe. So unterstützten bey Minden die Engländer ein starkes Cavalleriecorps durch eine mit Kanonen versehene Infanterielinie.

(a) Man darf nur die Kriegsnachrichten des Marschalls von Villars nachlesen.

D 5   Vierte

Vierter Abschnitt.
Rückzugs-Ordnung in gevierter Stellart.

Ich habe sehr viel von der gevierten Stellart geredet, und sie als eine vortreffliche Anordnung, sowol zu einem Rückzug, als zu einem Marsch angepriesen, wobey man Gefahr läuft angegriffen zu werden. Es gibt noch allerhand andere nicht minder vortheilhafte Stellungen, welche die Umstände an die Hand geben. Wenn ich vier Cohorten, sechs Schwadronen Kürassiers, und zwo Schwadronen Hussaren oder Dragoner hätte, so würde ich aus meinen Cohorten zwey Plesionen (A) bilden, welche mit den Granadiers (B) auf ihren Flanken meine Schwadronen unterstützen müsten; die Hussaren würde ich auf die Flügel, die Kanonen, falls ich welche habe, an die Spitze und den Schluß der Plesionen vertheilen. Will der Feind dieser Anordnung trotz bieten, so werden meine Schwadronen sechzig Schritt voraus gehen und ihn angreifen. Das Feuer der Granadiers und Plesionen wird ihre Flanken schützen, und die bryden Hussaren-Schwadronen können samt den Jäger-plotonen* diejenigen im Zaum halten, welche in den Rücken fallen wollen.

Taf. 5. Fig. 1.

S. oben Haupts. §. Absch. 1.

Sollte ich wegen allzugroßer Uebermacht der feindlichen Reuterey, die Umzingelung nicht vermeiden können, und von vornen und hinten lebhaft angegriffen werden, so würde ich aus meinen acht Schwadronen zwo rücklings an einander gelehnte Linien bilden, und sie mit den Plotonen der Jäger, Granadiers und Leichtbewaffneten durch-

Fig. 2.

durchspicken. In dieser Stellung will ich alle Angriffe des Feindes aushalten, und ihnen sogar auf hundert Schritt entgegen gehen, weil die Flanken vom Feuer der Plotonen, immer unterstützt bleiben, und er mit folglich nur einer meiner Schwadronen-Spitze gleiche Fronte vorzeigen kann. Sobald er zurück getrieben ist, und ich Lust bekomme, setze ich mich wieder in Marsch (a). Mich dünkt, daß nichts als eine große Uebrelegenheit an Fußvolk oder Kanonen mich bezwingen könne. Diese Anordnung ist also in dem Falle sehr brauchbar, da ein dem Feinde lange nicht gewachsenes Corps Truppen, ihm auf einer großen Fläche bloß gestellt ist.

Wenn ich historische Zeugnisse bedürfte, so würde ich die Beyspiele des Narses gegen den Totila, und Eduards III. in der Schlacht bey Crecy anführen. Allein die Verschiedenheit der Umstände zu geschweigen, so waren die Anordnungen der beyden Feldherren lange nicht so biegsam

---

(a) Es ist ganz begreiflich, wie viel die Reuterey gewinnt, wenn sie in solchen Fällen keine Bogenschwenkungen *ma- *caraco-
chen darf. Sie muß sich zu drey bis vier Mann schwenken les.
lernen, weil ihre geschlossenen Rotten ihr nicht erlauben es gleich den Alten, Mann für Mann zu thun (†). Dieses kann auch in Abschnitten von vier bis sechs Pferden geschehen. Zu diesem Ende müssen die ungeraden Abschnitte vorrücken, und wenn sich alle zugleich geschwenkt haben, nehmen diese ihren Platz wieder ein.

(†) Die schnelle Genauigkeit womit heut zu Tage die Reuterey die Bogenschwenkungen verrichtet, machen sie weit minder gefährlich, als in vorigen Zeiten; und sie lassen sich wenigstens nach ganzen oder halben Compagnien mit vieler Bequemlichkeit bewerkstelligen.

biegsam, ob sie gleich wie die meinige, auf die Vertheidigung abzielten; sie sollten auch gleich den Festungen blos unbewegliche Stützen abgeben. Meine Plessionen vereinigen mit dem Vortheil einer festen Wehrstellung eine große Leichtigkeit für den Marsch, worauf bey einem Rückzug überaus viel ankömmt. Man kann sie daher auf die obige Art bey einem kleinen Corps, und zugleich auch zur Bedeckung der Flanken einer ganzen Armee gebrauchen, deren Flügel entblößt stehen.

Kupf. 5. Fig. 3. Aus der bisherigen Berechnung folget, daß ein General, wenn er viel Reuterey und wenig Infanterie hat, vier Plessionen (1) formieren, und an dieselben zwo Cavallerielinien (2) lehnen kann. Die Flanken darf man nur mit Rüstwagen, oder spanischen Reutern auf Rädern zuschließen, und sie durch leichte Fußknechte, nebst einigen Granadiercompagnien (3) unterstützen. Die Dragoner und Husaren (4) müssen als ein Rückhalt in der Mitte bleiben. Wenn die Umstände es erfordern, so können sie aus dem Viereck hervorbrechen. Diese Anordnung wird ohne Gefahr einen umzingelnden Angriff aushalten, und sowol mit den langen Seiten, als mit den Flanken leicht fortrücken, weil im letzten Falle die Cavallerie sich zu halben oder ganzen Schwadronen colonnenförmig stellen, und die Wagen, statt hinter einander zu fahren, in einer Fronte vorangehen würden. Wenn man genug Fußvolk hätte, so könnte man noch ein Plesion in die Mitte jeder Cavallerielinie stellen.

So wenig auch ein Anführer Infanterie haben mag, so kann er ihr, wenn er sie zu gebrauchen weiß, allemal

mal genug Stärke geben, um die Reuterey zu schützen und zu retten. Sie ist die Grundfeste der Taktik. Man muß sie gleich den Thürmen und Bastepen bey dem Festungsbau betrachten, wo die Zwischenwälle blos zum Schlusse der leeren Räume dienen. Wenn sie wohl geordnet ist, so soll sie wie eine Mauer seyn: Was auch die Reuterey für ein Manouvre machen mag, so ist sie immer gewiß an ihr eine Stütze zu finden. Wir können daher die Taktik als eine bewegliche Befestigung ansehen, deren gesamte Stücke sich wechselseitig vertheidigen, aber dabey immer die größte Leichtigkeit zu manöuvriren behalten müssen. Diejenigen welche sie ganz und gar den Regeln der ein- und ausgehenden Winkeln unterwerfen wollen, stecken in einem großen Irrthum. Dann würde sie eine todte Wehrlinie vorstellen, da doch ihr ganzer Körper, sowol als jeder einzelne Theil immer zum Marsch, und zur Thätigkeit geschickt seyn muß. Diese geschlängelte Stellart *, wie ihre Anhänger sie nennen, ist höchst schlecht, und verdient nicht einmal bestritten zu werden. *Ordre vivré.

* Courti-nen.

Die zugeschlossenen Stellungen, deren man sich bey Rückzügen oder andern Gelegenheiten bedienet, werden blos in einem offenen Lande beybehalten, und bisweilen dem Erdreich, oder den Umständen gemäß abgeändert. Die folgende liefert ein Beyspiel, wie man sich den Feind durch eine Art von Hinterhalt aus dem Wege schaffen könnte. Ich stelle die sieben Cohorten (1) zwischen den Wald und das Schloß (a), welches sowol als das Haus (3) mit Infanterie besetzt seyn muß. Die sieben Schwadronen so ich bey mir habe,

* Kupf. 5. Fig. 4.

dicke

decke ich durch die Anhöhe (4), und laſſe blos meine in Plotonen vertheilte Huſſaren und Dragoner (e) ſehen. Der Feind der ſie wenig achtet wird ſie vertreiben, um mit ſeiner Reuterey meinen Cohorten in den Rücken zu kommen, die er vielleicht auch vorwärts angreifen wird. Meine Plotonen müſſen ſich auf den Punkt (6) zurück ziehen. Wenn nun die feindliche Reuterey ſich auf dem Erdreich (C) ausgebreitet hat, ſo werden meine Schwadronen über ſie herfallen: Die im Gehölze verſteckte Leichtbewaffneten (7), werden ſowol als das Haus (3), und die zwey bis drey letzten Glieder der Cohorten ſie mit einem Kugelregen begrüſſen. Dieſe Anordnung, möchte jemand ſagen, iſt für die lange Weile gemacht, und man kann ſein ganzes Lebenlang Krieg führen, ohne ein ſolches Erdreich, oder die Gelegenheit zu finden es zu gebrauchen. Nun gut; wenn es dieſer Poſten nicht iſt, ſo kann es ein ähnlicher ſeyn. Indem man ſich aber gewöhnt dergleichen Stellungen auszuſinnen, oder ſie auf dem Erdreich zu ſuchen, übet man ſein Augenmerk, und lernet alle Lagen benutzen, welche zu einer Kriegsliſt dienen können.

Bey einem allgemeinen Rückzuge der in Colonnen geſchieht, ſucht der Anführer die Feinde zu beſchäfftigen, und durch alle mögliche Mittel aufzuhalten. Dieſes geſchieht, indem er die Wege hinter ſich verderbet, ſie durch Verhacke ſperret, die Brücken abbricht und Fußangeln ausſtreuet. Es gibt Gelegenheiten, wo man ſich gezwungen glaubt, die hinterſten Truppen aufzuopfern; dieſes muß aber nur in einem dringenden

Noth-

Nothfalle geschehen. Wenn ein Rückzug wohl veranstaltet ist, wenn man ihn vorgesehen, und sich gute Hülfsmittel zubereitet hat, so kann auch der letzte Troßbube gerettet werden. Hierdurch erwirbt sich ein General die Hochachtung und das Vertrauen seines Herrn.

Siebentes Hauptstück.
Von dem Vertheidigungs-Kriege.

Erster Abschnitt.
Beyspiele verschiedener Feldherren. Schlechtes Betragen der Alliirten in Portugall. Vertheidigungsplan für ein weitläuftiges Land ohne Festungen.

Unter allen höhern Theilen des Krieges ist dieses unstreitig der erhabenste, der schwerste, und der bey einem General am meisten Talente erfordert. Da er eine Schwäche voraus setzt, so muß man ihr nothwendig durch die Geschicklichkeit der Anstalten aufhelfen. Es ist weit schwerer mit kleinen Hülfsmitteln sein Erdreich zu erhalten, als mit einem starken Heer Eroberungen zu machen. Da man bey dem Vertheidigungskriege die Beschützung seines eigenen Landes zum Zwecke hat, so muß der General einen Posten wählen, wo er im Stand ist den Feind aufzuhalten. Weil aber dieser zur Rechten und Linken einbrechen kann, so muß man die Pässe auf allen Seiten bewachen, die vorhandenen Festungen besetzen, und auch die Posten hinlänglich befestigen, um sich so lange zu halten, bis sie entweder durch Zwischencorps, oder durch abgeschickte Haufen,

oder

oder durch die ganze Armee entsetzt werden, wenn man erfährt, daß der Feind sich mit gesammter Macht dahin gezogen hat. Die Armee muß daher also stehen, daß sie durch einen geradlinigten Marsch ihm in allen seinen Bewegungen zuvor kommen könne.

Als der Marschall von Villars sich bey Sirk postirte, um die drey Bißthümer und Lothringen zu decken, stund seine Armee auf einer Anhöhe; ihr linker Flügel stieß an die Mosel, ihre Fronte war mit großen Hohlgräben bedeckt, ihr Rücken frey, und das ganze umliegende Erdreich zum manöuvrieren bequem. Der Herzog von Marlborough, welcher Trier eingenommen hatte, schien mit der Belagerung einer französischen Festung, oder mit einem Einfall in das Metzer-Gebiet umzugehen. Da er aber zwischen die Saar und Mosel eingeschlossen war, so hätte er nicht vorrücken können, ohne die Flanke blos zu geben, seinen Nachtrab und Troß (a) in die Schanze zu schlagen, und sich in Gefahr zu setzen, seine Gemeinschaft zu verlieren, weil er zwischen der feindlichen Armee und der Festung Saarlouis welche in französischen Händen war, hätte durchmarschieren müssen. Hätte er diese Festung belagern wollen, so konnte der Marschall sie entsetzen, und wäre er auf der Linken der Mosel durchgedrungen, um sich gegen Diedenhofen, oder nach der Maas zu wenden,

1704.

so

―――――――――――――
(a) Ich habe oben angezeigt, daß diese Unbequemlichkeit bey meiner Marschordnung nicht zu fürchten ist. Es kömt also nur darauf an, eine sichere Gemeinschaft offen zu halten.

III. Theil.

so konnte die französische Armee ihm ebenfalls nicht nur vermöge ihrer Lage, sondern auch wegen der Beschwerlichkeiten seines Weges, zuvorkommen. Es blieb ihm also nichts als der Angriff übrig, welchen er aber aus den im zweyten Theil angeführten Gründen unterließ.

Hauptst. 6
Abschn. 2.

1656.

Nachdem die Gen. von Turenne und la Ferté aus den Linien bey Valenciennes vertrieben worden, postirte Turenne sich an der Somme, und ließ diesen Fluß auf seiner Linken; seine Rechte lehnte sich an einen Berg, und vor ihm floß ein Bach, in einem sehr tiefen Bette. Ueberdieses befestigte er sich auf seiner Fronte und auf dem Berge durch Verschanzungen. In dieser Lage hielt er das siegreiche spanische Heer auf, welches sich nicht getraute ihn anzugreifen, und ungeachtet seiner Schwäche, indem er mehr nicht als sieben tausend Fußknechte, und acht tausend Pferde, das ist, um die Hälfte weniger als die Spanier hatte, wagte er es dennoch, ein starkes Corps abzuschicken um die Festung Conde mit Lebensmitteln zu versorgen (a). Da die Feinde

(a) Des starken Regenwetters und der Ermüdung der Truppen ohngeachtet, wollte der Prinz von Conde bey seiner Ankunft von einem langen Marsche einen Angriff wagen; allein der General Facusalbagna war ihm entgegen. Dieser Prinz, welcher damals die spanische Partey hielt, hatte einen heftigen und allzu ungestümmen Charakter, welcher seinen Ruhm in etwas verdunkelte. Wenn ein Kriegsmann in Ausführung seiner Entwürfe hurtig seyn, und nichts für unmöglich halten soll, wo keine würkliche Unmöglichkeit obwaltet, so muß er auch hinwieder die Schwierigkeiten erwegen, und die Truppen nicht zu leichtsinnig auf die Schlachtbank liefern.

Feinde nach St. Guillain marschierten, entsetzte er diesen Platz, und endigte diesen rühmlichen Feldzug durch die Eroberung von La Capelle.

Im Jahr 1703 unternahm der Marschall von Villars, der sich mit dem Churfürsten von Bayern vereinigt hatte, die Vertheidigung seiner Staaten, mittlerweile daß dieser Fürst seinen gemachten Entwurf ausführen würde. Er wollte nämlich durch Tyrol marschieren, und sich mit dem Herzog von Vendome vereinigen, welcher in Italien stund und vorrücken sollte, um ihm die Hand zu bieten (a). Der Marschall nahm sein Lager zwischen Dillingen und Lauingen, und war an diese beyden Festungen gelehnet. Im Rücken hatte er die Donau, welche an diesem Orte eine Bucht machte. Der Prinz von Baden versuchte es eine Brücke über den Fluß zu schlagen, in der Absicht ihm in den Rücken zu kommen. Der Marschall von Villars eilte ihm zuvor, gieng auf die noch unvollendete Brücke los, hieb vier hundert Mann in die Pfanne, und nöthigte die Feinde sich zurück zu ziehen. Einige Zeit nachher ließ der Prinz

Mem. de Villars & Hist. Mil. de Louis XIV.

(a) Der Churfürst eroberte Insbruck und viele andere Plätze; er ward aber bey den trientischen Bergpässen, durch die dortige Landmiliz aufgehalten, zu der die Graubündner stießen. Der Herzog von Vendome, der auf seiner Seite durch die Pässe gedrungen, und bis Trient vorgerückt war, wurde genöthigt nach Italien zurück zu kehren, weil der Herzog von Sabboyen die französische Parthey verlassen hatte. Dieses bewog den Churfürsten Tyrol zu räumen: Er kam in seine Staaten zurück, und lagerte sich an der Iser.

ein Corps abgehen, um den Franzosen die Gemeinschaft mit der Schweiz abzuschneiden. Der Marschall erfuhr es, und schickte den Hrn. von Legal ab, der es schlug: Hierauf machte er einen eben so fruchtlosen Versuch die Stadt Augsburg zu übertrumpeln. Ein minder geschickter Heerführer als Villars, hätte sich hinter die Donau gestellt, um den Uebergang zu verwehren, der dem Feinde dennoch früh oder spät gelungen wäre; anstatt daß vermöge seiner Stellung, der Prinz von Baden denselben nirgends versuchen konnte, ohne zu fürchten ihn in den Rücken zu bekommen, und angegriffen zu werden, wenn ein Theil der Armee sich jenseits befunden hätte. Die Posten welche die Franzosen von Ulm bis Donauwerth besassen, lagen auf dem rechten Ufer des Flusses der sie deckte. Wären sie, gleich der Hauptarmee, disseits gestanden, so hätten sie können aufgehoben werden. Der Marschall von Villars hatte zwo Brücken hinter sich, und der Prinz von Baden konnte den Uebergang nirgends als oberhalb Ulm versuchen, welches in französischen Händen war, eines kleinen Beobachtungsheeres nicht zu gedenken, das gegen über campirte. Zu diesem Corps konnte der Marschall über seine Brücken stossen, ehe der Prinz von Baden Zeit gefunden hätte, etwas auszurichten. Seine Stellung war also sehr gelehrt, und der Lage des Cäsars an dem Aineflusse gleich, wovon ich im vorigen Bande geredet habe. Der Marschall von Villars blieb lang auf diesem Posten, wo er seine Truppen immer durch kleine Gefechte gegen die feindlichen Wachen und Commandos beschäftigte. Als unterdessen der Prinz von Baden eine Verstärkung erhalten,

den, ließ er den Grafen von Stirum mit einem Theil seiner Armee vor dem Lager bey Dillingen stehen, gieng insgeheim über die Donau, und bemeisterte sich der Stadt Augsburg, deren Einwohner ihm die Thore öffneten. Ein sehr schöner und wohl ausgeführter Anschlag, denn er hatte zwanzig Stunden mehr zu machen als der Marschall. Dieser ließ neunzehn Bataillonen und zwanzig Schwadronen unter den Befehlen des Hrn. von Usson in seinem Lager zurück, und setzte sich in Marsch um ihm vorzukommen. Da dieses vergebens war, stieß er zum Churfürsten, und als sie sich vereinigt hatten, suchten sie ihn zu einer Schlacht zu locken; sie konnten aber den Prinzen nicht von dem vortheilhaften Posten wegbringen, den er auf dem Lech gefasset hatte. Nachdem ihnen alle dißfalls gemachte Versuche fehl geschlagen, beschloßen sie auf den Grafen von Stirum loszugehen, welcher Lust bezeigte, über die Donau zu setzen, und ihnen die Gemeinschaft mit dem Dillingischen Lager abzuschneiden. Sie zogen auf der Donauwerther-Brücke über den Fluß, wo sie den Feind auf der Höchstädter Ebene hinter dem Blintheimer Bache in zwo Linien in Schlachtordnung fanden; sie griffen ihn an, und erfochten einen vollkommenen Sieg. So endigte sich dieser Feldzug, einer der schönsten die man jemals gesehen, und der unter die glorreichsten Thaten des Marschalls gehöret (a). Der Feld-

(a) Der Hr. von Usson sollte zu gleicher Zeit auf die verabredete Losung von drey Kanonenschüssen auf seiner Seite angreifen. Als die Feinde erfuhren, daß man gegen sie anrückte, brannten sie drey Kanonen los, um ihre Fouragierer

Feldzug des Marschalls von Crequy von 1677 ist ebenfalls ein Beyspiel eines g.iten Vertheidigungskrieges, und eines der schönsten Muster, so man für die Bewegungen der Märsche und Lagerungen wählen kann. Er ist vom Hrn. von Bau (a) mit aller möglichen Richtigkeit und Sorgfalt nach den eigenhändigen Briefen des Marschalls beschrieben worden. Nichts kann lehrreicher seyn als dieses Werkchen. Da es in jedermanns Händen ist, so begnüge ich mich den Plan hier einzurücken den der Marschall nach Hofe sandte (b).

Die Alliirten hatten eine beträchtliche Armee in Flandern; sie versammelten eine andere bey Trier, und die Kaiserlichen bedroheten das Ober-Elsaß. Diese Provinz sollte man durch Unterstützung der Festungen Breysach und Schlettstadt sicher stellen, und Nancy samt den drey Bißthümern bedecken. Auf der andern Seite mußte

girter abzurufen. Dieses betrog den Hrn. von Uffen, welcher früher angriff als er sollte; er wurde zurück geschlagen, und zog sich wieder in seine Verschanzung. Ohne diesen Vorfall wäre der Graf von Stirum zwischen zwey Feuer gekommen.

(a) Commandanten der Kadetten des Königs in Pohlen, Herzogs in Lothringen.

(b) Der Hr. de la Rosiere hat ebenfalls eine Zergliederung davon gemacht, und ihr die Beschreibung aller Märsche sowol als der verschiedenen Lagerungsplätze beygefügt. Werke von dieser Art können den Unterricht ungemein erleichtern. Diejenigen welche die Aufsätze eben so berühmter Feldzüge in Händen haben, werden durch ihre Bekanntmachung den Kriegsleuten einen wahren Dienst leisten.

mußte man ihnen nach Stenay zuvorkommen, falls sie in das Luxemburgische einrücken, und sich der Maas nähern wollten. Um diese verschiedenen Absichten zu erreichen, sollte das französische Heer anfänglich längs der Nied vorrücken, um die Gegend zwischen diesem Flusse und der Mosel aufzuzehren; mittlerweile daß der Feind auf seinem Marsche gegen die Saar ein verheertes Land antreffen würde. Wenn der Mangel an Unterhalt ihn bewogen hätte, sich gegen Diedenhofen zu wenden, mittlerweile daß die kaiserliche Armee durch den Paß bey Straßburg ins Elsaß eingefallen wäre, und Pfalzburg sowol als Lützelstein bedrohet hätte, sollte der Hr. von Trequn ein starkes Corps an dem Ober-Rhein lassen, die Städte Metz, Diedenhofen, Verdun besetzen, und sich bereit halten, sie gegen die alliirte Armee zu unterstützen oder ihr zu folgen, wenn sie sich nach der Maas schwenken würden. Der General Monclar, dem die Bewachung des Obern-Elsasses anvertraut war, sollte die Kayserlichen im Zaum halten, welche es nicht wagen würden, über die Gebärge in ein ausgesogenes Land zu fallen, und sich von den Orten zu entfernen, wo sie ihren Unterhalt herzogen. Falls aber diese Schwierigkeiten sie auf die Gedanken brächten, sich durch die Eroberung eines guten Postens im Oberh Elsaß festzusetzen, wobey es ihnen leicht gewesen wäre, die Lebensmittel aus dem Breißgau zu ziehen, so sollte man Breysach wohl verwahren, und sie also beobachten, daß es ihnen unmöglich fallen würde, etwas wichtiges zu unternehmen. Der Marschall selbst wollte zwischen den beyden Flüssen Nied und Seile postiret, allen Bewegungen der Alliirten folgen, es sey nun, daß

sie

fie gegen Marfal, Dieufe, Pfaltzburg anrücken, oder ihren Anschlag ändern, und über die Mofel gehen würden, um sich der Untern. Maas zu nähern und mit ihrer fr ankrifchen Armee gemeinfam zu agiren.

Diefer Auffatz ift eines der beften Mufter, fo beym Entwurfe einer großen Vertheidigung, wie die obige war, zum Leitfaden dienen kann. Der Verfaffer ficht darinn alle Fälle, alle Bewegungen, und alle Gedanken der Feinde voraus. Er vollftreckte feinen Plan mit eben fo viel Wachfamkeit und Nachdruck, als er ihn mit Klugheit entworfen hatte. Er zernichtete alle ihre Anfchläge, und da er gegen das Ende des Feldzugs Miene machte, als ob er die Winterquartiere in dem Obern. Elfaße beziehen wollte, giengen die Feinde aus einander und wandten fich gegen die Pfalz, wo fie zu überwintern hofften (a). Der Marfchall von Crequy der alles vorbereitet hatte, ftellte die Rheinbrücke her, gieng über den Fluß und berennte Freyburg, welches er eroberte, ehe die Kaiferlichen es entfetzen konnten. So krönte diefer General der fich zwey Jahre vorher bey Kunzerbrück (†) aus einem Hauptverfehen (b) fchlagen ließ,

einen

(a) Der Marfchall entfernte fich von der Breufch, wo er gelagert war, näherte fich Schlettftadt, und verlegte fein Heer fo, daß er es in wenig Stunden verfammeln konnte. Er ließ auch die Rheinbrücke abwerfen, die er bey Breyfach hatte.

(†) Oder Confarbrück, eine fteinerne Brücke bey Cons im Churfürftenthum Trier, wo die Saar in die Mofel fällt.

(b) Die Feinde giengen bey einer unbemerkten Fuhrt über den

einen der schönsten Feldzüge, so die Geschichte aufweisen kann. Wir sehen hieraus, daß eben die Männer, welche die Sache im Großen am besten einsehen, oft gleich den andern, die gemeinsten Vorsichtsanstalten außer Acht lassen, zumal wenn sie hart, eigensinnig, stolz und herrschsüchtig sind. Da sie keinen Rath anhören können, so wagt es auch niemand, ihnen einen zu geben; die meisten freuen sich sogar ihres Unglücks. So war der Karakter des Marschalls von Crequy beschaffen. Ohne Zweifel erkannte er nach diesem Verlust und der Empörung der Besatzung von Trier, die sein hämisches Wesen ihm gewissermaßen zuzog, daß er es etwas näher geben müßte.

Einer der schönsten Vertheidigungspläne, so wie in der französischen Geschichte finden, ist derjenige, den der Marschal von Monmorency beym Einfalle Kaiser Karls V in die Provence befolgte. Das Land von den Alpen bis nach Marseille, und von dem Meere bis an das Delphinat wurde verwüstet. Man schränkte sich auf die Vertheidigung von Marseille und Arles ein, die Armee war bey Avignon gelagert, und durch die Durance bedeckt. Ohne die höchste Wahrscheinlichkeit eines guten Erfolgs, sollte keine Schlacht gewagt, kein wichtiges Gefecht vorgenommen werden. Die Zufuhr der Lebensmittel wurde durch den Rhone-Fluß erleichtert,

1536.

Hist. de France par le P. Daniel.

und

den Fluß, und überwältigten einen Thurm, der an der Spitze der Brücke stund, und nur durch dreyßig Mann bewacht wurde. Der Hr. von Crequy, der einen Theil seiner Armee auf Fouragierung ausgeschickt hatte, wurde überfallen und geschlagen; er warf sich in die Stadt Trier um sie zu vertheidigen.

und eine kleine Armee stund bey Valence, um dem Feinde den Weg in das Delphinat streitig zu machen, oder nöthigenfalls das Heer bey Avignon zu verstärken.

Mem. du Mar. de Berwick. L. 1. p. 311.

Im Jahr 1704 machten die Alliirten in Portugall so schlechte Anstalten, daß Philipp V ihnen über dreyßig Plätze wegnahm. Dieses Königreich ist vermöge seiner Lage schwer zu vertheidigen. Wenn inzwischen ihr General der Marquis de la Minna, sich begnügt hätte, die vornehmsten Spitzen des Landes zu bewachen, und mit seiner Hauptarmee vortheilhafte Posten zu beziehen, so hätten die Spanier sich nicht in fünf bis sechs Corps trennen, und zu gleicher Zeit mehrere Eroberungen unternehmen dürfen. Die Hauptplätze wären besser besetzt, und die Armee besser im Stande gewesen sie zu unterstützen. Der größte Fehler ist, wenn man alles erhalten will: Ein Feldherr muß einen Theil seines Erdreichs aufzuopfern wissen, und die Nester fahren lassen, die er, ohne sich zu schwächen, nicht behaupten kann. Die Portugiesen begiengen bey dieser Gelegenheit den Fehler der Holländer, als sie 1672 von Ludwig XIV angegriffen wurden: Die Franzosen verfielen ebenfalls darein, indem sie alle ihre Eroberungen behaupten wollten. Sie mußten eine Menge Festungen besetzen, so daß ihre Armee geschwächt war, als sie von den Alliirten angefallen wurden.

Die Art des Defensivkrieges ändert sich nach der Beschaffenheit des Landes. Wenn es bevölkert und mit Festungen oder mit Städten angefüllt ist, die sich schnell befestigen lassen, so kann man das Erdreich Schritt vor Schritt vertheidigen. Die Armee findet überall Stütz-

Stützpunkte, ohne sich von ihren Vorrathsniederlagen allzuweit zu entfernen: Muß man aber weitläuftige Gränzen beschützen, wo, gleich der polnischen, gegen der Ukraine und Moldau, das Land fast öde, die Plätze weit von einander abgelegen, und dabey höchst elend sind, so werden ganz andere Maßnehmungen erfordert. Wollte dann eine schwache Armee auf einem Posten Stand halten, so würde sie sich der Gefahr aussetzen, eingeschlossen, ihrer Gemeinschaft beraubt, und genöthigt zu werden, sich aus Mangel der Lebensmittel zu ergeben, oder aus Verzweiflung zu schlagen. In diesem Falle befand sich Peter der Große am Pruth †, und Johann Sobieski a bey Zurauno. *

† 1712.
a 1676.
* Theil 2. Hauptſt. 6

In solchen Kriegen, wo die Vorrathsniederlagen entfernt, die Lebensmittel selten sind, könnte die Armee nur für kurze Zeit welche nachführen. Die Truppen müssen daher gewöhnt seyn, sich mit wenigem zu begnügen. Sobald man entschlossen ist, sich auf die Gegenwehr einzuschränken, muß man kein Bedenken tragen, eine große Strecke Landes nicht nur vorwärts, sondern auch auf den Seiten zu verlassen, und es nach Möglichkeit zu verwüsten. Nur den Rücken muß man sich frey halten, einen guten Posten nicht allzuweit von einer Festung wählen, und auf seinen Flanken einige der wichtigsten Ausgänge bewachen (a). Ein Feind wie

---

(a) Man legt daselbst Palanken, das ist, Erdfesten, oder kleine verschanzte Lager an, die in einem weitläuftigen, unbevölkerten, und von Festungen oder haltbaren Städten entblößten Lande, vortreffliche Dienste leisten. Sie sind in Hungarn

wie der Türke, der die Erde mit unzählbaren Heeren überschwemmet, wird bald Mangel leiden, und nur langsam vorrücken. Seine Tartarn und leichten Reuter werden sich auf allen Seiten zerstreuen, durch die Flüsse schwimmen, und sich sogar von hinten zeigen. Da sie aber von der Hauptarmee nicht in der Nähe unterstützt sind, so werden sie bloße Streifereyen unternehmen. Man kann sie beym Uebergang eines Flusses bey einer Wegenge überfallen und truppweis aufreiben. Indessen wird die gute Jahreszeit verstreichen, und der Feind umkehren müssen, oder der bestellte Entsatz wird Zeit bekommen einzutreffen.

Zweyter Abschnitt.
Von den Beobachtungsheeren. Von den Schutzlinien eines Landes. Untersuchung ihrer Vortheile und Mängel.

Die Beobachtungsarmeen gehören zum Vertheidigungskriege, weil sie zur Abhaltung und nicht zur Bestreitung des Feindes bestimmt sind, es sey denn, daß er auf sie los gienge. Daher müssen sie auch vortheilhafte Lager wählen, und sich darinn befestigen. Sie folgen den Bewegungen des Feindes, wobey sie sich immer also stellen, daß sie ihn aufhalten, und in seinen

Unter-

Hungarn stark gebräuchlich. Wenn man keinen hinlänglich festen Platz hat, der die Gemeinschaft offen halten kann, so ist ein verschanztes Lager das beste Hülfsmittel.

Unternehmungen ſtören können. Der Marſchall von Sachſen war im Jahr 1744 an der Lis poſtiert, um die Belagerungen von Ypern, Menin und andere Plätze zu bedecken, und als der König genöthigt war, mit einem großen Theile der Armee dem Elſaß zu Hülfe zu eilen, wählte dieſer General bey Cortryck einen ſo vortheilhaften Poſten, daß die Alliirten keine Unternehmung wagen durften. Im Jahr 1746 unterſtützte er ebenfalls die Belagerungen von Charleroy und Namur, welche die Franzoſen in der größten Sicherheit vollzogen.

Als der Marſchall von Villeroy 1693 Charleroy belagerte, bot der Marſchall von Luxemburg dem Prinzen von Oranien mit einer ihm lange nicht gewachſenen Armee die Spitze. Dieſer letztere ſchien etwas gegen Flandern im Schilde zu führen, und ſchickte den Churfürſten von Bayern mit einem Corps nach der Schelde. Der Marſchall von Luxemburg ließ ſich nicht berücken; er begnügte ſich den Zug des Churfürſten beobachten zu laſſen, und hielt ſich marſchfertig, falls dieſer Anſchlag Ernſt ſeyn ſollte. Hierauf berief der Prinz von Oranien den Churfürſten zurück, weil er, falls es ſich zu weit entfernte, von dem Marſchall einen Angriff befürchtete, ehe ſie ſich würden vereinigen können. Aus dieſem Beyſpiel ſchließe ich, daß es beſſer iſt, ein ſchwaches Beobachtungsheer zu haben, als ſich ganz in ſeinen Linien zu verſchließen, wenn der Feind mit einer Armee im Felde ſteht. Hat man vierzig tauſend Fußknechte, und zehn tauſend Pferde zum Angriff einer Feſtung, worinn drey tauſend Mann zur Beſatzung liegen, ſo ſind fünfzehn tauſend zur Belagerung hinlänglich

länglich, zumal wenn sie nöthigenfalls mit frischen Truppen abgelöset werden. Die übrigen fünf und dreyßig tausend Mann können, mit einer guten Stellung eine feindliche Armee von fünfzig tausenden im Zaum halten. Der König in Preußen sagt, er würde ein Beobachtungsheer allemal den Linien vorziehen. Dieser Prinz, das Orakel unserer Zeit, denkt hierinn wie alle gute Feldherren.

Die Wehrlinien eines Landes gehören ebenfalls zum Vertheidigungskriege. Seitdem sie Mode geworden, haben erleuchtete Männer die Mängel und die Unbrauchbarkeit derselben eingesehen. Dem ungeachtet behalten sie noch eine große Menge steifer Anhänger, welche ihnen aus Unwissenheit oder aus Liebe zum alten Herkommen das Wort reden. Ich habe im ersten Bande gesagt, daß die Linien bey Stollhofen die ersten waren die bekannt geworden. Dieses ist ein Fehler, und wenn man Fehler begeht, so muß man sie wo möglich verbessern. Wir finden daß im Jahr 1691 der Marquis von Villars den Auftrag bekam, die Linien zu vertheidigen, welche das Land von der Schelde bis an das Meer deckten. Er sagte zum Marquis von Bouflers: das beste Mittel wäre vorne daran einen guten Posten zu besetzen, welcher die Feinde nöthigen würde, sie nur von der Rechten oder Linken anzugreifen. Er postierte sich mit seiner kleinen Armee zwischen Kammerich und der Brücke von Esplette, und ließ nichts als einzelne Schaaren auf den vornehmsten Pässen der Linie zurück. Hier sehen wir, daß der Hr. von Villars ihre ganze Unbrauchbarkeit einsahe, weil er sich so stellte, als ob keine

Theil 2.

Mem. de Villars.

keine da gewesen wären (a). Als im Jahr 1694 der Prinz von Oranien seine Armee an der Schelde versammelt hatte, schien er Ypern, Menin, Knocque und Furnes zu bedrohen. Der Marschall von Villeroy war sogleich auf die Verbesserung seiner Linien bedacht. Er vertheilte zu ihrer Bewachung eine gewisse Anzahl Bataillonen, wovon jedes durch eine Schwadrone unterstützt werden sollte. Der Prinz, dessen eigentliche Absicht die Belagerung von Namur war, ließ die Linien liegen, und folgte dem Grafen von Athlone, der zur Berennung dieses Platzes voraus geschickt worden. Ich bin überzeugt, daß der Marschall von Villeroy seine Anstalten für unverbesserlich hielt: Allein ohne uns in eine Widerlegung einzulassen, können wir schon aus der Vergleichung seiner Thaten mit den Thaten des Hrn. von Villars urtheilen, welches von beyden Beyspielen in solchen Fällen den Vorzug verdienet.

In dem spanischen Successions-Kriege hatte man die gesamten Niederlande mit Linien verdämmet. Es war die Grille jener Zeit, wie man heut zu Tage von der Menge der Kanonen bethört ist. Diejenigen welche die Landschaft Waas bedeckten, wo der General la Mothe commandierte, wurden 1703 überwältigt. Die Feinde wollten auch noch die Antwerpischen angreifen, welche sie ebenfalls ersteigen hätten, wenn nicht die vereinigten Marschälle von Villeroy und Boufflers das

1702.

bey-

(a) Diese Linie gieng längs dem Bösinger-Kanal bis an das Fort Knocque, erstreckte sich nach Los und vereinigte sich mit der grosen Mur zwischen Furnes und Dünkirchen.

bey Essern unweit Antwerpen postierte Corps des Barons von Obdam angegriffen hätten, welcher genöthigt wurde, sich nach Lillo zurück zu ziehen. Außer dieser Armee und der Besatzung der Linien, hatten die Franzosen vierzig Bataillonen, welche Ostende sicher stellen, und zwanzig an der Schelde, die zum Hrn. von La Mothe stoßen sollten.

Da nun bey den Linien die förmlichen Armeen zur Unterstützung der Festungen und vornehmsten Posten unentbehrlich bleiben, da sie dem ungeachtet jederzeit erfliegen werden, so sind sie folglich unnütze. Verlegt sich die Armee hinter dieselben, so sind sie der Uebermältigung nicht minder ausgesetzt, indem der Feind sich durch geheime Bewegungen versammeln kann. Die Quartiere werden also nichts destoweniger übertrumpelt und aufgehoben werden, wenn sie keine Zeit haben sich zu vereinigen. Es ist daher genug, wenn man wohlbefestigte Spitzen hat, und alle oben angezeigte Vorsichtsanstalten brauchet. Die Linien schützen eine Kette von Standquartieren weit weniger, als ein vor ihnen befindlicher Fluß. Gleichwol würden sie dieser Schutzwehr ungeachtet beunruhigt, und der größten Gefahr ausgesetzt werden, wenn sie vermöge ihrer Anordnung, sich nicht geschwind versammeln könnten, um den feindlichen Unternehmungen Widerstand zu leisten.

Theil 4. Hauptst. 5

Man hat auch von der Maas zwischen Huy und Namur bis an die Methe Linien gehabt, welche nicht mehr genützt haben als die vorigen. Im Jahr 1705 zogen die Kaiserlichen welche von Lauterburg bis an das Gebürge. Als nun ein Theil ihrer Armee, die an der

Mosel

Mosel stund, nach Flandern aufgebrochen war, verstärkte der Rest dieser Linien. Nachdem der Marschall von Villars sich von Trier und Saarburg Meister gemacht, stieß er zum Hrn. von Marsin, und gieng gerade auf Weißenburg los. Der General Thungen wagte es nicht in seinen Linien zu bleiben; er zog sich unter Lauterburg an einen guten Posten zurück, wo man ihm nichts anhaben konnte. Im folgenden Jahre ließ der Marschall von Villars, der sich dieses Platzes bemächtigt hatte, an den Linien arbeiten, die er zur Bedeckung des Elsasses einrichtete. Sie bestehen noch, und erstrecken sich sechs bis sieben Stunden in die Länge. Die Linien bey der Kinzig und bey Stollhofen haben am meisten Aufsehens gemacht. Ungeachtet ihrer Kürze und guten Lage, waren sie nicht geschickter als die andern, eine vortheilhafte Meynung von diesem Lehrgebäude zu erwecken. Die Ursache hievon ist, daß wenn sie auch kurz genug und mit Truppen hinlänglich besetzt sind, um sich vertheidigen zu lassen, der Feind diese und andere Gegenden so lang bedrohen wird, bis man sie entblößet (a). Bleibt man darinn stehen, so wird er

Mem. de Villars.

(a) Als im Jahr 1703 der Marschall von Villars Kehl belagern wollte, um sich einen Paß über Straßburg zu öffnen, stellte er sich an, als ob er Willens wäre, zum Churfürsten von Bayern zu stoßen. Er sandte ein Corps nach Hüningen, gab seinen Rüstwagen ein engeres Geleis, und brauchte noch andere Scheinmittel, welche seinen Vorsatz glaublich machten. Der Prinz von Baden zweifelte um so weniger daran, da er sich nicht einbildete, daß die französische Armee bey schlechter Witterung fünf und zwanzig Stunden

er seinen scheinbaren Anschlag ausführen, der anfänglich ein bloses Blendwerk war.

Die Franzosen hatten auch noch Linien auf der Moter von Entweiler über Hagenau, bis an den Rhein. Der Marschall von Villars wollte sie nicht anders, als mit einer versammelten Armee vertheidigen. Er lagerte sich bey Werchen, um im Stande zu seyn den Grafen du Bourg zu unterstützen, der mit zwanzig Bataillonen und fünf und dreyßig Schwadronen auf der Ebene bey Fort-Louis stund. Als er die Ankunft des Prinzen von Baden erfuhr, rückte er heraus, vereinigte sich mit dem Grafen du Bourg, und befahl denen an verschiedenen Posten hinterlassenen Truppen, sich bey Annäherung des Feindes zurück zu ziehen. Er drang auch würklich über Pfaffenhofen hinein; als aber der Marschall die Insel Dahlhunden angreifen ließ, fürchteten sie, er möchte den Stoßhofer-Linien von hinten beykommen, und sandten ihnen daher eine Verstärkung. Dennoch konnte er die Einnahme von Drusenheim und Hagenau nicht verhindern; aus welchem letztern Orte der Hr. du Veri nach einer schönen Vertheidigung sehr geschickt entwischte. Man kennet auch noch die Linien

-ben

Stunden Weges über Flüsse und durch enge Pässe machen würde, wobey sie genöthigt war, zwischen Breysach und Freyburg durchzuziehen. Er entblöste seine Linien, um die Pässe der Geburge zu verstärken. Unterdessen versammelte der Marschall unter allerhand Vorwänden, seine Truppen, gieng gerade auf die Linien los, erstieg sie und belagerte Kehl. In eben dem Jahre wurden die Bayern von den Kaiserlichen in ihren Linien bey Dietfurt überwältigt; welche die churfürstl. Staaten gegen Franken decken sollten.

den Etlingen, welche die Franzosen nicht aufhielten, als   1734.
sie durch diese Gegend marschirten, um Philippsburg
zu brennen. Der Herzog von Noailles sollte sie mit eilf
Bataillonen, und zwey Dragoner-Regimentern von der
Seite des Gebürges angreifen, und der Prinz von
Tingry zu gleicher Zeit auf einer andern Seite hinein
bringen. Der bey Mühlberg stehende Prinz Eugen,
fand sie nicht haltbar, und zog sich in sein Lager bey
Heilbronn zurück. Dieses ist alles, was sich von dergleichen Linien sagen läßt, deren Geschichte ich so zu
sagen entworfen habe. Diese seltsamen Werke sind von
den Alten wenig geachtet, und wie es scheint, von eben
dem Geist erfunden worden, der die Chinesische Mauer
angegeben hat (a).

Ich sage die Alten haben sie wenig geachtet, weil sie
ihnen in der That bekannt gewesen. Denn die langen
Mauern, welche sie an vielen Orten aufführten, kamen

mit

(a) Das einzige Beyspiel von wohlvertheidigten Linien,
liefern uns die bey Stollhofen, welche die Franzosen 1703
fruchtlos angriffen: Es ist aber zu merken, daß sie der-
maßen überschwemmt waren, daß nur eine Stunde weit
trockenes Erdreich blieb. Ueberdieses zog der Marschall
von Villars sich vornemlich auf die erhaltene Nachricht
von der Ankunft eines Entsatzes zurück. Um eine Linie
wohl zu vertheidigen, muß das innere Erdreich offen seyn,
so daß man sich in einer starken Fronte aller Orten hin-
wenden kann. Ist es mit Bächen oder Flüssen durchschnitten, so muß man verschiedene sehr breite Brücken
darüber schlagen, und an den beyden Spitzen Redouten
aufwerfen, um seinen Rückzug auf die eine Seite zu versichern, wenn die andere erstiegen werden sollte.

mit den Linien der Neuern überein. Die älteste so wir kennen, ist die, welche die thracische Halbinsel zuschloß; sie ward durch Veranstaltung des Pericles erbauet, der die Republick Athen beherrschte. Er wollte hierdurch diese den Atheniensern zuständige Gegend, vor den Unternehmungen der Barbaren schützen, welche sie durch ihre unaufhörlichen Streifereyen verheerten. Diese Mauer erstreckte sich von einem Meere zum andern, und war auf gewisse Entfernungen mit Schanzen versehen. Sie betrug nicht über vier tausend sechs hundert Schritte, welches die Breite der Erdzunge ist. Im peloponnesischen Kriege ward sie zerstöret, und hierauf von Dercyllidas, einem General der Lacedämonier wieder hergestellt; als diese die Macht der Athenienser gedemüthiget, und sich der Pflanzorte bemächtiget hatten, welche die letztern am schwarzen Meere besaßen. Eben diese Mauer wurde von den Römern unter dem Theodosius aus ihrem Schutt erhoben.

Plutarch Leben des Pericles.

Xenoph. Griech. Gesch. Buch 3.

Die korinthische Landenge war ebenfalls durch eine Mauer gesperret, welche während den Unruhen Griechenlands mehr als einmal von den Lacedämoniern und Atheniensern wechselsweis erobert wurde. Als die Türken sich in Europa festgesetzt, und Macedonien samt einem Theile von Armenien erobert hatten, wollten die griechischen Kaiser, denen mit Morea keine weitere Gemeinschaft als zur See übrig blieb, diese Halbinsel durch eine Mauer sicher stellen, welche über die Erdzunge lief. Sie ward eben so oft erstiegen, als angegriffen: dieses geschah zuerst durch Amurath II, hierauf durch Mahomet II, und als die Venetianer diese Landschaft besaßen, ließen sie die Mauer wieder aufrichten, welche aber

Ebendas. Buch 4.

Du Vergier, Hist. des Turcs.

abermals von Machmut, dem Feldherrn des Mahomets weggenommen wurde. Gleichwol waren die zwo letzterwähnten Mauern wegen ihrer mäßigen Ausdehnung nicht uneben, indem die auf der Landenge von Morea höchstens viertausend Schritte betrug. Gewiß ist es, daß wenn sie durch zehn bis zwölf tausend tapfere Leute wären vertheidiget worden, die Türken sie entweder gar nicht, oder doch nur mit grosem Verlust erstiegen hätten. Weil aber die Griechen und Venetianer sie blos aus Mangel einer dortigen Armee erbauet hatten, so war die dabey unterhaltene Wache nicht hinlänglich, und bestund noch überdem aus sehr schlechten Truppen. Dergleichen Schutzwehren können also blos die Streifereyen, aber niemals ein starkes Heer aufhalten, wenn nicht auch eines dahinter steht. Man muß auch Herr vom Meere, und der Feind außer Standes seyn, in ihrem Rücken eine Landung vorzunehmen.

Wenn eine Mauer oder eine Linie sich über sechs bis acht tausend Schritt erstrecket, so kann auch ein starkes Corps Truppen sie nicht mehr vertheidigen; ja sogar die kleinen Pärtheyen, haben oft die Kühnheit sie zu ersteigen, und einen verstohlnen Einfall ins Land zu wagen: Hat man den Ort entdecket, wo sie hinein gedrungen sind, so ziehen sie sich an einem andern zurück. Dieses wäre zwar durch die Vermehrung der Wachen wohl zu vermeiden; alsdann aber würde eine sehr große Menge Truppen erfodert, und die Linien werden blos in der Hoffnung angelegt, sie mit wenig Leuten zu beschützen, worinn man sich aber allezeit betrogen hat. Hieraus läßt sich abnehmen, was für einen Nutzen jene ungeheuren Mauren schaffen konnten, welche an Länge die oberwähnten weit übertrafen, und ganze Provinzen umschloßen.

Kaiser Hadrian ließ eine in Großbritanien erbauen, um die Picten, Chaledonier, Mäaten, und andere schottische Völker im Zaum zu halten, welche das römische Gebiete verheerten (†). Sie fieng bey dem Meerbusen von Sinvai an, und endigte sich bey Newcastle am Flusse Thyne, welches eine Länge von zwey und siebenzig tausend geometrischen Schritten macht. Da diese Völker sich unter dem Kaiser Severus empörten, zog er gegen sie zu Felde, und zwang sie hinter die Meerbusen Glatan und Bodotria, heut zu Tage Clyde und Forth zurück zu weichen, wovon der eine im Oestlichen, der andere

Jahr
Christi
122.

(†) Dieser Kaiser ließ eigentlich einen blosen Erdwall aufwerfen, der folglich mit den Linien der Neuern noch mehr Aehnlichkeit hatte. Sein Werk war aber nicht nur leicht zu ersteigen, sondern auch von keiner Dauer, und mit der Severischen Mauer gar nicht zu vergleichen. Diese hatte, aus den Ruinen zu schliessen, sechs bis sieben Fuß in der Anlage, und zwölf Fuß in der Höhe. Längs der

* Stationes.

ganzen Mauer waren Warten oder Wachthäuser * angelegt, deren Warburton bis auf achtzehn zählet, und sogar ihre Namen beybringt. Die Mauer lief auch nicht in gerader Linie fort, sondern erhielt entweder von der Kunst, oder von der Natur des Erdreichs, hin und wieder ein- und ausgehende Winkel, woraus Flankierungen entstunden. Gegen Völker die mit den grossen Sturmmaschinen nicht umzugehen wußten, und überhaupt wenig Kriegskunst besitzen, konnte dieses Werk dennoch von einigem Nutzen seyn, wenn es wohl bewachet wurde.

andere im westlichen Schottland liegt. Er verband sie durch eine Mauer von fünf und dreyßig Meilen in der Länge, welche im 207ten Jahre nach Christi Geburt, erbauet ward, und wovon man sowol als von der adrianischen noch die Ueberbleibsel erblicket. Die in das nördliche Schottland eingeschränkten Barbaren blieben nicht ruhig, und ergriffen die erste Gelegenheit, die ihnen vorgesteckten Gränzen zu überschreiten.

Eine andere berühmte Mauer ist die thracische, welche das ganze Gebiete von Constantinopel deckte. Sie war mit ihrer Linken ein wenig oberhalb Selimbria, welches sie einschloß, an das propontische, mit ihrer Rechten an das schwarze Meer gelehnet. Ihre Länge belief sich ungefähr auf sechzig römische, oder fünfzehn französische Stundenmeilen. Man erbaute sie, sobald Constantinopel der Sitz des Kaiserthums wurde. Gleichwol ließen die Gothen, Abaren, und Sklavonier sich dadurch nicht abhalten, oft bis an die Mauren der Hauptstadt vorzubringen, und dieselbe zur Zeit Valentinians II. mit Schrecken zu erfüllen.

Zur Zeit da Maximus in Gallien den Meister spielte, und ein Heer Barbaren, welches Jllyrien verwüstet hatte, Italien bedrohete, ward in Vorschlag gebracht, den Paß der Julianischen Alpen durch eine Mauer zu schliessen (†). Es scheint aber nicht, daß dieses Project in

Q 4   Erfül-

(†) Man siehet auch heut zu Tage im Elsaß die Ueberbleibsel einer Mauer, wodurch die Päße der vogesischen Gebirge gesperret, und hin und wieder mit Kastellen versehen waren. Die dabey gefundenen Alterthümer lassen

keinen

Erfüllung gekommen. So viel aber lehrt uns die Geschichte, daß dergleichen Anschläge seltener in blühenden Zeiten, als bey mißlichen Umständen ersonnen worden, weil alsdann die wahren Rettungsmittel fehlen.

Dritter Abschnitt.
Von denen unter dem Schutze fester Plätze verschanzten Lagern.

Die unter den Kanonen fester Plätze verschanzten Lager gehören ebenfalls zum Vertheidigungskriege, und können weit bessere Dienste leisten als die Linien. Sie müssen wohl gestützt, zum Theil durch die Werke der Festung vertheidigt, und nicht allzu weitschichtig seyn. Sie dienen zur Sicherstellung der Magazine und Zufuhren, zur Entlastigung eines allzu kleinen Platzes, woraus man eine Niederlage machen will, oder zur Beschützung eines großen, der nicht haltbar ist. Von der letztern Art war dasjenige so der Prinz von Oranien unter den Wällen von Lüttich anlegte; bey Einfällen öffnen sie dem Landvolk mit seinem Vieh und Habseligkeiten eine Zuflucht. Sie unterstützen eine Armee, die

keinen Zweifel übrig, daß dieses Werk von den Römern herrührt. Zwischen Rappoldsweiler und dem Odilienberge, wo sie ein Standlager hatten, läuft der Schutthaufen fünf Stunden lang fort. Eine halbe Meile besser unten wurden im sechszehnten Jahrhundert bey dem Schlosse Girbaden die Spuren einer viertausend Schuh langen Mauer entdeckt.

die wegen Schwäche das Feld nicht halten kann, oder geschlagen worden. Wird das Lager erstiegen, so kann sie sich zurück ziehen, und den Platz wohl besetzt lassen: Mich dünkt, es wäre besser, wenn man weniger kostbare Festungen bäute, und auf jeder Gränze einige verschanzte Lager anlegte (a). Sie können in keinem Falle

(a) Eine zu große Menge Gränzplätze kostet zu viel Truppen, und schwächt die Armee. Zu wenig Festungen lassen das Land offen, und vermindern die Ausweege eines geschlagenen Heeres, dessen Stützpunkte zu weit entlegen sind. Es gibt also hierinn ein gewisses Verhältniß, und dieses richtet sich hinwieder nach der Beschaffenheit des Landes. Ist es mit Gebürgen und engen Pässen angefüllt, so sind weniger vonnöthen; doch sollte man in diesem Falle an allen Ausgängen Schanzen anlegen. Ist das Land offen von Flüssen durchströmt, so scheint es zwo Linien Festungen zu erfordern, welche acht bis zehn Stunden von einander entfernt und also gerichtet seyn müssen, daß die Plätze der zwoten Linie mit der ersten einen Quincunx ausmachen. Die besten und bequemsten für die Magazine, sollen vornemlich an zween zusammen laufenden Flüssen liegen. Auf diese Art kann eine schwache Armee einen guten Vertheidigungskrieg führen, ihre Zufuhren versichern, die langen Märsche vermeiden, und an allen vortheilhaften Posten die sie suchet, Stützen finden. Wenn die Hauptstadt nahe hinter diesen beyden Linien liegt, so muß sie wenigstens mit einem Walle umgeben seyn; wo nicht, so kann man zu Zwischenmagazinen eine oder zwo mittelmäßige Städte wählen, welche wenigstens mit einer Mauer umgeben, und einer schleunigen Befestigung mit Erdwerken fähig seyn müssen. Diese Anstalten sind von großem Nutzen, wenn die Armee bey gehäuften Unfällen genöthigt ist zurück zu weichen.

Falle schaden, denn in Ermangelung hinlänglicher Truppen, sie zu besetzen, kann man sie ohne sonderliche Gefahr verlassen (a): denn sobald der innere Theil des Lagers aus der Festung übersehen, und überall bestrichen wird, kann der Feind keinen Vortheil daraus ziehen. Die an die Stadt gelehnten Flügel sind ihrem Feuer in gerader Linie ausgesetzt, und der Graben leistet ihnen keine Dienste. Ueberdas wird man leicht so viel Zeit gewinnen, alles auszufüllen, und zu schleifen, was ihm zu einiger Stütze dienen möchte. Es ist also für eine schwache Armee rathsamer sie zu verlassen, als hartnäckig auf ihrer Vertheidigung zu beharren, weil sie unfehlbar ersliegen werden, wie es dem auf dem Schel-

1704. lenberge bey Donauwerth ergangen ist. Dieses verschanzte Lager, welches Gustav Adolph angefangen, hatte der Churfürst von Bayern vollendet, um seine Staaten zu decken, und zwischen der Ober- und Nieder-Donau eine Gemeinschaft offen zu halten. Nach der Schlacht bey Laffeld zogen die Alliirten sich

1747. in das Petersberger-Lager unter die Kanonen von Maastricht. Wäre Bergopzoom besser vertheidigt worden, so hätte der Graf von Löwendal, ihres Verlusts ungeachtet, leer ausgehen, und der Marschall von Sachsen wenig Vortheil von seinem Siege ziehen können.

(a) Man muß aber voraus setzen, daß die Festung, woran das Lager sich lehnet, von keinem Orte bestrichen wird, sonst würde es weiter nichts als ein zu ihrer Vertheidigung nöthiges Werk seyn.

Vierter

Vierter Abschnitt.

Muster eines Vertheidigungskriegs in einem bergichten Lande. Manduvre des Marschalls von Luxemburg. Betragen des Königs in Preußen in Schlesien.

Die Gelegenheiten zu einem Vertheidigungskriege sind, wenn man weniger oder ungeübtere Truppen, hat als der Feind, wenn man der Ankunft einer Hülfe, oder der Erklärung eines aufgeforderten Bundesgenossen, auswarten will; wenn man hofft, daß dieser den Feind auf seiner Seite beschäftigen, und zur Theilung seiner Macht nöthigen werde; wenn man viel Infanterie aber wenig Reuterey hat, und das Land sehr offen ist (a). Wenn man entschlossen ist mit Nachdruck auf einer Gränze zu agiren, und sich begnüget, die andern mit wenig Truppen zu unterstützen, welches in einem mit guten Festungen oder engen Pässen angefüllten Lande, weniger Schwierigkeit kostet. Doch muß der General immer auf seine Lage Rücksicht nehmen. Obgleich das Land bergigt und unwegsam ist, so kann es dennoch ohne sonderliche Vortheile

---

(a) Die Menge der Reutern kann in einem Vertheidigungskriege wegen Mangel an Futter beschwerlich werden, und den General oft nöthigen, ein Lager wider seinen Willen zu verlassen. Dennoch ist sie, zumal die leichte, unentbehrlich. Das Fußvolk kann siegen; die Reuterey aber macht allein den Sieg vollkommen. In einem durchschnittenen oder bergichten Lande, kann man ihre Schwäche leicht durch andere Mittel ersetzen.

Vortheile seyn. Im Jahr 1692 waren die Franzosen Meister von Savoyen, von Casal, Susa und Pignerol. Da sie sich auf die Vertheidigung einschränkten, mußten sie die Kette der Alpen bewachen, welche sich bogenförmig vom Genfer-See bis an das Mittelländische Meer erstrecket. Alle Thalengen und Pässe laufen in die Ebene von Piemont, als in einen Mittelpunkt wo sie zusammen stoßen; dahingegen auf der andern Seite ihre Ausgänge weit von einander abstehen. Die Feinde welche in diesem Raume stunden, konnten sich vereinigen, und auf jeden beliebigen Punkt mit gesammter Macht fallen; weil ihre Bewegungen weit kürzer waren, als diejenigen, wodurch die Franzosen dem angegriffenen Posten beyspringen konnten (a). Daher konnte auch

(a) Dieser geometrische Erweis muß im Kriege zur Richtschnur der Bewegungen dienen. Wer den Mittelpunkt inne hat, und auf den Durchmesser marschieren kann, hat einen ausgemachten Vortheil vor demjenigen, der auf dem Umkraise marschieren muß. Folglich ist ein Posten allezeit mislich, wenn der Feind ihn durch einen kürzern Weg angreifen kann, als man braucht, um ihm zu Hülfe zu kommen. Es wird also eine vollkommene Kantniß des Landes und der Beschaffenheit der Pässe erfordert, um sich zu überzeugen, ob eine Stellung gut ist oder nicht. Diese Grundregel muß in Absicht der Angriffe umgekehrt werden. Es ist ein Vortheil für den Angreifenden, wenn er den angegriffenen Theil umschließen kann. Das Feuer des Belagerers bringt zuletzt das Feuer der Belagerten zum schweigen, weil die Fronte der Angriffsordnung ausgedehnter ist als die Fronte des angegriffenen Polygons. Dieser Lehrsatz läßt sich auch auf die Taktik anwenden. Die schlauen Kunstbewegungen der Flanken

bey

auch der Marschall von Catinat den Herzog von Savoyen nicht abhalten, durch das Thal von Cherasco durchzudringen, und die Stadt Embrun zu belagern, welche er einnahm. Es wäre also besser gewesen, die Armee hätte sich vereinigt, um wieder in Piemont einzubringen, wobey sie ihre Lebensmittel von Vignerol hätte ziehen können. Dieser Fehler ist aber dem General nicht beyzumessen, dem aus Mangel an Proviantwagen und einem Artilleriezuge die Hände gebunden waren.

Mém. de Feuquières.

Obgleich die Vertheidigung von 1693 besser angeordnet war, so konnte sie doch den Herzog von Savoyen nicht hindern, Vignerol zu bombardieren, nachdem er ein auf der Anhöhe von Roche-Castell verschanztes Corps Infanterie vertrieben, und das Fort Saint-Brigitte eingenommen hatte.

Ebend.

Bey Vertheidigung der Gebürge sind die vor einem Thalpaß gelegten Verschanzungen unnütz, wenn man nicht zugleich die daran stoßenden Anhöhen inne hat. Da aber auch diese hinterzogen werden können, so muß man zugleich alle Fußsteige bewachen, wo der Feind sich einen Durchweg bahnen möchte. Es ist nicht möglich,

bey Seite gesetzt, ist es allemal gefährlich, einen Feind anzugreifen, der mir eine größere Fronte entgegen stellet, als diejenige, womit ich auf ihn los gehen kann. Ich glaube daher behaupten zu können, daß dieses mit eine von den Ursachen des Verlustes der Schlacht bey Minden war. Die französische Armee stund in dem Grunde eines Winkels, der durch die Weser und sehr lange Moräste gebildet wurde. Die Feinde hatten die Oeffnung des Winkels, folglich mehr Erdreich inne, und konnten leichter manövrieren.

1759.

lich, eine ganze Kette von Gebürgen zu befestigen. Man untersucht blos die zugänglichen Gegenden, ihre Wendungen, und ihre Ausweege. Man legt Forts an, welche die Orte bestreichen, wo der Feind nothwendig hindurch muß. Um sich von seinen Bewegungen wechselseitig zu benachrichtigen, werden auf den Gipfeln der Berge Nothzeichen verabredet, die des Tages in Rauch, des Nachts in Feuer bestehen, und einander entsprechen. Man stellt in gewissen Entfernungen fliegende Haufen aus, welche sich die Hände bieten. Die so dem Orte am nächsten sind, auf welchen der Feind losgehet, eilen ihm schleunig zu Hülfe. Sie können ihn unter der Begünstigung des dasigen Forts, oder einer Redoute wohl so lange aufhalten, um, wenn es nöthig ist, einer neuen Hülfe Zeit zum Anrücken zu verschaffen. Wer durchdringen will, kann wohl einen Berg ersteigen, er muß sich aber hernach in eine Tiefe werfen, und einen andern Berg hinauf klimmen, welches nicht mehr so leicht angeht. Wenn auch ein Commando diese Hindernisse überwindet, so kann doch sein Weg der Hauptarmee nicht dienen; folglich werden etwa blos diejenigen Posten abgeschnitten, welche die vornehmsten Pässe vertheidigen; und wenn dieses Commando nicht wohl auf seiner Hut ist, wenn es, ohne seinen Rücken frey zu halten, sich zwischen verschiedene Berge hinein wagt, so läuft es Gefahr selber hintergezogen, und ohne Hoffnung eines Rückzuges umzingelt zu werden. Ob aber gleich die itztbeschriebenen Anstalten die besten scheinen, so darf dennoch die Vertheidigungslinie nicht zu weit gedehnt, noch mit allzuhäufigen Mündungen versehen seyn, welche bewacht werden müssen: Noch größer

wäre

wäre der Nachtheil, wenn die Linie auf der Seite des Feindes eine Höhlung hätte. Ist ihm hingegen der Bogen zugekehret, und ihre Länge mittelmäßig, so wird die Vertheidigung desto leichter, und mit der gegründeten Hoffnung verbunden, daß man dem Feinde überall zuvor kommen, und sein Ziel verrücken werde. Gleiche Bewandniß hat es mit der Vertheidigung oder dem Uebergang eines Flusses von fünfzehn bis achtzehn Stunden in der Länge. Derjenige der in der Höhlung steht, hat einen ausgemachten Vortheil vor dem andern, weil seine Bewegungen kürzer sind, und er auf der Sehne marschieret, indeß daß der Gegner sich um den Bogen herziehen muß. Dieser Umstand erleichterte dem Prinzen Eugen den Uebergang der Etsch, den er im Angesichte des Hr. von Catinat unternahm, welcher es nicht hindern konnte. Der französische General stund am rechten Ufer der Etsch, die von den mitternächtlichen Gebürgen gegen Süden fließt, und sich ein wenig oberhalb Verona gegen Westen drehet. Der Prinz beschäftigte seine Aufmerksamkeit von Rivoli bis Ferrara, und machte Miene, in dieser Gegend über den Po zu gehen. Indessen setzte er unterhalb Babaria über die Etsch, schlug bey Carpi das Corps des Hr. von St. Fremont, und nöthigte den Marschall von Catinat hinter den Mincio zurück zu weichen. Da die Franzosen auch hier keine Sicherheit fanden, so verließen sie ihren Posten an diesem Flusse, und deckten sich mit der Chiesa. 1701.

Die Vertheidigung muß nicht todt sondern thätig, das ist, also veranstaltet seyn, daß man selbst etwas unternehmen kann, sobald es sich mit einem wahrscheinlichen

lichen Erfolge thun läßt. Alsdann ändert man die Natur des Krieges, und hierzu wird oft blos ein leichter Vortheil über ein abgesondertes Corps, die Wegnahme eines Postens oder ein Versehen des Feindes erfordert. Als im Jahr 1691 Ludwig XIV einen Theil seiner Flandrischen Armee, zur Verstärkung der Rheinischen abgeschickt hatte, blieb der Marschall von Luxenburg, so lange er Fütterung fand, in seinem verdeckten Lager bey Muldert stehen. Der Prinz von Oranien deckte Löwen, und konnte zugleich sein verschanztes Lager bey Lüttich unterstützen. Gegen dieses letztere machte der Marschall so häufige Blendwerke, daß der Prinz nicht mehr an der Wahrheit seines Vorhabens zweifelte. Er sandte noch ein Corps zur scheinbaren Verstärkung der französischen Linien, zwischen Dornick und Rüssel ab, um die er sich wenig bekümmerte. Kaum aber hatte er die Feinde vermocht sich zu schwächen, so rief er sein Corps zurück, und griff sie bey Neerwinden an. Der Prinz von Oranien hatte keine Nachricht von seinem Marsch, und merkte sein Vorhaben nicht eher, als bis er die Spitze der französischen Colonnen erblickte. So erhielt der Marschall durch seine Thätigkeit ein Uebergewicht, das niemand von diesem Feldzuge erwartete.

s. das Journal dieses Feldzugs gedruckt 1694.

Ein General macht sich daher alle Umstände zu Nutze, welche ihm wieder zur Oberhand verhelfen, oder ihn ohne sonderlichen Verlust an Erdreich in seiner Stellung erhalten können. Er sucht auch den guten Willen der Einwohner zu einer Beyhülfe an Geld oder Mannschaft zu vermögen. In dem Kriege den die Franzosen im 1746ten und folgenden Jahren zu Genua führen mußten,

waren

waren alle Bauern bewaffnet, und dienten zur Bewachung einiger Päſſe. Es wurden auch verſchiedene Compagnien Freywillige errichtet. Dieſe Hülfsrüſtungen, die in einem groſen offenen Lande wenig bedeuten, waren in dieſer Gegend, welche eng, bergicht und faſt unzugänglich iſt, von groſem Nutzen.

Bisweilen ſucht ein General ſich auf die Vertheidigung einzuſchränken, um den Feinden ſeine Stärke zu verbergen, ſie kühn zu machen, oder von einem guten Poſten zu locken, und zu einer Bewegung zu veranlaſſen, wobey er ſeinen Vortheil erſiehet. Im Jahr 1745 vereinigten ſich der Prinz Carl von Lothringen, und der Herzog von Weiſenfels in Böhmen auf der Schleſiſchen Gränze, in der Abſicht, in dieſe Provinz einzufallen. Hätte der König in Preuſen ſich blos vertheidigen wollen, ſo wäre er genöthigt geweſen, alle Thalengen oder Berge zu bewachen: Hierdurch hätte er ſich entkräftet, und den Feind, deſſen Bewegungen verdeckt waren, doch nicht hindern können, einige Päſſe zu übermannen. Ueberdieſes würde ihre Menge an leichten Truppen und ihre Erfahrenheit im Streifkriege ihn ſehr beunruhigt haben. Er entſchloß ſich alſo, die Gebürge von Ober-Schleſien und der Graffſchafft Glatz zu räumen, ſtreuete das Gerücht aus, daß er ſich gegen die Oder zurück zöge, und wählte ſich einen Poſten zwiſchen Schweidnitz und Striegau, wo er ſich verdeckt hielt, um dem Feinde ſeine Stärke zu verbergen (a).

Die

(a) Die Fronte ſeines Lagers war durch Anhöhen gedeckt, auf denen die Wachen ſtanden; eine Stellung die in andern

Die östreichischen Feldherren konnten an dem geschwinden Rückzuge des Königes nicht mehr zweifeln. Sie drangen Hohen-Friedberg gegen über, aus den Thalengen hervor, und langten des Nachts auf der Ronstocker-Ebene an, wo sie von einem langen Marsch ermüdet, auf nichts als Ruhe dachten. Der König, der ihre Bewegungen genau bemerkte, brach auf, und erreichte sie beym Anbruche des Tages. Da sie seine Erscheinung nicht vermutheten, stellten sie sich mit größter Eilfertigkeit in Schlachtordnung. Die Preußen griffen mit ihrem linken Flügel an, schlugen die Reuterey auf dieser Seite, und faßten das Mittelheer in die Flanke. In kurzem breitete sich das Treffen auch über den Mittelpunkt und den andern Flügel aus; die siegreichen Preußen setzten ihnen heftig zu, und warfen sie in die Thalengen zurück, wo sie hergekommen waren, und welche ihren Rückzug begünstigten. Durch diesen Meisterstreich rettete der König Schlesien, und verlegte den Schauplatz des Krieges nach Böhmen.

Aus allem diesem läßt sich der Schluß machen, daß es sehr schwer ist einen Vertheidigungskrieg zu führen, wenn man eine lange Gränzlinie zu bewachen hat, auf welcher der Feind nach Belieben auf- und abziehen, und seine Märsche durch die vor ihm liegenden Gebürge verbergen kann. Man muß also nicht eigensinnig, auf der Besetzung aller Pässe bestehen; sondern, wenn man seine festen Plätze wohl verwahret

hat,

Fällen fehlerhaft ist, sich aber hieher vortrefflich schicket. Auf seinen Flanken hatte er abgesonderte Corps stehen, welche den Zugang verwehrten.

hat, so wählt man einen guten Posten, und wartet bis die Bewegungen des Feindes Anlaß geben, ihn mit Vortheil anzugreifen. Unternimmt er eine Belagerung, so sucht man ihn zu schwächen, seine Zufuhren aufzuheben, ihm den Unterhalt schwer zu machen, und die Zugänge abzuschneiden.

Achtes Hauptſtück.

Von der Kriegs-Dialektik,
oder der
Kunſt, den Plan eines Feldzugs zu entwerfen, und die Verrichtungen deſſelben zu regieren.

Erſter Abſchnitt.
Eintheilung der Operations-Plane. Von den Diverſionen. Verſchiedene Beyſpiele.

Man entwirft einen allgemeinen und einen beſondern Feldzugs-Plan. Durch den allgemeinen wird feſtgeſetzt, ob man auf allen Gränzen offenſiv zu Werke gehen, oder ſich einer ſeits auf die Gegenwehr einſchränken will, um den Feind anderwärts mit deſto größerm Nachdruck angreifen zu können. Wenn die kriegende Macht Bundsgenoſſen hat, ſo wird dieſer Plan mit ihnen verabredet, und muß höchſt geheim gehalten werden, damit der Feind nichts voraus ſehen möge. Bekäme er Luft davon, ſo würde er in der Gegend, wo man ihn angreifen will, ſich zu einem lebhaften Widerſtande rüſten, und mit voller Macht auf

die

die entblöste Gränze fallen, so daß man gar leicht auf keiner Seite das Ziel erreichen könnte. Unter dem besondern Feldzugs-Plan, verstehe ich den Entwurf der Unternehmungen einer Armee, und überhaupt aller Truppen, die auf ein und ebenderselben Gränze dienen sollen. Ihre Bewegungen können auch mit den Märschen eines andern Heeres combiniret werden, welches auf einer benachbarten Gränze, wie das Elsaß, und die Mosel, oder die Mosel und Flandern, versammelt ist. Der Entwurf dieser großen Operationen, wird allezeit bey Hofe unter den Augen des Fürsten gemacht; wenigstens führen die Feldherren sie nicht aus, ohne ihm ihre Gedanken mitgetheilt, und seine Befehle eingeholt zu haben.

Die Diversionen sind ein Haupttheil der Kriegsplane, ob sie gleich nicht immer beym Anfange des Feldzugs beschlossen werden. Sie sind ebenfalls entweder besondere, oder allgemeine. Allgemein sind sie, wenn man den Feind in einer entfernten Provinz angreift, um ihn zu nöthigen, die Truppen abzurufen, die er in einer andern hat, wohin man den Krieg spielen möchte; oder um die Progressen seiner Armee zu hemmen, indem er zur Vertheidigung seines eigenen Landes Truppen davon abgeben muß; oder auch, wenn man einem Bundsgenossen beystehen will, von dem man getrennet ist, und das benachbarte feindliche Land mit Krieg überziehet. Wenn man anders nicht als über den Grund und Boden seines Nachbars, oder selbst seines Bundsgenossen hinein kommen kann, so läßt man sich vor allen Dingen Sicherheitsplätze einräumen,

men (a). Eine der berühmtesten Diverſionen iſt die, welche Scipio bewerkſtelligte, der nachher den Beynamen Africanus bekommen hat: Da er zum Commando in Spanien berufen wurde, wo ſein Vater und ſein Oheim umgekommen waren, ſtellte er durch ſeine Klugheit die Sachen der Römer wieder her, ſchlug die Karthaginenſer zu verſchiedenen malen, und erwarb ſich die Liebe der Völker dieſer Gegend, deren er ſich verſicherte. Dann führte er ſeinen ſchönen Entwurf aus, nach Africa zu ſchiffen, und die Karthaginenſer in ihrer Heymath anzugreifen. Hierdurch wurde Rom befreyet, und Hannibal genöthigt, ſeinem Vaterlande zu Hülfe zu eilen. Mithridates, der in Aſien durch das römiſche Heer in die Enge getrieben wurde, gieng ebenfalls mit dem Anſchlag um, eine Armee Barbaren nach Italien zu führen, und Rom in ſeinem eigenem Herzen anzugreifen, als die Empörung ſeines Sohnes Pharnaces ſein Vorhaben, zerſtörte, und ihn zum Selbſtmorde verleitete.

Im Jahr 1746 machten die Franzoſen eine Diverſion in Schottland, wohin ſie den Prätendenten ſchickten; man gab ihm aber ſo wenig Truppen, um ſeine

Parthey

1756. (a) Als Heinrich II König in Frankreich, von den verbundenen proteſtantiſchen Fürſten gegen den Kaiſer Karl V nach Deutſchland gerufen wurde, ließ er ſich die Städte Metz, Toul und Verdun zu Unterpfändern geben. Als die Franzoſen dem Kaiſer und der Königinn von Ungarn gegen den mit England verbundenen König in Preußen Beyſtand leiſteten, nahmen ſie Oſtende und Nieuport in Beſitz, welche ihnen zur Gewährſchaft des Bündniſſes eingeräumt wurden.

Parthey zu verstärken, daß es ihm unmöglich war, sich darinn zu halten. Dieser Prinz, der von den Engländern bey Culloden geschlagen, und in die Gebürge verfolgt wurde, wo er verschiedene Tage herum irrte, hatte tausend Gefahren auszustehen, bis er sich wieder einschiffen konnte. Gleichwol beunruhigte diese Diversion die Engländer, welche einen Theil ihrer in Flandern stehenden Völker abriefen, und nöthigte die Holländer, ihnen die tractatenmäßige Hülfe von sechs tausend Mann zu geben. Im Jahr 1759 hatten die Franzosen eine große Flotte ausgerüstet, und alle nöthige Anstalten zu einer Landung auf den englischen Küsten gemacht. Sie schmeichelten sich, London zu schrecken, wie Scipio Karthago geschrecket hatte; allein sie waren nicht so glücklich. Die Flotte, welche die Landungstruppen begleiten sollte, wurde auf den britanischen Küsten geschlagen (a). Viele Schiffe wurden zu Grunde gebohrt, andere flüchteten sich in die Mündung der Vilaine, wo sie strandeten, und alle diese großen Anschläge verschwanden.

Wer auf dem festen Lande Diversionen machen will, sagt Machiavel, dessen eigenes Gebiete muß besser befestigt *Art. de la guerre, Liv. 5.*

(a) Meer und Winde stritten bey dieser Gelegenheit noch heftiger gegen die Franzosen als die Feinde, welche ebenfalls vieles zu leiden hatten. Die französischen Schiffe lagen an einem zu nachtheiligen Orte, als daß sich etwas gutes von ihnen erwarten ließ. Die Wahrheit liebenden Geschichtschreiber mögen den Knoten dieser Begebenheit auflösen, wovon so verschiedentlich gesprochen worden, und ausmachen, ob die Unternehmung nicht zu frühzeitig gewesen.

tigt seyn, als das feindliche, sonst würde er große Gefahr laufen. Wenn man zum Beyspiel in Flandern angegriffen würde, so wäre es wegen der Menge der dasigen Festungen gar leicht, sie mit einer kleinen Armee zu vertheidigen, und so könnte man eine starke Macht nach Deutschland ziehen, das mit festen Plätzen lange nicht so wohl versehen ist, als die Niederlande. Aus gleicher Ursache könnten auch die Feinde nur ein Beobachtungscorps in Brabant halten, und wenn sie vom Herzoge von Savoyen unterstützt wären, mit einer starken Armee durch die Provence in Frankreich einfallen, wie Karl V und nach ihm verschiedene Heerführer gethan haben (a). Die geheimen Verständnisse, so man in einem Lande hat, die Hoffnung auf einen mächtigen Anhang, oder die Gewißheit die Einwohner zu einer Empörung geneigt zu finden, können ebenfalls dergleichen Unternehmungen veranlassen. Wenn man von einem Bundesgenossen Hülfe bekömmt, so thut er es oft nicht sowol aus Freundschaft, als weil er auch auf seiner Seite, die Umstände zu vortheilhaften Unternehmungen günstig findet. Der König in Preußen machte 1744 durch seinen Einfall in Böhmen, eine für Frankreich

(a) Der Prinz Eugen und der Herzog von Savoyen fielen im Jahr 1704 in diese Landschaft ein, wo sie die Stadt Toulon vergebens belagerten. Nachdem die Alliirten im Jahr 1746 die Franzosen aus Italien getrieben, bemeisterten sich die Engländer der St. Margarethen-Insel, mittlerweile daß die Landarmee über den Varo gieng, Antibes belagerte, und bis an den Fluß Argens vorrückte. Als aber eine Verstärkung aus Flandern ankam, nöthigte der Marschall von Belleisle die Feinde zum Rückzuge.

reich erwünschte Diversion, welche den Prinzen Carl, der über den Rhein gezogen und ins Elsaß eingefallen war, nöthigte, sich zurück zu ziehen, um die Staaten der Königinn von Ungarn zu decken. Die Preußen machten sich die Entfernung der östreichischen Truppen zu Nutze, und erhielten verschiedene Vortheile, wodurch zugleich die Franzosen Luft bekamen.

Besondere Diversionen sind solche, die nicht außer dem Lande geschehen, welches der Schauplatz des Krieges ist. Sie mögen nun gleich zum ersten Entwurfe gehören, oder während dem Feldzuge beschlossen werden. Im letzten Falle rühren sie oft unmittelbar von dem General her, der wenn er freye Macht hat, die Gelegenheit ergreift, einen schönen Anschlag, der sich nicht aufschieben läßt, schleunig ins Werk zu setzen.

Als Epaminondas bey Mantinäa gelagert war, vernahm er, daß die Armee der Lacedämonier und ihrer Bundesgenossen unter den Befehlen des Agis das Land der Tegeaten verheerte. Da er dieses nicht hindern konnte, gieng er gerade auf Sparta los, in der Hoffnung diese Stadt entblößt zu finden. Agesilaus, der darinn zurück geblieben, ließ alles was Gewehr tragen konnte, selbst die Greise bewaffnen, und die Stadt welche unbemauert war, mit einer Wagenburg umschließen. Epaminondas erschien, gieng an der Spitze seines Fußvolks über den Eurotas, und griff die Verschanzung an. Allein zu gleicher Zeit eilte Agis, dem die Thebaner ihren Marsch nicht lange verbergen konnten, auf einer andern Seite herbey. Epaminondas wurde genöthigt seine Unternehmung aufzugeben, und

Xenophon Buch 7.

lehrte

kehrte nach Mantinea zurück, wo er bald darauf eine Schlacht lieferte.

Als im zweyten punischen Kriege die Römer Capua belagerten, versuchte es Hannibal verschiedene mal einen Entsatz in die Stadt zu werfen, oder die feindlichen Posten zu überwältigen. Da ihm alle seine Bemühungen fehl schlugen, faßte er den Entschluß nach Rom zu marschieren, welches, wie er wohl wußte, von der zu einer Vertheidigung nöthigen Macht entblößt war.

Livius, Dec. 3. Buch 6.

Er sandte einen Kundschafter aus, um den Campaniern sein Vorhaben zu hinterbringen, aus Furcht, sie möchten beym Anblicke seines Rückzugs auf die Gedanken kommen, er wolle sie verlassen. Er ließ verschiedene eroberte Schiffe bis Casilinum den Vulturn hinauffahren, um vermittelst derselben über diesen Fluß zu setzen. Bey einfallender Nacht brach er auf, richtete seinen Weg nach Rom, und langte am achten Tage vor dieser Hauptstadt an. Die beyden Feldherren Appius Claudius, und Q. Fulvius Flaccus, welche vor Capua lagen, hatten Hannibals Marschanstalten von Ueberläufern erfahren, und den Senat davon benachrichtigt, damit er für die Sicherheit der Stadt sorgen, und ihnen weitere Verhaltungsbefehle senden möchte. Einige wollten, die ganze Belagerungsarmee sollte Rom zu Hülfe eilen. Die andern, welche weit mehr Einsicht besaßen, und wohl erkannten, daß dieser Schritt Hannibals, blos auf die Befreyung von Capua abzielte, waren der Meynung, man müßte die Beute nicht fahren lassen. Ein einziges Rathglied schlug einen Mittelweg vor, dem die ganze Versammlung beypflichtete:

Man

Man möchte nemlich den beyden Proconsuln freye Hände lassen alles zu thun, was sie für die Wohlfahrt und den Ruhm des Staates am dienlichsten halten würden. Auf diese Antwort beschloßen sie, daß Appius die Belagerung fortsetzen, und sein Amtsgehülfe indessen mit funfzehn tausend Mann zu Fuß und zwey tausend zu Pferde Rom zu Hülfe eilen solle. Dieser gieng kurz nach Hannibal, auf Flößen über den Vulturn, und da er in gleicher Höhe neben ihm her zog, rückte er durch das capenische Thor zu eben der Zeit in die Stadt, da Hannibal acht Meilen von ihren Mauern sein Lager schlug (a). Furcht und Verwirrung waren allgemein; das Volk war bestürzt, und die Menge der Landleute, die sich mit ihrem Vieh hinein geflüchtet hatten, verursachten mit den Bewegungen der Truppen ein grauenvolles Getümmel. Doch verleugnete, der drohenden Gefahr ungeachtet, sich die römische Standhaftigkeit nicht; die Obrigkeiten setzten ihre Amtsverrichtungen fort, jeder gieng seinen Geschäften nach, und was am meisten zu bewundern ist, so wurde nicht einmal die Absendung der Rekruten nach Spanien verschoben.

Indessen hatte Hannibal sich Rom bis auf drey Meilen genähert, und am Anio gelagert. Er gieng mit zwey tausend Reutern über den Fluß, und besichtigte die Stadtmauern. Fulvius, der zwischen dem colinischen

(a) Der römische Senat betrug sich in diesem Falle mit weit mehr Bescheidenheit und Einsicht, als manche Minister, die in einer Entfernung von hundert Meilen, einer Armee ihre Märsche vorzeichnen, und ihre Unternehmungen lenken wollten.

colinischen und esquilinischen Thore gelagert war, sandte ihm seine Reuterey und leichte Fußvölker entgegen, welche ihn zum Rückzuge brachten. Des folgenden Tages gieng er über den Anio und bot ein Treffen an, welches die zween Burgermeister und Fulvius nicht ausschlugen. Als aber in eben dem Augenblick sich ein so starkes Gewitter erhob, daß der Soldat sein Gewehr kaum halten konnte, so zogen sich beyde Theile in ihr Lager. Livius, der überall Wundergeschichten einmenget, sagt, es habe sich am folgenden Tage ein gleiches zugetragen, worauf Hannibal auf die Gedanken gerathen sey, daß die Götter sich seinem Vorhaben widersetzten. Eine zuverläßigere Ursache des Erstaunens fand er in der Entschlossenheit der Römer, welche nicht wenig zu seinem Entschlusse beytrug, über den Anio zurück zu gehen, und sich sechs Meilen von der Stadt zu entfernen (a). Von dannen durchzog er das Land der Samniter, Marser, Brutier, und kam bis nach Rhegium, am untersten Ende Italiens. Fulvius kehrte vor die Stadt Capua zurück, welche sich ergab, weil sie aufs äußerste gebracht war, und keinen Entsatz mehr hoffen konnte.

Diese Heeresbewegung ist eine der berühmtesten aus dem Alterthum, aber nicht so schön, als sie gewesen wäre,

―――――――――――――――――――――

(a) Das Schlachtfeld lag am Fuße der Stadtmauer, und war mit Häusern, Gärten und Gräben durchschnitten. Hannibal der weniger Infanterie hatte als die Römer, sah mit großem Verdrusse, daß es gefährlich für ihn wäre, das Treffen dieselbst anzufangen. Dieses ist der wahre Bewegungsgrund seines Rückzugs, den die Geschichtschreiber für ein Wunder ausgegeben haben.

wäre, wenn Hannibal mehr List gebraucht hätte. Er hätte sich nur so stellen können, als ob er auf Rom los gienge, und auf die Nachricht von dem Marsche der Römer umkehren sollen, mittlerweile daß sie ihren Weg fortgesetzt hätten: So würde er ihre entblößten Linien leicht ersliegen, und Capua gerettet haben. Die zahl-reichen Schaaren seiner leichten Cavallerie hätten seine Bewegungen decken, und die an der Spitze, auf dem Rücken und auf den Flanken marschierende Numidier die römischen Ausspäher abhalten müssen, seinen Marsch zu verkundschaften. Er hätte auch ein Corps Reuterey auf dem Wege nach Rom zurück lassen können, um die Einwohner des Landes zu betrügen, wovon immer einer voran lief, der den Marsch der Karthaginenser verrieth, sobald man die Spitze ihrer Armee wahrnahm. Die Schwierigkeiten welche Hannibal bey allen Pässen antraf, hätten ihn ebenfalls begünstigen können. Er wurde einen ganzen Tag zu Fregelld aufgehalten, wo er sich mit Abfütterung und Plünderung des Landes beschäftigte. Die Hindernisse vermehreten sich für ihn, weil die Landleute alle Brücken zerrissen, die Wege verdorben, und die Einwohner der wehrhaftesten Städte sich in ihre Mauern verschlossen hielten, welches ihn zu zwey oder drey Umschweifen nöthigte. Den Römern hingegen wurde der Weg durch die Sorgfalt abgekürzt, womit man ihnen auf der Stelle Futter und Proviant lieferte. Da sie mit vieler Eilfertigkeit marschierten, und die Hindernisse wußten, die den Feind erwarteten, so würde sein Zurückbleiben sie gar nicht befremdet haben; sie hätten ihren Marsch fortgesetzt, und ehe sie hinter die Wahrheit gekommen wären, hätte Hannibal

einen

einen oder zween Tage gewinnen können, welche zur
Ausführung des obermähnten Anschlags hinreichten.
Die größte Schwierigkeit wäre mit dem Rückzug über
den Vulturn verknüpft gewesen: Allein statt seine Schiffe
zu verbrennen hätte er sie unter einer guten Wache zurück lassen können, und Fulvius, der aus Mangel einer
Brücke auf Flößen hinüber gieng, wäre an diesem Orte
wenigstens eben so lang als er aufgehalten worden. Die
Römer begiengen einen Fehler, daß sie nicht gleich anfangs eine wohlverwahrte Brücke über diesen Fluß
baueten, der hart an ihrem Lager vorbey floß (a).
Sie hatten sich sogar Casilinum entreißen lassen, welches ein Paß zu ihren Vorrathsniederlagen war, so daß
ihnen keine andere Gemeinschaft mit Rom übrig blieb,
als über Puteoli, und die Schanze welche sie an dem
Ausflusse des Vulturns angelegt hatten (b).

Zweyter

(a) Capua lag in gleicher Entfernung von dem Vulturn,
an dessen linken Ufer. Die Schiffe auf denen Hannibal
hinüber gieng, waren vermuthlich diejenigen, welche die
Römer zur Gemeinschaft mit dem andern Ufer gebrauchet,
und die Karthaginenser hinweg genommen hatten.

(b) Die Alten kannten wie wir, den Gebrauch der Brücken, welche aus quergestellten, und mit Bohlen verbundenen Schiffen bestehen. Die Legionen führten Kähne mit
sich, die aus einem einzigen Stamme gehauen, und zu
Brücken bestimmt waren. Diese dienten ohne Zweifel nur
bey kleinen Flüssen; denn wir finden, daß sie öfters Flöße
gebrauchten, welche zusammen gehauet, und an beyden Ufern befestigt wurden. Hannibal schiffte in kleinen
Kähnen über den Rhodan: Jeder Fußknecht hatte einen
für

*Degey,
Buch 3.
Cap. 4.*

Zweyter Abschnitt.
Von den combinierten Märschen. Wie man dem Feinde zuvor kommen, und ihn in eine nachtheilige Lage bringen kann.

Es ist weit leichter, diese Materie durch Beyspiele zu erläutern, als Vorschriften davon zu geben. Alles kömmt auf die Einsichten des Generals, und auf die Hurtigkeit an, womit er sich die günstigen Umstände zu Nutze macht. Es ist aber nicht genug, daß er ihnen auswarte, und im ereignenden Falle sie ergreife; er muß sie zu veranlassen wissen. Niemand ist an dergleichen Anschlägen fruchtbarer und geschickter gewesen seinen Feind in Verlegenheit zu setzen, als Sertorius. Da Metellus mit aller seiner Erfahrung und Geschicklichkeit nichts gegen ihn ausrichten konnte, trug der römische

für sich und sein Gepäcke. Die schwere Reuterey gieng in Schiffen hinüber und ließ die Pferde neben her schwimmen. Das Corps des Hanno, welches acht Meilen weiter oben hinüber gieng, gebrauchte Ruderflöße, die spanischen Fußknechte ausgenommen, welche gewohnt waren, sich mit dem Bauche auf ihre Schilde zu legen, die von zween aufgeblasenen Schläuchen worauf sie ihr Geräthe banden, über dem Wasser gehalten wurden. Die Alten sahen sich dießfalls weniger vor als wir, die wir immer einen Zug Pontons nachführen, um den Mangel der Schiffe zu ersetzen. Dieses kam daher, weil sie überall Bauholz zu großen Flößen antrafen, und gewohnt waren, auf aufgeblasenen Häuten hinüber zu schwimmen. S. die Anmerkungen zu dem Uebergange des Hydaspes. Theil 2. Hauptst. 10. *Livius Dec. 3. Buch 1.*

römische Senat dem Pompejus auf, ihn zum Gehorsam zu bringen. Voll Stolzes über das beständige Glück, das unter Sylla seine Unternehmungen begleitet, schmeichelte dieser sich dem Kriege bald ein Ende zu machen; er sah aber gleich anfangs, daß er sich in seiner Rechnung betrogen hatte. Er machte keine Bewegung, ohne daß man ihm zuvor kam; immer fand er sein Ziel verrückt, und gerieth oft so sehr ins Gedränge, daß er es für ein Glück schätzte, wenn er sich ohne beträchtlichen Verlust los wickeln konnte. Eines Tages näherte er sich einer Stadt, welche Sertorius belagerte; er glaubte, daß er vermöge seiner genommenen Stellung die Feinde zwischen seiner Armee und dem Platz eingeschlossen hielte: Dieses berichtete er den Einwohnern, um sie aufzumuntern, und rühmte sich, daß er ihm nicht entwischen könne; er ward aber sehr bestürzt, als er plötzlich auf einigen hinter ihm liegenden Anhöhen sechs tausend Mann erblickte, welche ihn selbst eingeschlossen hielten, und ihm bey der geringsten Bewegung die er gegen die Belagerer machen würde, mit einem Angriffe drohten. „Ich will, sagte Sertorius, diesen „Schüler des Sylla lehren, daß ein General eher rück„wärts als vor sich sehen soll."

Plutarch Sertorius.

Der Feldzug des Cäsars in Katalonien ist eines der schönsten Muster von jenen geschickten Manövern, wodurch man oft seinen Feind ohne Schwerdtstreich bezwinget. Affranius und Petrejus, die dem Pompejus anhiengen, hatten ihre Armee auf der Segre unweit Lerida versammelt, welches ihnen zugehörte. Cäsar der diesen Krieg zu endigen wünschte, bevor er den Pom-

Sicanis.

Pompejus in Griechenland aufsuchen wollte, ließ den Fabius mit drey Legionen, sechs tausend Mann Hülfs-Infanterie und eben so viel nichst gallischen Reutern gegen sie marschirren. Als noch drey andere Legionen dazu gestoßen, lagerte sich die Armee auf dem rechten Ufer der Segre, über welche in einer Entfernung von vier Meilen zwo Brücken geschlagen wurden, damit sie gleich der pompejanischen, auch auf jener Seite Futter holen konnte. Bald darauf kam Cäsar unter einer Begleitung von neun hundert Pferden an, und ließ eine der Brücken herstellen, welche die Gewalt des Stroms weggeflößt hatte. Er besetzte sie mit einer Wache, und gieng in drey Linien gerade auf die Feinde los, um ihnen ein Treffen anzubieten. Da sie ihren Posten nicht verlassen wollten, so lagerte und verschanzte sich Cäsar vierhundert Schritte von dem Hügel, wo sie stunden. Vermöge dieser Stellung befand er sich in einer Ebene von zehn Meilen zwischen zween Flüssen, nämlich der Segre auf der Linken, und der Cinca zur Rechten, welcher letztere sich unterhalb Lerida in die Segre wirft. Da beyde durch den geschmolzenen Schnee anliefen, so wurden die zwo Brücken über die Segre weggeschwemmt, welches ihn in die größte Verlegenheit setzte. Er konnte aus den jenseitigen Gegenden keine Lebensmittel mehr ziehen, und seine Fouragierer durften sich nicht entfernen, ohne von den spanischen leichten Truppen angegriffen zu werden, welche das Land weit besser als sie kannten. Die Armee des Afranius hingegen befand sich im Ueberflusse, weil die Lebensmittel nicht nur in Lerida gehäuft lagen, sondern ihr auch täglich über die Segre zugeführt wurden.

III. Theil. S In-

Indessen ward eine starke für den Cäsar bestimmte Zufuhr am Ufer dieses Flusses aufgehalten, und bald hernach von den Feinden angegriffen. Es waren rutenische Bogenschützen (†) und gallische Reuter dabey, welche lange genug Stand hielten, um den Wagen und dem Trosse Zeit zu geben, sich auf eine Anhöhe zurück zu ziehen, so daß nur sehr wenig verlohren giengen. Cäsar ließ eiligst kleine Weiden-Schiffe flechten, wie mit Leder überzogen, und auf Wagen sieben Meilen von seinem Lager an den Ort gebracht wurden, wo er eine Brücke schlagen wollte. Eine Anzahl Soldaten, welche zuerst hinüber setzte, verschanzte sich auf einem kleinen Hügel, der dem Ufer nahe lag. Hiernächst baute man die Brücke, auf welcher die Zufuhr hinüber gieng. Von diesem Augenblick an veränderte sich die Scene, und am nämlichen Tage überfiel die Reuterey des Cäsars die feindlichen Fouragierer, und hieb eine ihrer Cohorten in die Pfanne. Verschiedene Städte, welche bisher keine Parthey ergriffen hatten, schlugen sich zum Cäsar, und sandten ihm eine Menge Lebensmittel. Die zur Ableitung des angelaufenen Wassers aufgeworfene Gräben hatten den Fluß für seine Reuterey furthbar gemacht, welche auf dem ganzen Felde umher streifte, so daß die Feinde nun auch ihrer Seits Mangel litten, und daher den Schluß faßten ihr Lager aufzuheben.

Ihre Absicht war sich jenseits des Ebro zurück zu ziehen, und bey Requlaencia, wo sie die zu einer Brücke nöthi-

---

(†) Aus der heutigen Provinz Rouergne in Frankreich.

nöthigen Schiffe verſammelt hatten, über dieſen Fluß zu gehen. Von dieſem Orte bis Lerida zählte man ſieben Meilen. Sie ließen hieſelbſt eine Beſatzung zurück, giengen über die Segre, und ſtießen zu zwoo Legionen, welche bereits voraus gezogen waren. Cäſar ließ geſchwind ſeine Reuterey hindurch ſetzen um ſie zu zwacken, und ihren Marſch aufzuhalten. Die Infanterie, welche einen ſehr großen Umweg gemacht hätte, wenn ſie auf die Brücken los gegangen wäre, bat um die Erlaubniß, ebenfalls durch den Fluß zu waden. Es kam darauf an, dem Feinde den Weg nach dem Ebro zu kriegen. Ob er gleich um Mitternacht aufgebrochen, die Infanterie des Cäſars aber erſt früh Morgens hinüber gezogen, und immer in drey Schlachtlinien marſchiert war, ſo erreichte ſie ihn dennoch um drey Uhr Nachmittags. Afranius und Petrejus, welche über dieſe Schnelligkeit erſtaunten, machten auf einer Anhöhe halt, wo ſie ſich in Schlachtordnung ſtellten, und Cäſar ließ ſein Heer in der Ebene ausruhen. Als ſie ſich wieder in Marſch ſetzen wollten, folgte er ihnen auf dem Fuße nach, und nöthigte ſie zu campieren. Fünf Meilen hinter ihnen lagen enge Päſſe, die ſie noch am nämlichen Tage hätten beſetzen ſollen; allein von dem Marſch ermüdet, auf welchem unterſchiedene Gefechte vorgefallen waren, verſchoben ſie es ohne Bedacht auf den folgenden Morgen. Beym Anbruche des Tages machte ſich Cäſar auf, und nahm einen Umſchweif nach der Linken, weil die Feinde auf dem geraden Wege waren, welches ſie anfänglich auf die Gedanken brachte, daß er nach Lerida zurück kehrte: Als ſie aber die Spitze ſeiner Truppen ſich rechts ſchwenken, und

bereits

bereits über ihr Lager hinaus reichen sahen, so brachen
sie es eilends ab, um ihm zuvor zu kommen.

Der Umschweif den er machte, und die ungebähnten
Wege durch die er ziehen mußte, hätten ihnen Mittel
verschaffen können, zuerst anzulangen, wenn sie nicht
fast bey jedem Schritte durch seine Reuterey wären
aufgehalten worden, welche sich oft vor die Spitze ihres
Zuges legte, und sie überall umzingelte. Er langte
also zuerst an, und stellte sich in einer Ebene vor den
Gässen in Schlachtordnung. Afranius wollte sich eines
zu seiner Rechten liegenden Berges bemeistern, wo er
mit Zurücklassung seines Trosses den Ebro noch hätte
erreichen können. Er sandte mit größter Schnelligkeit
vier spanische Cohorten dahin ab, welche auf ihrem
Wege durch die Ebene von der Reuterey eingeschlossen
und niedergesäbelt wurden. Dieser im Angesichte der
beyden Armeen erlittene Verlust, benahm den Pompe-
janern das Herz, und machte die Soldaten des Cäsars
so muthig, daß sie inständig um Erlaubniß baten, den
Feind auf der Stelle anzugreifen. Er antwortete ihnen,
das Blut so vieler tapfern Leute sey ihm zu köstbar,
als daß er es bey dieser Gelegenheit vergießen sollte, da
er einen wohlfeilern Sieg zu erhalten hoffte. Er bemächtigte sich aller Anhöhen, und verlegte alle Wege,
die nach dem Ebro führten. Umsonst versuchten es
Afranius und Petrejus nach Lerida zurück zu kehren.
Er hielt sie immer durch seine Reuterey in den Schranken, und folgte ihnen mit seiner übrigen Armee so dichte
nach, daß sie keine Meile gewinnen konnten, ohne genöthigt zu seyn, halt zu machen. Cäsar schnitt ihnen
nach

nach und nach das Wasser, das Holz und das Futter ab. In dieser äußersten Verlegenheit suchten sie sich der Segre zu nähern, um hindurch zu setzen; allein er hatte bereits einen Theil seiner Cavallerie, und verschiedene leichte Cohorten, auf dem jenseitigen Ufer stehen. Nun wünschten die Soldaten dieser Armee, welche abgemattet, muthlos und überdas durch die geheimen Unterhändler des Cäsars aufgewiegelt waren, nichts mehr als zu capituliren, und sich zu ergeben. Als Afranius, der sich anfangs darwider gesetzt hatte, keinen Ausweg mehr, sah, willigte er endlich darein, und dieser Handel endigte sich mit der Entlassung aller Truppen der pompejanischen Parthey in Spanien.

Nichts ist ergötzender als die genaue Betrachtung aller dieser Bewegungen des Cäsars und seines bewundernswürdigen Verhaltens, wovon ich hier nur einen Auszug liefere. Wer aus seinen Commentarien einen wahren Nutzen schöpfen will, der muß sie mit Aufmerksamkeit lesen, und ihm Schritt vor Schritt auf einer umständlichen Karte folgen. Obgleich dieser höhere Theil der Kriegskunst sich, wie gesagt, nicht wohl in Regeln bringen läßt, so kann man doch Beobachtungen darüber anstellen, aus welchen unveränderliche Lehrsätze für alle Fälle herfließen. Zuvorderst muß man die Hauptabsicht des Feindes kennen, um nicht durch seine Blendwerke getäuscht zu werden; man muß nicht von dem vornehmsten Gegenstande abweichen, ohne jedoch die andern wichtigsten Theile außer acht zu lassen, welche ihm Hülfsmittel an die Hand geben könnten; man muß sich in ein Gleichmaaß mit ihm setzen, und wohl zuseben) daß man es nicht verliere; endlich muß man allezeit im Stande seyn ihm zuvor zu kommen, er mag nun auf die eine oder andere Seite marschieren.

Als die Deutschen im Christmonat 1674 aus ihren elsassischen Winterquartieren vertrieben worden, faßte der Feldmarschall Montecuculi den Vorsatz; im folgenden Frühling in diese Provinz zurückzukehren, und trat daher mit dem straßburger Magistrat, wegen des Durchzuges in Unterhandlung. Turenne der die geheimen Ränke des kaiserlichen Feldherrn errieth, versammelte bey Zeiten seine Truppen, die in Lothringen überwintert hatten, und näherte sich der Stadt Straßburg, welches den Magistrat bewog die Neutralität beyzubehalten. Da Montecuculi sah, daß Turenne ihm zuvorgekommen, suchte er ihn aus der Nachbarschaft dieser Stadt wegzulocken, indem er Miene machte Philippsburg zu belagern. Allein der französische General verließ sein Lager bey Oschenheim nicht, sondern rückte blos mit einem Corps Cavallerie und Dragoner bis nach Hagenau, von wannen er die Besatzung von Philippsburg verstärkte. Einige Tage hernach gieng er bey Ottenheim vier Stunden oberhalb Straßburg über den Rhein, und lagerte sich bey Willstätt zwischen der Schutter und Kintig. Hierdurch verlohr Montecuculi seine Gemeinschaft mit Straßburg, wo er das Baugeräthe und einige Magazine hatte. In meinen Augen ist es ein sehr großer Fehler, daß er nicht nahe genug geblieben, um diese Bewegung zu hintertreiben. Sobald er den Bau ihrer Brücke erfuhr, kam er zurück, und da er den Posten von Willstätt

besetzt

beſetzt fand, nahm er bey Offenburg ſein Lager. Auf ſeiner Seite war die Begierde die verlohrne Gemeinſchaft wieder zu gewinnen, und auf der andern das Beſtreben es zu hindern, der Grund alle der ſchönen Bewegungen, die während dem Reſte dieſes Feldzugs in Deutſchland vorgiengen. Die zu Offenburg poſtierten Feinde ſtunden der Ottenheimer Brücke näher als die franzöſiſche Armee; allein die Wege waren ſehr rauh, und an manchen Orten überaus enge; dahingegen der Marſchall von Turenne längs dem Rheine durch das flache Feld marſchiren konnte. Er ließ die Wege noch weiter öffnen, um ſeinen Marſch zu beſchleunigen und zu erleichtern. Der Hr. von Lorges wurde mit acht Bataillonen und drey Cavalleriebrigaden zu Altenheim in gleicher Entfernung von dem Lager und der Brücke poſtiert. Dieſes Corps konnte die Truppen unterſtützen, welche die Brückenſchanze bewachten, oder nach den Wegenaen marſchieren, um die Feinde aufzuhalten, und die Hauptarmee hätte gar leicht dem Hn. von Lorges die Hand geboten, wenn das ganze kayſerliche Heer auf dieſe Seite gefallen wäre. Montecuculi ſchien in der That dieſe Abſicht zu haben; allein ſein eigentlicher Zweck war, das Lager bey Willſtät wo möglich wieder einzunehmen. Der Marſchall von Turenne verließ es nicht, bis er gewiß verſichert war, daß die ganze feindliche Armee nach dem Breisgau marſchierte. Sie machte zu Lahr an der Schutter halt, und Turenne poſtierte ſich ſo, daß er nach Maaßgabe ihrer Bewegungen entweder ſeine Brücke decken oder nach Willſtätt zurück kehren konnte. Der Reſt dieſes ſchönen Feldzugs, der ſich unglücklicher weis mit dem Tode

des

des Turenne in eben dem Augenblicke endigte, da er seinen Feind in einem sehr nachtheiligen Posten gleichsam gefangen hielt, ist in den Memoires dieses großen Mannes nachzulesen, die ich hier blos abschreiben müßte.

Wenn man dem Feinde an einem Orte zuvorkommen, oder ihm die Gemeinschaft abschneiden will, und einen weitern Weg zu machen hat, als er, so muß entweder die Straße bequemer seyn, oder seine Aufmerksamkeit auf einen andern Punkt gelockt werden; man muß ihm seinen Aufbruch verbergen, um einen Vorsprung zu gewinnen, oder auch genug Cavallerie haben, um ihn zu beunruhigen und seinen Marsch aufzuhalten, oder es muß endlich ein Corps Truppen ihm den Durchzug einer Wegenge verlegen können. In allen Fällen müssen die Bewegungen mit der größern und mindern Gemächlichkeit der Wege, mit den Mitteln wodurch man die Feinde aufhalten, und mit denen wodurch man seine Schnelligkeit vermehren kann, verglichen werden. Wenn man in gleicher Höhe marschiert, und beyde Theile einen Paß erreichen wollen, wird derjenige, der ihn zuerst besetzen läßt, desselben gewiß seyn; weil der andere sich nicht mehr getrauen wird, in Gegenwart des heraneilenden Heeres darauf los zu gehen. Ist es aber ein Fluß, der eine Fuhrt oder eine Brücke hat, so wagt ein kluger General, wenn er auch davon Meister ist, dennoch vor einer feindlichen Armee, den Uebergang nicht. Treibt ihm die Noth dazu, so thut er es wenigstens nicht ohne die sorgfältigsten Vorsichtsanstalten, wovon ich bereits geredet habe.

Wenn zwey Heere sich wechselseitig also beobachten, daß eines in einer gewissen Entfernung neben dem andern

dern herziehet, um einigen Vortheil über seinen Feind
zu erhalten, als zum Beyspiel, sich eines wichtigen Postens zu bemächtigen, zuerst in eine Landschaft einzurücken, oder sich mit andern Truppen zu vereinigen, so
kann die Beschaffenheit des Erdreichs allein anzeigen,
was zu thun ist. Jeder Tag gibt neue Mittel, neue
Maaßregeln an die Hand. Die Märsche des Herzogs
von Lothringen und des Marschalls von Crequy im
Jahr 1677 stellen eine der schönsten und lehrreichsten
Scenen dar, so man auf irgend einem Kriegsschauplatze
gesehen hat. Der Herzog hatte seine Armee bey Trier
versammelt, und der Marschall hielt seine Truppen an
der Nied und Seille bereit, sich bey der ersten feindlichen Bewegung zu vereinigen. Die Absicht des Herzogs von Lothringen war, wie aus dem vorigen Hauptstück erhellet, einige Plätze der bey Bisthümer anzupacken,
oder den Eingang ins Elsaß über Lemy und Lützelstein zu
gewinnen, oder sich gegen Mousson zu ziehen, und
über die Maas zu gehen. Nachdem er Sagebrücken
erobert, näherte er sich dem Marschall von Crequy,
der seine Armee zu Coligny an der deutschen Nied versammelt hatte. Dieser entwich über die Seille, nicht
um den Uebergang derselben zu vertheidigen, sondern
um alsda zwischen Menils und Pont a Mousson eine
gute Stellung zu nehmen. Hierdurch vereitelte er die
feindlichen Absichten auf Dieuse, Marsal und Pfalzburg;
er folgte ihnen sodann als sie über die Mosel giengen,
um sich nach der Maas zu ziehen. Da der Herzog von
Lothringen auf dieser Seite seinen Zweck nicht erreichen
konnte, faßte er wieder den Anschlag ins Elsaß einzufallen; er ward aber genöthigt über die Saar, und

über

über Kaiserslautern und Zweybrücken den Weg nach Philippsburg zu nehmen, indem der Marschall von Crequy beständig in gleichem Maaße mit ihm marschierte. Hiedurch bekam der französische General die Freyheit über Zabern ins Elsaß einzurücken, und sich gegen Straßburg zu ziehen. Als er hierauf bey Rheinau über den Rhein gegangen, näherte er sich Willstätt, wo der Herzog von Sachsen-Eisenach, den der Hr. von Monclar begleitete, sich zu gleicher Zeit postieren wollte. Dieser Prinz hatte während den Bewegungen der beyden Hauptarmeen dem Hrn. von Monclar im Elsaß die Spitze geboten. Er zog sich aus der Gegend Breisach vor ihm zurück, um Offenburg zu decken, und wieder zu dem Herzoge von Lothringen zu stoßen.

Obgleich ein Theil der Armee des Marschalls noch zurück blieb, so drang er dennoch über die Kinzig, und der Herzog von Eisenach war genöthigt, sich auf eine zwischen Straßburg und der Vestung Kehl gelegene Insel zu werfen. Da der Magistrat von Straßburg ihm den Durchmarsch hätte verstatten können, und er hierdurch wieder ins Elsaß gekommen wäre, so bewilligte ihm der Marschall von Crequy einen freyen Abzug, und gab ihm einen Paß, um zum Herzoge von Lothringen zu stoßen, der noch weit entfernt war. Man kann alle Märsche und Lagerungen dieses schönen Feldzugs in dem Werke des Hrn. la Rosiere nachlesen, welches 1764 heraus gekommen ist.

Der italiänische Feldzug von 1705 zwischen dem Herzog von Vendome, und dem Prinzen Eugen, liefert sowol als der folgende, wo dieser Prinz so schöne Märsche that, um zum Herzog von Savoyen zu stoßen, und

und die Stadt Turin zu entsetzen, zwey der schönsten Kriegsgemälde, die zu finden sind. Durch das Lesen und Ueberdenken solcher Geschichten, werden die großen Feldherren gebildet.

Dritter Abschnitt.
Von den verborgenen Märschen und andern Bewegungen, besonders denen, welche die Berennung fester Plätze betreffen.

Wenn man seinen Marsch verbergen will, so deckt man ihn mit einem Corps Reuterey, und mit einer Menge leichter Truppen, welche die Partheyen des Feindes entfernt halten. Steht das Lager in seinem Gesichte, so kann man nicht wohl des Tages aufbrechen; denn wenn man auch die Zelte aufgeschlagen läßt, so wird er doch die Bewegungen der Truppen entdecken, oder sie aus dem aufsteigenden Staube und andern Merkmaalen errathen. Ueberdieses würde die Armee Gefahr laufen ihre Zelte zu verlieren, es sey denn, daß sie durch einen Fluß von der feindlichen getrennet wäre, wodurch der Nachtrab Zeit bekommen würde, sich zurück zu ziehen. Es ist immer besser, wenn man bey voller Nacht aufbricht, und die Feuer fortbrennen läßt; nur muß man dafür sorgen, daß sie nach und nach in der Stunde ausgelöscht werden, da die Soldaten schlafen sollen, und nur diejenigen brennen lassen, welche für die Wachen und Nachtcommandos bivouaquiren zu dienen scheinen; sonst würde es ein gezwungenes Ansehen bekommen, woraus der Feind Argwohn schöpfen könnte (a). Wenn die Nächte kurz sind, und von dem Gewinn einiger Stunden vieles abhängt, so kann man einen Theil der Zelte aufgeschlagen lassen, und also richten, daß das Lager vollständig scheint. Man läßt ein ansehnliches Commando, samt allen voraus postirten leichten Truppen, und einer Anzahl Tambours zurück, welche zu gewöhnlicher Zeit die Reveille und Vergaderung schlagen müssen (b). Ist die Sache beym

---

(a) Dennoch muß man die Winterszeit und die Fälle ausnehmen, wo die ganze Armee die Nacht unter dem freyen Himmel zubringt, weil es alsdann natürlich ist, daß die Feuer auch die ganze Nacht fortbrennen.

(b) Wenn das Lager auf einem flachen Erdreich steht, und von einer Anhöhe übersehen werden kann, so darf man nicht weniger als den Drittel der Zelte und Gewehr-Pyramiden stehen lassen. Die Zelte jedes Bataillons müssen um den vierten Theil näher zusammen gerückt, die Breite der Gassen um einen guten Drittheil vergrößert, oder die Zwischenräume von einem Zelte zum andern verdoppelt werden. Diese Verminderung wird in einer gewissen Entfernung unmerklich seyn. Bisweilen ist das Erdreich so beschaffen, daß der Feind nur die Fronte des Lagers erblicket. In diesem Fall kann man ihn durch die Beybehaltung eines blosen Fünftheils der Zelte hintergehen. Je tiefer oder je schmäler das Lager ist, desto eher wird diese List gelingen, weil es weit leichter seyn wird, die Fronte zu besetzen, und die Tiefe zu vermindern, ohne daß es ins Auge fällt. Die römischen Lager hatten diesen Vortheil, wovon man ein erstaunenswürdiges Beyspiel in

beym Anbruche des Tages dem Feinde noch nicht ver-
kundschaftet, so kann er noch einige Zeit im Irrthume
bleiben. Sobald er aber Bericht hat, welches die in
seinem Lager vorgehenden Bewegungen lehren, so muß
man eilends die Zelte abbrechen, die Posten zurückziehen, und sich ungesäumt entfernen. Um dieses Manövre zu versichern, und den leichten Truppen sowol
als der Reuterey zu entwischen, welche sich alsbald in
Marsch setzen werden, muß man im Rücken einige
Walbungen oder Wegengen haben, die sich vor ihrer
Ankunft erreichen lassen. Der Gebrauch die Vorwa-
chen aus leichten Truppen zu formieren, kann diese
Anstalt noch mehr begünstigen; sie ziehen sich leicht zurück, und sind ihrer Natur nach geschickt die Märsche
zu decken. Wenn die Wachen aus schwerer Infanterie
und Kürassiers bestünden, so würde man sie beym Aufbruche

in dem Marsche des C. Nero findet, als er zu seinem
Amtsgehülfen stieß, der dem Asdrubal die Spitze bot.
Hannibal erfuhr dessen Aufbruch und Rückkunft sowol
als die Niederlage seines Bruders bloß durch den Kopf
dieses leztern, der in sein Lager geworfen wurde. Der
Consul hatte bey seinem Abmarsch befohlen, daß man die
nämlichen Wachen ausstellen, die vorige Anzahl Feuer
machen, und dem Lager seine völlige Form lassen sollte.
Exdem Rationes essent, vigiliæ æque agerentur, totidem Frontin,
ignes arderent, Ademque facies castrorum servaretur. Buch L.
Die große Ausdehnung der Linien steht also den schönsten Cap. L.
Unternehmungen überall im Wege. Je mehr ich in der Nro. 9.
Auslegung der Kriegsoperationen fortrücke, desto mehr
werde ich überzeugt, daß die Vollkommenheit in der Kunst
nichts anders als durch die Vermehrung der Tiefe, und
Abkürzung der Fronte erreicht werden kann.

bruche abrufen wollen, um sie keiner Gefahr auszusetzen. Dieses würde der Feind erfahren, und alsbald seine Maaßregeln darnach nehmen.

Im Jahr 1760 war der Prinz Ferdinand zwischen der Fulda, Dymel und Weser gelagert, und besetzte Cassel, wo er ein verschanztes Lager hatte. Der Marschall von Broglio war gegen Zierenberg vorgerückt, und sandte den Herrn de Muid mit einem Corps von achtzehn tausend Mann ab, um Warburg zu besetzen, und sich dieses Passes zu versichern. Seine Absicht war Cassel wegzunehmen; dann über die Dymel zu gehen, und die Feinde zu nöthigen, jenseits der Weser zurück zu ziehen. Der Prinz Ferdinand der die Nothwendigkeit ihm vorzukommen gar wohl einsah, gieng vermittelst eines geheimen Marsches unterhalb Liebenau über die Dymel, auf deren linken Ufer er dem Herrn de Muid mit einer überlegenen Macht entgegen rückte. Dieser General lehnte seine Rechte an Warburg, und seine linke zog sich nach einer Anhöhe: Da er sie aber nicht besetzen konnte, so war diese Seite entblöst. Der Feind der seine Stellung vollkommen kannte, ließ die Cavallerie und Infanterie seines rechten Flügels in zwo Colonnen marschieren. Indem er sich dieser Flanke näherte, setzte sein linker Flügel durch einen Bach, und gieng gerade auf die französische Fronte los. Hierdurch sah der Hr. de Muid sich genöthiget, seine ganze Stellung zu verändern; er warf drey Infanterie- und zwo Cavallerie-Brigaden auf seine Flanke, um die Anhöhen zu behaupten. Er ließ auch die im Rückhalt stehende Brigade von Rouergue, und die von Touraine, welche

welche zur Bewachung der Brücken bestimmt war, dahin marschierten; so daß bald alles Fußvolk sich auf diese Seite zog. Dem ungeachtet erkannte der französische General wohl, daß seine Stellung zu nachtheilig war, um sich darinn zu halten. Er entschloß sich daher zum Rückzuge, den er in so guter Ordnung und mit so wenigem Verlust vollbrachte, als die Umstände es erlaubten. Es war keine geringe Schwierigkeit im Angesichte des vordringenden Feindes, mit dem er sich herum schlagen mußte, über die Brücken zurück zu gehen. Die Reuterey und Dragoner griffen verschiedene mal mit vielem Nachdruck an: Die an den Ausgängen postirte Infanterie beschützte die Bewegungen des Rückzuges. Dieser Vorfall nöthigte den Marschall von Broglio der nicht Zeit hatte zum Hr. de Muid zu stoßen, seinen Anschlag aufzugeben, und disseits der Dymel in Hessen zu bleiben (a). Dennoch bemächtigte er sich der Stadt Cassel, welche die Feinde verließen.

Wenn ein General Bewegungen macht, um den Feinden entweder, indem er sich zwischen sie und ihre Plätze postiert, oder auch nur ein Corps Truppen dahin wirft, ihre Gemeinschaft abzuschneiden, so muß er sich in Acht nehmen, daß er seine eigene nicht in Gefahr setze, und das vorausgestellte Corps unterstützen könne;

(a) Diejenigen welche das Erdreich gesehen haben, mögen urtheilen, ob eine bessere Stellung möglich gewesen wäre, welche dem Marschall Zeit gegeben hätte, mit der Linken seines Heeres an dieses Corps zu stoßen. Die Kenntniß der Oerter auf der Karte ist zur Entscheidung nicht hinreichend.

könne; sonst wird er genöthiget, sich wider Willen zu schlagen, und der Verlust einer solchen verlohrnen Schlacht ist wegen der Schwierigkeit des Rückzugs allemal eine vollständige Niederlage. Siegt er, so hat er keinen andern Nutzen davon, als daß er sich aus der Schlinge zieht.

Die preußische Armee war im Jahr 1745 zu Staudenz drey Viertel Meilen von Trautenau gelagert. Ihre Rechte lehnte sich an einen lichten Wald, den ein Granadier-Bataillon bewachte; die linke an das Städtchen Eypel, über dem sich Anhöhen befanden, welche diese Flanke beherrschten, und mit Infanterie besetzt wurden, die sich verschanzte. Die Oestreicher näherten sich an dem rechten Ufer der Elbe, und schlugen ihr Lager bey Königshof. Ihre abgesonderten Corps unter den Generalen Nadasti, Desoffi und Trenk hielten die preußische Armee, die beyden ersten zur Rechten und Linken, der letztere von hinten gleichsam eingeschlossen. Der König hatte keine andere Gemeinschaft als über Trautenau und Schatzlar: Der Prinz Carl machte eine Bewegung, die ihm auch noch diesen Weg versperrte. Er ließ seinen Troß, und sein Lager bey Königshof stehen, zog sich des Nachts über Saar und Altenburg und besetzte die Anhöhen auf dem Wege nach Trautenau, so daß er die rechte Flanke der Preußen schräg überflügelte. Wenn die Oestreicher, anstatt sich mit Kanonirung dieses Flügels aufzuhalten, stracks auf denselben los gegangen wären, so hätte der König nicht Zeit gehabt, das bewundernswürdige Manöuvre zu machen, welches er unter dem Donner ihrer Artillerie bewerkstelligte.

ligte (a). Er gewann diese Schlacht durch seine Geschicklichkeit, und durch die große Standhaftigkeit seiner Truppen; er zog aber keinen andern Vortheil daraus, als daß er sich aus einer mißlichen Lage rettete, worinn er blos der Fütterung wegen verharret war.

Die

(a) Der König ließ seinem rechten Cavallerieflügel, mit der Flanke einen halben Zirkel beschreiben, dessen Bogen gegen den Feind gekehrt war. Die Infanterie folgte auf die Reuterey. Durch diese Bewegung kam dieser Flügel dem östreichischen Linken gegen über zu stehen. Er ließ alsbald ihre Reuterey angreifen, deren erste Linie des Vortheils eines höhern Standorts ungeachtet, über den Haufen geworfen wurde. Sie verwirrte die zwote, welche die dritte mit sich fortriß. Die Batterie die sie unterstützte, wurde zu gleicher Zeit angegriffen und weggenommen. Da nun die Flanke der Infanterie entblößt stund, so ward sie von ihrem Posten vertrieben. Der linke Flügel und das Mittelheer, welche der König bisher zurück gelehnet hatte, drangen nun vor, und die auf allen Seiten verfolgten Feinde zogen sich durch die hinter ihnen liegende Wegengen zurück. Der Verfasser des Briefes über diesen Feldzug, *Brief 2.* merket zween Hauptfehler der Oestreicher an, welche sich die Theil 2. zum Augenblicke der Ausführung sehr wohl betragen hatten: Erstlich daß sie sich angreifen ließen, anstatt selber anzugreifen; zweytens daß sie ihren linken Cavallerieflügel nicht genug ausdehnten, welcher in die Flanke gefaßt wurde: Der König hingegen ergriff den einzigen Augenblick der ihm übrig blieb, und wußte ihn, wie der Verfasser des Briefes mit Recht sagt, so wohl zu benutzen daß seine Anordnung ein Meisterstück heißen kann. Er hatte den Generalen Esosti, Trenk und Nadasti abgesonderte Corps entgegen gestellt, so daß seine Armee auf neunzehn tausend Mann geschmolzen war. Die Oestreicher waren vierzig tausend Mann stark.

III. Theil. T

Theil 4.
Haupth. 5

Die Berennung fester Plätze gehöret zu den besondern Diversionen, in sofern man den Feind durch Ablenkung seiner Aufmerksamkeit zur Entblösung der Stadt, die man belagern will, zu vermögen sucht. Dieses geschieht durch allerhand Bewegungen der Truppen, durch ausgestreute Gerüchte, durch verstellte Zurüstungen. Es giebt hievon eine Menge Beyspiele: das folgende aber ist von seltener Art, und verdienet angeführt zu werden. Turenne der die Festung Trino im Herzogthum Montferrat belagern wollte, postierte sich mit seiner Armee vor Alexandria; er ließ an den Linien arbeiten, und sie mit Fleiß durch grosse Lücken unterbrechen. Die Spanier, welche nicht mehr an dieser Belagerung zweifelten, schwächten die Besatzung von Trino, um die von Alexandria zu verstärken, worein sie sich durch die Oeffnungen der Circumvallation warfen; alsbald brach Turenne auf, und belagerte Trino.

Man gebrauchet zur Entsetzung eines Platzes verschiedene Ränke, welche von der Lage des Erdreichs und des Heeres abhängen. Als der Marschall von Villars das albemarlische Corps angreifen wollte, das zur Versicherung der Gemeinschaft mit der Armee des Prinzen Eugen, welcher Landrecy belagerte, bey Denain postiert war, schlug er Brücken über die Sambre, und machte lauter Vorkehrungen, woraus die Feinde schliessen konnten, daß er gesonnen sey mit seinem rechten Flügel aufzubrechen, und die Linien anzufallen. Er ließ allen Couriers und Partheyen, welche von Bouchain und St. Amant aus den Feind hätten benachrichtigen können, durch fliegende Haufen den Weg verlegen. Hierdurch blieb
sein

sein Marsch so geheim, daß er in verschiedenen Colonnen über die Schelde gieng, und die Verschanzungen bey Denain wegnahm, ehe der Prinz Eugen sie entsetzen konnte (a).

Oft werden einem allgemeinen Feldzugsplane Kunstgriffe eingewebet, welche dem obigen gleichen. Man macht auf einer Gränze Zufüllungen: man läßt insgeheim ausstrengen, daß diese Gegend der Schauplatz des Krieges seyn soll; man setzt sogar Truppen in Bewegung um diesen Weg zu nehmen, und plötzlich wirft man sich auf die andere Seite. Man versucht auch, gleich dem Theßland, gedoppelte Ränke. Sie gelingen vornemlich, wenn der Feind ein oder zweymal durch die einfache List betrogen worden.

Band s.
S. 447.

T 2   Ich

(a) Bey der ersten Nachricht so er davon erhielt, begab er sich auf eine Anhöhe, wo er den Marsch der französischen Armee beobachten konnte. Als er sah, daß nicht mehr zu helfen war, biß er aus Verdruß in seinen Handschuh, und befahl die Cavallerie von dem Posten zu Denain zurück zu ziehen. Diese Unternehmung wurde dem Marschall vom Hr. Le Fevre-Dorval, einem Parlamentsrathe von Douay vorgeschlagen, woraus die Möglichkeit erhellet, durch den blosen Beistand grosse Entwürfe auszusinnen; und den Plan davon anzugeben. Wilhig soll die Wissenschaft der höhern Theile des Krieges, den Ministern sowol als den Feldherren bekannt seyn. Diese aber sind allein zur Ausführung geschickt, weil Kenntnisse dazu erfordert werden, welche Erfahrung voraus setzen. Für Minister die in ihren Cabinettern sitzen, ist es lächerlich sich damit abzugeben und nach dieser Ehre zu geizen, wie der Cardinal Mazarin, bey dem Turenne um die Einwilligung bitten ließ, die zur Einnahme von Dünkirchen gemachten Anstalten sich zueignen zu dürfen.

Mem. du Marquis de la Fare.

Ich will dieses Hauptstück mit der wichtigen Anmerkung beschliessen, daß man schlechterdings keine Bewegungen machen soll, ohne sie wohl überdacht zu haben. Sind sie gewagt, so wird man genöthigt, sie abzuändern; dieses verräth eine Ungewißheit, und benimmt den Truppen alles Vertrauen. Als im Jahr 1702 der Prinz von Baden auf der Ebene jenseits Hüningen gelagert war, um den Uebergang des Rheins zu vertheidigen, ließ der Marschall von Villard Granadiers auf die Insel bringen, um die Schanze zu unterstützen, welche an der Brückenspitze aufgeworfen wurde. Er besetzte sie hierauf mit zwey tausend Mann und veranstaltete ein gewaltiges Artilleriefeuer, um die Erbauung der Brücke über den kleinen Rheinarm von der Insel bis an das andere Ufer zu begünstigen. Die Feinde waren in einer Entfernung eines halben Musketenschusses verschanzt, und es wäre eine schreckliche Unternehmung gewesen, vor ihnen zu defiliren; daher *Mem. du* suchte der Marschall eine Diversion zu machen; er trug *Duc de* dem Hrn. von Laubanie auf Neuenburg zu überrum-
Villars. peln, welches fünf Stunden unterhalb Hüningen liegt. Dieser Anschlag gelang ihm nach Wunsche. Der Prinz von Baden, der nun fürchtete, man möchte hier eine Brücke schlagen, und ihm die Gemeinschaft mit Freyburg abschneiden, brach sein Lager ab, um sich auf die Anhöhen bey Ellingen zu postiren. Er war in vollem Marsch, als er hörte, daß die französische Armee über die Hüninger-Brücke zöge: Alsbald kehrte er zurück, um sie anzugreifen; allein sie war hinüber, und griff ihn selber an. Seine Infanterie wurde von den Tulicker-Anhöhen vertrieben, und seine Reuterey

tern, geschlagen. Ich finde in dem Manoeuvre dieses Feldherrn wenig Ueberlegung. Er konnte sich leicht vorstellen, daß die Franzosen gleich nach seiner Entfernung über den Fluß gehen würden; folglich hätte er seinen Posten nicht verlassen sollen. Er hätte ein Corps gegen Neuenburg stellen können, wo er fürchtete daß der Marschall eine Brücke schlagen möchte. Auf die Nachricht daß man daran arbeitete, hätte er bey einer anscheinenden Unmöglichkeit, diesen Uebergang zugleich mit dem obigen zu hindern, volle Zeit gehabt sich zurück zu ziehen, und das Lager einzunehmen, welches er sich abstecken lassen. Dieses auf einer unzugänglichen Höhe befindliche Lager, das einen Bach vor seiner Fronte hatte, wäre ihm ein sicherer Posten gewesen, um die Franzosen aufzuhalten, und ihre Bewegungen zu beobachten. Seine Unentschlossenheit war also die einzige Ursache der Schlappe, die ihm bey Feldkirchen zu Theil wurde.

Ich glaube bisher alles angemerkt zu haben, was zur Kriegsdialektik gehöret, von der sich blos allgemeine Regeln und Zergliederungen einiger Beyspiele geben lassen. Das Genie und die Erfahrung müssen die Anwendung davon machen. Was die großen Manöuvern betrifft, so ist es gewiß, daß man sich durch Fleiß und Nachdenken eine festgesetzte und eben so gewisse Theorie als über jede andere Kunst machen kann. Die ernstliche Aufmerksamkeit, die ich seit vielen Jahren darauf gewendet, hat mich überzeugt, daß der Krieg in der That eine der tiefsinnigsten Wissenschaften, und nicht wie die Stümper glauben, ein bloßer Schlendrian ist, wozu nichts als Muth und ein wenig Erfahrung erfordert wird. Dieser

Wahn

Wahn ist ihnen zu angenehm, und schmeichelt ihrer Neigung zum Müßiggange zu sehr, als daß sie sich bemühen sollten ihn abzulegen. Solche Leute, deren Anzahl nicht klein ist, werden ihre Zeit gewiß nicht mit der Lesung des gegenwärtigen Buches verschwenden wollen, und mich für sehr einfältig halten, daß ich die meinige mit dessen Ausarbeitung verdorben habe. Andere die mehr Eifer als Einsicht besitzen, sind zu hitzig für die Art des Dienstes eingenommen, der sie sich widmen. Das Fußvolk, die Reuterey, das Ingenieurwesen und die Artillerie, machen die vier Hauptzweige des Krieges aus, welche wesentlich mit einander verbunden sind, und in einem mit dem Orte, den Umständen und dem Vermögen sowol als der Lage jeder kriegenden Macht übereinstimmenden Maaße vereinigt werden müssen. Indem man an der besondern Verbesserung eines jeden dieser Stücke arbeitet, vermehret man ihre Würkungen; um es aber mit Frucht zu thun, muß man auch die innigen Verhältnisse aller Theile in ihrem Zusammenhang und Gebrauche im grossen übersehen; man muß wenigstens die Natur eines jeden derselben kennen, und wissen, wie, zu welcher Zeit, und an welchem Orte man aus ihren Eigenschaften am meisten Vortheil ziehen kann. Die Verfasser der Lehrbücher oder Kriegsgeschichten, müssen also ihr Fach niemals auf Unkosten der andern emphatisch erheben. Diese Art von Ruhmrüdigkeit ist lächerlich, und verräth immer einen sehr engen Kreis der Kenntnisse.

Neuntes

Neuntes Hauptſtück.

Von dem Adel

Man hat ſich in Frankreich ſeit einiger Zeit mit der Sorge beſchäftigt, dem armen Adel einen Beruf auszufinden, und den Kriegsſtaat umzubilden; allein die wenigſten dieſer neuen Lehrgebäude waren auf zuſammenhängende Gründe geſtützet, und ihre Urheber haben ihres Zieles mehr oder weniger verfehlet, weil ſie nicht auf die Verfaſſung des Reichs, noch auf die Nationalvorurtheile, welche ſoviel als Geſetze gelten, oder auf die Sitten, die man nicht auf einmal umbildet, Rückſicht genommen haben. Das Syſtem des Handlungtreibenden Adels, hat das Syſtem des militäriſchen Adels (†) gegen ſich angehetzt, welches allen Edelleuten die Muſkete auf die Schulter legen und ganze Regimenter aus ihnen errichten will. Der Verfaſſer eines dritten Vorſchlags unter dem Titel: Der Adel ſo wie er ſeyn ſoll (††) bemerket anfänglich die ſchädlichen Würkungen des Prachts * * Luxe.
und den Irrthum derer, welche ihn für ein bloß idealiſches

(†) La Nobleſſe commerçante und la Nobleſſe militaire; zwo bekannte Schriften, welche 1756 in Frankreich herausgekommen, und eine Zeitlang großes Aufſehen gemacht haben.

(††) La Nobleſſe telle qu'elle doit être. Dieſe kam im Jahr 1758 heraus.

ftes Wort ausgeben. Was er über diesen Gegenstand sagt, verdienet den größten Beyfall. Hiernächst kömmt er auf die Mittel, die Edelleute zur See und zu Lande zu beschäftigen. Er läßt sie auf den Kauffartheyschiffen dienen, wo sie nebst der Steuermannskunst und den Anfangsgründen des Seewesens allerdings manche nützliche Kenntnisse erwerben können. Allein ihnen Waarenballen und das Commanditenrecht übertragen, wann sie einem Schiffe als Officiers vorstehen, sie unter den vom Eigenthümer vorgeschriebenen Bedingungen zu den Verwaltern der Schiffsladung machen; dieses heißt sie zu einer sehr niedrigen Art der Handlung gebrauchen. Vergebens überredet er sich, daß Officiers, welche diese Bahn durchlaufen, und ihre Zeit mit Erkundigung der Waarenpreise, mit verkaufen und vertauschen zugebracht haben, desto nützlicher auf den königlichen Schiffen dienen, daß sie den Geist der Handlung und den Hang zum Gewinne, worinn sie erzogen worden, verläugnen werden. Hierdurch erweist er zwar den heutigen Gesinnungen des Adels Gerechtigkeit, verräth aber auch, wie mich dünkt, wenig Kenntniß der Menschen, bey denen die Erziehung und Gewohnheit der ersten Jahre fast immer die Denkart und das Betragen des ganzen übrigen Lebens bestimmen. Eben dieser Schriftsteller will, gleich dem Verfasser der Noblesse militaire, das französische Kriegsheer aus lauter Edelleuten bilden. "Man schätzt, sagt er, den französischen „Adel auf viermal hundert tausend Köpfe. Gesetzt nun, „die Kirche, die Gerichte, und das Seewesen beschäftigen die Hälfte, so bleiben zweymal hundert tausend „Mann übrig, aus denen sich die schönste und furcht-

barste

„barste Armee machen läßt." Diese Berechnung des Adels ist eben so übertrieben, als die Zahl der geistlichen und gerichtlichen Bedienungen. Um viermal hundert tausend zum Kriege oder zu Aemtern taugliche Edelleute heraus zu bringen, müßte man zwo Millionen adeliche Personen annehmen, welches den neunten Thal der französischen Bevölkerung ausmachte. Kaum waren gegen das Ende der Regierung Ludwigs XIV genug Edelleute für die Officiersstellen zu finden; wie könnte man denn nun eine hinreichende Zahl zu großen Armeen haben? Sollen hiernächst diese adelichen Regimenter, wie unsere Fußknechte bezahlt und gekleidet werden? Sollen die Casernen und Spitthäler auf dem alten Fuße bleiben? Sollen sie im Kriege die Frohnen und Arbeiten verrichten, wozu der gemeine Soldat verbunden ist? Dieses reimt sich nicht wohl mit einem andern Lehrgebäude, welches in Friedenszeiten den Soldaten zur Verfertigung der Heerstraßen, und zu allen öffentlichen Arbeiten gebrauchen will (a).

(a) Die einzigen Wege ausgenommen, so werden die französischen Truppen gleich den römischen täglich zu öffentlichen Arbeiten angestellt. Wie viel Festungen sind unter Ludwig XIV von ihren Händen erbauet worden? Als Longwi, Saarlouis, Hüningen, die Häfen zu Brest und Rochefort, die flandrischen und elsassischen Linien, viele verschanzte Lager, der Canal von Languedoc, der von Maintenon, und in unsern Tagen, die Befestigungen von Metz, Diedenhofen, Bitsch; die zu Dünkirchen und Gravelingen zur Reinigung der Luft vorgenommenen Arbeiten, und noch eine Menge anderer Werke, die ich mit Stillschweigen übergehe. Verrichten die französischen Soldaten im Kriege

Nie hat man über alle Gegenstände so viel geschrieben. Die Kameralwissenschaft, das Policeywesen, die Staatskunst, der Ackerbau, der Krieg, alle diese Theile haben ihre Speculatoren gefunden. Ich will gerne glauben, daß alle den Endzweck gehabt, das gemeine Beste und den Ruhm des Staats zu befördern; allein ihr patriotischer Eifer ist nicht immer, wie bey dem Hrn. von Mirabeau und einigen andern, durch genaue Kenntniße geleitet worden. Um aber wieder auf den französischen Adel zu kommen, so diente er anfangs zu Pferde, wie

Kriege nicht auch alle gefährliche Arbeiten, wozu man sie brauchen will? Was thaten die römischen Legionen mehr? Es kann also nichts als eine trübe Laune, oder die Begierde sich zu einem Staatsverbesserer aufzuwerfen, des Verfassers ungegründete Vorwürfe der Faulheit, des Müssigganges, und der Zuchtlosigkeit (†) hervor gebracht haben.

(†) Ohne diese Vorwürfe in einem so allgemeinen Verstande zu billigen, wird gleichwol niemand leugnen, daß vor dem Jahr 1763 die französische Kriegszucht sehr lauflicht, und der Soldat dem Müssigange, der Unsauberkeit, den Krankheiten, den Schlägereyen, kurz allen Folgen einer übertriebenen Freyheit unterworfen gewesen. Die Festungsarbeiten von denen Herr von Maizeroy redet, waren weder eine anhaltende noch eine allgemeine Beschäftigung der Truppen, und wenn es gleich an den trefflichsten Policeygesehen nicht fehlte, so wurden sie doch größtentheils vernachläßigt. Das Rumen, so die Einführung einer strengern Kriegszucht unter den Officieren, die unglaubliche Desertion, welche sie bey den Soldaten verursacht hat, und selbst die Klagen, die der Verfasser an andern Orten seines Werks ausstößt, können diese Anmerkung zur Genüge rechtfertigen.

wie die politischen Vorvölker noch in unsern Tagen. Wenn man ihm den Dienst zu Fuße, und alle die beschwerlichen Verrichtungen der Infanterie zumuthen wollte, so würde man zwar seinen Eifer schmeicheln, ihn aber auf keine anständige Weise beschäftigen. Man beruft sich zwar auf das Beyspiel der alten französischen Bayden und der Legionen Franz I, welche mit Edelleuten angefüllt waren. Allein damals waren die Kriegsheere lange nicht so zahlreich, und diese Edelleute, welche meist Freywillige waren, führten Knechte und Packpferde nach; fast alle Soldaten hatten Troßbuben, und zu den Arbeiten wurden eigene Schanzgräber gebraucht. Bey den Römern waren die Ritter, welche aus Mangel eines genugsamen Vermögens unter der Infanterie dienten, so wie verschiedene andere von Amtswegen privilegierte Soldaten, der Erdarbeiten überhoben. Selbst die Soldaten der ersten Cohorte genossen dieses Vorzuges, die dringenden Nothfälle ausgenommen, wo jedermann sich beeiferte, die Hand ans Werk zu legen, welches immer geschehen sollte.

S. oben Hauptst. 3

Frontin. Buch 4.

Vegez. Buch 11. Kap. 2.

Aller Trugschlüße der neuern Staatsgrübler ungeachtet, darf ich behaupten, daß der eingeführte Bestandfuß der Truppen gut ist (†). Die Waffen werden

(†) Dieses ist auch darum wahr, weil in Frankreich die Officierstellen nicht lauter adelichen, sondern auch bürgerlichen Subjecten von ehrbaren Familien, oder vorzüglichen Fähigkeiten, und oft Unterofficierern zu Theil werden, welche durch ihr Wohlverhalten Beförderung verdienen.

den für den Adel allezeit der rühmlichste Weg zum Glücke seyn; ich verstehe einen lautern und einfachen Weg: Der Zusatz von Gewerbe, den man hat beyfügen wollen, würde ihn blos verderben. So oft man die Ehre mit dem Eigennutz ins Spiel bringen will, wird man jene in Gefahr setzen, diesem zu weichen. Einige privilegirte Seelen werden zwar widerstehen, der große Haufen aber wird unterliegen. Das Beyspiel Englands ist keines für andere Staaten. Seitdem diese Nation aus Frankreich vertrieben, und in ihre Insel eingeschlossen worden, hat sie in Europa blos durch die Handlung (†) eine wichtige Rolle gespielet. Von ihr empfängt auch Holland seine ganze Macht und das Ansehen, worinn diese Republik stehet. Allein der Flor der französischen Monarchie ist auf andere Grundsätze gebauet. Die Größe ihrer Provinzen, ihre Fruchtbarkeit, der Eifer des Volks, besonders des Adels, und die so leicht aufzuweckende Lust zum Kriege, können sie zu allen Zeiten, auch ohne fremde Hülfe, furchtbar machen. Es ist immer mehr französisches Geld nach Indien gegangen, als man heraus gebracht hat, und wenn wir die Wahrheit sagen wollen, so kostete Canada mehr als es eintrug. Wenn unsere Kammermädchen, Putzmacherinnen, Kaufmannsdiener und die zu zahlreichen Schöpfer kindischer Spielwerke, dem Kaffee entsagen wollten, so könnten wir eben

---

(†) Durch ihre Seemacht, wollte vermuthlich der Verfasser sagen. Doch hatte ihr Einfluß zumal seit einem Jahrhundert, auch in allen Kriegen des festen Landes ein großes Gewichte. Frankreich hat dieses mehr als einmal erfahren.

eben so leicht der Inseln, entbehren. Dieses aber ist
jetzt eben so unmöglich, als die Edelleute zu überreden,
nach dem Vorschlage der Noblesse commerçante,
Factors und Commanditen zu werden. Daher bin ich
auch nicht der Meynung, daß die Franzosen ihre Handlung
einzig und allein in die Gränzen Europens einschränken
sollen; ich glaube nur, daß sie sich nicht so
wesentlich als diejenigen Völker, deren Größe sie ausmacht,
damit beschäftigen; daß sie der Liebe zum Pracht
und überflüssigen Dingen einen Zaum anlegen, und jede
Classe der Unterthanen in ihre Sphäre zurück weisen
können. Schweden stellt uns hiervon ein sehr schönes
Beyspiel vor Augen.

Das tägliche Mitleiden so man gegen die Armuth
des Adels äußert, und das aus einem patriotischen Gefühle
zu schützen scheint, ist im Grunde nichts, als
die Sprache des Wohllebens, des Geizes, und der
Eitelkeit. Warum sehen wir einen Edelmann für arm
an, der sein Feld bauet, und von seinen kleinen Einkünften
lebt? Weil unsere Verdorbenheit uns beredet,
daß das wahre Glück nur im Reichthume bestehet. Die
Einfalt der ersten Römer, welche den Pflug verließen,
um die Armeen anzuführen, scheint uns nur darum so
wunderswürdig, weil sie von unsern Sitten himmelweit
entfernt ist. Als Voltaire über den Cincinatus
und die andern Römer spottete, und den La Bruyere
einen Misanthropen nannte, weil er unsere Voreltern
gelobet, daß sie die nützlichen Dinge dem Pracht vorzogen,
so redete er weder als ein Philosoph, noch als
ein guter Staatsmann. Er bedachte nicht, daß das
Wohl-

Wohlleben die Quelle der Habsucht, und daß die Habsucht die Mutter aller Laster ist. Er vergaß, daß der wahre Ueberfluß darinn besteht, wenn ein Volk die nothwendigen Bedürfnisse genießt, und sich durch die Mäßigkeit der Begierden im Flor erhält. Es ist traurig, daß ein so berühmter Schriftsteller der Sutgredner eines Irrthums war, der durch das Gewichte, das sein Ruhm und seine Talente seinen Werken geben, noch mehr in Schwang kommen kann.

Anstatt adeliche Infanterieregimenter zu errichten, könnte man, nach dem Beyspiel der Römer, die Reuterey, oder wenigstens einen Theil derselben, aus Edelleuten, bilden (†). Diese Einrichtung würde schicklicher, und der Anzahl des Adels gemäßer seyn. Man könnte auch jedem Infanterieregiment von vier Bataillonen, eine Compagnie Cadetten von fünf und dreyßig bis vierzig Mann, denen von zwey Bataillonen, eine von achtzehn bis zwanzig Mann anhängen. Die Korporals dieser Compagnie müßten den Rang als Unterlieutenants, die Feldwebel als Lieutenants, die Lieutenants den Hauptmannsrang haben. An diese Stellen müßte man lauter reise Männer setzen, die im Stande sind Edelleuten zu befehlen, und sie wohl anzuführen. Diese Einrichtung würde der schlechten Wahl der Officiers vorbeugen; man würde Gelegenheit haben, sie kennen zu lernen, und zu den Bedienungen diejenigen vorzuziehen,

---

(†) Die französische Fußgarde, welche sechs Bataillonen stark, und besser bezahlt ist als die Reuterey, könnte gleichfalls aus adelichen bestehen. Es ist für einen Edelmann allemal eine Ehre, seinen Fürsten zu bewachen.

ben, welche es wegen ihres Fleißes am meisten verdienen (†).

Man hat die Cadetten-Compagnien aufgegeben, welche unter Ludwig XIV errichtet, und endlich in Straßburg und Metz vereinigt worden. Da sie zu zahlreich waren, so konnten ihre Officiers die Aufführung eines jeden nicht genau beobachten, noch eine Menge Unordnungen verhüten. Wenn man aber dem Regiment eine kleine Anzahl beyfügt, so lassen sie sich leichter im Zaum halten, und besser abrichten. Der Herzog von Choiseul hat den König bewogen, die Menge der Officiers zu vermindern. Dieser erleuchtete Minister hat es für besser gehalten, weniger, aber um desto reifere und geschicktere Leute zu haben. Man würde einer guten Wahl noch gewisser seyn, wenn sie aus einer solchen Pflanzschule gezogen würden.

(†) Bey den preußischen und andern deutschen Truppen wird dieser Endzweck durch die Fahnenjunker und Freycorporals erreicht, wo die jungen Edelleute, ehe sie Officiersstellen erhalten, ohne mit den Soldaten vermengt zu werden, der strengsten Kriegszucht unterworfen sind, und gehorchen lernen, ehe sie das Recht erlangen andern zu befehlen.

Zehntes

Zehntes Hauptstück.
Von den Mitteln den Wetteifer zu erregen.

Die Ehre ist die Triebfeder des Kriegsstands; ihr süßer Dunst muß den Kopf des Soldaten wie des Officiers erfüllen: Daher ist es nicht allein nöthig, ihm am Ende der Laufbahn einen Preis, und ein seiner Neigung angemessenes Aufmunterungsmittel zu zeigen. Durch die Einschränkung der Invaliden, und die dem ausgedienten Soldaten beybehaltene (†) ganze oder halbe Löhnung, hat der König von Frankreich seine Ausgabe vermindert, die Ehre der Waffen hergestellt, und bey dem Volke den Eifer für den Dienst wieder angefacht. Es wäre hier überflüssig, alle Vortheile zu erzehlen, welche selbst für die Bevölkerung aus dieser Anstalt fließen. Man könnte auch noch für die abgegangenen Veteraner, die Fronfreyheit, die ausschließende Erlaubniß eine aus den königlichen Leibfarben bestehende Hutmasche, und in der Kirche eine der ersten Stellen nach den Gerichtsleuten beyfügen.

Diese

(†) Dieß ist vornemlich von denjenigen Soldaten zu verstehen, für welche die Aufnahme unter die Invaliden keine Wohlthat wäre. Jeder verabschiedete Soldat, er mag verwundet seyn oder nicht, hat außer der freyen Kleidung, nach sechzehn Dienstjahren seinen halben, und nach vier und zwanzigjährigen Diensten, den ganzen Sold zu genießen.

Diese kleinen Vorzüge würden den Soldatenstand ungemein erheben, und das Dienstnehmen nicht mehr als einen Schritt des Muthwillens und der Zügellosigkeit vorstellen.

Als Karl VII die Freyschützen * errichtete, befreyte er sie von den Frondiensten, den Auflagen und Bürgerwachen: Franz I bewilligte seinen Legionisten allerhand Privilegien, und stiftete goldene Ringe für die, welche sich hervorthun würden. Wer durch seine Verdienste sich bis zur Stelle eines Lieutenants erhob, erlangte den Adel: Vortreffliche Beyspiele, welche nachgeahmt werden sollten. Wenn ein Soldat eine schöne Handlung verrichtet, oder sechzehn Jahre ohne Tadel gedient hat, so sollte man ihm eine silberne Schaumünze mit einer Kette (†) geben; die Unterofficiers der Infanterie und Reuterey

* Francs archers. Histoire Chron. de Charles VII.

――――――――――

(†) Der Wunsch des Verfassers ist durch die Verordnung vom 16ten April 1771 nicht nur erfüllt, sondern übertroffen worden. Hier ist ein Auszug dieses merkwürdigen Gesetzes.

„Da der König die alten Soldaten durch eine Erhöhung „des Soldes, welche ihnen eine tägliche und dauerhafte „Bequemlichkeit verschaffen möge, eine Liebe zu ihrem „Stande, und durch gewisse Unterscheidungszeichen eine „Hochachtung gegen demselben einzuflößen wünschet, so „bewilligt ihnen Se. Majestät eine tägliche Zulage von einem Sols nach achtjährigen, und von zween Sols nach „sechzehnjährigen Diensten. Da sonst die Capitulationen „von acht Jahren sind, so soll denen, welche drey derselben, und folglich vier und zwanzig Dienstjahre vollendet, frey stehen, sich blos auf ein Jahr zu verpflichten, „welches

Reuterey könnten goldene bekommen. In Kriegszeiten müßte der General sie auf das Zeugniß der höhern Officiers bewilligen; der Befehlshaber des Corps müßte die Schaumünze dem neuen Mitgliede vor den Fahnen anhängen, nachdem es wegen der That oder der Dienste, die sie ihm erworben, gelobet, und ermahnet worden, in seiner guten Aufführung fortzufahren, um sich neuer Belohnungen würdig zu machen (a). Diese mit der Hoffnung

„welches sie nach Belieben verlängern können. Außer dem „Solde der mit den Stellen verbunden ist, die sie beglei„ten, sollen in diesem Falle die Fouriers, Sergeanten „und Wachtmeister eine tägliche Zulage von fünf Sols, „und die von einer niedrigern Classe, von vier Sols zu „genießen haben.

„Die Unterscheidungszeichen sind Eine auf dem linken „Arme genähete wollene Sparre für den Soldaten, welche „eine zwote Capitulation, und zwo dergleichen Sparren, „für die so eine dritte schließen. Diejenigen welche über „vier und zwanzig Jahre dienen, sollen durch zwey kreuz„weis gelegte Schwerdter, die auf der linken Brust des „Kleides gestickt sind, unterschieden werden."

Diese ehrenvollen und nützlichen Vorzüge haben der Armee viel alte Soldaten erhalten. Die Austheilung des Schwerdtzeichens geschiehet im Angesichte des ganzen Regiments, und zwar gemeiniglich durch eine Generalsperson, welche den Veteraner umarmet, und ihn hierauf nebst den vornehmsten Officiers zur Tafel ziehst.

(a) Diejenigen, welche die goldene Schaumünze tragen, könnten zum Ludwigsorden unter dem Titel der Schildträ- *Ecuyers. ger *, oder Waffendiener † zugelassen werden, so wie die † servant geistlichen Ritterorden, als die Maltheser, eine zwote Klasse d'armes. von

Hoffnung einer Beförderung verbundenen Vorzüge, würden den grösten Eifer entzünden, und die Hochachtung ausdrücken, welche den Kriegsverdiensten in allen Stuffen gebühret.

Auch die Geldbelohnungen muß man nicht aus der Acht lassen. Am Ende eines Feldzugs, nach einer langen und blutigen Belagerung, oder in besondern Fäll n, wo die römischen Soldaten wohl gedient hatten, empfiengen sie Geschenke. Bestunden sie in Geld, so wurde die Hälfte zurückbehalten, und bey den Fähndrichen hinterlegt. Jede Cohorte hatte ihre Casse, wo die Soldaten sich nach und nach ein Stück Geld zu ihren Bedürfnissen ersparten, welches nach Vegetens Bericht, ihnen noch eine grössere Liebe zum Dienst einflößte.

Bisweilen belohnte man sie durch eine Vermehrung des Proviants; man verdoppelte die Mundkost einer Legion, einer Cohorte, oder einer Centurie die sich hervorgethan hatte. Nichts ist gerechter, als daß die Truppen Vergeltungen empfangen; nur müssen sie zu rechter Zeit und mit Billigkeit ausgetheilet werden. Es wäre gefährlich sie zu oft zu wiederhohlen, und den Soldaten daran zu gewöhnen, weil er ein Recht daraus machen, und im Fall der Unterlassung ein Murren, und vielleicht etwas ärgers erregen möchte. Dieses erfuhr Sylla in Griechenland, und aus gleicher Ursache empörten die *Plutarch.* römischen Legionen sich oft gegen die Kaiser. Ganz

andere

andere Würkungen bringen die Belohnungen hervor, wenn sie nach wichtigen Diensten gereichet werden. Der General macht sich die Truppen geneigt, und bewegt sie die größten Beschwerlichkeiten mit Gebuld zu ertragen. Der Befehlshaber eines Commando kann den Soldaten, welche den besten Willen zeigen, ebenfalls einiges Geld austheilen; er gewinnt sie durch diese kleinen Geschenke, und erregt in ihnen einen Trieb seinen Ruhm zu befordern. Der Sold, "sagte Kaiser Karl V, bezahlt nur die Dienste; die Verdienste erfordern eine Erkänntlichkeit."

La Noue, Disc. 17.

In den preußischen Kriegsverordnungen verspricht der König demjenigen, der eine Fahne, eine Standarte oder eine Paucke erobert, eine beträchtliche Summe Geldes; den Officiers und Unterofficiers eine gewisse Beförderung (a). Nach der Schlacht bey Torgau gab er einem Cavallerieregiment fünfhundert Thaler, welches

(a) Man könnte die Erlaubniß beyfügen, das Zeichen davon in den Wappen, auf der Liverey und über dem Haus-Portal zu führen. Dieses würde einen solchen Mann von dem durch Geld, oder durch unwichtige Aemter erlangten Adel unterscheiden; und falls der seinige von diesem Schlage wäre, ihm einen wahren Glanz geben. Wäre er kein Edelmann, so würde er verdienen es zu werden. Die Römer hiengen die Kleidung und Waffen ihrer Feinde an den sichtbarsten Orten ihres Hauses auf. Die alten Franzosen und Deutschen pflegten sich sogar damit zu schmücken. Heut zu Tage wird fast nicht darauf geachtet. Auch dieses rührt von der jetzigen Streitart her. Da die Armeen einander nicht mehr auf den Leib kommen, so weiß man selten, wem eine solche Beute gehöret.

ches zwey paar Pauken, und sieben Standarten erobert hatte. Die Kaiserinn-Königinn verdoppelte auf eine Zeitlang den Sold der Granadiers, welche den Sieg bey Cochemitz entscheiden halfen. Nach der Schlacht bey St. Gotthard, gab der Kaiser Leopold seiner ganzen Armee einen Monat-Sold, welches, wie Montecuculi sich ausdrückt, eine allgemeine Freude verursachte (†).

Soldaten die blos durch die Furcht der Strafe in den Schranken der Pflicht gehalten werden, sind gefesselte Sclaven, die nur auf Mittel denken, ihre Bande zu zerreissen. Man muß also die Hoffnung, und soviel möglich, den Eigennutz und Ehrgeiz mit ihr verbinden. Kein Volk hat diese grosse Kunst höher getrieben, und mehre Vortheil davon erhalten, als die Römer.

Wenn die Lockungen des Wetteifers für den gemeinen Soldaten nöthig sind, was soll man erst von denen erwarten, die für Kriegsleute von besserer Erziehung und edlern Gesinnungen gestiftet werden? Ueberhaupt sind die Ehrenzeichen ein empfindlicher Sporn für alle europäische Nationen; es haben daher auch alle Fürsten gewisse Ritterorden gestiftet, wodurch sie sich die Grossen und die Hofbedienten verpflichten. Ludwig XIV bemerkte, daß zur Belohnung eines zahlreichen Kriegsstaats ebenfalls welche nöthig wären, und errichtete im Jahr 1693

(†) Hieher kann man auch den höhern Sold rechnen, der durch die Verordnung von 1762 den französischen Officiers und Soldaten für die Kriegszeiten ausgeworfen, und denen in Corsica gebrauchten Truppen würcklich gereicht worden.

1693 den Ludwigs-Orden. Voll edler Mißgunst sahen die Officiers der benachbarten Mächte die verdienten Franzosen mit diesem Ehrenzeichen prangen. Schweden hat den Schwerdtorden, der König in Preußen den Orden der Verdienste, die Kaiserinn-Königinn den Theresien-Orden gestiftet (†), welcher letztere mit vieler Sparsamkeit ausgetheilt wird. Die Ritter aus den alten Zeiten genossen viele Vorzüge, deren die Ritter der heutigen Kriegs-Orden entbehren müssen. Man kann die Tapferkeit, und die geleisteten Dienste nie genug schätzen. Das Blut des Kriegsmannes ist über die Wohlthaten des Glückes erhaben: Der wahre Preis desselben sind die Zeichen der Hochachtung und Ehre.

Alle Ausländer bezeichnen die Officiers nach der Stuffe so sie bekleiden. Sie sagen, der General N. der Oberste N. und so ward es vor Zeiten auch in Frankreich gehalten. Diese Benennungen galten gewiß eben so viel als die erkausten Titel eines Grafen oder Marquis, womit so viel Unedle sich zieren, und tragen doch das Gepräge der Eitelkeit nicht. Es scheint, daß in Frankreich nur diese stolzen Beynamen einem Mann empfehlen; daher sehen wir sie auch von einer großen Menge Leute misbraucht, die sich damit unterscheiden wollen. Unsere Zeitungsblätter reden bloß von Standspersonen, und

(†) Hieher ist noch der Orden der militarischen Verdienste für die protestantischen Officiers der französischen Armee, der seit kurzem gestiftete russische St. Georgen-Orden, und der chursächsische wieder hergestellte St. Heinrichs-Orden zu rechnen.

und zeigen die Kriegsbeförderungen, unter dem Obristenrange niemals an: Die Fremden erstrecken ihre Aufmerksamkeit bis auf die Stelle des Hauptmanns, und selbst des Lieutenants, wenn der Fall es verdienet (†). Freylich sind diese Kleinigkeiten ein bloßer Dunst; allein dieser Dunst ist ein Wohlgeruch für die Seele, und die Fürsten können nicht zu sehr wünschen, daß ihre Unterthanen sich davon berauschen lassen.

Die Art wie man belohnet, ist nicht als die Wohlthat selbst, und die Lobsprüche sind die wichtigsten Vergeltungen für schöne Seelen. Ludwig XI. der einem Officier, welcher sich in einem Sturme hervor gethan hatte, Ehre erweisen wollte, sagte, indem er ihm eine goldene Kette um den Hals warf: Ey, ey, mein Freund, Ihr seyd zu wild im Gefechte, man muß Euch anfesseln; denn ich möchte Euch sobald nicht verlieren. Nach dem Treffen bey St. Denis dankte der Marschall von Luxenburg, dem navarrischen Regiment öffentlich für die standhafte Gegenwehr, die es bey der Brücke von Catiau geleistet hatte: Der Marschall von Villars sagte nach der Schlacht bey Denain zum Regiment du Maine: Meine Herren, ich hatte vieles von Ihrem Ruhme gehört; ist aber bin ich davon überzeugt, weil ich es mit Augen gesehen habe. Im Jahr 1758. trug Ludwig XV. dem Herzog von Aiguillon schriftlich auf, den Officiers und Soldaten, welche in dem Gefechte bey St. Cast die Engländer

1678.

(†) In Preußen werden sogar die Beförderungen der Fahnenjunker und Freycorporals zum Officiersrang in die Zeitungen eingerückt.

geschlagen hatten, seine Zufriedenheit über ihre Tapferkeit und ihre Dienste zu bezeugen. Die Begierde gelobt zu werden war es, die bey den Griechen und Römern so viele große Männer hervor brachte; sie ist es, welche den Muth giebt, die Annehmlichkeiten des häuslichen Lebens mit dem Ungemach und den Gefahren des Krieges zu vertauschen; durch sie wird es auch allezeit Helden und unüberwindliche Truppen geben.

Der Reiz eines Unterscheidungszeichens war der mächtigste Sporn für die römischen Armeen. Der General, der Officier, der Soldat strebten mit gleicher Begierde nach diesen Belohnungen, welche ihnen im Vaterlande Ehre brachten. Der Triumph, den man nach einem Siege dem Feldherrn vergönnte, möchte in einer Monarchie nicht wohl statt finden, weil dieser Pomp die Majestät des Fürsten gewissermaßen verdunkeln würde. Daher haben ihn auch die Kaiser sich vorbehalten, und ihn andern gar selten bewilligt. Ueberdieses würde der Aufzug der feindlichen Beute, und der hinter dem Wagen des Siegers in den Fesseln herziehenden Gefangenen, einen Stolz offenbaren, der den christlichen Tugenden zu sehr zuwider läuft, und die überwundenen Nationen zu beschimpfen scheint (a). Indessen

---

(a) Wenn die Römer Krieg führten, so wollten sie ihren Feind gänzlich vertilgen, oder unter das Joch bringen. Alles trug bey ihnen die Merkmaale dieses gränzenlosen Ehrgeizes. Unsere Absichten sind gemäßigter: Wir sollen anders nicht die Waffen ergreifen, als um Gewalt und Unrecht abzutreiben, oder angefochtene Gerechtsame zu behaupten.

deſſen wäre es billig, daß die Heerführer bey ihrer Rück=
kehr aus einem rühmlichen Feldzuge glänzende Zeugniſſe
der Erläuntlichkeit des Fürſten und der Hochachtung
des Volkes empfiengen. Der im öffentlichen Schauſpiel
ertheilte Zuruf iſt eine Ehrenbezeugung, die nichts über=
müthiges an ſich hat: Dieſes geſchieht bisweilen in
Frankreich; allein unſere Schauplätze gleichen den Thea=
tern der Alten nicht, welche ſo zu reden ein ganzes Volk
in ſich ſchloſſen (a). Ueberdieſes wird dieſe ſchwärmende
Entzückung des Volks, dieſer lebhafte Ausdruck der
öffentlichen Erkänntlichkeit, öfters mehr durch den
Schimmer der Thaten, als durch ihren innern Werth,
und durch wahre Dienſte veranlaſſet. Nichts wäre ge=
ſchickter ſie zu rühren, und das Andenken derſelben zu
verewigen, als wenn man den würdigen Männern
Bildſäulen errichtete (†). Würden wir eine ſchönere
Zierde

(a) Unſere Comödien=Häuſer, welche höchſtens tauſend
Perſonen faſſen, wo man auf dem Parterre ſtehen muß,
und faſt erdrückt wird, in den Logen gezwungen ſitzt, und
nur die halbe Scene ſiehet, ſind armſelig, unanſtändig
und keinen Orten ähnlich, die zu einem edlen Schauſpiele
beſtimmt ſind, und den Kern einer Nation vereinigen
ſollen, welche die Künſte liebet. Was für ein Contraſt
gegen die Größe und Pracht der Alten?

(†) Das Schloß Blenheim, welches dem Herzog von
Marlborough nach dem Siege bey Hochſtädt, in England
erbauet worden; die Bildniſſe der preußiſchen Helden,
womit die Hauptkirche zu Berlin gezieret iſt; die Nahmen
derſelben, welche der König verſchiedenen neuerbauten
Dörfern und Vorwerken beygeleget, die türkiſche Kammer,
welche

Zierde für unsere öffentlichen Gärten, unsere Höfe, unsere Gallerien, unsere Hallen * und unsere Schauplätze sinden können, wenn diese nämlich weitläuftiger und im Geschmacke der Alten erbauet wären? Was könnte das Auge der Nation mehr ergötzen, als die Bildnisse derer, welche in allen Fächern ihren Flor und Ruhm befördert haben? Diese Archive würden dem geringsten Bürger offen stehen, und ein neuer Sporn für die Talente seyn. Die ächten Abkömmlinge dieser großen Männer würden dadurch noch mehr gereizt werden, sie nachzuahmen, und ihre ausgearteten Enkel, welche nichts hervorstechendes als ihren Kriegsrang haben, würden wenigstens keinen Schritt in der Hauptstadt thun können, ohne über die Tugenden ihrer Vorfahren zu erröthen.

Wenn die persönlichen Belohnungen einen großen Wetteifer erregen, so darf man von denen, welche ganze Corps betreffen würden, keine geringere Würkung erwarten. Sie sind der Zunder eines edlen Stolzes, der die Tapferkeit anfacht, ohne die andern Truppen zu demüthigen, welche sich vielmehr beeifern, nicht minder tapfer zu seyn. Das französische Regiment du Maine

* porti-ques.

welche die russische Kaiserinn vor kurzem einem ihrer siegreichen Feldherren zum Geschenke machte, sind eben soviel nachahmungswürdige Mittel die Kriegsverdienste zu belohnen. Hieher gehören auch die Zunamen, wovon wir bey den Alten so häufige Beyspiele finden. Nichts wäre für einen großen Mann schmeichelhafter, nichts für seine Familie rühmlicher, als wenn man ihm den Namen des Ortes beylegte, wo er die Feinde des Vaterlandes bezwungen hat.

Maine hat lange Zeit vier Kanonen nachgeführt, die
es in der Schlacht bey St. Gotthard von den Türken
erobert hatte. Der Zug wurde auf den Artilleriefuß
bezahlet. Die Pikeniere dieses Regiments, erhielten,
gleich denen von Navarra, das Recht voraus zu marschieren, statt daß bey den andern ihr Platz in der Mitte
war. Wir haben ein Dragoner-Regiment, welches
noch heut zu Tage krumme Säbel führt, wovon es
die ersten einem Husaren-Regiment wegnahm (†).
Man kann nicht zu sorgfältig seyn, diese Zeichen der
Tapferkeit beyzubehalten, und das Gedächtniß derselben
zu verewigen. Sie sind eine Einladung den alten Ruhm
fortzupflanzen, so wie die Tugenden der Vorfahren,
eine gutartige Seele zur Nachahmung aufmuntern.

Das sicherste Mittel die schönen Thaten eines Corps
der Nachwelt zu heiligen, wäre sie durch Aufschriften
und Sinnbilder mit Bemerkung der Zeit und des Ortes
der Begebenheit auf die Fahnen und Standarten zu
verzeichnen. Bey den Römern geschah es durch Denk-
münzen, welche nebst den Bildnissen der Kaiser an die
Fahnen gehängt wurden (††). Ich habe auch oft gedacht

Millea franc. T. 2 p. 407.

(†) Die bey dem Infanterie-Regiment Dauphin üblichen
Säbeln haben gleichen Ursprung.

(††) Die Erlaubniß, welche der König in Preußen einigen
Regimentern ertheilt hat, zum Andenken ihres Wohlver-
haltens den Grenadiermarsch zu schlagen, ist ein leichtes
und sehr schmeichelhaftes Mittel, den Wetteifer zu erregen.
Ein gewisses Regiment, das im letztern Kriege diese Ehre
und seinen Rang verlor, hat sie sich durch Wunder der
Tapferkeit wieder erworben.

dacht, daß es sehr nützlich wäre, wenn jedes Regiment einen unveränderlichen Namen führte, und seine eignen Jahrbücher hätte, worinn nicht nur alle Kriegsbegebenheiten, denen es beygewohnt, sondern auch die wichtigen und tapfern Thaten einzelner Männer aufgezeichnet werden müßten (a). Der erste Punkt ist beym letztern Frieden in Erfüllung gekommen (†) und wirklich wird an der Geschichte aller Regimenter gearbeitet (††). Die künftige Fortsetzung sollte ein jedes selbst übernehmen.

(a) Der Hr. von Mopinot, Officier des Regiments Normandie ist der erste, der diese Idee in einem an seinen Obristen den Hrn. von Talleranh geschriebenen Briefe entwickelt hat. Er ist mit der Antwort dem Kriegswerke des Marschalls von Sachsen angehängt. Das Regiment d'Eu hat schon lange seine Geschichte, die von einem seiner Officieres geschrieben, und vom P. Daniel in seiner Historie des franz. Kriegswesens benutzet worden. Sonst hat meines Wissens keines seine eigenen Jahrbücher verfertigt, als das seit 1762 abgedankte Regiment Breße, das sie im Jahr 1754 ans Licht stellte.

(†) Der größte Theil der Dragoner und der ausländischen Regimenter verändern noch ihre Namen.

(††) Es sind bereits drey Bände davon heraus, welche den Hrn. de Roussel zum Verfasser haben. Seit kurzem haben auch verschiedene preußische Regimenter ihre Geschichtschreiber gefunden.

Eilftes

Eilftes Hauptſtück.
Von der Kriegszucht.

Die Menſchen werden durch Hoffnung und Furcht, durch die Hoffnung der Belohnung und durch die Furcht der Strafe geführet. Wer ſich durch die Empfindung des Lobes und Tadels ſelber leitet, dem wird durch die Geſetze kein Zwang auferlegt; er macht ſich eine Ehre daraus zu gehorchen, um einſt der Ehre zu befehlen würdig zu werden. Allein nicht jeder iſt im Stande aus einem ſo edlen Triebe zu handeln, und um in den Armeen die Ordnung zu handhaben, werden ſcharfe Geſetze erfordert. Sie ſind es, die aus dem halsſtarrigſten Kopfe einen gehorſamen und ehrerbietigen Soldaten machen, und ihn trotz ſeiner Liebe zur Unabhängigkeit, bey ſeinen Fahnen zurück halten.

Obgleich die Römer, mehr als irgend eine andere Nation, durch das Gefühl der Ehre und die Liebe des Vaterlands geführt wurden, ſo hätten dennoch ihre Kriegsgeſetze kaum ſtrenger ſeyn können. Wenn man auf einer Seite für die Tapferkeit eine Menge Belohnungen erblickte, ſo ward auch die Feigheit und der Ungehorſam mit der größten Schärfe beſtrafet. Der Dictator Papirius Curſor verließ die Armee, um zu Rom ſeine Beſtallung erneuern zu laſſen. Sein Verweser Q. Fabius Rullianus lieferte gegen seinen Befehl ein Treffen. Ob er gleich den Sieg erhielt, so wollte der Dictator ihn vielleicht eben so sehr aus Neid, als aus Eifer für die Kriegszucht, mit den Spießruthen bestrafen. Die Armee widersetzte sich seiner Beurtheilung, und um nicht alle Gemüther aufzubringen, mußte Papirius davon abstehen. Eine so große Strenge scheint uns ungerecht und grausam, weil wir glauben, daß der Fehler durch den glücklichen Erfolg ausgelöscht werden sollte. Bey einer ähnlichen Gelegenheit erhielt einer der besten französischen Feldherren * die oberste Kriegswürde. Seine Feinde stimmten auf seine Enthauptung; allein die Güte des Fürsten belohnte ihn, und bereitete sich hierdurch auf die Zukunft nützliche Siege (†). Es gibt kein Volk, das nicht bey der größten Strenge seiner Gesetze Mittel und Wege gesucht, eine glänzende und vortheilhafte That zu entschuldigen, welche gegen die Regeln der Kriegszucht unternommen worden. Bisweilen hat man die Strafe mit der Belohnung verbunden. Der tapfere Ritter Gozon, der den rhodischen Drachen (a) erlegte, wurde mit dem

* Villars bey Friedlingen.

Hist. de Malthe par Mr.de Vertot. T. 2. p. 182.

(†) Der Kaiser hatte mehr als einen Sieg dem weisen Ungehorsam des Prinzen Eugen gegen die Befehle zu danken, die ihm von Wien aus geschickt worden.

(a) Da schon verschiedene Ritter bey dieser Unternehmung umgekommen waren, so hatte der Stoßmeister verboten, das Ungeheuer anzugreifen. Gozon ließ das Bild des Drachen aus Pappe verfertigen, und gewöhnete zween Doggen ihn am Bauche anzufallen. Als sie abgerichtet waren, bediente er sich ihrer Hülfe.

dem Gefängniß bestraft, und hierauf prächtig belohnet. Die Römer waren nicht so nachgebend, und verstunden sich selten zu dergleichen Schonungen. Die glorreichste That war nichts als ein Verbrechen, sobald sie die Kriegszucht verletzte. Sie fürchteten sich weit mehr ihren Verfall zu veranlassen, als sie sich um einen Sieg bekümmerten. Selbst der Verlust einer Schlacht schien ihnen mit allem Rechte minder gefährlich zu seyn. Nach der Niederlage bey Leuctra ließen die sonst so strengen Lacedämonier das Gesetz, welches die Flüchtlinge in die Acht erklärte und sie ehrlos machte, auf einen Tag schweigen, um hierdurch die Ueberbleibsel ihres Heeres zu erhalten: Die Römer hingegen, wollten lieber Sklaven bewaffnen, als ihre bey Cannä in die Gefangenschaft gerathenen Mitbürger auslösen. Die scharfe Beobachtung dieser Regeln konnte nur bey einem Volke statt finden, das alle seine Tugenden übertrieb, *und seiner Kriegszucht gleichen Karakter mittheilte. Freylich schien es grausam, tapfere Männer, welche dem eigensinnigen Glücke weichen, oder wie es in dem Anfange des Krieges geschehen, durch die Unvorsichtigkeit ihrer Führer in feindliche Hände fallen müssen, der Gefangenschaft zu überlassen. Die Vernunft gab ihnen dieses wohl zu erkennen; sie wollten aber, daß ihre Soldaten sich nur auf sich selbst verlassen, und mit blinder Tapferkeit den Befehlen ihres Oberhauptes folgen sollten, ohne eine Beurtheilung seines Verfahrens zu wagen. Sie fürchteten, wenn sie dieselben einmal mit dem Unglücke, oder der Unfähigkeit des Generals entschuldigten, so möchte es ihnen zum Vorwande dienen, bey andern

Plutarch.
Aachhaus

Gele-

Gelegenheiten ihre Feigheit durch gleiche Gründe zu beschönigen (a).

Die großen Grundsätze der römischen Staatskunst befestigten die Kriegszucht, und wenn sie in Verfall kam, so war es leicht ihr wieder aufzuhelfen. Gleichwie der Dictator eine schrankenlose Gewalt im Staate besaß, so war der General bey der Armee allmächtig; er vermehrte und verminderte die Strafen nach eigenem Willen, und konnte nach Willkühr Gesetze machen. Frontin * und Valerius Maximus † haben uns unterschiedene

* Stratagicon.
† de Disc. milit.

(a) Die römischen Gesetze, welche die Auslösung der Gefangenen untersagten, waren allerdings hart, weil nach dem damaligen Kriegsrechte die Gefangenen zu Sklaven gemacht wurden, wie solches noch itzt in den Kriegen der christlichen Mächte gegen die Barbaren, und der Maltheser gegen die Türken üblich ist. Die amerikanischen und alten africanischen Völker haben eben diese Gewohnheit, und wissen nichts von der Auswechslung, weil die Gefangenen den vornehmsten Theil der Beute ausmachen. Ein gleiches galt bey den Alten. Dennoch pflegten die Griechen sie bisweilen auszuwechseln. Wir finden einen Auslösungstractat zwischen dem Demetrius und den Rhodiern, wodurch das Lösegeld der beyderseitigen Gefangenen auf tausend Drachmen für den Soldaten, und auf die Hälfte für einen Sklaven gesetzt wurde. In den Kriegen gegen die Barbaren aber fand kein Kartel statt. Die Römer milderten ihre Gesetze ebenfalls in gewissen Fällen; sie nahmen ihre Gefangenen an, welche Porrhus aus Erkänntlichkeit gegen den Fabricius zurück sandte, als dieser ihm den Mordanschlag seines Arztes entdeckt hatte. Gleichwol straften sie dieselben, indem sie die Reuter unter das Fußvolk, und die schweren Fußknechte unter die Schützen stießen.

Thucydides.

schiedene Verordnungen des Scipio aus dem numantischen, des Marcus aus dem africanischen, des Marius aus dem cymbrischen Kriege (a) aufbehalten.

Weder die Höhe der Kriegswürde, noch die Geburt konnten vor den verdienten Strafen schützen. Wenn eine Republik scharfe Gesetze eingeführt hat, so werden sie darinn besser beobachtet als in einer Monarchie, weil der General nur dem Staate Rechenschaft schuldig ist, und die Uebertreter, wer sie auch seyn mögen, der Ahndung nicht leicht entrinnen können. An einem Hofe hingegen, finden die Großen allzeit Mittel, durch Ränke, durch ihre Verwandten und Freunde, oder durch die Güte des Fürsten, aus der Schlinge zu kommen. Die Kleinen allein müssen zu Schreckbildern dienen, und der Strenge der Gesetze Genugthuung leisten.

Der Consul Cotta sah sich während der Belagerung von Lipana zu einer Abwesenheit genöthiget. Bey seiner Rückkunft

―――――――――――――――――――
(a) Frontin berichtet uns, daß dieser General das überflüßige Geräthe abschaffte, und jeden Soldaten anhielt, aus seinem Geräthe und Proviant einen Ballen zu machen, den er an einer Gabel trug. Was er auch von diesem Gebrauche sagen mag, so finde ich ihn doch höchst unbequem: er war auch nicht von Dauer. Die Figur eines marschierenden Soldaten, der auf der trajanischen Säule vorgestellt wird, scheint mir unvollkommen. Man siehet den Degen auf der Linken, und der Soldat trug ihn auf der rechten Seite: Er führet auch weder Pilum noch Wurfspieße; gleichwol waren zu Trajans Zeiten die Soldaten noch wie unter Cäsarn bewaffnet, und es scheint nicht, daß der Gebrauch dieser Gabel bis zu ihm gekommen sey.

Rückkunft fand er die Werke zerstöret, und erfuhr, daß das Lager durch die Schuld seines Verwesers und Vetters Aurelius, bald wäre weggenommen worden. Er ließ ihn mit Ruthen streichen, und zwang ihn bey der Infanterie als gemeiner Soldat zu dienen. Eben so behandelte er einen Tribun, von einem der besten römischen Geschlechte, weil er seine Pflicht verabsäumet hatte. C. Titius, General der Cavallerie der sich schlagen lassen, und das Gewehr von sich gegeben hatte, wurde von seinem Oberfeldherrn verurtheilet, in einem zerrissenen Rocke einen ganzen Tag baarfuß auf dem Prätorial-Platze zu stehen. Er verbot ihm eine Zeitlang *Valerius* nebst dem Gebrauche des Bades, allen Umgang mit den *Maximus* Officieren, und machte ihn ohne militärische Bekleidung zu Fuße dienen.

* *discinctus.*
** *Praetorium.*

Die gelindeste Strafe für einen Officier der einen Hauptfehler begangen hatte, war daß er ohne Gürtel,* und ohne Degen vor dem Hauptquartier** stehen mußte. Die Reuter ließ man unter den Schwerbewaffneten, und diese unter den leichten Fußknechten dienen (†); eine Gewohnheit, die ich eben nicht für nachahmungswürdig halte (a). Sie mußten stehend essen, oder über die Verschanzung springen, wobey die ganze Armee ein Hohngelächter aufschlug. Man pflegte sie auch mit dem Stocke zu strafen; er war von wilden Reben, und wurde daher

---

(†) Auch bey den sächsischen Truppen werden die strafbaren Reuter und Dragoner an die Infanterie abgegeben.

(a) Da alle Arten des Dienstes gleich nützlich sind, so sollten sie auch in einem gleichen Ansehen stehen: Es wäre ein Zeichen von einer geringen Achtung für diejenige, die der andern zur Strafe dienen müßte.

daher Vitis genannt. Wenn ein ganzer Kriegshaufen sich schlecht betragen hatte, so bekam er seine Rundkost in Gersten, und mußte vor dem Lager wohnen, bis er seinen Fehler wieder gut machte: Ein sicheres Mittel die Ordnung und Wachsamkeit herzustellen, weil die Truppen in dieser Lage jeden Augenblick den feindlichen Anfällen ausgesetzt waren. Man entzog ihnen auch ihren Antheil an der Beute. Bey wichtigen Gelegenheiten mußten sie um den zehnten loosen; oft aber wurde diese Zehndung auf den zwanzigsten, dreyßigsten, fünfzigsten oder hundertsten Mann eingeschränkt. Jeder Soldat der von seinem Posten wich, oder sich auf der Schildwache überfallen ließ, hatte ohne Gnade das Leben verwürkt. Wer durch falschen Bericht eine Belohnung erschlich, wurde der schärfsten Ahndung unterworfen. Ich habe diesen Betrug nur allzuhäufig, aber auch nur allzuoft ungestraft gesehen.

Die Deutschen und fast alle andere Völker haben den Gebrauch des Stockes von den Römern entlehnet. Nur in Frankreich hat man geglaubt, daß die Ehre des Soldaten durch diese Strafe beleidigt würde, denn das National-Vorurtheil einen allzuhohen Grad der Schande beyleget. Hierauf hat man die Nothwendigkeit gestützet, sich mit dem Gefängnisse zu begnügen; eine Züchtigung, die den Alten unbekannt war, und mit verschiedenen Unbequemlichkeiten verknüpft ist. Ein Soldat der in der Garnison ins Gefängniß, oder bey der Armee auf die Lagerwache gesetzt wird, verderbt seine Kleider und läuft Gefahr, wegen der Unsauberkeit oder entblößten Lage des Ortes, in eine Krankheit zu fallen. Seine Kameraden sind genöthigt seinen Dienst und seine Arbeit zu verrichten; er verliert die Fertigkeit in den Kriegsübungen und die Zeit welche man zu seinem Unterricht verwenden könnte. Die geschwindesten Strafen sind immer die besten, und ich halte es nicht für unmöglich, den Nationalwahn zu vernichten, daß eine monatliche Gefängnißstrafe minder schmählich sey, als eine gewisse Anzahl Stockschläge, die in gehöriger Maaße und nach der Vorschrift des Befehlshabers ausgetheilet werden.

* bastonade.

Es kömmt nur darauf an, daß man einen andern Namen als Prügel *, oder ein Werkzeug gebraucht, das nicht völlig einem Stocke gleichet (†). Ich bin überzeugt, daß die Sache angehen würde. Der Marschall von Broglio, der in seinen letzten Feldzügen so schöne Policey-Verfügungen für seine Armee machte, hat solches mit gutem Erfolge versuchet. Die Menschen stoßen sich meist an den Wörtern, und es giebt kein Vorurtheil, das man nicht mit der Zeit und etwas Geschicklichkeit zerstören kann.

Die Feigheit in einem Gefechte, ist oft durch die bloße Entehrung bestraft worden. In Sparta waren die Flüchtlinge von allen Aemtern ausgeschlossen; es war eine Schande mit ihnen in Verwandtschaft zu treten, und man konnte ihnen ungestraft allerhand Beschimp-

---

(†) Die Fuchtel würde das natürlichste und bequemste Mittel seyn. Bey den ausländischen Regimentern der französischen Armee ist es ein Vorzug der Granadiers, mit dem Degen, und nicht mit dem Stocke bestraft zu werden.

schimpfungen zufügen. Zu Crotone zog man ihnen Weibskleider an, und gab sie drey Tage lang dem Hohngelächter des Volkes preis. Bey den Franken war die geringste Strafe für einen der seinen Schild im Stiche ließ, daß er von den Festen und Opfern ausgeschlossen wurde. Er war gleichsam von seinen Mitbürgern verbannet, bis er seinen Fehler wieder gut machte. Bisweilen begnügten sich die Römer sie wegzujagen, sie zu verweisen und ihre Dienste zu verachten. Dieß that der Senat nach der Schlacht bey Cannd gegen zehntausend Soldaten, welche die Flucht ergriffen hatten.

Die wichtigen Vergehungen gegen Pflicht und Treue, können nicht zu ernstlich bestraft werden, weil sie freywillig sind. Eine andere Bewandniß hat es mit dem Mangel an Herzhaftigkeit, welcher ein Naturfehler, die Würkung eines unglücklichen Augenblicks der Schwachheit, oder bey einem ganzen Haufen ein panischer Schrecken seyn kann. In diesem Falle sind Schande und Verachtung die beste Strafe, und diese Strafe ist entsetzlich, wenn ein Volk reine Sitten und eine starke mänuliche Denkungsart hat. Der Schuldige liest in allen Augen und auf allen Gesichtern den Eindruck seiner Schmach. Wenn aber die schnödesten unter allen Menschen, auf ihren Rang, ihre Geburt oder ihren Reichthum pochen dürfen; wenn sie von der Gesellschaft eine nach diesen Glücksgütern abgewogene Achtung erhalten; wenn man in Hinsicht auf diesen falschen Schimmer, die Niederträchtigkeit ihrer Seele vergißt, so ist es gewiß, daß alsdann die Sitten entartet, und alle Nerven des Staatskörpers erschlaffet sind.

In solchen Fällen sind ihm die gelinden, die ästhetischen Kuren unnütz; man muß ihn mit starken Arzneyen angreifen, bis er wieder eine feste Gesundheit erlanget hat.

Zwölftes

Zwölftes Hauptstück.

Von der Beute.

Das Verhalten der Truppen in Absicht der Beute ist ein sehr wichtiges Stück der Kriegszucht, das wir gleichwol verabsäumet haben. Die Römer wanten auf diesen Punkt die größte Aufmerksamkeit. Nach dem Treffen, oder nach der stürmenden Eroberung einer Stadt, wich der Soldat nicht von seiner Fahne, ehe der Befehl zum Plündern gegeben wurde. Alsdann besetzte ein Theil die Posten, oder blieb in Schlachtordnung, und der Rest gieng nach Beute. Was einem jeden in die Hände fiel, brachte er zu seiner Legion, und wegen der unverbrüchlichen Heiligkeit des Eides war bey den Alten kein Unterschleif zu fürchten. Der gesammte Vorrath wurde zu Loosen gemacht, und gleichförmig unter alle Soldaten vertheilt. Die Generals-Personen und Officiers hatten einen ihrem Range gemäßen Antheil. Polyb, der von dieser Einrichtung redet, kann ihre Vortheile nicht genug erheben: Er zeiget, wie geschickt sie war, die Truppen aufzumuntern, und die Unfälle zu verhüten, welche bey andern Völkern aus der Raubsucht entstunden. *Buch 10. Kap. 2.*

Die Strenge, womit die Römer diese Gewohnheit und das Gesetz beobachteten, den Truppen, die zur

Unterstützung oder im Rückhalt gebraucht worden (†), eben so wol als denen, welche gefochten hatten, an der Beute Theil zu geben, war in der That ein vortreffliches Mittel, die gute Ordnung aufrecht zu halten. Der Soldat verließ sich nicht, um etwas zu erhaschen, und fürchtete nicht, daß ihm andere zuvor kommen möchten. Bey uns geschiehet täglich das Gegentheil, welches eine Folge unserer Zuchtlosigkeit ist. So bald der Feind weichet, und das Schlachtfeld räumet, hat man alle ersinnliche Mühe die Truppen im Zaume zu halten; und wenn ihre Anführer es mit großer Marter dahin bringen, so zeigen doch die folgenden selten eben den Gehorsam. Hieraus entstehet der Misbrauch, daß, wenn die vordersten, welche den Angriff gethan, und am meisten gelitten haben, beysammen bleiben, die andern sich die Beute zueignen, und oft die Knechte und Troßbuben den besten Theil davon tragen.

Unter den Verordnungen, welche die Könige Franz I und Heinrich II zur Aufrechthaltung der Kriegszucht ergehen lassen, befindet sich auch eine über diesen Gegenstand. "Ein Soldat, heißt es, der bey einem Sturme, oder bey der Einnahme einer Festung, seiner Fahne und dem Siege nicht folgt, sondern der Beute oder anderm Gewinnste nachgehet, soll seiner Sachen beraubet, degradirt und von seiner Schaar geschlagt werden". Ungeachtet dieses strenge Gesetz nicht abgethan ist, und folglich noch gelten sollte, so hat es doch

Briquet
Tom. 2.
Tit. 5.

(†) Selbst denen, welche krank im Lager zurück blieben, ward ihr Antheil zugesprochen.

doch nicht den geringsten Nutzen. Ehe man in solchen Fällen die Strafe bestimmt, muß man die Belohnung fest setzen. Der Soldat muß, wie bey den Römern, versichert seyn, daß ihm sein Antheil aufgehoben, und nicht der Raub des Feigsten oder Gierigsten wird. Warum soll man in einer überrumpelten oder mit Sturm eroberten Stadt das Rauben, Schänden und Morden zulassen? Wäre es nicht besser alles zu erhalten, und die Plünderung gegen ein Lösegeld zu erlassen, das nicht zu stark seyn kann, weil, vermöge des Kriegsrechts, Gut und Leben in solchen Fällen dem Ueberwinder zugehören. Diese Summe müßte nebst dem Versteigerungspreise der feindlichen Geräthschaften und Pferde unter alle Belagerungs-Truppen also vertheilt werden, daß diejenigen, welche den gefährlichsten Angriffen beygewohnt, einen stärkern Antheil davon bekämen. Das grobe Geschütz, die Magazine und die Kriegskasse würde dem Fürsten anheim fallen. Es müßte aber die gewissenhafteste Treue bey dieser Austheilung obwalten, und kein Anführer seine Gewalt aus Eigennutz mißbrauchen.

Die Bewunderung der Gewissenhaftigkeit des Römers nöthiget mir das beschämende Geständniß ab, daß der Eid heut zu Tage nicht von solcher Kraft seyn würde: vielleicht ward er auch minder streng gehalten, als die Soldaten nicht mehr aus dem Kern der Bürgerschaft bestunden. Allein durch das angezeigte Mittel und die erneuerte scharfe Befolgung der obigen Strafgesetze wäre es allemal möglich, die Truppen im Zaume zu halten.

Die Gewohnheit, die Beute der Ueberwundenen auszutheilen, ist schon in den ältesten Zeiten üblich gewesen. Die Iliade liefert uns hievon unterschiedene Beyspiele. Moses schrieb den Juden dieserwegen ernstliche Gesetze vor, über welchen sie mit größter Strenge hielten. Da die besiegten Völker in die Leibeigenschaft fielen, so gehörten sie oft mit unter die Beute. Es ward auch allemal ein Theil der kostbarsten Sachen den Göttern gewidmet, der Rest aber verloost. Selbst die Diebe und Seeräuber beobachten bey ihren Theilungen die genauesten Regeln. Dieses beweiset, daß sie aus dem Gesetze der Natur herfließen, weil dieses der einzige Fall ist, wo sie die Gerechtigkeit nicht verletzen.

Der Krieg kann als eine durch das Gefühl der Ehre oder die patriotischen Pflichten veredelte Räuberey betrachtet werden. Vielleicht ist dieser Begriff ein Vorurtheil; es mag seyn; allein es wird niemals erlöschen, und kann Tugenden hervorbringen, wenn es nicht übertrieben ist, und rechtmäßige Bewegungsgründe hat. Jeder Bürger, der Waffen trägt, erlangt ein unstreitiges Recht auf die Beute und die Gefangenen; es ist daher unbillig ihn davon auszuschließen. Um ihn aber nach Maaßgabe seiner Dienste in den Genuß desselben zu setzen, wird die größte Ordnung und viel Kriegszucht erfordert. Beide sind zur Erlangung des Sieges nicht minder nöthig, welcher denen oft aus den Händen gerissen worden, die ihn für allzu gewiß gehalten, und sich ohne Vorsicht dem Plündern überlassen haben.

Als

Als die Franken in Gallien einfielen, beobachteten sie schon damals, wie alle Barbaren, in Theilung der Beute sehr strenge Gesetze. So mußte es bey einem freyen Volke seyn, das in der Absicht Land oder Reichthümer zu erwerben, die Waffen führte. Bey ihren Streifereyen ward nach einem Siege, oder nach der Eroberung einer Stadt, die gesammte Beute an einen bestimmten Ort zusammen getragen: zuerst wurde der Antheil des Befehlshabers ausgemacht, und hierauf jedem Soldaten der seinige durch das Loos bestimmet. In den folgenden Jahrhunderten findet man außer gewissen einzelnen Fällen, die nämliche Genauigkeit nicht; doch ist die Gewohnheit sich die Beute zuzueignen, und die Gefangenen auszulösen, immer üblich gewesen. Der Herzog von Sully gestehet, daß er bey der Plünderung der Stadt Villefranche in Perigord, von einem Greise, dem er das Leben gerettet, einen Beutel mit tausend Goldgulden erhielt. Der Ritter Bayard, der entweder reicher oder edelmüthiger war, wurde bey der Eroberung von Brescia verwundet, und in ein Haus getragen, welches er vor der Plünderung schützte. Er nahm zwar von seiner Wirthinn zwey tausend fünf hundert Dukaten an, welche sie ihm zum Lösegeld aufbrang; allein es geschah blos, um sie unter ihre beiden Töchter, bis auf fünf hundert Dukaten zu vertheilen, die er einem Nonnenkloster zudachte, welches am meisten gelitten hatte. Sein Leben ist mit ähnlichen Zügen angefüllt, aus denen die edelste Seele hervorleuchtet, und sein Antheil an der Beute kam fast immer den Soldaten zu gute.

Gregor. von Tours.

Der

Mem. de Monluc. Der Herzog von Monluk erzählt in seinen Nachrichten, daß er mit einem Hinterhalt auf einen jungen römischen Edelmann, Namens Marc-Antonio gelauret, der achtzig tausend Thaler Einkünfte hatte, wovon er einen Jahrgang zu seinem Lösegeld zu erobern hoffte. Er dachte die eine Hälfte seinen Officiers und Soldaten zu vertheilen, und die andere für sich zu behalten. Allein zu seinem größten Verdrusse mißlang ihm sein Anschlag.

Ueberhaupt suchte ein jeder Beute zu machen, die als eine Entschädigung für die Kriegskosten betrachtet wurde. Heut zu Tage ist über diesen Punkt nichts festgesetzt, ausgenommen unter den Freybeutern, die auf der See herum kreuzen, und bey den Partengängern, die den Streifkrieg führen. Es scheinet sonderbar, daß man in einem Jahrhunderte, dessen oberste Gottheit das Geld ist, sich gerade da, wo der Gewinnst höchst rechtmäßig wäre, so uneigennützig anstellt. Allein eben der Mann, der Bedenken trüge, einen Erschlagenen auf dem Wahlplatze zu durchsuchen, wird sich kein Gewissen daraus machen, eine Provinz auszusaugen, den König zu bestehlen, und den Preis des vergossenen Blutes der Soldaten an sich zu reißen. So scheuen gemeine Seelen zwar das Vorurtheil, aber zu gleicher Zeit schänden sie die Gesetze der wahren Ehre, so oft ihre Gewalt oder das Geheimniß sie der Strafloßigkeit versichern.

Die vormalige Gewohnheit, welche das Eigenthum der Gefangenen demjenigen zuerkannte, der sie gemacht hatte, war ein mächtiger Sporn für die Armeen. Der

Vor-

Vortheil des Lösegelds vereinigte sich mit der Ehre des Siegers. Dieses gab oft Gelegenheit zu großmüthigen Handlungen, indem der Ueberwinder seinem Gefangenen zum Zeichen seiner Hochachtung einen Theil oder die ganze Summe des Preises erließ. Der Muth, die Geschicklichkeit und das gute Glück, konnten Vortheile gewähren, die heut zu Tage nicht mehr statt finden. Itzt kostet der Krieg den Sieger eben so viel als den Besiegten. Wer hundert Städte erobern, hundert Gefechte oder Schlachten gewinnen half, kömmt gebückt, ausgemergelt, beraubt, und eben so arm, wo nicht noch ärmer nach Hause, als er ausgezogen war.

Die eingeführte Auswechselung macht, daß man sich heut zu Tage wenig darum bekümmert (†) gefangen zu werden. Hieraus entsteht eine große Schläfrigkeit, und ich kann sagen, daß ich Leute gesehen habe, die sich über diesen Zufall freueten, weil sie auf ihr Ehrenwort nach Hause zu kehren, und daselbst ihre Löhnung zu genießen hofften (a). Das französische Kriegsgesetz, welches

(†) Dieses ist vielleicht eine von den Ursachen, warum der König in Preußen sich schwerer als andere kriegende Mächte zu einem Kartel versteht.

(a) In einem Kriege zwischen den Illyriern und Macedoniern war die Freylassung der Gefangenen bisweilen um ein sehr geringes Lösegeld, oder vermittelst der Auswechselung auf beiden Seiten bewilliget worden. Perdillas bemerkte eine große Abnahme in der Standhaftigkeit seiner Truppen; er ließ daher kund thun, daß die Gefangenen in Zukunft der Gnade und Ungnade des Feindes überlassen werden sollten. Dieses brachte eine gänzliche Veränderung hervor. *Polyb. Buch 4. Kap. 10.*

welches einen Officier während seiner Gefangenschaft seines Ranges beraubet, ist also sehr gerecht; besondere Fälle ausgenommen, wo es gemildert werden kann.

Es scheint, daß vor Zeiten die gemeinen Soldaten, welche nicht lösbar waren, der Willkühr des Fürsten oder Generals so lange überlassen blieben, bis sie durch Auswechslung oder durch den Friedensvertrag ranzionniert wurden. Im zwey und zwanzigsten Artikel des Tractats von Dervin, heißt es: "Alle Gefangene die 1598. "durch ein Unglück des Krieges auf die Galeeren Ihro "Majestäten gekommen, sollen ohne Erlegung eines "Kost- oder Lösegeldes in Freyheit gesetzt werden." Der ein und zwanzigste Artikel, der die Officiers zu betreffen scheint, sagt, "daß die beyderseitigen Gefange- "nen gegen Bezahlung ihrer Zehrung und Schulden, "ohne Ranzion frey gelassen werden sollen, es wäre denn "eine verabredet worden, und falls wegen Uebertre- "bung derselben Klagen vorkämen, so sollen sie durch "den Fürsten des Landes, wo die Gefangenen verwah- "ret sind, abgethan werden."

Mithin fand selbst zu der Zeit, da man die Gefangenen los zu kaufen pflegte, auch die Auswechslung bey dem gemeinen Haufen statt, der denn Landesherren zugehörte, und man bestimmte zugleich das Lösegeld derjenigen, auf welche die Particularen ein Recht hatten. Dieses geschah aber nur beym Frieden, oder durch besondere Verträge, ohne daß eine vorläufige Abrede vorhanden war.

Die Gewohnheit die Gefangenen zu ranzionniren, ist mit den Schutzwaffen abgekommen. Die Verwandtschaft dieser beyden Dinge fällt nicht gleich ins Auge; z-
den-

dennoch hängen sie sehr genau zusammen. Vermittelst der Schutzwaffen fochten die zwo feindlichen Armeen in einem nähern Raume; sie geriethen hart an einander, und oft wurden sie gar vermenget: Folglich waren jedem Streitenden seine Thaten eigenthümlicher, und der Muth sowol als die Stärke konnten ihm Vortheile gewähren. Es sey nun aus dieser oder aus einer andern Ursache, so ist allemal gewiß, daß je nachdem die Streitart verändert, und das Feuergewehr den Handwaffen vorgezogen worden, auch die Zueignung der Beute und der Gefangenen aufgehört hat. Unter Ludwig XIII findet man zwar noch einige Beyspiele von Ranzionen; aber unter Ludwig XIV wird ihrer nicht mehr gedacht. Im Jahr 1666 kam zwischen Frankreich und Spanien ein Kartel zu Stande, welches bis 1670 dauern sollte. Es bestimmte die Auswechslung der Gefangenen nach der Gleichheit des Ranges, und im Ermanglungsfalle wurde von gemeinen Soldaten bis auf den Brigadier ein Monat Sold, für einen General-Major * drey tausend Livres, für einen General-Lieutenant sechs tausend, für den commandierenden Marschall vier und zwanzig tausend Livres zum Lösgeld angesetzt. Diese Regel ist nachher in ganz Europa ziemlich allgemein geworden: allein die bey ermangelter Auswechslung für jede Classe festgesetzten Ranzionen kommen nicht mehr in die Hände, welche die Gefangenen gemacht haben, sondern in die Kriegskasse, und dieses ganze Geschäfte wird durch Commissarien geführet, welche sich unter dem Vorwande des fürstlichen Interesse, auch der Beute bemächtigen, da doch dem Landesherrn selten etwas davon zu gute kömmt.

* Maréchal de Camp.

Drey-

Dreyzehntes Hauptstück.

Vom Ausreißen.

Das häufige Ausreißen hat in Frankreich den Wahn veranlaßt, daß es allein durch die Todesstrafe gehemmet werden könne: Es liegt aber am Tage, daß es seit dieser Zeit nicht abgenommen hat. Vielmehr ist aus der Contumazliste leicht auszurechnen, daß die Anzahl der Ueberläufer nie größer gewesen. Dieser Umstand wäre also der besondern Aufmerksamkeit des Hofes würdig. Wenn die französische Nation alle andere an Lebhaftigkeit, Leichtsinn und Unbestand übertrifft, so ist sie dagegen auch eines starken Eindrucks der Ehre und Schande fähig, und es gibt Triebfedern, wodurch sie sich sowol aufhalten als bewegen läßt. Ich bin nicht der erste, der gesagt hat, daß die Furcht des Todes nicht fähig ist einen Mann abzuschrecken, der sichs zum Berufe macht ihm zu trotzen. Wer sein Leben täglich gegen eine Löhnung von fünf Sols setzt. wird die Gefahr es zu verlieren nicht scheuen, wenn Eckel, Ungedulb, Mißvergnügen, eine Ungerechtigkeit, oder eine harte Begegnung ihn antreiben seine Freyheit wieder zu suchen. Die Soldaten suchen vielmehr einen Ruhm darinn, und verachten den, so blos durch diese Bedenklichkeit davon abgehalten wird. Es ist bekannt, daß die Memmen selten ausreißen. Ueberdieses sollen alle weise Gesetze die Strafen gegen das Verbrechen abwägen,

und

und ein Geseßgeber, der die Natur zu Rathe zieht, muß auf ihre erste Triebe zurück sehen. Ein Soldat der aus den obigen Bewegungsgründen davon geht, der sich im Rausch oder durch Verführung fortreißen läßt, hat lange nicht so viel Schuld, als der so mehrmals entlaufen ist. Jener ist ein bloser Schwindelkopf, dieser ein Schelm den die Gewohnheit verhärtet hat. Wenn also das Gesetz sie auf gleiche Art bestraft, so ist es ungerecht; es läuft wider jenen wichtigen Grundsatz, daß je gelinder die Strafen sind, desto leichter wird es das überhand nehmende Laster auszurotten, und jene nach der Größe des Verbrechens abzumessen.

Die Handhabung des Gesetzes scheint eben so fehlerhaft, als das Gesetz selbst. Ein Ausreißer wird in zweymal vier und zwanzig Stunden angehalten, gerichtet und verdammet, und das Urtheil ohne Aufschub vollzogen. Hierauf wird der Proceß nach Hofe geschickt. Wenn der Kriegsrath unrecht gesprochen hat, so bekömmt er einen Verweis, und die Richter müssen eine Geldbuße erlegen; allein der Mann ist allemal todt, und die Ungerechtigkeit vollzogen. Ist wohl ein Verhältniß zwischen dem Tode eines Unschuldigen und einem kleinen Wischer, den der unwissende oder eingenommene Richter empfängt? Zweymal habe ich Unschuldige auf bloße Muthmasungen verdammen gesehen, welche Affekt und Eigennuß als Beweisthümer betrachten: Ich habe Schuldige durch einen künstlichen Anstrich retten gesehen, weil es schöne Leute waren, die man ungern verlohren hätte. Diese Nachsicht diente weiter zu nichts, als daß noch viel andere fortliefen.

Ein Fürst der ein Vater seiner Unterthanen ist, behält sich in allen Fällen das Begnadigungsrecht vor; und verweigert der Unschuld die Mittel nicht sich zu rechtfertigen. Bey der bürgerlichen Justitz empfängt das Obergewicht das ihn vorstellet, diese Macht aus seiner Hand; hier aber entsagt der König seinem schönsten Majestätsrecht, und begibt sich aller Mittel seine Gnade zu gebrauchen, ja sogar der Ungerechtigkeit vorzubeugen. Da die Hauptleute noch die Rekrutierung zu besorgen hatten, konnten sie durch den Eigennutz aufgebracht, die Dinge leicht in einem falschen Lichte sehen. Gegenwärtig ist zwar weniger Gefahr dabey; doch dünkt mich, das Leben eines Menschen wäre wol so kostbar, daß man den General, oder Befehlshaber der Provinz, wenn er dem Kriegsrathe nicht beywohnet, wenigstens berechtigen sollte, das Urtheil zu untersuchen, und nöthigenfalls die Vollziehung desselben bis auf einen Bescheid vom Hofe aufzuschieben (†).

Bey einigen Völkern wird das erste Ausreißen, durch eine lange Gefangenschaft, oder mit dem Gassenlaufen, das zweyte mal durch die Sklavenkette bestraft. Das Todesurtheil ist in Vergrößerungsfällen, oder wenn bey überhand nehmendem Ausreißen ein Beyspiel der Strenge nöthig ist, ein höchst weises Verfahren, welches dabey noch

---

(†) Vor einigen Jahren bekamen die Regimenter Befehl, die Acten vor der Hinrichtung nach Hof zu senden; und seit dem wurden die minder schuldigen Ausreißer größtentheils mit dem bürgerlichen Tode, und der Verbannung in die Colonien bestraft. Die ausländischen Regimenter haben das Begnadigungs-Recht, und üben es häufiger aus als in vorigen Zeiten.

noch den Vortheil hat, daß Leute, die zur Sklavenkette, zu mühsamen Arbeiten, zur öffentlichen Schmach verurtheilt sind, ein sichtbares und bleibendes Schreckexempel darstellen, dessen Eindruck sich täglich erneuert. Ein hingerichteter Mensch rühret einen Augenblick; der Eindruck verschwindet auf der Stelle, und am folgenden Tage wird nicht mehr daran gedacht.

Ich rede hier nicht von den Ausreißern, die dem Feinde zulaufen; sie sind von allen Völkern und zu allen Zeiten nach der Schärfe bestraft worden, weil die Gesetze diesen Schritt immer als ein Hauptverbrechen betrachtet haben (a). Bey den französischen Truppen sind sie es nicht, welche zumal in Friedenszeiten die meisten Hinrichtungen veranlassen; gleichwol gibt es Fälle, wo der Strang sich auch bey diesen gar füglich in eine ewige Sklavenkette verwandeln ließe. Was hilft das Blutvergießen, wenn man von den Menschen noch einen öffentlichen Vortheil ziehen kann? Das Ausreißen wird durch die Umstände veranlasset, und vervielfältiget. Die elende Kriegszucht, der Müssiggang, der armselige Unterhalt, und oft die schlechte Wahl der Mannschafft sind

---

(a) Die Römer belegten sie mit verschiedenen Lebensstrafen, welche in der Wahl des Feldherrn stunden. Scipio Nasica befahl sie zu peitschen, und als Leibeigene zu verkaufen. Q. Fabius Maximus ließ ihnen die Hände abhauen. Paul Emil warf sie den Elephanten vor, und der afrikanische Scipio ließ sie kreuzigen. Das Ausreißen von einem Corps zum andern war bey den Römern, wenigstens bis auf die Zeiten der Kaiser, unbekannt; denn da die Aushebung durch die Wahl geschah, so hatte ein Soldat durch seinen Uebergang von einer Legion zur andern nichts gewonnen.

Val. Maxim. Buch II. Cap. 7.

sind ihre Quellen (†). Die Söhne eines guten Bauers, eines ehrsamen Handwerksmannes, bringen diese Gesinnungen nicht mit; sie erben sie aber in der Gesellschaft eines gebrandmarkten Landstreichers. Bey wohlbestellten Regimentern ist das Ausreißen seltener als bey andern.

Der Eid den die Alten von ihren Soldaten forderten, und mit einer gewissen Feyerlichkeit schwören ließen, wurde als die Grundfeste der Kriegszucht betrachtet. Dieser Gebrauch war den Griechen eben so heilig, als den Römern. Die Ceremonie geschah zu Athen im Tempel der Aglaura. Der neue Soldat schwur, daß er den Beruf der Waffen nicht entehren, noch sein Leben durch eine schmähliche Flucht retten, sondern bis auf den letzten Blutstropfen fechten, und seinem Vaterlande getreu

---

(†) Die Unzuverläßigkeit der Capitulationen, und der geringe Sold gehören unter die vornehmsten Ursachen des Ausreißens. Ein Soldat, dem man nicht Wort hält, glaubt auch sein Wort nicht halten zu dürfen, und so lang das Blut des Kriegsmannes nicht besser bezahlt wird als der Schweiß des Dreschers, der dabey in Freyheit lebt, so lang wird der Soldatenstand nicht als ein dauerhafter Beruf betrachtet werden. Wenn der Unterschied von ein paar Pfenningen die Soldaten häufig aus dem schlechtern Dienst in den bessern locket, so könnte eine Zulage von etlichen Pfenningen auch die meisten dieser Ausreißer ihrem Landesherrn erhalten. Zehn tausend Mann wohlbezahlte Truppen kosten vielleicht nicht mehr als zwanzig tausend, die weniger Sold haben, aber desto öfter durch Krankheiten und Desertionen abgehen: der bessern Wahl, die bey jenen statt findet, und der treuen Dienste, die man bey sonst gleichen Verhältnissen von ihnen erwarten darf, nicht zu gedenken.

getreulich dienen wolle. Das häufige Ausreißen der preußischen Truppen veranlaßte den König an alle Corps zu schreiben, um die Ursachen davon zu erfahren, und sich ausdrücklich zu erkundigen, ob man die ausgehenden Soldaten auch auf die Fahnen schwören ließe. Der König in Frankreich hat im Jahr 1761 die Beobachtung dieser Gewohnheit bey der ganzen Armee verordnet. Die Handhabung dieses Befehls ist von größter Wichtigkeit; und wenn nicht scharf darauf gesehen wird, so steht zu befürchten, daß er bald in Vergessenheit kommen werde. Die französische Nation hasset allen Pomp, alle Feyerlichkeiten, welche einer Sache Glanz und Majestät geben können; sie macht einen Scherz daraus, oder wird ihrer wenigstens bald überdrüßig. Daher kommen die wesentlichsten Verordnungen außer Acht, weil man nicht an die daraus erwachsenden bösen Folgen denket. Daher entsteht oft die Zuchtlosigkeit, die Duldung der Misbräuche, welche um desto größer und mannigfaltiger werden. Will man sie ausrotten, so macht das Gesetz zwar einen Augenblick Aufsehen, bald aber gibt es blos Gelegenheit, daß man Mittel und Wege sucht es zu übertreten.

Die Officiers müssen gleich den Soldaten den Eid ablegen; allein man begnügt sich ihnen die Gebühr davon abzufordern, und verabsäumet die Feyerlichkeit, vermuthlich weil man sich genugsam auf ihre Gesinnungen verläßt. Indessen liegt überaus viel daran, daß sie diesem Gesetz unterworfen, und zu dem Versprechen angehalten werden, nicht ohne Erlaubniß abzugehen, als wozu sie sich berechtigt glauben. Wenn der Landesherre

Trup-

Truppen im Frieden unterhält, wo sie ihm nichts nützen; so geschieht es um sie zu Kriegszeiten bey der Hand zu haben. Folglich kann man seine Dienste in dem Augenblicke, da er sie am nöthigsten braucht ohne Verrätherey nicht verlassen (†). Heut zu Tage ist der Franzose mehr aus Unruhe zum Kriege geneigt, als zu einer langen Führung desselben aufgelegt. Die ersten Beschwerlichkeiten schrecken ihn ab, und eine Menge Officiers entfernen sich von der Armee. In Kriege von 1733 war der Hof genöthigt, diejenigen welche das italiänische Heer verliessen, an den Pässen der Alpen anhalten zu lassen, und im Jahr 1742 mußte ein gleiches am Rheine geschehen. Ein Kriegsmann der aus Eitelkeit oder Muthwillen seinen Stand gewählt hat, wird selten was taugen. Wer als ein Weichling aufgewachsen, zum Müssiggange gewöhnt, stets mit seinem Vergnügen, mit seinem persönlichen Vortheil beschäftiget ist, hat nicht Standhaftigkeit genug, das Ungemach eines Feldzugs zu ertragen; es klaget, murret, und endlich zieht er aus. Bisher gab es eine Menge solcher Leute; in Zukunft dürfte ihre Zahl kleiner seyn, weil bey dem französischen Kriegsstaat eine bessere Wahl und Ordnung beobachtet wird, und unsere Jünglinge die große Wahrheit lernen, daß ihr Beruf Arbeit und Kenntniße erfordert. Paucos namque viros natura procreat, bona institutione plures reddit industria.

(†) Die Entweichung eines Officiers wird bey den Preussen in Kriegs- und Friedens-Zeiten als ein Hauptverbrechen bestraft.

Vierzehntes

Vierzehntes Hauptstück.

Von den Losungszeichen, und den verschiedenen Mitteln einander die Gedanken mitzutheilen.

Die Losungszeichen erfordern im Kriege die größte Aufmerksamkeit. Die Alten bedienten sich hierbey sehr feiner Kunstgriffe, wovon man im Polyb * oder in Rollins Geschichte † mancherley Proben findet, deren Erzehlung hier überflüssig wäre. Da sie übrigens insgesamt, auch diejenigen nicht ausgenommen welche Polyb hat verbessern wollen, ungemein verwickelt sind, so halte ich es für sehr schwer, sie wohl auszuführen, und gesetzt, daß man es dazu brächte, so könnten sie doch höchstens in einer Entfernung von drey Stundenmeilen dienen. Sie würden vornemlich in einem bergichten Lande brauchbar seyn; allein sie erfordern, wie gesagt, viele Zurüstungen und eine große Genauigkeit (a).

*Buch 10.
† Tome 5-

Die gewöhnlichsten Losungszeichen bestehen in der Aussteckung einer verabredeten Anzahl Fackeln. Durch dieses Mittel erhielt man die Nachrichten weit schneller als durch Boten. Die Kundschafter welche außerhalb

einer

(a) Herr von Beausobre erzählt in seinem Commentar über den Aeneas ein Mittel, dessen er sich bedienet hat, und welches jenen sehr nahe kömmt.

Aeneas Tacticus Kap. 6.

einer Stadt, oder einem Lager auf der Warte stunden, wurden bey den Griechen Hemeroscopi, und bey den Lateinern Speculatores genannt. Jeder Posten mußte wenigstens aus drey oder vier Mann, lauter geschickten und in dieser Kunst wohl erfahrnen Leuten bestehen, damit sie nicht betrogen werden, und falsche Nachrichten ertheilen möchten.

Bisweilen bildete man aus verschiedenen vor einander gestellten Posten eine Kette oder Leiter, die nach Willkühr verlängert wurde. Die Hemeroscopen stellten sich auf Anhöhen oder andere erhabene Oerter, als Thürme oder Bäume, so daß sie alle einander entsprechen konnten. Wollte man nun den Augenblick wissen, da der Feind die Gränze berührte, so gab bey seiner Ankunft der erste Posten seine Losung, welches nach und nach von allen andern fortgepflanzt wurde. Aeneas (a) drang sehr auf die Beybehaltung dieses Gebrauchs, damit man nicht unvermuthet übereilet werden, sondern Zeit finden möchte seine Maaßregeln zu nehmen. Er führt

(a) Aeneas, mit dem Zunamen der Taktiker, war ein Zeitgenosse Philipps, des Vaters Alexanders. Er hatte mit großem Beyfall über alle Theile des Krieges geschrieben; es bleibt uns aber nur noch eine Abhandlung von der Vertheidigung der Pläze übrig, davon Hr. von Beausobre eine vortreffliche französische Uebersetzung mit Anmerkungen heraus gegeben hat. Da nach Aelians Berichte alle Werke des Aeneas vom Cineas, einem Minister des Pyrrhus, abgekürzt worden, so ist die erstgedachte Abhandlung vermuthlich nichts als ein Theil dieses Auszuges, den die zerstörende Zeit verschonet hat. Wie sehr müssen wir nicht den Verlust der Urschriften beklagen!

führt unterschiedene Beyspiele zum Beweis ihrer Nothwendigkeit an." Wenn ein Befehlshaber einen Theil* seiner Truppen zu dieser oder jener Unternehmung aus der Stadt, oder aus dem Lager schickte, so erfuhr er durch dieses Mittel den guten und schlimmen Ausgang.

*Kap. 4.

Der Tag und die Nacht hatten ihre besondern Losungszeichen. Jene wurden durch einen dicken Rauch, oder andere deutliche Merkmaale, diese aber durch Fackeln gegeben. Auf diese Art lassen sich zwar verschiedene Dinge überhaupt, aber wenig Nebenumstände bezeichnen. Durch die Aussteckung einer Fackel konnte man z. B. wohl anzeigen, daß ein feindliches Corps in das Land eingerückt war; und durch zwo Fackeln, daß es aus Reiterey und Fußvolk bestund. Allein die Zahl der bryderley Truppen konnte man schwerlich bestimmen. Ward ein Vorposten angegriffen, so konnte er die Armee davon benachrichtigen; oder wenn eine Stadt den Feind anrücken sah, um sie zu belagern, so that sie es einer andern Bundesverwandten Stadt zu wissen. Ein gleiches geschah, wenn ein Aufruhr oder eine Staatsveränderung vorfiel; jedoch nur in so fern, als diese Begebenheiten erwartet, und die beyden Theile wegen der Benachrichtigungsart übereingekommen waren.

Diese Gewohnheit war allemal sehr nützlich, weil man die Hauptsache schleunig ankündigen und darauf die näheren Umstände durch Boten einsenden konnte. Wenn Dinge vorfielen, welche die Hemeroscopen durch keine Zeichen auszudrücken wußten, so fertigten sie einen der besten Läufer mit der Nachricht ab. War das Land zum schnellen Reuten bequem, so wurden den Hemeroscopen

copen Reuter zugesellt, wie wir es bisweilen mit unsern Infanterieposten zu halten pflegen. Die Alten haben sich auch besonders abgerichteter Eilboten bedienet. Die Griechen nannten sie Hemerodromi, und wir würden sie heut zu Tage Laufer heißen. Die Römer hatten auch welche, die eine außerordentliche Schnelligkeit besaßen.

Wir haben itzl verschiedene Hülfsmittel mehr als die Alten, um die entfernte Gedanken-Sprache zur Vollkommenheit zu bringen. Vermittelst der Fernröhre können wir die Gegenstände in einer ungleich größern Weite unterscheiden. So lassen sich durch eine veränderte Ordnung der Fahnen, durch den Unterschied ihrer Form, Größe, Farbe und Anzahl auf Kirchthürmen oder Anhöhen die Vorfälle des Krieges bezeichnen, und sogar ihre wichtigsten Umstände känntlich machen. Zur Nachtzeit haben wir außer den Fackeln und Pechkränzen, auch die Raketen, und wenn beyde Dinge mit einander verbunden werden, so können sie in Rücksicht auf die Umstände vielerley Sachen andeuten. Es kömmt nur auf eine genauere Bestimmung dieser willkührlichen Zeichen an, und es wäre sehr vortheilhaft, wenn wir uns darauf legten. Man würde in manchen Fällen wo die Langsamkeit oder die Untreue der gewöhnlichen Ordonnanzen großen Nachtheil bringen kann, weit schnellern Bericht erhalten.

Wenn zwischen dem ersten Orte, wo die Losung gegeben wird, und demjenigen wohin sie gelangen soll, keine Hinderniß ist, so läßt sich die Sache leicht bewerkstelligen. Ist aber, wie zwischen einer belagerten Stadt und

und der Entſatzarmee, oder bey einem durch den Feind
von dem Haupheere getrennten Corps, die Gemeinſchaft abgeſchnitten, ſo hat es ſchon mehr Schwierigkeit. Das in ſolchen Fällen übliche Mittel der Kanon-
ſchüſſe iſt vielen Mißverſtändniſſen ausgeſetzt, wie wir
bey der erſten Hochſtädter Schlacht geſehen haben. Wer *Haupſt.*
ſich derſelben bedienet, muß eine Zahl wählen, worauf *7. S. 35 ſq.*
er ſich nach der größten Wahrſcheinlichkeit verlaſſen,
und die ohne einen mehr als außerordentlichen Zufall,
ja zu keinem Irrthume verleiten kann. Man kann auch
gewiſſe Pauſen von einem Kanonenſchuſſe zum andern,
oder von zween zu zween, oder aber von drey zu drey
Schüſſen verabreden.

Der Commandant einer belagerten Feſtung kann
ſeinen Zuſtand und die Progreſſen des Feindes bey einem Angriffe durch Nachtfeuer auf Kirchthürmen oder
Warten zu erkennen geben. Erlaubt es die Lage des
Landes, ſo kann man ihm durch andere Feuer antworten; wo nicht, ſo muß man Leute beſtellen, die auf
bequemen Kirchthürmen oder Anhöhen welche anzün-
den. Auch hier laſſen ſich Raketen gebrauchen; allein
bey allen dieſen Gelegenheiten müſſen die Dinge, wovon man ſich unterrichten will, zum voraus beſtimmt
werden. Oft iſt es unmöglich, dieſe Maaßregeln zu
nehmen, oder die Ereigniſſe voraus zu ſehen. Eine
Stadt kann plötzlich umzingelt, eine Gemeinſchaft ganz
unvermuthet abgeſchnitten werden; dann iſt es nöthig
eigene Boten abzuſenden, die ſich durch die Feinde
ſchleichen müſſen. Hier entfaltet der Taktiker Aeneas
die ganze Verſchlagenheit des griechiſchen Genies, ſo
wol

wol in der Anweisung, die Kundschafter ohne Gefahr hindurch zu bringen, als auch ihre aufhabenden Nachrichten zu entdecken.

Das kürzeste Mittel wäre, wenn man Jemanden als einen Ueberläufer, oder unter einem andern Vorwande in das feindliche Lager schickte, der sich hernach in die Stadt werfen müßte. Allein wenn der Belagerte klug ist, so läßt er alle Ausreißer anhalten und scharf bewachen, bis sie anderswohin gebracht werden. Auf gleiche Art muß er mit denen verfahren, welche aus der Stadt kommen (a). Alle Reisende, die unter mancherley scheinbaren Ursachen ankommen, müssen ebenfalls ausgefragt werden.

Bis

(a) Durch diese Vorsicht wird man nicht nur die Boten, sondern auch die Kundschafter und alle diejenigen aufhalten, welche aus einer belagerten Stadt zu entlaufen scheinen, um an verschiedenen Orten des Lagers in die Magazine und bey den Arbeiten Feuer anzulegen, und dadurch einen Ausfall zu begünstigen. Hier ist anzumerken, daß, wenn bey einer Armee sich fremde Regimenter befinden, die durch Ausreißer recrutiert werden, der Feind hierdurch ein sicheres Mittel bekömmt, von den geringsten Bewegungen seines Gegners Nachricht einzuziehen. Er schickt Kundschafter aus, welche als verstellte Ueberläufer bey solchen Regimentern Dienste nehmen, und so bald eine wichtige Nachricht zu geben ist, entweichen, oder einige bestochene Soldaten zum Ausreisen bewegen. Es ist also rathsam, daß man alle Ueberläufer hinter die Armee verweise, und sie erst nach drey oder vier Monaten unter die Regimenter aufnehme, welche in den Linien oder in den bewohnten Festungen dienen. Wird in zwey verschiedenen

und

Bisweilen hat man Pfeile mit Briefen umwunden. Zu diesem Ende muß derjenige, so den Pfeil bey sich hat, sich ungesehen den Mauren, oder wenn es ein Lager ist, den Verschanzungen nähern, und ihn abschießen. Dann aber scheinet es, daß er eben so leicht Mittel finden könnte, sich in der Finsterniß der Nacht selbst hinein zu werfen. Dieses wäre also ein weit bequemeres Mittel, in einer feindlichen Stadt ein Verständniß zu unterhalten. Der Pfeil wird so geschossen, daß er an einem bezeichneten Orte niederfällt (a), wo wenige Leute hinkommen. Auf gleiche Art können die inwendigen Kundschafter Nachrichten ertheilen, indem sie Pfeile in das Lager werfen, oder auf Kirchthürmen und andern erhabenen Orten Feuerzeichen geben: daher muß man in einer belagerten Stadt diese Oerter sorgfältig bewachen, und Niemanden ohne Erlaubniß hinauf steigen lassen. Auf die Häuser, welche über die andern hervor ragen, und auf das Feld stoßen, oder Dach-Altane haben, muß man nicht weniger achtsam seyn. Denn

und entfernten Ländern Krieg geführet, so wäre es noch besser, die Ausreißer von einer Armee zur andern abzusenden, und diejenigen so von einer Gränze herkämen, unter ein Heer oder in Festungen zu stecken, die auf der gegenseitigen Gränze liegen.

(a) Nach des Aeneas Berichte ward ein solcher Pfeil in die Stadt Potidäa geworfen, wo sich eine Verschwörung entspann; er verlor seine Richtung, und fiel auf einen Einwohner, der davon verwundet wurde. Das Volk umringte ihn, nahm den um den Pfeil gewickelten Brief, der mit Federn bedeckt war, und brachte ihn der Obrigkeit, welche die ganze Verrätherey entdeckte.

Wenn ein Fluß durch eine belagerte Stadt fließt, kann man sich der Taucher bedienen, welche ihre Briefe in einem ledernen Beutel verwahren müssen. Da aber der Fluß durch starke Netze gesperret seyn möchte, so muß der Taucher ein schneidendes Werkzeug bey sich haben. Findet er eine Stackete, welche nur dem Wasser gleich oder doch nicht sonderlich hoch ist, so wird er leicht hinüber klettern können.

Man kann auch allerhand Nachrichten durch das Geläute der Glocken erhalten. Sie dienen vornehmlich bey den Verständnissen, die man in einer Stadt hat, um was darinn vorgehet, oder die zu einem Ueberfalle schickliche Stunde anzuzeigen. Daher muß der Statthalter ein wachsames Auge darauf haben, und wenn er einigen Argwohn hegt, alles Geläute ohne seine ausdrückliche Erlaubniß untersagen. Vornehmlich können die Glockenspiele vermöge ihrer abwechselnden Arien zu allerhand Nachrichten dienen. Selbst mit den Glocken, welche zu regelmäßigen Stunden, als um Mitternacht oder zur Frühmetten geläutet werden, läßt sich durch verabredete Töne vieles erkundschaften. Man darf zu diesem Ende nur einen Glöckner oder einen Priester bestechen.

Alle Nachrichten, welche man in Ermangelung der Losungszeichen geben will, müssen nothwendig durch Jemanden überbracht werden. Wenn dem Boten genugsam zu trauen ist, so darf man ihn nur mündlich belehren. Da dieses aber große Gefahr hat, weil er ein Verräther seyn, oder sich unrichtig erklären kann, so bedienet man sich gezifferter Briefe, vermittelst deren

ren der Spion den Inhalt seiner Botschaft nicht weiß: Wird er auch angehalten, und der Brief entdeckt, so kann der Feind eben so wenig daraus lernen. Man muß also hiezu Leute gebrauchen, die nicht verdächtig scheinen, und vermöge ihres Standes oder Berufes die Freyheit haben hin und her zu gehen; als Krämer, Bettler, Weiber, Priester, Mönche und Bauern, die Lebensmittel verkaufen. Der Brief, den man ihnen mitgibt, muß mit der größten Sorgfalt versteckt werden, um allen Nachsuchungen zu entwischen. Dieses kann durch tausenderley Kunstgriffe geschehen, worunter die ungewöhnlichsten die besten sind. Ich weiß einige, darauf noch niemand verfallen, und deren Entdeckung unmöglich ist.

Man kann eine unendliche Menge Ziffern machen, weil alle diese Zeichen willkührlich sind, und nur bestimmt zu werden brauchen. Cäsar hat sich der gewöhnlichen Buchstaben bedienet, aber den vierten für den ersten, den fünften für den zweyten * und so fort angenommen. Man kann eine arabische Ziffer, oder eine gewisse Anzahl Punkte an die Stelle jedes Selbstlauters setzen; dieses muß aber so geschehen, daß die Zahl mit der Ordnung der Vocalen nichts gemein habe (†), sonst würde das Räthsel nicht verdeckt, und der Brief leicht zu entziffern seyn. Man kann auch einen etwas langen Brief über gleichgültige Materien schreiben, und hin und wieder gewisse Buchstaben, die

* Sueton.

das

(†) Um von der Zifferschrift desto gewisser versichert zu seyn, muß man für jeden Vocal unterschiedliche Zeichen haben.

das Geheimniß andeuten, mit einem Pünktchen bezeichnen. Diese Pünktchen müssen blos unter dem Vergrößerungsglase sichtbar seyn, und die punktierten Buchstaben wechselsweis vom Anfang und vom Ende des Briefes gezählt werden. Man kann auch noch diese Wechselordnung abändern.

Bisweilen verfertiget man so künstlich eingerichtete Briefe, daß sie bey der ordentlichen Lesung nichts Geheimes zu enthalten scheinen. Der verborgene Inhalt ist erst alsdann merklich, wenn sie auf eine andere Art gelesen werden. Dennoch wäre der Schlüssel gar leicht zu finden, wenn man nicht wegen gewisser Worte überein käme, die aus jeder Zeile genommen werden müßten; als das zweyte der ersten Zeile, das dritte der zwoten, das vierte der dritten u. s. w. Noch sicherer wäre der Gebrauch einzelner Sylben; allein die Verfertigung solcher Briefe kostet allzu viel Mühe. Ich würde lieber gewisse Buchstaben in einem Buche punktieren, das man ohne Verdacht bey sich tragen kann, als ein Kalender, Katechismus, Gebetbuch, oder ein Brevier, wenn der Bote ein Priester ist (†).

Im

(†) Eine unauflösliche aber etwas mühsame Schrift würde heraus kommen, wenn man aus einem Buche, welches beide Correspondenten besitzen müßten, die Seite und Zeile anmerkte, wo die Worte stehen, auf welche der Leser verwiesen wird. Zur Erleichterung so wol als zur Sicherheit des Briefwechsels könnte man geschriebene Bücher von dieser Art aufsetzen, darinn ganze oder halbe Zeilen zu gebrauchen wären.

Im Aeneas kann man noch verschiedene andere Mittel zur Unterhaltung eines geheimen Briefwechsels nachschlagen. Es giebt sogar einige darunter, da derjenige, so man dazu gebraucht, keineswegs vermuthet, daß er der Ueberbringer eines Briefes ist, oder wenn er einen hat, er nicht weiß für wen er gehöret. Diese letztern dienen vornehmlich bey geheimen Verschwörungen, die man in einer Stadt, oder in einem Lande anspinnet. Sie schützen die Häupter des Verständnisses vor der Gefahr, durch die Verrätherey oder Unverschwiegenheit des Boten entdeckt zu werden. Man kann z. B. ein Zettelchen in einen Knopf, oder in die Schuhlasche eines Bedienten stecken, indem derselbe schläft. Man giebt ihm einen mündlichen Auftrag oder einen unverdächtigen Brief an die Person, zu der man ihn sendet. Indem der Ueberbringer schläft, nimmt diese das Briefchen, und steckt die Antwort in die nämliche Stelle.

Da die Alten gar oft auf Wachstafeln schrieben, so zeichneten sie mit einer sehr starken Dinte die geheime Nachricht auf das leere Blatt, überzogen es dann mit Wachs, und gruben ganz gleichgültige Dinge hinein, oder sie bedienten sich einer Dinte, die wenn sie getrocknet war, nicht ins Auge fiel; so bald sie aber ins Wasser gelegt wurde, ihre Farbe wieder bekam. Auch wir haben unsere sympathetische Dinte und andere ähnliche Mittel, die aber zu gemein sind, um sicher gebraucht zu werden (a). Das folgende scheinet mir besser zu seyn.

(a) Die sympathetische Dinte wird aus distillirtem

seyn. Man schreibt seinen Brief auf einen Bogen Zeichenpapier, und malt eine Figur mit Pastel darüber. Dieses Blatt giebt man einem Bilderkrämer, der es mit seinen übrigen Stücken vermenget. Man kann auch unter ein Dosen- oder Armband-Gemälde schreiben, dessen Farben so angemacht seyn müssen, daß sie sich leicht auslöschen lassen, wenn man die Schrift lesen will.

Die Lacedämonier bedienten sich eines schmalen Riemens von Leder oder Pergament, der in einer Spirallinie um einen runden Stab gewickelt wurde. In dieser Lage schrieben sie der Länge nach darauf; dann ward er abgerollt und dem Boten gegeben. Die Person welche den Brief empfieng, hatte einen Stab von gleicher Länge und Dicke, um den sie die Scytala wickelte. So hieß der Riemen, dessen sie sich zu den geheimen Verhaltungsbefehlen ihrer Heerführer bedienten. Wurde der Bote angehalten, so war es schwer die Scytala zu entziffern; denn man mußte den genauen Durchschnitt des Stabes wissen, worauf der Riemen gerollt werden sollte, um die Ordnung der Buchstaben herzustellen, und einen Verstand heraus zu bringen.

Es-

Essig und Silberglätte verfertigt, sie wird sichtbar, wenn man ein mit ungelöschtem Kalk und Operment benetztes Blatt darauf legt, oder mit einem in dieses Wasser getauchten Büschel Baumwolle darüber fähret. Es giebt noch eine andere Art dieser Dinte; man läßt nämlich Kobolt in *Aqua regia. Königswasser* auf, und gießt viermal so schwer Flußwasser hinzu. Was damit geschrieben wird, erscheinet in grüner Farbe, wenn man das Papier an das Feuer hält.

Es ist bekannt, daß man in Alexandria, Aleppo und andern asiatischen Orten Tauben zum Brieftragen gebraucht, indem man diese Vögel von dem Orte ihres Aufenthalts an denjenigen bringt, wo die Nachricht herkommen soll. Diejenigen, welche Junge haben, werden vorzüglich dazu auserlesen. Die Einwohner der Stadt Leiden, welche im Jahr 1574 von den Spaniern belagert wurden, bedienten sich dieses Mittels, um dem Prinzen von Oranien Nachrichten zu ertheilen. Man kann hierzu auch einen getreuen Hund wählen, und den Brief in sein Halsband verbergen. Muth und Umstände können noch eine Menge anderer Kunstgriffe an die Hand geben; allein ihre Erzählung würde dem Leser beschwerlich fallen.

Funfzehntes Hauptstück.

Von dem Losungsworte.

Das Losungswort, oder die Parole der Alten war so wohl als das Feldgeschrey, gemeiniglich von den Namen ihrer Götter, als des Jupiter, Merkur, Castor und Pollux, der Minerva u. s. w. entlehnet. Oft wurden ihre Beynamen, als Jupiter der Erhalter oder Führer, Mars der Schreckliche u. s. w. hinzugefügt. Diese Vorsicht war, zumal bey den Griechen, nöthig; denn weil ein Gott unterschiedene Benennungen hätte, denen bald diese, bald jene Völkerschaft den Vorzug ertheilte, so hätten in einer vereinigten Armee schädliche Irrungen hieraus entstehen können. Die geschickten Taktiker wollten auch, daß dieses Beywort sich auf die Natur der jedesmaligen Verrichtung bezöge. War von einem Ueberfalle die Frage, so sollte es Merkur der Betrüger, bey einer öffentlichen Unternehmung, Mars der Siegreiche, Jupiter der Donnerer seyn (†). Hierdurch wurde
den

_____

(†) So glaubt auch der Ritter Folard, daß statt des Namens eines Heiligen, der bey der französischen und den meisten andern Armeen mit der Benennung einer Stadt verbunden, das gewöhnliche Losungswort ist, wenigstens am Tage einer Schlacht, der Name eines großen Helden, eines Alexanders, Cäsars, Gustav Adolphs, Heinrichs IV u. s. w. eine weit bessere Würkung hervor bringen würde.

den Irrungen vorgebeuget, die von Seiten des Feindes aus der Wahl eines ähnlichen Namens entstehen könnten.

Zur Sicherheit einer Stadt oder eines Lagers ließ man es bey der bloßen Parôle, oder bey der Losung, die auf dem Täfelchen * stund, nicht bewenden. Es gab auch stumme Zeichen, welche die Griechen Parasynthemata nannten. Diese bestunden bald in der Abnehmung des Hutes oder Helmes, bald in der Art ihn aufzusetzen, wenn man ihn in der Hand hielt; bald pflanzte man die Picke in die Erde, oder nahm sie von einer Hand in die andere; bald rührte man das Kleid an, oder machte sonst allerhand erdichtete Gebärden. Dieses geschah des Tages; bey den Nachtrunden hingegen ward ein Geschrey oder ein besonderes Geräusch gemacht, indem man z. B. mit dem Fuße stampfte, oder die Hand auf den Schenkel schlug. Der so den Schlag empfieng, gab das erste Losungswort, und der andere das zweyte. Iphicrates wollte so gar, daß die Wache und die Runde besondere Parolen haben sollten. Dieses Kunststück, das Aeneas für gar sinnreich hält, kömmt mir ganz einfältig vor; denn wenn man ein Wort zu geben und ein anderes zu empfangen hatte, so mußte man ja beide wissen, welches eben so viel war, als wenn man nur eines gehabt hätte.

Man kann nicht zu viel Vorsicht gegen die Ueberraschungen des Feindes brauchen, denn ein Ueberläufer das Losungswort verrathen hat. Wenn ein Commando aus einer Festung oder von einer Armee abgehet, und eine Losung mitnimmt, um bey seiner Ankunft

* Tessera.
S. oben
§. 111.

erkannt zu werden, so kann der Feind, wenn es geschlagen wird, mit Gewalt oder mit guten Worten die Losung erfahren, einen Theil seiner Leute, welche an der Spitze marschieren, in die Kleider der Ueberwundenen verstecken, oder gar einen Gefangenen bestechen, der sich zu erkennen gibt, und auf diese Art selbst am hellen Tage einen Platz überrumpeln.

Wir geben unsere Parole den Feldwaibeln und Rottmeistern; eine höchst unsichere Gewohnheit. Es muß daher noch eine andere Losung damit verbunden werden, welches bisweilen geschieht: diese letztere aber sollten wir in gewißen Fällen nur dem Anführer des abgeschickten Haufens, den vornehmsten Officiers und denjenigen anvertrauen, welche dabey Majorsdienste verrichten. Der General oder Statthalter und sein Major sollen sie auch ihrer Seits für sich allein behalten. Wenn nun auch diesem Commando ein Unglück zustößt, oder wenn einer von denen, welche die Parole wissen, durchgeht, so kann der Feind dennoch nichts unternehmen; und wenn er sich zeiget, so wird er seine Vermessenheit theuer bezahlen müssen. Man kann auch bey solchen Gelegenheiten, oder bey den Runden, nach Art der Alten ein stummes Zeichen verabreden.

Wenn man das Zeichen zugleich mit dem Losungswort ausgäbe, so würde es nichts nützen, weil der entlaufene Feldwaibel oder Rottmeister beide mitnehmen, und den Feind davon unterrichten könnte. Folglich müssen die Zeichen für jede Runde verschieden seyn. Der Officier von der Wache muß sie allein wissen,

und

und die Runden selber vor sich lassen; der Rundierer aber bey dem dienstthabenden Major, oder bey dem Hauptmann der Wache sein Zeichen holen. Wollte man eine zweyte Parole damit verbinden, so müßte es auf gleichem Fuß geschehen. Dieses ist die einzige Art, da zwo verschiedene Losungen nützlich seyn können.

Wenn unsere Nacht, wie bey den Alten, in vier Nachtwachen abgetheilt wäre, so würde der Dienst weit mehr Ordnung dadurch erhalten. Dann würde in dem obigen Falle die Major oder der Officier der Hauptwache vier Zeichen, und eben so viel Losungsworte, und zwar ein besonderes für die Rundierer jeder Nachtwache aufgeben. Man bedienet sich in Frankreich runder kupferner Zeichen, Marons genannt, welche sehr gut sind, um zu erfahren, ob ein jeder seine Runde zur gesetzten Zeit gemacht hat. Wollte man sie aber auf die nurgedachte Art gebrauchen, und sie erst bey jeder Nachtwache austheilen, so würden sie ohne eine tägliche Abänderung nichts nützen, weil man sie sonsten nachmachen könnte. Wenn ein Lerm entstehet, so wäre es der Klugheit gemäß, das Losungswort zu ändern, so bald die Truppen sich auf ihren Posten befinden.

Die vier und zwanzig stündigen Wachen sind auch zu lang; man sollte sie in Tag- und Nachtwachen abtheilen; jene würde ich schwächer, die nächtlichen desto stärker einrichten. Die Schildwachen müssen allezeit gedoppelt, und in besorglichen Fällen dreyfach seyn. Ich würde sie in einen Triangel, und zwar alle drey weit genug von einander stellen, um sich nicht besprechen zu können. Einer unter ihnen müßte immer ein vertrauter Kerl seyn, und anstatt die Posten, wie gewöhnlich, beym Anfang der Wache ziehen zu lassen, würde ich sie nur im Augenblicke jeder Ablösung austheilen. Auf diese Art hätten sie keine Zeit sich zu unterreden, und ein Complot zu machen.

Aeneas schlägt ein Mittel vor, zu erfahren, ob die Wachen immer auf guter Hut sind. Der Commandant, oder ein anderer Staabsofficier soll eine hoch liegende Wohnung, oder nahe bey derselben einen Thurm haben, wovon er alle Theile der Stadt übersehen kann. Jeder Posten muß mit einer Laterne, und dieser Officier auch mit einer versehen seyn, die über den Thurm hinaus ragt. So oft er nun die seinige vorzeigt, müssen alle Posten die ihrige empor halten. Wenn einer fehlt, so ist es ein Zeichen, daß es nicht recht zugeht. Dieser Vorschlag würde sich ganz gut für eine kleine Festung schicken, aber in einer großen nicht wohl statt finden (†). Bisweilen läßt man die Schildwachen sich alle Viertelstunden zurufen, so daß die Stimme auf dem ganzen Umkreise des Walles von einer zur andern fortläuft (††); ein ganz guter Gebrauch, der aber die Verräther nicht hindern könnte, eine Schildwache zu tödten,

---

(†) Auch bey einem dicken Nebel könnte man wenig Vortheil davon erwarten.

(††) Diese Vorsicht ist besonders bey den preußischen Truppen zur Verhütung des Ausreissens auch in Friedenszeiten üblich, und hat ihren guten Nutzen.

tödten, und an ihrer statt zu antworten, indeß daß der Feind herauf klettern würde. Wenn mehrere Schildwachen beysammen sind, so geht dieses nicht mehr so leicht an.

So wie es dem Feinde möglich ist, das Losungswort zu erhaschen, kann er auch bisweilen das Siegel eines aufgefangenen Briefes abdrucken, der von dem Beschlshaber einer Festung oder eines Corps Truppen herrühret. Er könnte auch das Pettschaft nachmachen, und jenen durch einen falschen Bericht zur Abschickung eines Theils seiner Truppen verleiten, entweder um sie in eine Falle zu locken, oder um den durch die Abwesenheit dieses Commando geschwächten Posten zu überrumpeln. Die Statthalter der dem Feinde nah gelegenen Plätze, und die Befehlshaber der vornehmsten Quartiere können daher nicht zu viel Mistrauen hegen, und zu desto größerer Sicherheit sollten sie einander ihre Anschläge jederzeit in Ziffern mittheilen, oder wenigstens ihren Briefen geheime verabredete Zeichen beyfügen, von denen der Feind keine Kundschaft erhalten kann.

S 2 Sechs

Sechzehntes Hauptstück.
Von den Ritterzeiten und der damaligen Schlachtordnung.

Einleitung.

Dieses und die drey folgenden Hauptstücke sind vornehmlich zur Untersuchung des Kriegssystems, der Stellart und der Schlachtordnung unserer Vorfahren aus den Ritterzeiten bestimmt, welches bisher ein Räthsel für uns gewesen. Die Unrichtigkeit der alten Geschichtschreiber in dergleichen Erzählungen, die doch mit unnützen Dingen genug überladen sind; ihre Dunkelheit in Beschreibung der Märsche und Gefechte, wo man bey jedem Schritte anstößige Widersprüche findet, haben vermuthlich die Leser abgeschreckt, die auf die Versuchung gerathen sind, diese Gegenstände zu beleuchten, welche auch eben nicht für sehr wichtig gehalten werden. Mir aber, der ich mich mehr aus Geschmack als aus Ehrgeiz den militarischen Studien gewidmet, ist die Verabsäumung dieses Gegenstandes nicht gleichgültig gewesen. Anfänglich habe ich ihn aus bloßer Neugier untersucht; hernach aber durch die Bekanntmachung meiner Bemerkungen manchen Kriegsmann zu vergnügen gehofft, der weder meine Muße, noch meine Hülfs-

Hülfsmittel, aber eben so viel Begierde hat sich zu unterrichten. Ich glaube auch, daß man einigen Nutzen davon ziehen kann; daher habe ich unter der Menge der Schlachten, welche die französische Geschichte beschreibet, diejenigen ausgelesen, die mir zur Belehrung der Kriegsleute am tauglichsten geschienen. Wenn diese Gemälde, die ich meiner Nation vor Augen lege, sie an keine ihr rühmliche Begebenheiten erinnern, so muß man es darum keinem boshaften Kützel zuschreiben, ihr demüthigende Gemälde vorzuhalten: das sey ferne. Ich habe ihr vielmehr zeigen wollen, daß ihre blutigsten Niederlagen blos eine übertriebene und schlecht geleitete Tapferkeit, und einen Mangel an Kriegszucht zum Grunde hatten, wobey die ganze Schande auf die Unbesonnenheit ihrer Anführer zurück fällt. Vielleicht können diese Beyspiele zum Beweise dienen, daß der Karakter des Franzosen in allen Zeiten eben derselbe, nämlich ein Gemische von Eitelkeit, Hitze und Uebermuth war. Wenn seine Obern diese Mängel nicht durch Fleiß und Erfahrung verbessert, so haben sie ihn immer in Abgründe verführet; mithin werden meine Beschreibungen keine Muster, die man befolgen, sondern Fehler enthalten, die man vermeiden soll, und welche um so mehr Nachdenken verdienen, da sie aus der herrschenden Gemüthsart der Nation hergeflossen sind, welche noch itzt eben diese Würkungen hervor bringen kann, wenn wir das Unglück haben, mit eben so wenig Klugheit geführet zu werden.

Erster

Erster Abschnitt.

Vom Ursprunge der Ritterschaft. Kurzer Entwurf ihrer Gebräuche und Uebungen. Errichtung der Ordonnanz-Compagnien. Zeitpunkt der regelmäßigen Infanterie. Ihre Waffen.

Der Orden der alten Ritterschaft war der älteste von allen, und sein Ursprung ist schwer zu bestimmen. Nach der herrschenden Meynung wäre er im eilften Jahrhundert aus dem Gebrauche der Turniere entstanden, und dieser von den Saracenen auf uns gebracht worden. Allein der Hr. de la Curne de Ste. Palaye hat in einem Werke voll gründlicher Untersuchungen erwiesen, daß er weit älter ist, und daß wir den Ursprung desselben weit über die Zeiten der Capetinger hinauf rücken müssen. Wir finden, daß unter Ludwig dem Frommen bey seiner Versöhnung mit Karl dem Kahlen Kampfspiele [b Jouxes.] angestellt wurden, und daß Karl der Große, als er ihn zu sich nach Deutschland kommen ließ, ihm das Schwerdt umgegürtet, welches die vornehmste Feyerlichkeit bey der Aufnahme eines Ritters war. Es ist wahr, daß diese Ritterspiele oder Turniere erst im eilften Jahrhundert in Regeln gebracht wurden, und daß der Ritterstand nur erst alsdann die Form bekam, die er in den folgenden Zeiten behalten hat. Der angeführte Schriftsteller betrachtet ihn mit Grunde als eine politische Anstalt,

welche

welche zur Abhärtung des Körpers, zur Handhabung guter Sitten, und zur Unterhaltung der kriegerischen Neigungen diente.

So bald die in Europa wohnhaften Völker, die anfänglich nichts als eine schlecht bewehrte Infanterie waren, die Schutzwaffen einführten, und den Dienst zu Pferde vorzogen, mußten die Edlen nothwendig an Versammlungen einen Geschmack finden, wo sie sich zur Zeit der Ruhe in den Kriegsspielen * üben konnten. Man nannte sie so, weil sie in der That ein Bild des Krieges waren, indem man darinn die Waffen recht gebrauchen, sich wohl mit dem Schilde bedecken, die Lanze führen und fest im Sattel sitzen lernte. Auch die Kunstbewegungen wurden nicht vergessen. Verschiedene fest geschlossene Ritter schwadronirten mit einander, und übten sich, den Feind wie in einer Schlacht anzugreifen. Da diese Kriegsbeschäftigungen den ganzen Adel an sich zogen, und die Versammlungen sehr zahlreich wurden, so hielt man für nöthig, eine gewisse Policey, und zu deren Handhabung eine Anzahl Richter zu verordnen. Die ersten Gesetze hatten die Vollkommenheit nicht, die man ihnen in der Folge gab. Ein französischer Baron, Namens Gottfried von Pernilli, bekam im Jahr 1066 den Auftrag, die letzte Hand daran zu legen (a). Der zur Aufnahme

* Ludi militares. Belli praludia. Wilhelm Neuburg Buch 5. Kap. 4.

(a) In Deutschland hatte Kaiser Heinrich der Vogler sie bereits im Jahr 938 in Ordnung gebracht. Da die Ritterschaft in Europa allgemein wurde, so mußte jedes Volk auch seine besondere Rittergesetze haben, welche aber biß auf wenige Punkte alle mit einander überein kamen.

zur erforderliche Stand und Alter, die Waffen, die Art der Kämpfe und ihre Preise wurden fest gesetzt; verschiedene Ehrenstuffen und das Gepränge der Aufnahme bestimmt; auch sehr strenge Gesetze zur Handhabung der Subordination und der den Rittern schuldigen Ehrerbietung gemacht.

Die Cavalerie.

Es scheint daß es drey Ordnungen oder Stuffen der Ritterschaft gab. Die erste begriff die Herzoge, Grafen, Freyherren, und andere Personen des hohem Adels, welche hinlänglich mächtige Grundherren waren, um sich von fünfzig Reisigen und den Schildträgern, Edelknaben und Bogenschützen begleiten zu lassen, welche zu ihrem Gefolge gehörten. Dieses ward ein Panier

* Bannière.

genannt. Diejenigen welche diese Zahl von Vasallen nicht hatten, oder Afterlehen besaßen, versammelten

* Pennon.

ihre Leute nur unter einer Feldfahne* (a). Bey der Armee wurden verschiedene mit einander vereiniget, oder einem schwachen Panier zugeordnet. Die Ritter vom dritten Range waren lauter gemeine Lehnsträger oder andere Edelleute, die durch ihre ausnehmende Dienste und Tapferkeit, sich zu dieser Würde erhoben hatten. Wenn sie nicht commandierten, so fochten sie unter den

* Gendarmen.

Bannerherren im Gliede der sogenannten Ritterpferde.

Der

(a). Wenn ein Edler gleich das Panier-Recht hatte, so konnte er doch, so lang er nicht Ritter war, kein anderes Feldzeichen als die Fahne führen. Das Panier war viereckicht, die Feldfahne hingegen zugespitzt. Dieser Schweif wurde abgeschnitten, so bald man zur Stuffe eines Ritters gelangte. Der Heerführer verrichtete die Cerimonie.

zur Kriegskunst. 163

Der Innhaber eines Paniers oder einer Feldfahne, erhielt dadurch das Recht nicht, sie anzuführen, wenn er noch nicht Ritter war, indem diese höhere Stuffe unumgänglich dazu erfodert wurde. Man untergab sie den Befehlen eines erfahrnen Ritters; daher hatten die geheimen Edelleute nach Maasgabe der Hochachtung worinn sie stunden, ein Commando zu hoffen. Man stellte sie auch an die Spitze des Fußvolkes der Gemeinen, welche unter ihrem Pfarrpanier ins Feld rückten.

Der Unterschied zwischen diesen dreyen Gattungen von Rittern, rührte blos von der Natur der Lehen und von keinem würklichen Vorzuge her (a). Sie genoßen gleiche Vorrechte, wurden an die Tafeln der Könige gezogen, erhielten den Titel Messire, und die größten Ehrfurchtsbezeugungen von denen, welche diese Würde noch nicht bekleideten. Ich will mich bey der Beschreibung ihrer Aufnahme, und ihrer Vorzüge hier nicht aufhalten, da alle diese Dinge von mehrern Schriftstellern gesammelt worden (b). P. Daniel Milice franç.

Wenn

(a) Es gab auch noch Efter-Ritter, Bachellieri oder Bas-Chevaliers, welche verschiedene Schriftsteller für einen Mittelrang zwischen den Rittern und Schildknappen gehalten haben. Dieses ist aber nicht erwiesen, und für uns eben so unwichtig als verschiedene andere Namen, bey denen ich mich nicht aufhalten will.

(b) Die vornehmste Ceremonie der Aufnahme war der Schulterschlag mit dem blosen Schwerdte, nebst der darauf folgenden Umhalsung *, und die Anlegung der vergoldeten Sporen. Der Schildknapp durfte nur silberne tragen, und kein Gold auf sein Herrgeräthe setzen. Die * Accollade.

Gurt

Wenn der Fürst ein Kriegsheer versammeln wollte, so mußte jeder Lehnsmann, wie bereits gesagt worden, eine gewisse Anzahl Ritterpferde mit ihrem Gefolge ins Feld stellen. Der Reisige war ganz geharnischt. Er führte die Lanze, den Degen, einen Dolch und die Keule oder die Streitart, welche am Sattel hieng (a). Er hatte einen Edelknaben * einen Rittersknecht †, und zween Bogenschützen, welche alle zu Pferde waren. Dieses wurde eine vollständige Lanze genannt. Die Edelknaben und Knechte, * waren junge Edelleute, welche in

*Abhandl. von den Schutzwaffen.
* Page.
†Valet, ou Varlet.
* Armigeri, Famuli.

* Ceinture Gurt * war auch ein Stück der Ritterschaft. Sie bestund aus einem ledernen mit Edelgesteinen oder Goldblech besetzten Riemen, woran das Schwerdt * und das Streitmesser † hieng. Wenn ein Ritter sich einer Niederträchtigkeit schuldig machte, so wurden ihm seine Sporen mit einem Beil abgehackt. Vermuthlich löste man ihm auch die Rittersgurt ab; woher der Gebrauch, einem Soldaten, den man degradieret, das Degengehäng abzunehmen, gekommen seyn mag.

* Estocade
† Braquemart.

(a) Die Streitart gehört, wie schon mehrmals erwähnt worden, allerdings unter die besten Waffen. Wenn man der Reuterey den Karabiner wegnehmen wollte, so glaube ich, man könnte ihn nicht besser, als durch dieses Gewehr ersetzen, dessen Schaft drey Fuß halten müßte. Die Officiers der Cavallerie sind über die Form des Pallasches niemals einig gewesen. Etliche wollen ihn lang und spitzig, andere kürzer und zum Hiebe geschickt haben. Die Wunden des ersten sind gefährlicher, aber seine Länge kann im Handgemenge Unordnung verursachen. Er kann leicht zerbrechen, und dann würde die Streitart seine Stelle vertreten.

in der Abſicht dienten, um zur Würde eines Schildknappen * zu gelangen, welche Stuffe ein jeder betreten   * Ecuyer.
mußte, ehe er Ritter werden konnte. Sie waren leicht
bewaffnet, das iſt, ſie trugen keinen Viſierhelm, noch
das vollſtändige Panzerhemd, und führten keine Lanze.
Sie mußten gleich den Schildknappen, um und bey
dem Ritter fechten, und ihm gewiſſe Dienſte leiſten, als Milice
ſein Schlachtpferd halten, ihm ſeinen Speer und Schild franç.
tragen, wenn er ausruhen wollte, und während dem   Tome 1.
Gefechte die Gefangenen hüten. Die vornehmſte Geburt   p. 133.
konnte keinen dieſer ſtuffenweiſen Beförderung überheben: Die jungen Edelleute pflegten ſogar in den Häu-
ſern der Ritter, gleich den Pagen unſerer Fürſten,
Dienſte zu nehmen (†).

Jeder Ritter oder Speerherr hatte alſo ein Gefolge
von vier bis fünf ſtreitbaren Leuten; denn die Ordnung
iſt nicht immer buchſtäblich beobachtet worden. Ueberdieſes hatte jeder Lehnherr eigene Gebräuche oder Frey-
heiten, wobey auch vieles vom Grade ſeiner Macht
abhieng. Da die Geſchichtſchreiber bey Berechnung
eines Heeres nur immer die Zahl der Lanzen, und bisweilen die Menge der Bogenſchützen angegeben haben,
ſo kann man wegen der übrigen nichts gewiſſes verſichern (a). Nur ſcheint es, daß jedes Glied Reiſige
weniq-

(†) Ein Ueberbleibſel dieſer Gewohnheit hat ſich noch
in Pohlen erhalten.

(a) Nur die aufmerkſame Leſung der alten Geſchichtſchreiber und die Vergleichung mehrerer Stellen kann dieſe

wenigstens ein Glied Edelknaben oder Schildknappen hinter sich hatte, weil jene oft in einem einzigen Gliede fochten. Waren es nicht, so stunden sie dreißig bis vierzig Schritte von einander. Doch findet man häufige Gelegenheiten, wo die Lanzenglieder sich fest zusammen schlossen; und ich sollte bald glauben, daß der Gebrauch, die Reisigen in vierzig Schritt weit geöffnete Glieder zu stellen, so wie der Bestandfuß der Lanze, erst zu Karl VII Zeiten festgesetzt worden.

Das Glied der Lanzen enthielt lauter Reisige, welche aber darum nicht alle Ritter waren. Auch der Schildknapp wurde darunter aufgenommen, wenn er nur Stärke genug besaß, die Rüstung zu tragen und Proben seiner Tapferkeit abgelegt hatte. Es gab sogar gewisse Ritterlehen *, welche ihren Trägern dieses Recht ertheilten.

* Fiefs de Haubert.

Die ritterlichen Anfangsübungen waren, eine gewisse Weite, ohne still zu stehen, zu Fuße zu laufen, eine sehr schwere Keule zu schwenken, in voller Rüstung eine Leiter hinauf zu klettern, eben so auf ein großes Pferd ohne Steigbügel zu springen, mit demselben zu voltieren und sich herum zu tummeln. Da man die Reisigen oft zu Fuße brauchte, so ward bisweilen der Angriff eines Postens, ein Sturm, die Ersteigung einer Mauer vorgestellt. Diese Kriegsspiele wurden Castillen genannt, welches Wort im Französischen noch

Histoire du Mr. de Boncicaut.

itzt

Materie in einiges Licht setzen. Dennoch bleiben immer Zweifel über manche Gegenstände übrig, die zum Glücke von keiner großen Wichtigkeit sind.

ihr einen Streit oder Zank bedeutet. Es ist leicht zu ermessen, wie sehr die Gewohnheit, sich in voller Rüstung im Kämpfen zu üben, den Körper abhärten und seine Kräfte nähren mußte. In dieser Absicht sind jene Zeiten mit den griechischen zu vergleichen, da die Leibesübungen, als das Fechten, das Ringen, das Pankratium (†), das Wettrennen zu Fuß, zu Pferd oder mit Wagen, so hoch geachtet und zur Bildung der Krieger so beförderlich waren. Der Ruhm, den die Helden der öffentlichen Spiele davon trugen, glich der Ehre, die den siegreichen Rittern der Turniere zu theil wurde. Nichts konnte mehr zur Anfachung des Wetteifers und zur Vermehrung der Tapferkeit beytragen. Der Vortheil, bey prächtigen Festen bewaffnet zu erscheinen, herrliche Geschenke, öffentlichen Beyfall und allerhand Gunstbezeigungen von Frauenzimmer (a)

Aa 2   zu

___

(†) Das Pankratium war eine Verbindung des Ringens mit dem Cästus oder Handgefechte, wobey die Kämpfer starke lederne, mit Bley oder Eisen beschwerte Riemen an die Hände schnallten, und so einander nach den Köpfen schlugen. Eine andere Art des Pankratiums, welche auch Volutatorium hieß, bestund darinn, daß die Fechter sich auf der Erde herum wälzten, und einander zu lähmen, ja wohl gar zu erwürgen suchten.

(a) Der Franzos ist zu allen Zeiten ein Sklave der Weiber gewesen. Sie herrschten in den Turnieren, ermunterten die Kämpfer durch die Hofnung eines Geschenkes; sie schmückten sie mit ihren Leibfarben, und theilten die Preise des Siegers aus. Die Begierde ihnen zu gefallen, darf die Krieger wohl anreizen, wenn jene sich
durch

zu erhalten, waren noch weit größere Bewegungsgründe, als die Verbindlichkeit, seine Lehnspflicht zu leisten.

Dieses war bis auf Karl VII die Form des französischen Kriegsstaats, der mit der politischen Verfassung zusammen hieng. Die Ritterschaft machte die vornehmste Stärke der Armeen aus; die von den Städten und Landgemeinen aufgestellte Infanterie wurde wenig geachtet, und diente blos zu einem unnützen Geschleppe. Die genuesischen Bogenschützen, welche die Könige in Sold nahmen, und einige Schaaren Armbrustschützen hatten etwas mehr zu bedeuten. Dennoch scheint es nicht, daß man sie in den Schlachten sonderlich zu gebrauchen wußte.

Die langwierigen Kriege, welche die Nation seit Philipp von Valois bis auf Karl VII gegen die Engländer zu führen hatte; die unglücklichen Schlachten bey Crecy, Poitiers und Ajincourt; die innerlichen Unruhen unter Karl VI verheerten das Königreich, und rieben einen Theil des Adels auf; der Rest war verarmet, und nicht mehr im Stande den Krieg auf eigene

durch Verdienst derselben würdig machen, und fähig sind den wahren Ruhm zu fühlen. Es scheint daß man damals einen ziemlich richtigen Begriff davon hatte. Die vornehmste Geburt, die erhabensten Titel wurden der durch Tapferkeit erworbenen Ritterwürde nachgesetzt. Diese Denkungsart entfernte sich weit von dem Schwindel unserer Stutzer, welche in der Weichlichkeit erzogen, mit ewigen Läppereyen beschäfftigt, sich blos mit dem Ruhme ihrer Ahnen und einer Geburt brüsten können, die sie oft entehren.

ne Koſten zu führen (a). Dieſes bewog Karl VII. nach hergeſtellter Ruhe eine neue Reuterey * unter dem Namen der Ordonnanz-Compagnie zu errichten. Sie beſtund, wie die erſte, aus Edelleuten. Jeder adeliche Reuter ſollte drey Schützen, einen Schildknappen oder Schwerdtträger * und einen Edelknaben oder Ritterknecht mit ſich führen. So beſtunden die Lanzen aus ſechs Pferden, und die Compagnie begriff hundert Lanzen. Es wurden fünfzehn dergleichen Compagnien aufgeſtellt, deren Anführer die Vorzüge der Geburt mit dem Ruhme ihrer Dienſte vereinigten. Nachher iſt ihre Anzahl größer, und ihr Beſtandfuß geringer, als von ſechzig, fünfzig und auch nur fünf und zwanzig Lanzen geweſen. Die Könige nahmen auch verſchiedene leichte Cavalleriſchaaren in Sold; und von den Reuterſchützen, die bey der Lanze ſtunden, ward ein beſſerer Gebrauch gemacht. Sie mußten gar oft abſteigen, um Graben, Zäune, Anhöhen oder bedeckte Poſten zu beſetzen. Philipp von Commines ſagte: Man könne ihrer in den Schlachten nie zu viel haben, und wollte ihnen nur elende Klepper geben, auf de-

* Gendarmerie. 1444.

* Coutiliers.

Buch 1. Cap. 3.

nen

(a) Es hatten ſich ſogar verſchiedene Edelleute unter die Compagnien der ſogenannten Landfahrer oder Freybeuter geworfen. Dieſes war ein Raubgeſindel, welches das Land verheerte. Man gebrauchte ſie aus Noth; ſobald aber der Staat Luft bekam, ſuchte man ihrer los zu werden. Da Karl V nicht wuſte, wie er ſie vom Halſe ſchaffen ſollte, erbot ſich du Gueſclin ſie Heinrichen von Traſtamar nach Spanien gegen ſeinen Bruder Peter von Caſtilien zu Hülfe zu führen.

* Routiers brabançons.

nen sie nicht fechten, sondern blos fortgebracht werden
sollten: doch waren sie, gleich unsern Dragonern, zu
Pferde sowol als zu Fuße sehr gut zu gebrauchen.

* Francs-
archers.

Was die Infanterie betrifft, so warb Karl VII eine
Art von Miliz unter dem Namen der Freyschützen *
an, weil sie die Steuerfreyheit genossen. Ludwig XI
schaffte sie ab, und nahm sechs tausend Schweizer in
Sold, welches die ersten waren, die ihr Vaterland verließen, um auswärtigen Fürsten zu dienen. Er errichtete auch ein anderes Corps französischer Infanterie
von zehntausend Mann, bey denen er, nach dem Beyspiel der Schweizer, die Picke einführte. Karl VIII
fügte Landsknechte hinzu; eine Gattung deutscher Fußvölker, die lange Zeit weit besser waren als die französischen,
und bediente sich auch einiger italiänischen Campagnien.
Endlich warb Ludwig XII Nationalschaaren, unter dem
Namen der Banden an, welches vom Worte Banda
herkam, das unter den griechischen Kaisern gebräuchlich
war. Die Ausländer hießen die ihrigen Fähnlein,
weil jede Schaar nur eine Fahne hatte. Ihr Befehls-

* Capitai-
ne.
a Général
en chef.
b Sergents
généraux
de bataille
e Maréch.
de camp.
d Mestres
de camp.

haber führte den Namen Hauptmann *, der mehr galt
als heut zu Tage der Titel eines Obristen, weil solche
Stellen nur erfahrnen Officieren zu Theil wurden, und
diese niemanden als den Oberfeldherren a, die General-
Feld-Wachtmeister b, und einen Lager-Marschal e über
sich hatten (†). Hernach kamen die Obristen d auf,
welche lange Zeit die einzigen Officiers waren, die den
Haupt-

(†) Der Name Capitaine hat in Frankreich lange so viel
als

Hauptleuten vorgiengen. Wurden verschiedene Banden oder Fahnen zusammen geschlossen, so ließ man sie durch einen solchen Obristen commandiren. Da diese Vereinigung, welche anfangs nur zufällig war, und bloß den Feldzug über dauerte, ein anhaltender Gebrauch wurde, so sind daraus die Regimenter entstanden (†). Da es wenig Kriegsschlüsse gab, wurden sie desto höher geachtet, und der Rang eines gemeinen Soldaten machte selbst einem Adelichen Ehre. Es fanden sich viele, welche die Stellen der Feldwebel*, Rottmeister** und Gefreyten † versahen. Erst nach bewährten Diensten erhielt man eine Fahne, und von dieser stieg man zur Lieutenantswürde.

Mil. Fr. Tom. I. p. 252.

* Sergents
** Caps d'escadre.
† Lancepessader.

Der Adel fieng also unter Ludwig XII an zu Fuße zu dienen, und unter den zwo folgenden Regierungen, wurde die Anzahl der Infanterie merklich vermehret. Außer denen von Karl VII errichteten Freyschützen, waren die wenigen besoldeten Fußvölker ziemlich schlecht bewaffnet, und wurden daher auch gar nicht geachtet: Alsdann aber bekamen sie mehr Ordnung und Einförmigkeit. Der Fußknecht trug den offenen Helm, der nach seiner verschiedenen Form verschiedene Namen führ-

als General geheißen, und noch in unsern Tagen wird er oft in dieser Bedeutung gebraucht.

(†) Ihr Ursprung fällt ins Jahr 1558, da Heinrich II König in Frankreich die ersten errichtete. Sein Vater Franz I hatte die Banden in Legionen vereinigt. Die Ordonnanz-Compagnien wurden erst unter Ludwig XIII zu Cavallerieregimentern gemacht.

führte (a). Die Picknierer trugen den Brust- und Rückharnisch, welcher das Streit-Wamms* genannt wurde.

*Corcelet

Ludwig XI hatte den Bogen abgeschafft, und nur die Armbrust beybehalten. Dieses Gewehr war eine Erfindung Richards des Löwenmüthigen, Königs von England, welcher, der gemeinen Sage nach, damit getödtet wurde. Wahrscheinlich ist es eben das, was die Alten Arcubalista oder Manubalista nannten. Sie war von dem Bogen darinn unterschieden, daß sie einen Kolben zum Anschlagen und einen Schaft mit einer Fuge hatte, um den Bolz darauf zu legen. Die Armbrust wurde durch Sehnen vermittelst einer Winde gespannt. Sie hatte eine Nuß um die Spannung zu halten, und eine Feder zum los drücken. Unter allen Wurfgewehren der Alten, hat dieses am weitesten und am schärfsten geschossen. Als Richard es wieder hervorsuchte, hielt man es für so mörderisch, daß eine lateranische Kirchenversammlung den Gebrauch desselben untersagte; dennoch ward es überall eingeführt.

Veges Buch 4. Cap. 22. S. oben S. 58.

Die Büchsen* kamen unter Ludwig XII auf, oder besser zu sagen, sie wurden damals verbessert, und mit diesem Namen belegt; dann schon zu Ludwig XI Zeiten waren sie unter dem Namen der Schlangen* gebräuchlich. Man findet, daß vor der Schlacht bey Murten sich unter dem Heere der Schweizer und ihrer Bundsgenossen,

*Arquebusen.

*Couleuvrines.

(a) Diese Namen waren: pot en téte, salade, caballet, & bourguignote, wie wir B. 1. in der Abhandlung von den Schutzwaffen gesehen haben.

gewoſſen, eilf tauſend Picken, zehn tauſend Hellebarden, zehn tauſend Schlangen, und vier tauſend Reuter befanden. Unter Franz I wurden ungefähr ein Drittel Arkebuſirer gegen zwey Drittel Pickenträger gezählet, aber doch immer noch einige Armbruſtſchützen brybehalten. Die Engländer haben den Bogen und die Armbruſt erſt unter der Regierung Jacobs I abgelegt. Die Hälfte der Infanterie, welche die Königinn Eliſabeth Karl IX liefern ſollte, beſtund aus Bogenſchützen.

Mem. de
Commines
Liv. 5.
Chap. 2.

Zweyter Abſchnitt.

Von der Form der alten Schlachtordnungen; Erklärung der damals üblichen Kunſtwörter. Stellung der beyden Armeen in der Schlacht bey Avray.

Ich habe die Ritterverfaſſung blos in Rückſicht auf das Kriegsweſen betrachtet; es wäre zu weitläuftig, und von keinem beſondern Nutzen geweſen, wenn ich mich in die Beſchreibung der Turniere und der verſchiedenen Arten der Kämpfe eingelaſſen hätte. Diejenigen, deren Neugier ſich bis dahin erſtreckt, finden Mittel genug ſie zu befriedigen (a). Nun will ich von der

Aa 5

takti-

(a) Seit Karl VII giengen die Turniere nicht mehr ſo häufig im Schwange; dennoch erhielten ſie ſich bis auf

Heinrich

taktischen Anordnung reden, und einige Schlachten beschreiben, welche am geschickteſten ſind einen Begriff davon zu geben.

Bis nach der Regierung Heinrichs IV pflegten die Franzoſen in einer einzigen Linie von zwey oder drey getrennten Corps nebſt einem Rückhalt zu fechten. Da es noch keine regelmäßige Infanterie gab, hatten die damaligen Fußknechte keinen ausgemachten Poſten auf der Linie. In den zahlreicher Armeen der Könige Philipp Auguſt bey Bouvines, Johann bey Poltiers,

Philipp

Heinrich II. Man weis daß dieſer Prinz bey einer ſolchen Gelegenheit am rechten Auge tödtlich verwundet wurde. Im folgenden Jahre kam auch der Herzog von Montpenſier in einem Kampfſpiele durch einen Pferdeſturz ums Leben. Dieſe Zufälle beſchleunigten ihre Abſchaffung. Die ritterlichen Befehdungen * oder Zweykämpfe auf Tod und Leben * nahmen bey nahe zu gleicher Zeit ein Ende. Sie waren immer durch die Kirchengeſetze und ſelbſt durch die Könige verbothen; allein die Gewohnheit behielt die Oberhand, und oft waren dieſe letztern dabey gegenwärtig. Zu einer Zeit, da man die Fürſten ſammt ſeinem Hofe und eigene Kampfrichter zu Zeugen hatte, konnte der Eitelkeit noch eine Art von Ehre daraus erwachſen. Itzt aber, da der ganze Vortheil auf die verſtohlne Rächung eines Privatſtreits hinaus läuft, ſoll die Tapferkeit einen ihrer ſelbſt und eines guten Bürgers würdigern Schauplatz ſuchen. Wenn bey aller Strenge der Geſetze das Vorurtheil noch immer beſtehet, ſo iſt es ein ſtarker Grund die Gelegenheiten zu Zänkereyen zu vermeiden. Dieſes war vielleicht keine der geringſten Urſachen, warum unſere von Natur hitzige und ſpöttiſche Nation ſich der Höflichkeit befliſſen hat.

* Cartel de Chevalerie.
* à Outrance.

Philipp von Valois bey Crecy, wozu die Miliz der Gemeinen das meiste beytrug, sind keine Spuren einer förmlichen Anordnung zu bemerken. Diese Truppen waren so wenig geachtet, daß die Ritterpferde auf die man sich allein verließ, fast immer an der Spitze stunden. Das Fußvolk blieb dahinten, wie wir bey Crecy sehen werden, oder seine Stelle ward ihm ohne Rücksicht auf einige Kunstbewegung nach Maaßgabe des Erdreichs angewiesen. Als man seinen Nutzen besser einsah, so suchte man es mit größerer Sorgfalt abzurichten. Vermuthlich haben die Schweizer Europa gelehret, wie furchtbar eine gute Infanterie werden kann (a). Unter Kaiser Karl V und seinem Nebenbuhler Franz I welche sie aus Pickenträgern und Arkebusierern zusammen setzten, erwarb sie sich einen glänzenden Ruhm. Von dieser Zeit an machte sie den zahlreichsten Theil der Armeen aus. Inzwischen wurde noch nichts an der alten Schlachtordnung geändert. Das Fußvolk vermischte sich mit der Reuterey, und was eine Wär-

tung

(a) Diese Nation hat immer zu Fuß gefochten. Zu einer Zeit da die Macht der europäischen Fürsten in schwerer Reuterey bestund, hatte sie den Muth ihr Trotz zu bieten; und that es oft mit dem besten Erfolge. Vor ihnen hatte man auch die Niederländer mit lauter Infanterie, welche Picken führte, im Felde gesehen. Allein diese ungeübten Völker waren bloß durch den Geist des Aufruhrs angespornt, der endlich unterliegen mußte. Die Schweizer hingegen, welche die weiseste Staatskunst mit den Kriegstugenden verbanden, haben ihre Freyheit behauptet, und sich bey ihren Nachbarn in Achtung gesetzt.

lung der Kunst schien, war in der That nichts als ein altes Herkommen. Dieses kann man von den Treffen bey Ravenna, bey Cerignole, bey Dreux, bey St. Denis und Moncontour sagen. In der Schlacht bey Jvry bemerkt man mehr Freiheit: Die mit Bataillonen und Schwadronen vermischte Stellordnung Heinrichs IV war regelmäßig und sehr wohl überlegt (a).

a Batailles
b Avant-garde.
c Corps de milieu ob. bataille.
d Arriére-garde.
e Bataille

Die Armeen wurden also gemeiniglich in drey Corps abgetheilt, denen man den Namen Schlachthaufen oder Treffen *a* gab. Das erste wurde Vordertreffen *b*, das zweyte Mittelheer *c*, das dritte Hintertreffen *d* genannt. Man sagte auch erstes, zweytes, drittes Treffen. *e* Diese Benennung kam daher, weil bey den Märschen die in einer Colonne geschahen, das Corps der Rechten voran gieng, worauf das Mittelheer folgte, und die Linke den Zug beschloß. Allein diese beyden Anordnungen im marschiren und schlagen sind fast immer verwechselt worden; daher kommen so viele schaale Beschreibungen, welche ein Leser, dem diese barbarische Kriegssprache nicht geläufig ist, mit genauer Noth verstehen kann. Damals gab es keine regelmäßige Gesetze der Stellordnung. Selbst die besten Feldherren wußten nichts als was sie durch die Uebung lernten, oder was

(a) Die verlohrnen Kinder der Infanterie und die Karabiner oder andere leichte Reuter, die man voranschickte, um das Treffen zu eröffnen, müssen nicht für eine Linie gehalten werden. Wer sie dafür ansehen wollte, würde sehr wenig Kenntniß der Taktik verrathen. Ich habe an seinem Orte den Wahn einiger Kriegsschriftsteller widerlegt, denen diese Methode fehlerhaft geschienen.

was sie nach reifer Ueberlegung für Ort und Umstände am schicklichsten fanden. Die Geschichtschreiber jener Zeiten waren die elendesten Köpfe unter der Sonne: Weitläuftige, unausstehliche Schwätzer, welche eine Schlacht erzählt zu haben glaubten, wenn sie viel einzelne Begebenheiten aufgethürmt, die Namen einer Menge von Rittern durchgemustert, und die Tapferkeit der Fürsten und anderer Großen gepriesen hatten. Da sie die Kriegsgebräuche nicht wußten, so beschrieben sie die Stellung der Armeen auf eine zweydeutige und unverständliche Art, wie noch die meisten heutigen Geschichtschreiber zu thun pflegen (a). Es ist daher leicht zu erachten, daß es keine geringe Arbeit gewesen, dieses Chaos zu entwickeln, und aus einer so dicken Finsterniß ein einiges Licht zu ziehen.

Wenn Froissard die Schlacht bey Aulroi oder Aoral erzählet, sagt er, daß die Armee des Grafen von Monfort in drey Treffen gestellt war, wovon jedes aus fünf hundert Reisigen* und vierhundert Bogenschützen bestanden habe. Es befand sich auch ein Rückhalt von fünf hundert Pferden dabey, den er den Hinterzug* nennet. Kurz hernach sagt er, diese Treffen seyen

Froissard Theil 1. S. 243.

Hommes d'armes.

Arrieregarde.

(a) Die so sich auf die historische Kunst legen, sollten zuerst allemal die Anfangsgründe der Taktik erlernen. Alsdann würden sie in ihren Beschreibungen nicht Blinden ähnlich seyn, die den Pinsel führen wollen. Man vergleiche die Thaten des Königs Sobiesky, welche der Abt Coyer erzählet, mit einer Menge andern, so wird man sehen, wie angenehm und nützlich es ist, einen sachkundigen Schriftsteller zu lesen.

seyen hintereinander geordnet gewesen. Hieraus sollte man schließen, daß es drey Linien waren: Aber gleich im Anfange des Gefechtes sieht man, daß ein jeder von diesen Haufen einem Treffen Karls von Blois entgegen stund, denen gleiche Ordnung zugeschrieben wird (a). Bertrand du Guesclin, der das erstelsfranzösische führte, hatte Robert Canolle, den Befehlshaber des letzten Treffens der Gegenparthey vor sich. Der Graf von Auxerre, welcher das Haupt des zweyten war, stund dem Schlachthaufen Oliviers von Clisson gegen über, welcher ebenfalls das zweyte seiner Barthey unter sich hatte, und Karl von Blois, der dem dritten vorstund, bekam das Corps des Grafen von Montfort zu bestreiten. Obgleich der Geschichtschreiber die Rechte und Linke einer oder oder der andern Parthey verkehret, so sieht man doch klar, daß beide Theile in einer Linie stunden, wovon jede drey abgesonderte Corps und im Rücken eine Reserve hatte. Da das Treffen des Grafen von Montfort anfänglich sehr mishandelt wurde, so kam ihm sein Rückhalt zu Hülfe, und stellte das Gefecht auf dieser Seite wieder her. Die Barre der französischen und britannischen Reisigen von der Parthey Karls von Blois waren sehr fest geschlossen, und die

Glie-

Ebendas. S. 284.

Ebendas. S. 286.

Ebendas. S. 343.

(a) Karl von Blois und der Graf von Monfort stritten sich um das Herzogthum Bretagne. Der eine war von den Franzosen, der andere von den Engländern unterstützt. Als alle beyde in diesem Kriege gefangen worden, sah man ihre Gemahlinnen ihn mit heldenmüthiger Tapferkeit fortsetzen. Die Gräfinn von Monfort überstund die Belagerung von Henneband, that Ausfälle und fochte mehrmals in voller Rüstung an der Spitze ihrer Truppen.

Glieder so gedrungen, daß man, wie der Geschichtschreiber sagt, kein Ey hätte unter sie werfen können, das nicht auf eine Degenspitze gefallen wäre. Dieses hinderte sie, ihre Schützen, wie sonst gewöhnlich war, voran zu schicken (a), wenn sie nämlich welche hatten; denn es wird ihrer nicht gedacht. Die Engländer hingegen und die Britannier des Montfort stunden in lockern Gliedern, und jeder Reisige war von seinem Edelknechte begleitet. Zwischen den Pauleten Kupf. 6, hatten sie Oeffnungen gelassen, um die Schützen hin- Fig. 1. ein zu werfen, welche auf der Fronte waren: diese gaben ihre Lage, und traten sodann in die Lücken, wo sie unter den Reisigen fochten (b). Nach dem ersten Lanzenrennen griffen beide Theile zur Streitaxt, und geriethen mit alle der Wuth hintereinander, die der Partheygeist einflößt (c). Es wurden zu beiden Seiten
große

(a) Jedes Panier bildete seine Schwadrone. War es zu schwach, so wurden mehrere zusammen gestoßen. Ein gleiches geschah zur Zeit der Ordonnanz-Compagnien. Selten ließ man Zwischenräume, wenigstens waren sie sehr schmal. Doch wurde den Schützen die sich hinter der Linie stellten, ein Durchweg auf die Fronte geöffnet.

(b) Si getterent ces archers leurs arcs jus, qai etoient fort compagnons & légers; se bouterent entre les hommes d'armes, & viudrent à ces François de Moultgrand volouté.

(c) Die beyden Armeen waren sowol wegen einiger gethanen Vergleichsvorschläge, als weil ein Bach zwischen ihnen floß, einige Zeit gegen einander gestanden. Endlich gab Karl von Blois wider den Rath des du Guesclin Befehl,

große Heldenthaten verrichtet; endlich aber mußte Karl von Blois den kürzern ziehen; er starb mit dem De-

1364. gen in der Faust, und sein Tod machte diesem langwierigen Krieg ein Ende. Die Ueberwundenen erlitten einen beträchtlichen Verlust, weil sie acht starke Meilen weit bis an die Thore von Rennes verfolget wurden.

In der Schlacht bey Cocherel, wo Bertrand du Guesclin den Karl von Evreux, König von Navarra, schlug, dem die Engländer beystunden, waren die beyden Armeen ebenfalls in drey abgesonderte Corps in gleicher Linie geordnet. Die Engländer und Navareser hatten einen vortheilhaften Posten inne, wo sie hofften angegriffen zu werden. Du Guesclin, dem die übrigen französischen Befehlshaber insgesammt das Ober-Commando aufgetragen hatten, war zu geschickt, um diesen Fehler zu begehen; er machte vielmehr eine Bewegung, als wollte er über den Ebro zurück kehren, den er hinter sich hatte. Der stolze Feind verließ seinen Posten, und rückte in die Ebene herab. "Die „Vögs sind gefangen, rief du Guesclin, sie kommen „in unser Netz geflogen". Plötzlich sammlete er sich,

6ten May dehnte sein in drey Haufen gestelltes Heer aus, griff den
1364. Feind an, und erhielt einen vollkommenen Sieg.

1369. Die Schlacht bey Navarret in Castilien, welche zwischen Dom Pedro dem Grausamen, und Heinrichen von
Hist. du P. Trastamar vorfiel, war auch zu beiden Seiten gleich ge-
Daniel, & ordnet. Heinrich wurde geschlagen, und du Guesclin,
Histoire de
l'Abbé der die französischen Hülfsvölker anführte, mußte sich
Choisy
pag.165. gefangen geben. Sieben-

sehl hinüber zu sehen. Hier muß ich anmerken, daß im Plane die Glieder der Edelknechte oder Schildknappen durch punktierte Linien hinter den vollen bezeichnet sind.

Siebenzehntes Hauptstück.

Schlacht bey Crecy.

Wenn man bey den vorigen Gefechten überzeugt wird, daß die drey Schlachtcorps eine einzige Linie ausmachten; so gibt es auch verschiedene Beyspiele, welche es außer allen Zweifel setzen, daß sie hinter einander stunden. Alsdann aber war die Lage des Erdreichs, welches keine Ausdehnung verstattete, oder die stürmische Hitze der Feldherren schuld daran, die sich nicht Zeit nahmen, die nöthigen Anordnungen zu treffen (a). Die Schlachten bey Crecy und Azincourt gehören in diese Klasse.

Die erste ist eine der berühmtesten aus der französischen

(a) Bisweilen hat man Armeen in vier Schlachthaufen gesehen; die Fälle sind aber selten. Der gemeine Gebrauch war in dreyen oder auch nur in zweyen. In diesem Betrachte stellen wir uns noch auf die alte Art; weil aber die Infanterie die Mitte, die Reuterey die beyden Seiten einnimmt, so hat man für diese den Ausdruck Flügel gewählt, der mit dem lateinischen Ala übereinkömmt. Um die Fronte mit der Höhe nicht zu vermengen, braucht man das Wort Linie und sagt die erste, zwote, dritte Linie, oder die Reserve. Die Namen Vorderzug und Hinterzug, oder Vor- und Nachtrab sollen nur in der Marschordnung statt finden.

schen Geschichte, und ein deutlicher Beweis des Vortheils, den ein kaltblütiger und wohl gelenkter Nationalcharakter über einen blinden und von der Klugheit verlassenen Muth geben kann.

1345. Der König von Engeland, Eduard III, der seine Ansprüche auf die französische Krone mit unermüdetem Eifer durchzusetzen suchte, war mit vier tausend Reisigen, zehn tausend Schützen zu Fuß, und zwanzig tausend andern, theils irrländischen, theils waliſchen Fußknechten in der Normandie gelandet (a). Sie hatten Caen und verschiedene andere Plätze erobert und geplündert. Hierauf näherten sie sich Paris, und verheerten die ganze Gegend bis an die Thore dieser Hauptstadt mit Feuer und Schwerdt. Weil er aber nichts gegen sie unternehmen konnte, gieng er zu Poissy über die Seine, und schlug sich in das Gebiete von Boulogne, um Calais zu erreichen, welches er belagern wollte. Da alle Pässe der Saone bewacht waren, so wurde er an zweyen Orten zurück geschlagen; als er aber hörte, daß der Fluß bey Blanquetaque, zwo Meilen unterhalb Abbeville, zur Zeit der Ebbe eine Furth

---

(a) Die Macht der Engländer hat immer mehr in Fußvolk als Reuterey bestanden, welches nicht wenig zu den großen Vortheilen beytrug, die sie seit Philipp von Valois bis auf Karl VII gegen Frankreich erhielten. Ihre Schützen waren vortrefflich, ihre Provincial-Völker tapfer, und noch ziemlich wohl abgerichtet. Die Franzosen hingegen setzten ihr einziges Vertrauen auf ihre Reißigen, und schleppten dennoch ganze Schwärme von Landmiliz nach, welche nie etwas taugte.

zur Kriegskunst.

Furth hatte, so begab er sich dahin, und bemeisterte sich dieses Passes, welcher von tausend Reisigen und vier tausend Fußknechten vertheidiget wurde. Indessen folgte ihm Philipp von Valois mit einem großen Heere auf dem Fuße, und gieng unmittelbar nach ihm an gleichem Orte über den Fluß. Der König in England sah wohl, daß er sich würde schlagen müssen; und um es mit Vortheil zu thun, erreichte er eine Höhe bey dem Dorfe Crecy in der Grafschaft Ponthieu. Seine Linke lehnte sich an den Wald (a), seine Rechte an ein mit Weinbergen, Zäunen und Hohlgräben durchschnittenes Erdreich, welches er noch mit Verhacken spickte. An einigen Orten ließ er auch seine Fronte damit verdäuern. Seine Armee, welche merklich abgenommen hatte, ward in drey Corps abgetheilt, welche man hier Linien nennen kann. Die erste begriff acht hundert Reisige, und zwey tausend Schützen, welche eggenförmig * auf die beyden Flanken (1) gestellt waren. Die zwote bestund ebenfalls aus acht hundert Reisigen und zwölf hundert Schützen. Eduard, der seinem vierzehnjährigen Sohne den Ruhm dieses Tages zueignen wollte, stellte ihn an die Spitze der ersten Linie. Die zwote war zu ihrer Unterstützung bestimmt. Die dritte sparte er zum Rückhalt, und begab sich auf den Gipfel der Anhöhe (2), um alles zu übersehen, und zur Unterstü-

*eh hierzu
Kupf. 6.
Fig. 2.

Bb 2   tzung

(a) So lautet die Beschreibung des Froissard, nach welcher auch der Plan gezeichnet worden. Er kann sich aber wohl darinnen haben. Neuere Schriftsteller melden, Eduards rechter Flügel habe sich an den Wald gelehnt, welches auch des Sage des Dritten gemäßer ist.

zung aller benöthigten Orte bereit zu seyn (a). Er ermahnte seine Truppen, Speise zu nehmen und auszurasten, und nicht von ihrem Posten zu weichen, mit der Versicherung, daß sie von der französischen Tollkühnheit alles erwarten könnten. In der That eilte Philipp auf ihn los, weil er glaubte er flöhe, und besorgte er möchte ihm entwischen. Er war von Abbeville aufgebrochen, und hatte diesen Tag sechs Stunden Weges zurück gelegt. Ein Ritter des Königs von Böhmen (†), der die Stellung der Engländer beobachtet hatte, rieth ihm,

Chronlq. de Froissard chap. 128, 129 & 130.

(a) Es ist leicht zu erachten, daß die Schützen des zweyten und selbst des dritten Corps sowol als ein Theil der irländischen Infanterie zur Besetzung der auf den Flanken (3) befindlichen Gräben und Verhaue gebraucht worden. Eduard hatte bey seinem Rückhalt sieben hundert Reisige und zwey tausend Schützen. Der Geschichtschreiber kann sich gar leicht in der Zahl der Bogenschützen geirret haben, welche auf der Fronte weit nützlicher waren. Vielleicht aber fürchtete Eduard auch im Rücken angefallen zu werden, wo er seinen Troß hatte. Dieses wäre sehr schwer gewesen: Seiner Linken hätte man nicht anders als hinter dem Walde her, seiner Rechten über den Fluß Authie beykommen können, welcher nicht weit von seiner Flanke entfernt war.

(†) Johann, König von Böhmen, der dem Könige Philipp Hülfe leistete, war achtzig Jahr alt, und des Gesichts beraubt; er ließ die Zügel seines Pferdes zwischen die Pferde zweener seiner Ritter binden, und wagte sich so in das Treffen; er wurde mit ihnen getödtet. Des folgenden Tages fand man die drey Leichname und die drey zusammen gekuppelte Pferden auf der Wahlstatt.

ihm, seine abgematteten Truppen ausruhen zu lassen, und den folgenden Tag zu erwarten, um Zeit zu haben seine Schlachtordnung zu veranstalten. Der König billigte diesen Rath, und befahl den beyden französischen Marschällen ihm nachzukommen. Die vordersten Paniere wurden aufgehalten; allein die folgenden sagten, sie wollten auch so weit vorrücken als die ersten, und setzten ihren Marsch fort. Die vordersten, welche glaubten, daß man sie ohne Grund warten ließ, brachen wieder auf, so daß sie den Feinden ganz nahe kamen. Der König, der durch diese unverzeihliche Widerspenstigkeit zum Treffen gezwungen wurde, befahl, die genuesischen Bogenschützen, deren fünfzehntausend waren, an die Spitze zu stellen. Man ließ ihnen aber keine Zeit sich zu ordnen, und, der Vorstellungen ihrer Anführer ungeachtet, nöthigte man sie anzugreifen. Die Engländer machten eine kleine Bewegung, um auf sie loszugehen, und so bald sie nahe genug waren, drückten sie ihre Pfeile ab. Die schlechtgeordneten Genueser, welche noch überdas durch die Schimpfreden des Grafen von Alençon aufgebracht waren, hielten keinen Augenblick Stand. Sie wichen zurück, warfen ihre Bogen weg, und ergriffen die Flucht. Da sie auf die nachkommende Reuterey fielen, so befahl der König sie niederzuhauen. Man gehorchte ihm; aber es diente blos die Unordnung zu vermehren. Zu gleicher Zeit näherten sich einige Haufen (4) der wallischen und irrländischen Infanterie, die zwischen der ersten Linie der englischen Reisigen stunden, und fielen die französische an, welche bereits durch die Flüchtlinge zerrüttet war, die sich mit aller Gewalt von ihr loszumachen suchten.

suchten. Dieses war gleichsam das Zeichen zur Flucht, weil die Verwirrung so sehr überhand nahm, daß man ihr nicht mehr abhelfen konnte; dennoch drangen die Grafen von Alençon und Flandern bis zur englischen Reuterey vor. Der König, der ihre Baniere sah, wollte zu ihnen stoßen; er ward aber durch die Graben (1) und durch Verhacke aufgehalten, die von den Schützen vertheidiget wurden. Indem dieses vorgieng, war der gröste Theil der Armee, der aus den Gemeinden bestund, noch auf den Strassen von Abbeville (a). Als diese hörten, daß der König die Feinde erreicht hatte, und glaubten, daß er sie verfolgte, beschleunigten sie ihren Marsch. Indessen wurde die Zerstreuung allgemein, und die Engländer, welche Befehl hatten sich mit keinen Gefangenen zu beschleppen, gaben kein Quartier. Der Schrecken war so groß, daß drey bis vier feindliche Reuter ganze Baniere in die Flucht jagten. Am Tage nach der Schlacht begegnete ein Trupp Engländer der Miliz von Rouen und Beauvais, die noch nichts von dem Vorgegangenen wußte. Er brauchte sich nur zu zeigen, um sie zu zerstreuen. Eduard, der sich mit seinem Siege begnügte, wollte die Flüchtlinge nicht verfolgen; er verbot so gar seinen Soldaten sich dem Schwelgen zu überlassen, aus Besorgniß,

(1) Les Communes dont les chemins étoient pleins, quand ils eurent approché à trois lieues près, ils tirerent leurs épées criants, à la mort, à la mort. Hieraus erhellet, daß die Gemeinden noch drey Stunden von dem Schlachtfelde waren.

Sorgniß, der Feind möchte zurück kehren, um seinen Schimpf zu rächen. Zween Tage blieb er auf dem Schlachtfelde stehen; er befahl die Todten zu begraben, womit das Land besäet war (†), und rückte so dann vor Calais.

Man kann die französische Armee, die wenigstens hundert tausend Mann stark war, gar wohl mit dem Heere des Darius vergleichen, das eine ungeheure Menge Arme, aber kein Haupt hatte. Unter den neuern Geschichtschreibern, welche dieses Treffen erzählen, hat ein jeder etwas von seinen Einfällen hinzu gethan, je nachdem sie den Text verstanden haben. Ich bin blos bey den Umständen stehen geblieben, die sich auf die Stellung der beyden Armeen bezogen, weil mir alle andere unnütz waren.

Auf das Zeugniß eines höchst verdächtigen Geschichtschreibers, welcher andern nachgebetet, hat man die Niederlage der Franzosen einigen Kanonen zugeschrieben, die Eduard bey sich hatte. Dieser Umstand kömmt mir darum ungegründet vor, weil Froissard, der sich auf alle Kleinigkeiten einläßt, nichts davon erwähnet, und weil neun und fünfzig Jahre hernach in der Schlacht bey Azincourt kein grobes Geschütz gebraucht worden. Wahr ist's, daß es damals schon Kanonen gab, welche unter dem Namen der *Donnerbüchsen*[Bombarden]

(†) Der Verlust der Franzosen wird auf dreyßig tausend Mann gesetzt, worunter sich verschiedene Prinzen, und zwölf hundert Ritter befanden. Achtzig Paniere fielen in die feindliche Hände.

büchsen bekannt waren. Dieses erhellet aus der Rechnung eines Kriegsschatzmeisters, welchen du Cange anführet; allein die Erfindung war noch nicht sonderlich gemein, und noch viel zu unvollkommen, um in den Schlachten zu dienen. Damals waren es nichts als große ungeheure Massen, die man in die Festungen oder Schlösser aufpflanzte: die Feldartillerie ist erst unter Ludwig XI bey den Armeen in Schwang gekommen. Gleichwol wurde der Gebrauch des groben Geschützes vor dem Ende des vierzehnten Jahrhunderts zur See eingeführt. Das erste findet man in einem Gefechte, welches in der Gegend Rochelle zwischen den Engländern, unter den Befehlen des Grafen von Pembrock, und den Kastilianern, als Hülfsvölkern Karls V. Königs in Frankreich, geliefert worden. Die Kanonen der Kastilianer, sagt der Geschichtschreiber, waren besser bedient als die englischen, und sie hatten auch grössere Schiffe.

Ich bewundere den feyerlichen Ton, worinn alle unsere historische und andere Schriftsteller über diese neuen Maschinen gelernt, und den armen Mönch, der das Pulver erfand, mit Verwünschungen belegt haben. Aus ihren Urtheilen sollte man schließen, daß es vor jener Zeit den Menschen nicht so leicht war einander aufzureiben. Dieses Geheimniß, welches nicht näher aus der Hölle kommet, als die Erfindung des Bogens, der Armbrust, der Schleuder, der Baliste und aller andern alten Waffen, hat die Zerstörungsmittel nicht vermehret; es hat blos die damaligen verdrungen, und sich an ihre Stelle gesetzt. Man kann auch

nicht

nicht behaupten, daß es mehr Menschen tödtet, und es würde noch weit unschädlicher seyn, wenn nicht Faulheit, Weichlichkeit und ein falscher Wahn die ehemals üblichen Schutzwaffen verbannet hätten. Dem ungeachtet sind die Kriege nicht blutiger, welches aus der Vergleichung der Todtenlisten erhellet. Das Pulver leistet einen großen Nutzen; es öffnet neue Wege durch die Felsen, reißet die alten Gebäude nieder, deren Zerstörung langwierig und mühsam seyn würde (†) und da es das Jagen sicherer und bequemer macht, erleichtert es auch die Ausrottung der wilden Thiere. Endlich ist es ein chymischer Proceß, der seit langer Zeit in China bekannt war, und über kurz oder lang nach Europa kommen mußte.

(†) Aus gleichen Ursachen kürzt es auch bey der besten Gegenwehr die Belagerungen ab, welches zumal für die Einwohner, keine geringe Wohlthat ist: Seines nützlichen Gebrauchs in den Erzgebirgen zu geschweigen.

Achts

Achtzehntes Hauptſtück.

Schlacht bey Azincourt.

In der Schlacht bey Azincourt werden wir ein neues Beyſpiel der Unwiſſenheit, Verwegenheit und Zuchtloſigkeit erblicken. Man ſiehet wohl, daß in dieſen großen Armeen, wo der ganze Adel ſo zu reden vereiniget war, der Anblick ſeiner Macht ihre Kühnheit vermehrte, und ihn mit einer eitlen Zuverſicht erfüllte, die er auf ſeine Menge gründete.

Heinrich IV König in England, hatte eine Landung in der Normandie vorgenommen, und Harfleur erobert, wo er eine Beſatzung ließ. Von da zog er ſich durch die Picardie, und wollte ſich nach Calais ſchlagen, wovon die Engländer damals im Beſitze waren. Die Franzoſen, welche alle ihre Macht verſammelt hatten, trachteten ihm den Weg zu verlegen, und folgten ihm in ſtarken Märſchen. Er hatte bey Blanquetaque und Pont de Remi den Uebergang über die Saone fruchtlos verſucht: Als ihn aber die Franzoſen nicht hindern konnten, weiter oben hinüber zu ſetzen, thaten ſie ein gleiches, und wandten die größte Eilfertigkeit an, ihm zuvor zu kommen. Die beyden Armeen begegneten einander bey Azincourt, in der Graffchaft St. Pole. Die franzöſiſche bezog dieſen Ort und Rouſſeauville, zu eben der Zeit, da die Feinde zu Maiſoncelle, welches nur eine

Viertel

Viertelstunde davon lag; Stand faßten. Heinrich hatte nur zweytausend Reißige und drey und dreyßig tausend Schützen zu Fuße. Er ordnete sich so, daß er die Ueberlegenheit der Franzosen unnütz machte. Er bildete eine Linie von Bogenschützen (1) welche durch seine Reißigen unterstützt wurden; diese waren zu Fuße, und ihre Pferde hinter ihnen (a). Hierauf machte er zween Flügel (2) (3) welche gleich dem Mitteltreffen gestellet waren. Er hatte auf einer Seite ein kleines Dorf, Namens Cramecour, vor welches er zwey bis drey hundert Schützen stellte, die durch Zäune und Graben (5) beschirmt waren: Seine andere Flanke war ebenfalls durch das Erdreich gestützt, und mit Bogenschützen gedeckt. Jeder unter ihnen hatte einen an beyden Enden zugespitzten Pfahl, den sie vor sich in die Erde steckten, und sich damit gegen den ungestümmen Anfall der Reißigen eine Schutzwehr machen sollten (b). Nach dieser

Kupf. 7.
Fig. 1.

Anord-

(a) Obgleich die Reißigen die volle Rüstung führten, so fochten sie doch fast eben so oft zu Fuß als zu Pferde. Dieses geschah allezeit, wenn das Erdreich zum manouvriren und anlaufen nicht eben genug war. In der Schlacht bey Rosbeck gegen die Flamänder, waren sie alle zu Fuße. Ein gleiches geschah zu Cocherel auf beyden Seiten, zu Pironfoffe in Thierach, und bey vielen andern Gelegenheiten.

(b) Da die Engländer viel Infanterie, und in Vergleichung mit den Franzosen, wenig Reuterey hatten, so bedienten sie sich oft dieser gespitzten Pfähle. Man findet sie in der Armee des Herzogs von Bedfort bey Mont Epilloi und in dem Treffen zu Montlhery * bey dem Heere der gegen Ludwig XI vereinigten Prinzen. Die Burgunder hatten ch. 3.

* Philippe de Commines liv. 1.

Chronique de Monstrelet, chap. 147. p. 228

Anordnung bedeutete der König seinen Truppen, daß ihr Heil von dem Siege abhienge, und ermunterte sie über die große Menge der Feinde nicht zu erstaunen. Die französische Armee, die wenigstens vierzig tausend Mann betrug, wurde nach hergebrachter Gewohnheit in drey Corps abgetheilt. In dem ersten befanden sich achttausend sowol Rütterpferde als Edelknechte, welche nach Banieren geordnet, schwadronenweis geschlossen stunden. Die reutenden Bogenschützen wurden hinten daran gestellt, und vermuthlich blieben die Armbrustschützen auch da; weil ihrer im Treffen eben so wenig erwähnt wird. Diesem ersten Haufen wurden zween kleine Flügel (4) von acht hundert Reißigen beygefügt, welche nach des Geschichtschreibers Berichte seitwärts in die Engländer einhauen sollten. Hieraus sollte man schließen, daß die Franzosen die Absicht hatten, sie zu umfangen; man sieht aber aus der Folge, daß es eine Gattung verlohrner Kinder war, die den ersten Pfeilhagel empfangen, und die feindliche Schlachtordnung durchbrechen sollten (a). Der Connetable von Albret

hatten diesen Gebrauch den Engländern abgesehen, mit denen sie lang im Bunde gestanden. Er ließ sich sehr gut nachahmen. Jeder Soldat müßte einen Pfahl von zween Zoll im Durchschnitt, und sechs Fuß in der Länge tragen. Sie würden nicht so schwer zu schleppen seyn als die spanischen Reuter, und könnten auch noch zur Befestigung des Lagers dienen.

(a) Die nämliche Anordnung bemerken wir in der Schlacht bey Poitiers, wo drey hundert der best berittenen und wehrhaftesten Ritter ausgelesen wurden, an deren Spitze die zween französische Marschälle sich stellten. Diese Spitze sollte

Albret, die Prinzen und die vornehmsten des Adels waren an der Spitze dieses ersten Corps. Das zweyte, welches eben so zahlreich war, folgte dem ersten; der Rest stund im Rückhalt.

In dieser Ordnung zogen die Franzosen dem Feinde entgegen; sie wurden aber gar bald durch das Erdreich zusammen gepreßt, welches auf Seiten der Engländer immer schmäler ward. Diese rückten ein wenig vorwärts, um Stand zu fassen, und krümmten dann ihre Flügel, so daß sie einen halben Mond bildeten. Hierauf pflanzten die Schützen ihre Pfähle mit vorgedehnter Spitze vor die Linie, und machten sich eine Sperrung daraus.

Die sollte die englischen Bogenschützen, welche einen Hohlweg und Zäune, wo man durch muste, besetzt hielten, umstürzen und öffnen. Das Hauptcorps der Reisigen, welche abgesessen waren, folgte in drey Schlachthaufen, die vermuthlich eine Fronte ausmachten; das gesammte Fußvolk der Gemeinden stund in ihrem Rücken. Diese feine Anordnung, die gerade das Gegentheil von der war, welche die gesunde Vernunft vorschrieb, kam von dem Ritter Custach von Ribaumont, und der Einfalt der Anführer her, die seinem Rathe folgten. Custach, der Mybeheld seiner Zeit, hatte die Ehre gehabt, den König Eduard zu Boden zu stürzen. Dieses geschah in einem Gefechte vor den Thoren von Calais, wobey er gefangen wurde. Der eben so edelmüthige als tapfere Monarch gab noch an eben dem Tage ein Fest, wo er ihm mit ausnehmender Gnade begegnete, und ihm zum Zeichen seiner Hochachtung eine goldene Kette um den Hals warf. Die französischen Ritter musten damals sehr wohl eine Lanze zu brechen; aber selten erstreckte sich ihre Fähigkeit weiter.

Froissard, Band 1. Kap. 142.

Die erste Salve gaben die hinter den Zäunen verborgenen Bogenschützen (3). Die auf der Linie brückten ebenfalls ihre Pfeile ab, welche das Vordertreffen in Unordnung brachten: Dennoch drang es bis zu ihnen vor; allein die Reisigen waren so gepreßt, daß sie kaum die Arme rühren konnten, um die Waffen zu gebrauchen. Die beyden Flügel-Corps (4) konnten die Linie der Bogenschützen niemals einreißen, welche beständig fortschoß. Viele verlohren ihre Pferde; andere stürzten auf das Vordertreffen, das sie in Verwirrung brachten. Plötzlich warfen die englischen Schützen ihre Bogen weg, griffen nach ihren Schwerdtern, Streitäxten und Falkenschnäbeln *, (a) und fielen dieses Treffen an, welches auf das zweyte zurück stürzte. Hätte dieses geschickte Anführer gehabt, so wäre noch eine Rettung möglich

* bec du faucon.

(a) Dieses Gewehr war ein starker Stock, der vorne mit einem Kolben und einem krummen Eisen versehen war. Vermuthlich diente es, den Reisigen von seinem Pferde zu ziehen, um ihn hernach todt zu schlagen. Es ist nicht überflüssig hier anzumerken, daß bey der englischen Armee viel Musikanten waren, welche die Truppen während der Beschwerlichkeiten des Marsches aufmunterten, und im Augenblicke des Angriffs ein großes Getöse machten, worüber nach des Geschichtschreibers Berichte, die Franzosen sich nicht wenig entsetzten, ne s'emerveillerent pas peu. Jedes Panier sammelte sich nach seinem besondern Feldgeschrey, wie zu seiner Fahne: Dabey gab es noch ein allgemeines Feldgeschrey, welches der ganzen Armee zum Lösungsworte und Sammelzeichen diente: Es war der Name des Schutzheiligen der Nation, dem man wie heut zu Tage den Namen des Fürsten oder Heerführers beyfügte. Das französische Feldgeschrey war St. Dionys, das englische St. Georg.

unmöglich gewesen; sie hätten sich öffnen, und die Flüchtlinge des ersten durchlassen können. Wäre die Fronte alsdann frey gewesen, so würden sie das Fußvolk umgestürzt haben: Allein alle Häupter hatten sich vor die erste Linie gestellt, vermuthlich in der festen Zuversicht, daß sie zur Bezwingung der Feinde hinreichen würde, deren geringe Anzahl sie verachteten. Das zweyte Treffen ward also gleichfalls über den Haufen geworfen, und riß auf seiner Flucht das dritte mit sich fort.

Der Sieg dieses Tages war allein den Bogenschützen, denen die Reisigen blos zu Stützen dienten, und ihre gute Stellung der Geschicklichkeit eines Ritters, mit Namen Thomas Eringhen, zuzuschreiben: Dahingegen unter allen französischen Befehlshabern kein einziger im Stande war, die Armee so zu führen, daß sie von ihrer Ueberlegenheit Vortheil gezogen hätte. Sie hatten drey bis vier tausend Armbrustschützen, mit denen sie nichts anzufangen wußten. Diese Infanterie, welche für die damalige Zeit noch ziemlich wohl geübt war, hätte auf den Flanken zur Vertreibung der feindlichen, und zur Unterstützung der zwey kleinen Reutercorps gedient, die den Angriff eröffneten. Die Schwadronen des Vordertreffens hätten einige Zwischenräume lassen können, um nicht so gedrängt zu seyn, und den reutenden Schützen, welche voraus gegangen wären, einen Durchweg zu verschaffen. Ueberdiesen waren noch die Truppen der Gemeinden vorhanden, die dem Feinde hätten in die Flanken und in den Rücken fallen sollen. Selbst die Reisigen des dritten Corps welche nichts thäten, hätten absitzen, sich hinter die Zäune, in die Gärten werfen, und das Erdreich, welches die Flügel der englischen Armee

Armee stützte, wegnehmen können. Allein die französischen Feldherren, die mit Eigendünkel und einer verwegenen Zuversicht erfüllt waren, ließen sich durch den ungestümmen Karakter ihrer Untergebenen hinreißen, und stürzten sich samt ihnen gleichsam mit gebundenen Händen und Füßen in die Falle, welche die Verschlagenheit der Engländer ihnen gestellet hatte.

Wenn die Kriegsgeschichte der französischen Nation mit Beyspielen der Großmuth, der Freymüthigkeit, des Edelmuthes und der Tapferkeit angefüllt ist, so sind nicht weniger Beweise der Unvorsichtigkeit, Verwegenheit und Zuchtlosigkeit darinn anzutreffen. Sie ist noch heut zu Tage was sie unter den ersten valesischen Königen war, so wie ihre damalige Gemüthsart mit dem Karakter der Gallier aus den Zeiten der Römer völlig übereinstimmte. Tausendmal wurde sie wegen ihrer Unwissenheit, und ihrer Fehler geschlagen; dennoch wußte sie sich nicht zu bessern, und platzte täglich in die vorigen Netze. In der Kriegskunst scheint sie ihre Begriffe niemals aus eigenen Quellen geschöpft zu haben; sie mußte sich allezeit Muster suchen, aber auch die hat sie selten recht nachgeahmt. Die Spanier und Deutschen lehrten sie eine Infanterie bilden. Es währte lange, ehe sie ihnen gleich kam. Von Karl V lernte sie die Schwadronen stellen, und die leichte Reuterey mit Vortheil gebrauchen. Die Holländer steckten ihr in der Schlachtordnung, im Belagerungskriege, und in der Feldbefestigung ein Licht auf. Sie war immer schnell die Neuerungen anzunehmen, aber sie hat es nicht immer mit so guter Wahl gethan wie die Römer. Wenn sie bisweilen

weilen das Beste vorzog, so ist sie auch oft auf das Schlimmste verfallen. Manchmal hat sie bey ihren Nachahmungen sich mit dem Angenehmen begnügt, und dasjenige versäumt, wodurch es nüzlich werden konnte. Aus einem natürlichen Unbestande wird sie einer Sache leicht müde, und ihre feurige Lebhaftigkeit faltert von einem neuen Gebrauche zum andern, ohne zu untersuchen, ob sie sich für sie schicken. Sie denkt nach Meynungen, selten nach Grundsäzen; daher liebt sie die Nachahmung, und tappt auf die Beyspiele, weil sie ihr die Mühe des eigenen Nachdenkens ersparen. Man vergleiche das, was ich hier sage, mit dem, was La Noue, was Montgommeri von ihr geschrieben, und mit dem Gemälde, das Cäsar von ihr gemacht hat; so wird man ohne den mindesten Unterschied eben die Grundstriche des Karakters, eben den Leichtsinn, eben den Hang zur Spötterey und zur Verlachung gründlich denkender Köpfe sowol als aller guten und nüzlichen Dinge finden, die man ihr vorlegt. Wenn man aber ihre Fehler gezeichnet hat, so muß man billig auch ihren guten Eigenschaften, ihrer vorzüglichen und noch niemals entarteten Tapferkeit, ihrem patriotischen Eifer, und ihrer Liebe zu ihrem Regenten, ihrer Treuherzigkeit, die vielleicht izt entstellt ist, aber leicht durch die Einschränkung des üppigen Wohllebens wieder aufgeweckt werden kann, und ihrer Empfindlichkeit, in welcher sich das Feuer eines edeln Wetteifers so leicht anfachen läßt, das gebührende Lob ertheilen. Diese Vortheile öffnen ihr so sichere Hülfsquellen, als die Römer in ihrer strengen Staatskunst und unbeugsamen Standhaftigkeit gefunden haben.

Neunzehntes Hauptstück.

Schlacht bey Juberoth zwischen den Spaniern und Portugiesen.

Sonderbare Stellung dieser letztern. Unbesonnene Hitze der Franzosen. Noch größere Unvorsichtigkeit der Spanier. Vergleichung dieses Gefechtes mit einem andern zwischen den Römern und Persern. Anmerkungen. Muster einer Verschanzung.

Mein letzter Plan stellt ein großes Treffen vor, das im Jahr 1385 in Portugall bey einem Orte vorfiel, den Froissard Juberoth nennet, und welches mir viel Aehnlichkeit mit der Schlacht bey Poitiers zu haben scheint. Johann I, König von Castilien, stritt mit Johann I, dem natürlichen Sohne Peters des *Justitiarius. Gerechten*, der zu Lissabon zum König ausgerufen worden, um die Krone (a). Er hatte diese Stadt fruchtlos

---

(a) Die Ansprüche des Königs von Castilien wurden von seiner Gemahlinn, einer Tochter Ferdinands, des Bruders und Vorgängers des Königs Johann von Portugall hergeleitet.

los belagert, und sich nach St. Yrain, nunmehr Santarem an dem Tago zurück gezogen, welches ungefähr zwölf Meilen von Lissabon liegt, wo eine Menge französischer, gastonischer und burgundischer Ritter zu ihm stießen. Der König von Portugall hatte ebenfalls Hülfe aus England erhalten, so daß er, um den Ruhm seiner Waffen zu vermehren, den Schluß faßte ins Feld zu rücken, und sich in ein Treffen einzulassen, wenn der Feind auf ihn los käme. Das spanische Heer belief sich auf dreyßig tausend Mann, nämlich zehn tausend Fremde, und zwanzig tausend Spanier, alle zu Pferde. Die Portugiesen waren ungleich schwächer, und bestunden wenigstens zur Hälfte aus Bogenschützen zu Fuße. Als sie daher den Anzug des Feindes erfuhren, entfernten sie sich ein wenig vom Tago, um einen Ort zu suchen, wo sie sich verschanzen konnten. Sie fanden keinen bequemern Platz, als eine nur eine Viertelmeile von Juberoth entfernte Anhöhe, worauf ein Mönchskloster lag, und welches mit Hecken und dicken Waldungen rund umgeben war. Sie wählten ihren Posten am Fuße dieses Hügels, und stellten sich in Form eines verkehrten Halbzirkels (1). Die Menge der Bäume verschaffte ihnen ein leichtes Mittel, in aller Geschwindigkeit eine Schutzwehr von Verhauen zu machen, welche mit den Bogenschützen besetzt wurde. Die Reisigen saßen ab, und traten hinter sie, um sie zu unterstützen. Der König postierte sich mit einem kleinen Rückhalt (2) unweit der Kirche. Mitten auf der Linie hatte man einen Winkel angebracht, der sich zuspitzte, und am Ende nur eine sehr kleine Oeffnung ließ, der ein kleines Corps Reisigs gegen über ge-

Frossard Band 3. Kap. 13.

Kupf. 7. Fig. 2.

stellt wurde. Dieser eingehende Winkel ließ gerade auf den Weg, den die Feinde nehmen mußten.

Die spanische Armee war in zwey Corps getheilet. Das erste bestund aus den Fremden, das andere aus lauter Spaniern. Der König versammelte den Kriegsrath, und seine Hauptleute waren der Meynung, man sollte, da es schon gegen Abend gieng, bis auf den folgenden Tag stille liegen, damit man Zeit finden möchte Truppen abzuschicken, um die Portugiesen zu umzingeln. Die Franzosen hingegen brannten vor Begierde zu fechten. Der Marschall * Renaud, aus Limousin gebürtig, unterstützte sie, und bewog den König ihrem Rathe zu folgen. Die Spanier, welche bereits auf die Franzosen eifersüchtig waren, entrüsteten sich über diesen Vorzug, und über die Ehre, die ihnen wiederfuhr, indem sie zum Vordertreffen bestimmt wurden. Sie brachten es durch allerhand Ränke dahin, daß man sie allein marschieren ließ, und daß der spanische Schlachthaufen weit dahinten blieb. Der Anblick des Feindes entflammte den stürmenden Muth der Franzosen. Ohne sich Zeit zu nehmen seine Stellung zu untersuchen, stürzten sie mit verhängtem Zügel in die Vertiefung (1), welche sie vor sich sahen. Zu gleicher Zeit ließen die portugiesischen Schützen ihre Pfeile regnen, wovon keiner fehlte, weil jeder sein Ziel dichte vor sich hatte. Reuter und Pferde fielen haufenweis über einander; die letztern drückten die vordersten, und da das Gedränge in diesem engen Raume überhand nahm, empfieng jeder den Streich des Todes, ohne ihm ausweichen oder sich wehren zu können. Diejenigen, so bis an die

*Ebendas. Kap. 14.
* Maréchal de bataille.

Rim-

Mündung durchwischten, wurden von den englischen
Reitern empfangen, welche sie niedermachten, oder in
den Trichter zurück warfen. Kurz, es wurden fast alle
getödtet oder gefangen (a).

Nun aber kömmt erst der erstaunenswürdigste Umstand dieser Begebenheit. Als der König in Spanien
die Niederlage des Vordertreffens erfuhr, ließ er seine
Schlachtordnung eiligst vorrücken, obgleich die spanischen Herren ihn noch immer aufhalten wollten. Kaum
sahen die Portugiesen diesen neuen Feind anrücken, so
brachten sie alle ihre Gefangenen um, und rüsteten sich,
ihn wohl zu empfangen. Diese Schlachtordnung (4)
rannte gleich den vorigen in die Falle, und hatte auch
gleiches Schicksal. Der König von Portugall, der
seine Truppen sehr schön angeredet hatte, glaubte, er
müßte ihnen ein gutes Beyspiel geben; er stellte sich mit
einer Rundtaische bedeckt in den Grund der Vertiefung,
wo er alles niederhieb, was ihm nahe kam. Da dieses zweyte Corps sehr zahlreich war, so umklammerte
es die beyden Seiten der Verschanzungen; weil sie aber
nicht Verstand genug hatten abzusitzen, konnten sie den
Cc 3   Verhau

———

(a) Die Zahl der ausländischen Lanzen belief sich auf
zwey tausend, wovon die Franzosen die größte Zahl ausmachten: die übrigen waren Flammänder, Burgunder
oder Gasconier. Die Lanzen mußten vollzählig seyn, weil
man dieses Corps zu zehn tausend Pferden rechnete. Bey
der portugiesischen Armee waren auch viel französische Ritter aus Bearn. Die Nation hat immer den Krieg ge-
liebt, und ihn entweder aus Ruhmsucht, aus Unruhe oder
aus Noth überall gesucht.

Werden niemals durchbrechen. Sie verlohren eine Menge Leute, und wurden schimpflich zurück geschlagen.

Man sollte nicht glauben, daß die menschliche Dummheit so groß seyn könnte, wenn nicht untrügbare und so zu reden handgreifliche Zeugnisse davon vorhanden wären. Diese will ich den Lesern zuliebe hersetzen, welche sie nicht nachschlagen können, damit sie nicht etwa denken mögen, daß ich einen Roman geschmiedet habe.

Froissard Band 3. Cap. 14. Da ließen sie auf den Seiten gegen dem Felde zu die Bäume umhauen, und quer in den Weg legen, damit man nicht frey auf sie zureiten konnte, und ließen einen Weg offen, dessen Eingang nicht sehr breit war, und stellten so viel Bogenschützen als möglich auf die beyden Flügel dieses Weges, und die Reisigen zu Fuße auf den ebenen Platz, wo sie die Kirche auf der Seite hatten. (a)

Ebendas. Cap. 15. Der Verfolg des Gefechts zeigt die Form der Vertiefung noch besser an: Diejenigen, welche Gunst und Ehre erwerben wollten, drangen muthig auf den Platz vor, den die Engländer durch ihre Ein-

---

(a) Or firent-ils aux côtés devers les champs abattre les arbres & coucher de travers, afin que de plain on ne pût sur eux chevaucher, & laisserent un chemin ouvert, qui n'étoit pas d'entrée trop large, & mirent ce qu'ils purent d'archers aux deux ailes de ce chemin, & les gendarmes à pied au beau plain, le moustier de leur côté.

Einsicht und Kunst befestigt hatten. Als sie hinein fielen, ward das Gedräng sehr groß, und die Angreifenden wurden sehr übel empfangen; denn die englischen Bogenschützen schossen so scharf und so schnell, daß die Pferde ganz mit Pfeilen gespickt waren, und über einander hinstürzten (a).

Die Engländer waren es, welche in diese Gegend stunden, und die List erdacht hatten. Ich könnte noch andere eben so überzeugende Stellen anführen, wenn sie nicht zu vielen Raum wegnähmen.

Dieses sonderbare Treffen erinnert mich an ein anderes, welches ich beym Procop gelesen, und ihm einigermaßen ähnlich gefunden habe. Belisar und Hermogenes, zween römische Feldherren, waren mit fünf und zwanzig tausend Mann unter den Mauern von Dara gelagert. Als die vierzig tausend Mann starke persische Armee sich näherte, verschanzten sich die beyden Feldherren, und nahmen folgende Stellung: Sie brachen ihre Linie auf der rechten Seite bey dem dritten Theil ihrer Länge, woraus ein rechter Winkel entstund, der sich einige hundert Schritte hinein zog; auf der

linken

(a) Ceux qui désiroient acquérir graces & prix d'armes, se bouterent de grand volonté en la place, que les Anglois par leur sens & par leur art avoient fortifiés. En entrant dedans eut grand' presse & grand méchef pour les assaillans, car les archers d'Angleterre tiroient si roidement & sitôt que les chevaux étoient tout cousus de saiettes & cheoient l'un sur l'autre.

Procop. de Bello Pers. L. 1.

linken geschah ein gleiches. Dieser Raum war durch eine gerade Linie geschlossen, so daß die Schlachtordnung in ihrer Mitte einen eingehenden Winkel vorstellte. Die Perser griffen an, und wurden durch ein Corps geschlagen, welches von der linken Seite der Verschanzung hinter einem Hügel hervor kam, und ihnen in den Rücken fiel.

Diese Stellart ließe sich verbessern und ganz unüberwindlich machen, wenn ein Herr so gute Stützen hätte; daß es nicht hinterzogen werden könnte. Die Verschanzung müßte einen großen stumpfen Winkel bilden, und im Hintergrunde wäre noch ein eingehender Winkel anzubringen. Es ist augenscheinlich, daß der Feind keine von den Seiten (A) oder (B) angreifen kann, ohne Gefahr zu laufen, die Corps, welche von der an-

S. die folgende Figur.

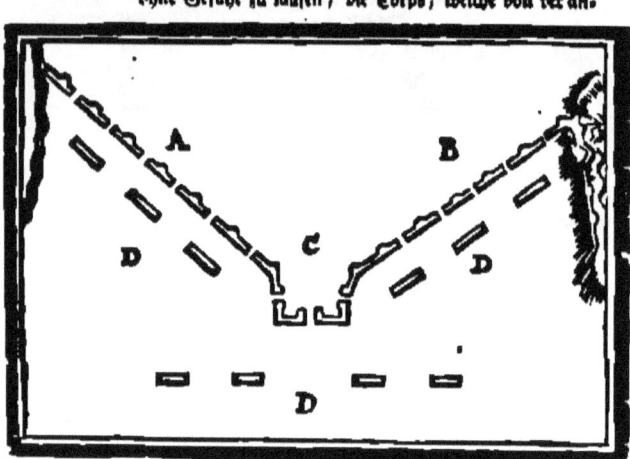

dern

dern Seite hervor brechen würden, in den Rücken zu bekommen. Wenn er sich auch an beyde zugleich machte, so wird er es doch nie wagen dürfen, sich in den Trichter (C) zu werfen. Aus diesem könnte man Truppen hervor führen, welche mit voller Macht auf seine Flanken fallen würden. Je enger das Erdreich und je kürzer die Linie ist, desto furchtbarer wäre diese Stellung, weil das Kanonenfeuer der beyden Aerme (A) und (B) sich auf der ganzen Oberfläche des Triangels A, C, B, ja noch viel weiter hinaus kreutzen würde. Folglich müßte der Feind schon vieles leiden, ehe er nur bis an die Verschanzung käme. Man würde ihn aller Orten übersehen, er aber sich auf keiner Seite bedecken können, ohne die andere blos zu geben. Wenn ich statt des eingehenden Winkels (C) einen ausgehenden machte, so würde die Stellung zwar besser scheinen, es aber in der That nicht seyn. Man würde nicht mehr, wie beym eingehenden, die Bequemlichkeit haben heraus zu rücken, und sich bedeckt in Ordnung stellen. Daher ziehe ich diesen dem springenden Winkel vor, der sonst nicht uneben seyn würde. Aus diesem Beyspiele sehen wir, daß eben die Grundsätze, wornach man jedes Stück einer Befestigung einrichtet, bisweilen auf die ganze Strecke einer Schlachtfronte angewandt werden können, welche sich auf die Gegenwehre einschränket. Diese Grundsätze sind die Vermehrung der Strichlinien *, und die Verminderung ihrer Länge, welches vermittelst der Flanken, oder durch die Brechung der allzu langen Aeste geschiehet.

Gesetzt daß meine Linie nur acht hundert Klafter lang

lang wäre, so dürfte ich mehr nicht als zehn Sägenwerke, jedes achtzig Klafter von dem andern anlegen. Ich mache sie hier zirkelförmig, und man kann sie so gar wie Thürme schließen, wofern sie nur sieben bis acht Fuß über die Brustwehr der Linie erhoben werden. Hier sind meine Gründe: Wenn meine Linie in eingehende Winkel gebrochen ist, so werden alle rechte Facen der Sägenwerke auf der Seite (A) ihr Feuer auf die Seite (B), und die linken Facen der Sägenwerke von dieser letztern auf die Seite (C) werfen. Hingegen wären die zirkelförmigen Sägenwerke von diesem Fehler frey, das Feuer würde sich willkührlicher regieren lassen, und die Bankbatterien *, welche ich darauf anlege, können eben so leicht gerad aus als schräg spielen. Auch ist der Vortheil der Erhöhung über die Linie von augenscheinlicher Wichtigkeit. Wenn der Feind irgendwo durchgedrungen ist, so kann er von der Höhe der Thürme gesehen und beschossen werden. Diese aber wird er so leicht nicht wegnehmen, wenn der ganze Umkreis wohl mit Palisaden gespickt ist.

S. die vorige Figur.

Batterien à barbette.

§. 241. Ich habe im ersten Bande der Taktik die an die Linien angehängten geschlossenen Sägenwerke verworfen; welches sich zu widersprechen scheint. Ich habe damals meine Ursachen gesagt. Da die geschlossenen Sägenwerke nicht schwerer anzugreifen sind, als die Zwischenwälle, so wird der Feind sich nothwendig zuerst an jene machen: Ist er Meister davon, so kann man sich in dem Zwischenwalle nicht mehr halten, noch ihn aus den Sägenwerken vertreiben, welche ihm zu Stützpunkten dienen. Allein geschlossene und über die Linie

hervor

hervor ragende Thürme lassen sich nicht so leicht ersteigen, zumal wenn sie von aufrecht gestellten Bäumen erbauet sind, deren durch einander geflochtene Aeste mit der Erde ein fast unzerstörbares Ganzes ausmachen. Wenn eine Linie große und zahlreiche Oeffnungen hat, die ich allezeit als einen Vortheil ansehe, so wird der Feind weit lieber allda durchzudringen trachten, als Thürme angreifen, wo er zuviel Widerstand finden würde. Kömmt er durch diese Oeffnungen hinein, so hat er, wie schon oben gesagt worden, noch nicht viel gewonnen; er wird von dem Feuer der kleinen Festung, zwischen die er geräth, überströmet werden; es wird ihm unmöglich seyn sich zu formieren, oder innerhalb der Linie eine Stellung zu nehmen; und meine Reserven, welche auf ihn los gehen, werden ihn leicht wieder heraus werfen.

Hieraus sehen wir, daß die Umstände die Verfahrungsgründe ändern, und daß über dieses ein Werk, das vorher schädlich war, durch eine kleine Verschiedenheit in seiner Anlage sehr vortheilhaft werden kann. Wenn ein General sich zum voraus ein verschanztes Lager bereiten will, so kann er diese Thürme von Mertel aufführen lassen. Alsdann würde der Feind genöthiget seyn Sturmleitern anzulegen, welches so leicht nicht wäre, oder sie durch Kanonen zu zerstören.

Ich habe gesagt, daß man innerhalb einer Linie Redouten anlegen könne, um die Truppen zu unterstützen, wenn die Verschanzung erstiegen werden sollte. Gleiche Dienste könnte man von Erdschüttern erwarten, die mit einer Brustwehr versehen seyn müßten. In dem gegen-

gegenwärtigem Falle würde ich zirkelförmige Schanzen
oder Thürme bauen, und sie dem Mittelpunkte des
Zwischenwalles gegen über stellen. Sie müßten hoch
genug seyn, um auf die mit der Linie verbundenen Thürme herab zu feuern, und ich würde die Höhe dieser
letztern auf der innern Seite vermindern. Ich würde
auch die andern nicht über sechzig Klafter von der Brustwehr entfernen, damit sie die ersten besser im Gesichte
haben mögen.

S. die
folgende
Figur.

Meines Erachtens würde eine solcher Gestalt befestigte und dabey wohl vertheidigte Linie bepnahe unr-
steiglich seyn: Denn gesetzt der angreifende Theil nähme
einen Thurm weg, so könnte er doch nicht darinn bleiben; und wenn er in einen Zwischenwall eindränge, so
käme er in das Faser von drey Thürmen, welches ihn
zu Grunde richten müßte. Wenn er dem ungeachtet

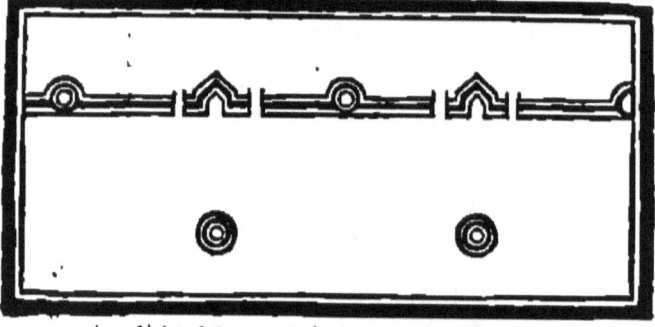

hindurch setzte, und über die zweyten Thürme vorrückte,
so würden sie ihm noch in die Flanken und in den Rücken feuern: Meine hinten daran stehende Reserve zu Fuß
oder

oder zu Pferde würde ihn angreifen, und wenn sie auch weichen müßte, so würde sie gewiß noch Zeit haben sich zu sammeln, ehe der Feind die innern Thürme erstiegen hätte. Die Truppen müßten sehr schlecht, oder alle Befehlshaber betäubt seyn, wenn sie bey einer so starken und vortheilhaften Lage keine Rettungsmittel finden sollten.

Um alle Zweydeutigkeit zu vermeiden, muß ich erinnern, daß ich unter diesen Thürmen Erderhöhungen verstehe, die mit einer Brustwehre eingefaßt, und wenn es Zeit und Umstände verstatten, auswendig bemauert sind. Jeder Zwischenwall hat einen Ausgang, vor welchen man ein abgesondertes Edgenwerk legen kann, wie ich sie im ersten Bande beschrieben habe, oder wenn es an der Linie hängen soll, so müssen seine Flanken gerade seyn, um die auf der Grille befindlichen Thore desto besser zu vertheidigen. Wollte man dergleichen Edgenwerke aufwerfen, so könnte man die Thürme weiter aus einander rücken, und ihren Abstand auf hundert und funfzig Klafter setzen. Die beygefügte Figur wird meine Idee, wie ich glaube, hinlänglich erläutern.

Zwan=

Zwanzigstes Hauptstück.

Erster Abschnitt.
Vergleichung der englischen Schlachtordnung bey Crecy mit der Stellung des Narses gegen den Totila.

Der Entwurf welchen ich von der Stellart der Engländer bey Crecy gegeben habe, ist nach der Lage des Erdreichs, und der Beschreibung des Froissard gemacht worden. Der Ritter Folard, der die Erzählung des P. Daniel erklären wollte, hat zwar die Stellung der Bogenschützen und des ersten Cavallerie-Corps, welches der Prinz von Wallis anführte, richtig getroffen; aber alles übrige nicht verstanden. Er glaubte, der Rest der Reuterey habe, diſſeits der beyden Eggen die er Schweinsköpfe nennet, zween Flügel gebildet, anstatt daß eine zwote Linie und ein Rückhalt vorhanden war. Dieser Schriftsteller, der die französischen Alterthümer nicht zu Rathe gezogen, hat sich begnügt, auf den Vortrag des neuern Geschichtschreibers Muthmaſ-sungen zu bauen. "Sollte es wohl wahr seyn, sagt er, "daß man in zwo oder drey Linien fochte? Ich zweifle "daran, was auch die Historienschreiber davon sagen "mögen: Denn dieses hätte Abstände zwischen den ver-

Nouvelles découvertes sur la guerre. pag. 303.

„schiedenen Haufen erfordert, welche aber nicht erweis-
„lich sind. Ich meines Orts bin überzeugt, daß man
„meistens in einer Linie fochte, welche in drey Corps,
„und zwar das Fußvolk in die Mitte, die Reuterey auf
„die Flügel abgetheilt war." Der Leser hat oben gesehen, daß ich diese Materie aus einander gesetzt, und
den Satz zur Gewißheit erhoben habe, welchen Folard
für eine bloße Meynung ausgegeben, die noch Zweifel
übrig läßt. Er hat also recht, wenn er glaubet, daß
die Armeen sich gewöhnlich in einer Linie schlugen,
welche in drey Corps abgetheilt war. Allein das Fußvolk hat erst von der Zeit an das Mitteltreffen ausgemacht, da es als der vornehmste Theil derselben betrachtet worden, und der Gebrauch in zwo Linien zu
fechten aufgekommen ist.

Die Muthmaßung des Ritters ist bloß von den Bogenschützen richtig, welche man auf die Fronte stellte,
um hernach in den Rücken zu treten, wozu die Schwadronen allerdings einige Zwischenräume haben mußten,
sowol als um sie auf die Fronte zu werfen, wenn sie
hinten stunden. Wir haben bemerkt, daß die geschickten
Feldherren diese Vorsicht nicht versäumten, anstatt daß
die Waghälse und Schwindelköpfe sie in den Wind schlugen, oder so weit vordrangen, daß sie sich nicht mehr
öffnen konnten, wenn sie die Nothwendigkeit davon
einsahen.

Die Schlacht bey Tenteglia, wo Narses, ein Feldherr Justinians, den gothischen König Totila besiegte,
hat mit dem Treffen bey Crecy eine gegründete Aehnlichkeit; allein der Ritter Folard hat den beyden Corps

Bogenschützen, welche die Flügel unterstützten, in einem sehr uneigentlichen Verstande den Namen Schweinsköpfe beygelegt. Das Caput porci, dessen Ammianus Marcellinus erwähnet, bestund in einem stumpfen und vollen Kegel, der zum einbringen und durchbrechen bestimmt war. Dagegen hatte die Stellart der englischen Bogenschützen, welche Froissard eine Eggt nennet, sowol als die römische Anordnung, keine andere Absicht, als der Linie eine gute Stütze zu geben, und einen Trichter zu bilden, wo der eingedrungene Feind mit einem Pfeilhagel bedeckt werden sollte. Sie war blos zur Gegenwehr bestimmt, und konnte auch zu nichts anders dienen.

Kupf. 9. Fig. 1.

Narses hatte auf jede seiner Flanken ein Corps von vier tausend Bogenschützen gestellet: Ueberdas lehnte seine Linke sich an einen Hügel. Auf die beyden Seiten seiner Linie hatte er das mit Picken und Schilden bewaffnete römische Fußvolk, nebst einer Schaar Hunnen geordnet, wovon er sich vieles versprach. Die Mitte war mit andern Truppen, als Longobarden und Herlern ausgefüllt. Da seine Rechte entblößt stund, so deckte er sie mit fünfzehn hundert Pferden, welche winkelförmig umgebogen wurden, und hinter diese kam ein Rückhalt von fünf hundert Reutern (a). Es blieben
tausend

(a) Es scheinet, daß Narses nur drey tausend Pferde hatte: da seine Linke sich an einen Hügel lehnte, so mußte er den besten Theil seiner Reuterey auf die Rechte werfen, und sie so stellen, daß sie nicht hinterzogen werden konnte. Diese Stelle des Textes ist so verworren, daß ich mehr als einmal in die Versuchung kam sie fahren zu lassen.

tausend übrig, welche hinter das Fußvolk gestellt wur- **Procop.**
den. Die Schlachtordnung des Totilas war anfänglich **de bell.**
eben so beschaffen; nach einiger Ueberlegung aber än- **Goth. Lib.**
derte er sie, und warf seine gesammte Reuterey in das **4. Cap. 31.**
erste Treffen. Da er sich auf sie mehr als auf seine Infanterie verließ, so hoffte er durch ihren ungestümmen Angriff das vor ihm stehende römische Fußvolk leicht einzustürzen. Der Einfall wäre nicht übel gewesen, wenn er wenigstens das seinige auf die Flanken vertheilt, und es den beyden Corps Bogenschützen entgegen gestellt hätte, anstatt daß sie ihm hinten daran gar nichts nützte. Narses, der seine Bogenschützen anfangs in eine gerade Linie geordnet hatte, ließ sie die Bewegung machen, welche der Ritter Folard einen Schweinskopf nennet. Der Sinn des Textes ist, daß sie ihre Fronte in Form eines halben Mondes ausrundeten, welches zween Thürme vorstellte, die gleich einem Zwischenwalle die Linie flankierten (a). Die gothische Reuterey kehrte sich wenig

---

lassen. Endlich aber habe ich gefunden, daß dieses der einzige Sinn des Geschichtschreibers seyn kann, wenn er sagt: "das äussere Ende des Flügels, welches auf der "Fronte war, sey in Form einer Spitze ausgedehnt wor-
"den, wohin Narses fünfzehn hundert Pferde gestellt ha-
"be". Die römische Reuterey bestund größtentheils aus Bogenschützen, und war folglich nicht wohl geschickt sich frey mit der gothischen einzulassen, welche schwer bewaffnet war, und die Lanze führete. Die rechte Flanke stund entblößt; mithin war es nöthiger sie zu decken, als die linke.

(a) Ἀλλὰ Ῥωμαῖος μὲν τὰ κέρα, ἵν᾽ αἷς μάλα τι μηχανῆς οἱ τόξω κεῖναι ἐσονιστον ἐπὶ τὰ μετώπου τοῦ Ἀδριω γραμμα ἐτρόσπο.

III. Theil. D d

nig an diese neue Ordnung, und fiel die schwerbewaffnete Infanterie plözlich an. Ehe sie dieser noch auf den Leib kam, verlohr sie durch die Pfeile der Bogenschützen, welche schräg und auf ihre Flanken schossen, bereits viel Mannschaft und Pferde. Die fest geschlossene und durch ihre Schilde bedeckte Linie war unbeweglich, und brachte sie zum weichen. Nach mehrern vergeblichen Bestrebungen zog sie sich in Unordnung und mit so grossem Schrecken zurück, daß sie sich auf die in einer ziemlichen Entfernung nachfolgende Infanterie stürzte, und diese mit in die Flucht riß. Totila kam dabey mit mehr als sechs tausend Mann ums Leben.

Diese beyden Corps Bogenschützen mögen nun zween stumpfe Kegel, oder spitzige Winkel, oder aber nach Procops Berichte, einen halben Zirkel gebildet haben, so waren sie bestimmt die Flügel decken, und die Fronte der Linie zu flankieren; eine Stellart die allemal grossen Nutzen hat, wenn sie wohl regieret wird, wie solches bey dieser Gelegenheit und bey Crecy geschehen ist. Man muß diese Anordnung nicht mit derjenigen vermengen, welche die Franken bey Casilinum machten. Agathias gibt klar genug zu verstehen, daß ihre ganze Armee, die aus lauter Infanterie bestund, sich winkelförmig gestellt habe, so daß es nichts anders war, als eine gebrochene Linie welche ihre Spitze vorhielt. Ich habe an seinem Orte das Fehlerhafte dieser Schlachtordnung gezeigt, die zur Gegenwehre nichts taugte, und ihr verdientes Schicksal hatte.

Die Geschichte des Narses ist ein deutlicher Beweis, daß das vom Fleisse geführte Genie, ohne grosse Erfahrung

rung einen General bilden kann. Dieser persische Verschnittene war im kaiserlichen Pallast erzogen, und hatte sich zum Amte eines Kriegscommissars und Reichsschatzmeisters empor geschwungen. Da er bey seinem Herrn in der größten Gunst stund, ließ er sich den Auftrag geben, dem Belisar, der in Italien kriegte, einen Succurs zuzuführen. Kaum war er angelangt, so streute man den Saamen der Zwietracht unter beyde Feldherren aus. Ein General, Namens Johannes, war in Rimini eingeschlossen, weil er seinen aufhabenden Befehl überschritten hatte. Seine Feinde suchten den Belisar zu hindern ihm Luft zu machen. In der That war dieser geneigt ein bey Aurinum stehendes Corps Gothen anzugreifen, da es ihm in den Rücken zu fallen drohete. Narses, der Freund des Johannes, bewürkte die Entschliessung ihm zu Hülfe zu kommen. Belisar ergab sich auf den Schluß des Kriegsraths, und führte die Unternehmung mit seiner gewöhnlichen Geschicklichkeit aus. Der befreyete Johannes trotzte seinem General, und sagte, daß er dem Narses und nicht ihm seine Rettung zu danken habe. Er reitzte die Eifersucht seines Beschützers, und gab ihm zu verstehen, daß es sich für einen Günstling des Kaisers nicht gezieme, vom Belisar Befehle zu empfangen. In kurzem hatte jeder seine Anhänger, und dieser Zwiespalt verursachte den Verlust der Stadt Mayland, welche erobert und geplündert wurde. Belisar beklagte sich beym Kaiser, der den Narses zurück rief, aber niemanden bestrafte. In unsern Tagen haben wir mehr als einmal ähnliche Begebenheiten gesehen. So wahr ist es, daß die entferntesten Zeiten einander gar oft in mancherley Absichten gleichen. Dieser Narses war über sechzig Jahr alt, als er das Commando des italiänischen Heeres übernahm, und hatte nie mehr als einen einzigen Feldzug unter dem Belisar gethan, dessen Nachfolger er wurde. Dennoch gewann er diese große Schlacht, deren Anordnung ein Meisterstück ist, und zerstörte das gothische Reich von Grund aus. Er war klein, schlecht gebauet, aber von einem standhaften, weit ausgebreiteten und vorsichtigen Geiste, der sich über alle Zufälle hinauf schwung. Italien welches seit mehr als einem Jahrhundert ein Raub der Barbaren gewesen, die es verheerten, fieng unter ihm an sich wieder zu erholen, und genoß eines glücklichen Friedens. Er regierte es dreyzehn Jahre mit aller Treue. Als er sich aber von der Kaiserinn Sophia, der Gemahlinn Justins II, für beleidigt hielt, rief er aus Rache die Longobarden nach Italien die sich darinn fest setzten. Man behauptet diese Prinzeßinn, welche er aufgebracht, habe ihm sagen lassen, er sollte die Waffen niederlegen, und in ihrem Pallaste ihren Weibern spinnen helfen, wodurch sie ihm seinen Eunuchen-Stand vorwerfen wollte (†). Diese Begebenheit mag nun wahr seyn oder nicht, so kann nichts die Treulosigkeit des Narses entschuldigen, wodurch er allen seinen Ruhm beflecket hat.

(†) Die Antwort des Narses soll gewesen seyn: Er wolle einen Rocken anlegen, den sie nicht so leicht abspinnen würde.

Zweyter

Zweyter Abschnitt.
Anmerkungen über den Keil der Alten. Beyspiel aus der Geschichte Alexanders.

Ich will hier einen Einwurf beantworten, den man mir wegen der keilförmigen Stellung der Alten gemacht hat. Mein Gegner hat die Würklichkeit dieser Angriffsordnung vertheidigt, und behauptet, Epaminondas habe bey Mantinea seinem Cavallerieflügel gar wohl diese Gestalt geben können. Doch hat der Urheber dieser Meynung selbst eingestanden (a), daß er sich im Augenblicke des Anlaufes entwickeln mußte, weil er zu gleicher Zeit ein Cavallerie-Manöuvre zu diesem Ende vorschlägt. Nun mag die Entwicklung aus einer ursprünglich keilförmigen oder colonnenmäßigen Stellung geflossen seyn, so ist allemal gewiß, daß der Angriff nicht mit einer spitzigen Keile unternommen worden. Ich leugne nicht, daß jede Schwadrone nach dem von Aelian gegebenen Muster in Form eines Keils gestellt seyn konnte, ob man gleich in der Geschichte keinen Gebrauch davon antrifft. Ein Keil von vier und sechzig oder hundert acht und zwanzig Reutern, war allemal zum angreifen geschickt, obgleich viel weniger als die viereckigte Schwadrone. Die Türken, hieß es, gebrauchen diese Methode noch. Es kann seyn; aber es geschie-

Theil 3. Hauptst. 8.

Theil 1. Hauptst. 2. Abschnitt 1.

(a) Man sehe den Brief des Ritters von Casteluz an die Verfasser des Journal Encycl. vom 15 Oktobr. 1766.

geschiehet folgender Gestalt: Diese Nation stellt sich in einer großen Tiefe, und mit wenig Ordnung. Starke Schaaren Spahis stürzen mit verhängtem Zügel auf die feindliche Linke. In der Schnelligkeit dieser Bewegung kommen die, so am besten beritten oder am herzhaftesten sind, den andern zuvor. Unvermerkt entstehet eine Art von Spitze oder ausgewölbter Körper, der der ganzen Masse das Ansehen eines Keils gibt. Alle geschickte Officiers, welche in Hungarn gegen die Türken gedienet haben, und von mir befraget worden, stimmen darinn überein.

Um von allem, was zu dieser Materie gehöret, einen richtigen Begriff zu bekommen, muß man den leeren Keil von dem vollen unterscheiden. Die Absicht dieses letztern ist einzubrechen und durchzudringen. In der Abhandlung vom Keile habe ich bewiesen, daß die Worte Cuneus und ἔμβολον, weil öfter länglichten Massen, das ist Colonnen, als winkelförmige bezeichnet haben. Hiernächst habe ich dargethan, daß ein Corps, dessen gesammte Glieder gleich sind, weit leichter als ein viereckigtes zu bilden und zu bewegen, und daß sein Stoß sicherer ist. Was den hohlen Keil, oder den stumpfen und leeren Kegel betrifft, wie der englische bey Creçy war, so haben sie niemals anders als zur Vertheidigung dienen können. Ich weis aus eigener Erfahrung, wie wenig diese Stellart bewegbar, wie schwerfällig, und wie vieler Unordnung sie auf dem Marsch unterworfen ist, weil ich sie mit einem Bataillon im freyen Felde versucht habe.

Der Uebersetzer des Aeliani, ein übertriebener Anhänger.

hänget dieser Kunstbewegung, hat sich auf die Stellordnung berufen, worinn Alexander die Taulantier angriff, welche einen Paß inne hatten, wo er hindurch mußte: Dieser Fürst, sagt Arrian, gab seiner Phalanx hundert und zwanzig Mann in der Tiefe, das ist, weit mehr als in der Fronte; folglich stellte er sie in eine Colonne (1), und warf zwey hundert Pferde auf jede Seite. Da die Feinde den Berg (2) bey dem Passe inne hatten, so schien er sie von dannen vertreiben zu wollen; daher befahl er seinen Truppen, „sich „mit gestalter Dicke hin und her zu schwenken, als ob „er einen Angriff im Sinne hätte. Nachdem er sie „bald rechts, bald links gezogen und seine Schlacht„ordnung in verschiedenen Formen verändert hatte, bis „endlich ein Embolon heraus kam, führte er sie auf die „Linke, um den Feind anzufallen" (a). Die bestürzten Barbaren verliefen die ersten Berge und eine Anhöhe (3), wo er hindurch mußte. Alexander besetzte sie mit seinen Agrieren und Leichtbewaffneten; darauf befahl er den Agyraspiden, in Begleitung der macedonischen Phalangen über den Fluß zu gehen, und sich am Ufer in Schlachtordnung zu stellen. Während dieser Zeit stund er auf dem Hügel (3), um die Feinde im Zaume zu halten.

Aus der ganzen Erzählung Arrians fließt gar keine Nothwendigkeit, einen wahren Keil zu bilden. Der Zweck Alexanders war, sich auf der Seite des Passes Luft zu machen, während daß er zum Schein die ent-

---

(a) κατὰ τὸ ἰσχυρὸν οἷον ἔμβολον ποιήσας τῆς φάλαγγος.

ferntern Anhöhen (2) angreifen wollte: Hierzu wurde weiter nichts erfordert, als daß er Miene machte, bald auf diese, bald auf jene Seite zu marschieren. Man findet nicht einmal, daß er durch den Paß (4) zog. Er wollte nur über den Fluß gehen, und, um es in Sicherheit zu thun, mußte der Feind schlechterdings von den Anhöhen vertrieben werden, wo dieser ihn hätte beunruhigen können. Folglich machte die Phalanx keine andere Bewegungen, als rechts und links um; hierauf trennte sie sich mit den beyden Flügeln; der Theil (5) schien seinen Marsch nach dem Flusse zu richten, um hinüber zu setzen; der Theil (6) aber wandte sich nach den Gebürgen (a). Als endlich der Augenblick günstig schien, und sie entweder zusammen geflossen, oder beyde Theile besonders marschieret waren, so geschah der Uebergang mit der Spitze; eine ziemlich gewöhnliche Redensart, welche so viel hieß, als mit der schmalesten Seite, und mit dem Ausdrucke *λοξῶς* übereinkam; folglich kann der Ausdruck Arrians hier eine Colonne so gut als einen Keil bedeuten, zumal da die erste Anordnung und die vorläufigen Bewegungen deutlich anzeigen, daß die Phalanx in einer Colonne stund. Als sie über den Fluß gesetzt war, kamen die Barbaren vom Berge herunter, um den Nachtrab anzugreifen. Alexander hatte seine Maschinen am Ufer aufgestellt; die Bogenschützen schossen ebenfalls aus der Mitte des Flusses, welches die Feinde zurück hielt, und der ganzen Armee Gelegenheit schaffte ohne Verlust hinüber zu gehen.

Aellan

(a) καὶ ἐπὶ τὰ ἄκρα ἄλλῃ ἄλλας παρήγαγεν.

Aelian hat so viel Hirngespinnste für Wahrheiten ausgegeben, daß alles, was er sagt, in meinen Augen kein Gewicht hat, so bald es nicht mit der Vernunft übereinstimmt. Wenn ein Taktiker mir vordemonstriret, daß man einer rautenförmigen *Schwadrone die halbmondsförmige (a) oder eingebogene Phalanx (b), einer länglichten, die wenig Fronte und sehr viel Tiefe hat, die umgekehrte oder verlängerte Phalanx entgegen stellet, weil, wenn sie zerrissen wird, es nur an einem kleinen Orte geschiehet, wo die ganze Schwadrone durchsprenget, daß man einer in Form einer Thüre vorgebogenen Phalanx eine andere entgegen setzt, welche rund (c) gebildet ist, daß man sie zangenförmig zuzweyen bricht, wenn sie mit einem Messon (d) zu thun hat; so sage ich, daß die Griechen sich in den Kunstbewegungen der Infanterie fleißig übten, daß ich aber nicht überzeugt bin, daß alle gebraucht worden. Wie oft haben, zum Beyspiel, unsere Obersten und Majors auf den Wiesen Uebungen und Evolutionen versucht,

*Rhomboide.

Dd 5 deren

(a) φάλαγξ μηνοειδὴς.

(b) ἐν ἐπικαμπίω. Cap. 45.

(c) περὶ στρατᾶς φάλαγγος ἐπικαμπίω ἐπικλίσεως, καὶ περὶ κύρτης ἀντιτεταγμένης αὐτῇ. Cap. 47.

(d) πρῆμα τῶν περιλεγμένων. Cap. 48. Die Zange, welche die Griechen Dephlegmenon, und die Lateiner Forceps nannten, war eine sehr natürliche, und sehr gebräuchliche Bewegung. Hannibal bediente sich derselben mit vieler Kunst bey Cannä, und Narses bey Casilinum gegen die Franken, wie wir unten sehen werden.

deren man sich vor dem Feinde niemals bediente. Selbst die Kriegsverordnungen schreiben mehr als eine vor, davon im Felde noch keine Frage war. Die meisten Kunstbewegungen des Aeliand sind von dieser Art; er hat die Einsicht nicht gehabt, dasjenige, was zum würklichen Gebrauche gehörte, von den Hirngespinsten der Kriegslehrer zu unterscheiden, welche die erfahrnen Männer als Kinderspiele betrachteten. Wie kann man also auf seinen Bericht vom Keile bauen? Ich weiß wohl, daß Vegez und sein getreuer Abschreiber Modestus in gleichem Tone davon reden: allein dergleichen Zeugnisse sind zu schwach, als daß man ihnen beypflichten sollte. Uebrigens will ich endlich wohl zugeben, daß die Alten diese Stellung gekannt, und bisweilen, aber lange nicht so oft gebraucht haben, als man sie unter den Worten Cuneus und ἔμβολος finden will. Doch diese Sache wird hoffentlich nie mehr als ein gelehrter Streit unter den Taktikern bleiben; denn ich denke nicht, daß man jemals in die Versuchung kommen werde, diese Stellart der Colonne oder meiner verdoppelten Cohorte, und überhaupt jeder andern gevierten Schlachtordnung vorzuziehen. Dieses sey genug von dieser Materie, welche ich bereits oben abgehandelt habe.

Dritter Abschnitt.
Kurzer Abriß des römischen Kriegswesens unter Justinian I.

Die Regierung Justinians I. die durch zween große Feldherren berühmt geworden, kann vorzüglich zu einer Epoche dienen, von welcher sich der Verfall der römischen Kriegskunst und Mannszucht anrechnen läßt. Dieser Fürst hatte das Glück in Belisar und Narses zween Männer zu finden, die seine Ehre verfochten und das wankende Kaiserthum unterstützten.

Ungeachtet der Unordnungen, welche die Tyranney und der viehische Karakter verschiedener Kaiser angerichtet hatte, ungeachtet der zügellosen Ausgelassenheit der Soldaten, welche gewohnt waren sich Herren zu setzen, und sie wieder zu stürzen, hatten die Legionen sich bis auf Constantin den Großen erhalten. Man zählte sie noch, wie unter dem August, nach der Ordnung ihrer Namen. Es waren noch eben die Kriegsstuffen, eben die Ehrenstellen eben die Preise der Tapferkeit üblich, und den Veteranern wurden die alten Belohnungen gegeben. Dieser Kaiser aber unterdrückte nach seinem Sieg über den Maxentius die Privilegien der prätorianischen Cohorten, welche alle Gränzen überschritten hatten, und setzte dieses gefährliche Corps in die Reihe der andern Truppen, die er im Gehorsam erhielt. Als aber nach ihm das Reich von neuem wieder getheilet, und auf allen Seiten von den Barbaren angefallen wurde,

wurde, glaubten die Kaiser sich in Sicherheit zu setzen, wenn sie sich einen Theil derselben gegen den andern zum Schutze wählten. Valens erlaubte den Gothen sich in Thracien und disseits der Donau niederzulassen, mit der Bedingung, daß sie ihre Kinder zu der Miliz abgeben sollten, um in ihren Uebungen erzogen, und derselben einverleibt zu werden. Diese durch die Statthalter gepreßten Völker empörten sich, und schlugen sich zu den Hunnen, Alanen und andern Barbaren; es kam zu einem blutigen Treffen, welches Valens mit dem Leben verlohr. Valentinian I. begieng in Occident den nämlichen Fehler; er bediente sich der Sachsen und Burgundier, um die Allemanier abzutreiben. Als diese schlechte Staatskunst einmal eingeführt war, sah man sich genöthigt, diesen gedungenen Völkern starke Hülfsgelder zu bezahlen; oft muste man sie ihnen gar auch in Friedenszeiten fortsetzen, um sie zu vermögen ruhig zu bleiben. Dieses bewog die Kaiser sie gänzlich in Sold zu nehmen; sie verminderten die Zahl der alten Truppen, oder unterließen ihre Ergänzung. Als Theodos I den Tod Valentinians II rächen wollte, den sein Feldherr Arbogast ermordet hatte, welcher sich zum Kaiser ausrufen lassen, so bestund sein Heer fast aus lauter armenischen und iberischen Hülfsvölkern, aus Saracenen, Gothen und andern Barbaren. Zu seinem Feldzuge gegen den Maximus war er genöthigt Truppen anzuwerben, welche nach geschlossenem Frieden abgedankt wurden. Nach dem Sturze des abendländischen Kaiserthums erloschen die Ueberbleibsel der alten Legionen unvermerkt, und unter der Regierung Justinians I war gar keine Frage mehr davon. Procop erwähnet

ihrer

ihrer in seiner Geschichte mit keinem Worte. Belisar ward in allen seinen Unternehmungen fast von lauter besonderen Barbaren begleitet. Als er zum zweytenmale nach Italien geschickt wurde, schrieb er dem Kaiser, "daß es seine Schuld nicht wäre, wenn er dem Glücke „des Totilas kein Ziel setzte, daß er keine Hülfe weder „an Mannschaft noch an Geld erhielte, daß er in Thra„cien weiter nichts als einige zerlumpte und schlecht „bewaffnete Soldaten ausgehoben hätte, welche sich „nicht gegen den Feind führen lassen." Narses der ihm in dem Commando nachfolgte, sammelte eine Macht von fünf tausend Longobarden, drey tausend Herulern nebst einer Menge Hunnen und persianischen Ueberläuffern, welche den besten Theil seines Heeres ausmachten. Dennoch behaupteten diese beeden Feldherren durch ihre Geschicklichkeit die Ehre der römischen Waffen, und zwar immer mit einer ziemlich kleinen Anzahl Truppen; sie besaßen die Kunst sie abzurichten, und die Kriegszucht unter ihnen herzustellen. Africa und Italien wurden wieder erobert, die Perser weit von den Gränzen zurück geschlagen, und das Reich hätte wieder zu seinem alten Glanze steigen können, wenn Justinian die Siege seiner Feldherren durch eine weise Regierung unterstützet hätte. Allein dieser Fürst, der von seiner Gemahlinn und von den Mönchen beherrscht wurde, verband nicht genug Einsicht mit seinem guten Willen: Er überließ seine Gewalt Leuten die sie misbrauchten, und ihn um die Frucht der Siege Belisars brachten, dessen Tugend und Ruhm Eifersucht erweckte.

Was damals die römische Infanterie hieß, war mit Wurfspießen und Schilden bewaffnet. Procop unterscheidet

scheidet an mehr als einem Orte diejenigen welche den Schild führten ὑπασπισται, von denen die er ὁρωφόρω nennet, welche halbe Picken trugen. Aus diesen zwo Gattungen Soldaten bestund die Infanterie, welche die Schlachtlinie formierte. Es scheint daß man damals ungefähr eben den Gebräuchen folgte, wie zur Zeit des Vegez, der unter dem Kaiser Valentinian II lebte. Die langen Waffen wurden in der ersten, die kürzesten in die letztern Glieder gestellet. Diese schossen ihre Spieße über die vordersten weg; bisweilen ließ man sie auch vortreten, und wenn es zum Handgemenge kam, so nahmen sie ihre Plätze wieder ein (a). Die andern Truppen

---

(a) In der Schlachtordnung, welche Vegez angibt, will er in das erste Glied die vormaligen Principes, in das zweyte die ehemaligen Hastarier, in das dritte leichte Fußknechte, vor Zeiten Ferentarii genannt, in das vierte die Bogenschützen * mit verbleyten Pfeilen gestellt wissen. Nach dieser ordnet er die Manubalistarier, eine Art von Armbrußschützen, die Fustibularier, welche eine grosse Stockschleuder führten, und die gewöhnlichen Schleuderer. Endlich macht er ein sechstes Glied aus denen, welche, wie er sagt, bey den Alten Triarier hiessen. Man sieht wohl, daß er die Manipular- und Cohortalstellung sowol als die Anordnung seiner Zeiten untereinander vermenget, welche letztere er nicht viel besser als die andern kannte, indem er den Krieg nirgends als in seinem Kabinet studirt hatte. Er verwechselt die Linien mit den Gliedern, und bedienet sich immer des Worts ordo, welches ein Glied, und nicht eine Linie bezeichnete. Sein Gallimathias befremdet mich um so mehr, da er im vorigen Buche Kap. 15. 16. u. 17. die Form der ersten Stellart ziemlich

* Sagittarii.
S. oben S. 58.

Vegez, Buch 3. Kap. 14. u. 15.

Truppen deren Procop erwähnet, waren meist ausländische Bogenschützen, Tabral. Die Römer bedienten sich zur Zeit ihres Verfalls aller barbarischen Nationen, weil der Eifer, die Ehrbegierde, die Mannszucht und alle Grundsätze der ächten Kriegskunst bey ihnen völlig erstorben waren. Sie fanden es weit bequemer, allerhand fremde Völker zu besolden, woron jedes seine besondere Eigenschaft hatte. Aus den Gueren machten sie sehr gute Fußknechte, aus den Herulern leichte Infanterie. Die Hunnen waren vortreffliche Bogenschützen, andere schickten sich vorzüglich für die Reuterey. Die römische Stellart war damals eine in Form der Phalanx geordnete Linie, welche das Fußvolk in der Mitte, und die Reuterey auf den Flügeln hatte. Dieses finden wir bey verschiedenen Gelegenheiten. In der afrikanischen Schlacht gegen Gelimern stund das römische Heer auf obige Art in einer einzigen Linie. Belisar hatte

Procop. de bell. Vandal. Lib. 4 Cap. 3.

ziemlich gut ausdrückt. Uebrigens kann man durch diese Dunkelheit die Anordnung aus den Zeiten Justinians erblicken, welche in einer einzigen Linie bestund, die durch einige Zwischenräume getrennet war, und sechs bis acht Glieder hatte. So wird sie vom Procop angegeben. Der Soldat hatte damals im Gliede nur drey Fuß bwe; es war aber ein Zwischenraum von von sechs Fuß von einem Gliede zum andern, und diese Glieder rückten im Augenblick des Angriffs zusammen. Vor Fünfzig Jahren war dieses auch bey den Franzosen üblich. * Die Leichtbewaffneten traten bisweilen vor und zogen sich durch die Zwischenräume zurück; hiervon sagt Begy kein Wort, ob er gleich von diesen Manövern redet, woraus ebenfalls sein Mangel an Einsicht und Erfahrung erhellet.

* Memoires de Puysegur.

hatte sich mit einem Rückhalt von fünf hundert Pferden hinten daran gestellet.

Wir lesen im Agathias, daß in der Schlacht bey Casilinum Narses seine Armee in eine Phalanx geordnet habe (a). Hierbey ist zu merken, daß die ersten Glieder sehr schwer mit vollen Harnischen und großen Schilden bewaffnet waren, daß die Soldaten so enge geschlossen stunden, daß die Schilde sich über einander kreutzten, und daß die letzten Glieder bloß zur Vermehrung der Tiefe dienten (b). Alle leichte Truppen, sowol Bogenschützen als Schleuderer, erwarteten den Anfang des Treffens hinter der Linie. Die Reuterey stund auf den beyden Flügeln; ein Theil war mit Schilden und Wurfspießen, ein anderer mit dem Bogen und Schwerdte bewaffnet. noch andere führten Lanzen, welche ohne Zweifel sehr lang waren, weil der Geschichtschreiber sie Sarissen nennt (c). Alle diese Cavallerie war mehr oder weniger mit Schutzwaffen bedeckt.

Wir

(a) αὐτοὺς ἐς φάλαγγα καθίζει τὸν στρατὸν ᾗ δύναμιν.

(b) τὸν συνασπισμόν. Der lateinische Uebersetzer hat diese Stelle so gegeben, als ob ihre Glieder die Schildkröte gebildet hätten, Testitudinem fecerunt. Dieses ist nicht der eigentliche Sinn. Einen Synaspismus machen, hieß bey der alten griechischen Phalanx, die Glieder schließen, so daß jeder Soldat nur anderthalb Fuß inne hatte. Freylich konnten sie alsdann die Schildkröte bilden, indem die ersten ihre Schilde übereinander gekreuzt vor sich hielten, und die folgenden sie auf den Kopf legten.

(c) δοράτια φέροντες καὶ τόξους, τέως τε καὶ ξίφη .... Diese Schlacht

bey

Wir bemerken, daß die geschicktesten unter den damaligen Feldherren, welche, so weit es die Umstände erlaubten,

bey Casilinum gleich der bey Cannä, und Narses machte seine Anordnung nach eben den Grundsätzen, wie Hannibal die seinige. Es befand sich unter seiner Armee ein kleines Corps Heruler, welches sich empörte, weil er einen ihrer Officiers hatte abstrafen lassen. Da er in vollem Marsche gegen den Feind begriffen war, schien er sich wenig um sie zu bekümmern, und ließ sie zurück. Syndwal, einer ihrer Häupter, fürchtete, dieser Abzug möchte seiner Nation als eine Feigheit aufgebürdet werden, und eilte dem Narses zu melden, daß seine Leute nachkommen würden. Dieser General, der sein Heer eben in Schlachtordnung stellte, ließ in der Mitte eine Lücke, um sie einzunehmen. Unterdessen rückten die Franken in Form eines hohlen Keils vor, und kamen mit der Spitze gerade an den Platz, den die Heruler ausfüllen sollten. Schon die blose Bewegung brachte sie auseinander, und die ganze Spitze dieser dreyeckigten Masse fieng an sich hinter die römische Armee zu zerstreuen. Alsdann langten die Heruler an, und Narses, der seine beyden Flügel zangenförmig vorbog, schloß sie auf allen Seiten ein. Τότε δὴ ὁ Ναρσῆς ἐπικαιμώτως ἐξαίφνα, καὶ ὑπερμαζόντως τὰ μέρατα καὶ [ὡς] καίμενον ἐπιχρήζίαν (ὡς ἂν οἱ τακτικοὶ ὀνομάζεσι) τὴν φάλαγγα κατατήνας. Wir sehen, daß Narses sich wenig um die Lücke bekümmerte, die sich in der Mitte seiner Linie befand. Er betrachtete sie vielmehr als eine Falle, die den Feind heranlocken sollte, und wenn die Heruler gleich anfangs an diesem Platze gestanden hätten, so würde er ihnen, wie Hannibal bey Cannä seinen Galliern, ohne Zweifel zu weichen befohlen haben." Diese vorrückende Bewegung der Franken konnte nicht anders als sehr langsam

Agathias Lib. 2. p. 44. & 46. edit. du Louvre.

Theil 3. Hauptst. 3 Kupf. 3.

ten, der verfallenen Kriegskunst wieder aufhalfen, sich sowol in Absicht der Infanterie als der Caballerie an die alten Grundsätze hielten. Seit langer Zeit hatte man von der römischen Cohortalstellung keinen Begriff mehr. Kaum erinnerte man sich noch des Namens der Legionen. Veggens Werk worinn er die alten Regeln zurück rufft, hatte nichts zu ihrer Herstellung beygetragen. Vielleicht blieb es sogar in Constantinopel unbekannt, wo die lateinische Sprache gleichsam fremd war. Belisar, Narses und Salomon, welche die Regierung Justinians berühmt machten, schöpften in andern Quellen, und befolgten Gebräuche, die sie ihren Zeitumständen gemässer fanden.

Wenn ein Reich heftige Stöße bekommen hat, wenn die Grundregeln der Kriegskunst gänzlich verdorben sind, wenn besonders jener emsige Geist, der die sinkende Mannszucht aufrecht hält, und aus dem Staube erhebt, verschwunden ist; so ist es fast unmöglich, daß es sich aus seiner Erstarrung erhohlen kann. Die Geschicklichkeit eines Ministers, eines Feldherrn kann es zwar unterstützen, und den Augenblick seines Sturzes verzögern; weil sie aber gemeiniglich Widerspruch finden, weil ihre Nachfolger selten nach eben diesem Plan arbeiten, so fällt dieser auf einen Augenblick erweckte Körper in seine vorige Ohnmacht zurück. Es ist eine abgenützte Maschine, deren längst verwahrloste Triebfedern keine Kraft mehr haben. Niemand wagt es sie wieder aufzuziehen, man läßt

---

fam fron, und wurde gar bald durch ihre Unordnung gehemmet, so daß dieser grosse Körper beym ersten Angriffe starr und unthätig wurde.

läßt sie lieber fahren. Wenn auch jemand das Mittel dazu angibt, so findet er kein Gehör; man betrachtet ihn als einen unnützen Grübler, und seine Vorschläge als Hirngespinnste. Kaiser Leo der Philosoph, ob er gleich auf dem Throne der Cäsarn saß, schrieb dennoch ohne alle Frucht über den Krieg. Wenn die ihm zugeeigneten Bücher in der That von seiner Hand sind, so beweisen sie, daß er durch Fleiß und Nachsinnen einige Känntnisse erworben hatte, zu deren Anwendung es ihm an Einsicht oder am Vermögen fehlte. Hier müssen wir also unsern Untersuchungen ein Ziel stecken. Die römische Geschichte beut einem Kriegsmann nichts mehr an, das seiner Wißbegierde würdig wäre. Er würde nichts weiter darinn finden, als ein Gewebe von Fehdehalten, Todschlägen und Räubereyen, schwache Fürsten oder grausame Tyrannen, abergläubische Völker, eine unter beständigen Religionszänkereyen herumtreibende Regierung, wehrlose, von den Obrigkeiten ausgesogene, von den Bulgaren, Russen und Saracenen verheerte Provinzen; kurz ein Kaiserthum dessen Gränzen täglich geschmälert, und nach und nach auf das einzige Gebiete von Constantinopel eingeschränkt wurden, bis es endlich ganz unter die Bothmäßigkeit der Türken kam.

Ee 2   Ein

Ein und zwanzigstes Hauptstück.

Von den erlaubten Kriegsränken; oder Anmerkungen über den Polyän und Frontin.

Einleitung.

Obgleich die Werke, so wir vom Polyän und Frontin besitzen, sehr kurz sind, so werden sie doch denen, welche sich von den Kriegsgebräuchen und der Taktik der Alten unterrichten wollen, allemal wichtige Dienste leisten. Aus ihrem Titel sollte man schließen, daß sie nichts enthalten, was nicht würcklich das Gepräge der List und der Verschlagenheit führet: Dennoch sind auch ganz einfache Anschläge und gemeine Kriegsgebräuche, nebst vortrefflichen Regeln der Ordnung und Mannszucht darinn anzutreffen. Frontin hat seine Materie am besten abgehandlet, und sie in drey Classen abgetheilt: Die erste begreift das, was vor dem Treffen, die zwote, was während dem Gefechte, und die dritte, was nach demselben geschehen soll, je nachdem der Ausgang glücklich oder unglücklich gewesen. Nichts ist sinnreicher als diese Eintheilung, welche zu erkennen giebt, daß er dem Kriege beygewohnet und ihn verstanden hat: denn die ersten Mittel

sind

sind die, wodurch ein kluger Feldherr seine Anschläge
einleitet; die zweyten diejenigen, deren er sich im Augenblicke der Ausführung bedienet; und die letzten die,
wodurch er aus dem Siege alle mögliche Vortheile ziehet. Die Maaßregeln und Kunstbewegungen, die er
beschreibet, sind zwar zu kurz gefaßt, aber dabey deutlich und verständlich. Hieher gehören insonderheit die
Anstalten des Paul Aemils gegen den Perseus, und
des Cäsars bey Pharsalus. Polyän hat keinen so ordentlichen Plan befolget, noch mit gleicher Unterschei-
dungskraft geschrieben. Er hat eine Menge Begebenheiten zusammen gestoppelt, worunter sich verschiedene
grobe Verrätherexen und Treulosigkeiten befinden, die
einen Kriegsmann entehren. Freylich enthält sein siebentes Buch viel Betrügereyen, welche bey den morgenländischen Barbaren im Schwange giengen, und dem
Vorberichte zufolge scheinet es zu einem warnenden Ver-
zeichnisse derselben bestimmt zu seyn; nichts desto weniger sind noch verschiedene gleicher Art in seinen übrigen
Büchern zerstreuet, und in die Classe der Kriegsränke
gesetzet. Obwol Frontin mehr Einsicht besitzt, so ist er
doch von diesem Fehler auch nicht ganz frey; daher hat
es mir nicht überflüssig geschienen, die Natur der erlaubten Kriegslist zu untersuchen, um den falschen Begriffen vorzukommen, welche gewisse Köpfe oft davon
fassen, und sich noch bey Lesung dieser beyden Schriftsteller darinn bestärken können. Es giebt Ränke, die
man blos deswegen lernen muß, um ihnen auszuwei-
chen, und sich gegen einen Feind zu verwahren, welcher niederträchtig genug wäre sie zu gebrauchen. Der
würdige Kriegsmann befleißt sich eben so sehr der Frey-

Ee 3 müthig-

müthigkeit und Rechtschaffenheit, als der Tapferkeit und Vorsicht; und wenn er sein Genie zu seinen Anschlägen aufbietet, so verabscheuet er zugleich die Treulosigkeit, und alles was das gegebene Wort oder die öffentliche Treue und Glauben verletzet.

Dieser Grundsatz ist ein Hauptartikel des Völkerrechts, welcher von allen alten und neuern Nationen, und so gar von denen angenommen worden, die, wie die Türken und Tartarn, am meisten Grausamkeit verüben. Grotius, der in seinem Rechte des Krieges und Friedens die erlaubten Mittel vorträgt, schließt alles aus, was eine Verrätherey und Verletzung mündlicher oder. schriftlicher Zusagen heißen kann, als welche durch keine Verfängliche Auslegung übertreten werden dürfen. Ob man gleich bey gewissen Gelegenheiten einen Umschweif nehmen kann, um den Feind zu berücken, und seine Leichtgläubigkeit zu täuschen, so darf doch dieses nicht mehr geschehen, so bald man durch ein Versprechen * gebunden ist; indem derjenige, dem es geleistet wird, durch dasselbe ein besonders und unverbrüchliches Sicherheitsrecht erlanget. Ich will mich hier auf keine einzelne Sätze einlassen, welche in das Kriegsrecht einschlagen. Diese Materie ist zu weitläuftig, und vom Grotius sowol als von andern Rechtsgelehrten zur Genüge ausgeführet worden. Ich habe mir auch nicht vorgenommen, alle Wege, den Feind zu überraschen, in die Falle zu locken, und seine ausgestellten Netze gegen ihn selbst zu kehren, umständlich anzuzeigen, noch alle Manöuvren beyzubringen, welche im Kriege Vortheil verschaffen, und unter den Titel

* Grotius Buch 3. Kap. 1. Art. 18.

der

der Kunstgriffe und Ränke des Krieges geordnet werden können. Diese kurze Abhandlung hat keinen andern Zweck, als allgemeine Begriffe von der Natur der erlaubten Mittel, und von ihrer Zuläſſigkeit in Rückſicht auf das Völkerrecht, feſtzuſetzen.

Erſter Abſchnitt.

Wenn es erlaubt wäre, im Kriege alle Wege einzuſchlagen, die zu einem glücklichen Erfolge führen können, ſo würde dieſe Kunſt, welche eine Fertigkeit iſt durch Muth, Klugheit und Geſchicklichkeit zu ſiegen, gar bald die Schule der abſcheulichſten Verbrechen werden: die Menſchen würden ſich zur Verrätherey gewöhnen, und in den ſchnödeſten Handlungen einen Ruhm ſuchen. Allein es giebt eine Regel, die ihre Wahl beſtimmet, und nach dieſer müſſen alle Mittel geprüfet werden, die man gebrauchen will. Wenn gleich oft nur ein kleiner Abſtand von der Verſchlagenheit zur Falſchheit iſt, ſo findet doch die Ehre und die Redlichkeit den Ort, wo man den Gränzſtrich ziehen muß.

Jedermann weis die Geſchichte des Zopyrus, der, um den Darius von Babylon Meiſter zu machen, ſich Naſe und Ohren abſchneiden ließ, und ſich in dieſem Zuſtande den Babyloniern als ein Schlachtopfer der Ungerechtigkeit und Grauſamkeit ſeines Herrn darſtellte. Seine Abſicht war, ihr Vertrauen zu erwerben, und ihnen allen Argwohn eines Betruges zu benehmen. Die allzu leichtgläubigen Babylonier trugen fein Bedenken, einen der vornehmsten Herren, Persiens aufzunehmen, den die Mißhandlung, welche er empfangen zu haben schien, auf das empfindlichste schmerzen mußte. Da sie nicht zweifelten, daß sie ihn zur heftigsten Rachgier anspornen würde, so vertrauten sie ihm das Commando ihrer Truppen und die Bewachung ihrer Stadt, deren Thore er bald hernach dem Darius öffnete (a).

Ich habe bisweilen dieser Handlung mit Lobsprüchen erwähnen gehöret: Eine so großmüthige Aufopferung scheinet in der That von Heldenmuthe zu zeugen; allein siehet man nicht eine schändliche Verrätherey und Treulosigkeit zum Grunde liegen? Wenn etwas sie rechtfertigen kann, so ist es das Naturell der morgenländischen Völker, deren Seelen unter der despotischen Gewalt sclavische Gesinnungen annehmen. Die unbedingte Befolgung aller Befehle des Fürsten ist die erste Tugend des Unterthans, und die Gewohnheit, alles zu seinem Nutzen zu lenken, veredelt so gar die Verbrechen,

---

(a) Tarquin bediente sich eines ähnlichen Mittels, um sich der Stadt Gabii zu bemächtigen. Er ließ seinen jüngsten Sohn Sextus mißhandeln, welcher sich zu den Sabinern flüchtete, deren Vertrauen und Hochachtung er durch viel tapfere Unternehmungen gegen die Römer so sehr zu gewinnen wußte, daß sie ihn zu ihrem Heerführer machten. Als er die Gewalt in Händen hatte, räumte er auf den Rath seines Vaters die angesehensten Sabiner aus dem Wege. Diese treulose List war eines tyrannischen Tarquins würdig. In der Republik kamen bald hernach andere Tugenden ans Licht.

chen, die ihm Vortheil bringen; daher sind auch in jenen Gegenden die Regeln des Kriegsrechts fast immer barbarisch, und wenn der Eifer des Bürgers entbrennet, so trägt er immer das Gepräge der Dienstbarkeit. Die That des Zopyrus verräth also eine sclavische Seele, eine kriechende Schwärmerey, die blos in einem eigenmächtigen Staate bewundert werden kann (a). Die Geschichte der Morgenländer liefert uns eine Menge Züge von gleichem Schlage.

Mithridates hatte bey seiner Armee einen barbarischen Edelmann, Namens Olthacus, der nach Plutarchs Berichte wohlgewachsen, beherzt, und wegen seines guten Verstandes, seiner Höflichkeit und seinen Annehmlichkeiten in Achtung stund. Um des Königs Gewogenheit zu gewinnen, erbot er sich den Lucullus zu tödten. Der König willigte darein, und um ihm einen Vorwand zu verschaffen, that er ihm eine öffentliche Beschimpfung an. Olthacus, der nichts als Rache zu athmen schien, floh zum Lucullus. Durch sei-

---

(a) In einer monarchischen Regierung würde es einem Fürsten nicht einmal in den Sinn kommen, ein solches Opfer zu wünschen, und wenn er es verlangte, so würde auch in dem treuesten Herzen die Ehre das Recht haben dem Gehorsam Gränzen zu setzen. Die Antwort ist bekannt, welche Crillon Ludwig XIII gab, als er ihm zumuthete den Marschall von Ancre zu tödten: *Mein Leben, meine Güter gehören Ihnen, ich würde aber unwürdig seyn ein Franzose zu heißen, wenn ich die Gesetze der Ehre verletzte.* Er erbot sich ihn zum Zweykampf auszufordern.

ist Tapferkeit, seinen Witz und sein einnehmendes Wesen setzte er sich bey ihm in so großes Vertrauen, daß er ihn mit sich speisen ließ, und zu allen Rathsversammlungen zog. Eines Tages, da er die Gelegenheit zur Ausführung seines Anschlages für günstig hielt, gieng er gegen Mittag in das Gezelt des Lucullus, als ob er von wichtigen Geschäften mit ihm reden wollte. Zum Glücke schlief der General, und seine Leute wollten den Dardanier, alles Anhaltens ungeachtet, nicht hinein lassen, so daß er, aus Furcht entdeckt zu werden, die Flucht nahm. Diese Art, sich seines Feind vom Halse zu schaffen, ist eine Treulosigkeit, welche durch die Niederlage des Mithridates und durch die äusserste Noth nicht gerechtfertiget wird. Man kennet den Karakter Ludwigs XI, und seine nicht gar skrupelhafte Staatskunst. Gleichwol kamen ihm dergleichen Mittel verhaßt vor. Campobasse, ein Officier des Herzogs von Burgund, den der König in seine Dienste ziehen wollte, willigte nicht nur darein, sondern versprach auch seinen Herrn zu tödten, oder ihn auszuliefern: der König verabscheuete diese Verrätherey, und seines Hasses gegen den Herzog ungeachtet, ließ er ihn davon warnen. Seine Erinnerung wurde verlacht, weil der Herzog von Burgund, der für den Campobasse eingenommen war, diesen Schritt für eine List hielt, wodurch der König ihm die Treue eines seiner besten Hauptleute, den er nicht hatte bestechen können, verdächtig machen, und ihn seiner nützlichen Dienste berauben wolle. Er konnte sich nicht vorstellen, daß ein solcher Antrag keinen Eingang sollte gefunden haben,

Duclos Hist. de Louis XI

da

da Ludwig mehr als einmal in Gefahr gewesen, das Opfer einer ähnlichen Schaubthat zu werden (a).

Folgender Zug kann die betrügerische Gemüthsart und die Treulosigkeit der Morgeländer völlig ausmahlen. Orontes und Rheomitres waren zween persische Satrapen, welche in den Provinzen von Klein-Asien commandirten, als diese sich unter der Regierung des Artaxerxes Mnemon empörten. Sie stellten sich an die Spitze der Rebellen, und jeder bezog in seinem Kreise die zur Anwerbung der Truppen bestimmten Gelder. Nachdem sie sich ihr Vertrauen erworben, versammelten sie eines Tages die Rädelsführer und lieferten sie dem Könige aus. Diejenigen welche alle Mittel zur Ausrottung der Rebellen für erlaubt halten, werden dieses nicht als eine Verrätherey betrachten: Wenigstens ist es allemal eine unleugbare Niederträchtigkeit; die zween Satrapen mögen nun bloß zum Schein der Empörung beygetreten, oder nachdem sie im Ernste mitgehalten, auf diesen Einfall gekommen seyn, um sich ihrer Begnadigung zu versichern.

Der Aufruhr ist ein Verbrechen, dem man alle Mittel der Gewalt und des Ansehens entgegen setzen muß; auch die Verschlagenheit darf man brauchen. Wenn z. B. jemand aufgefordert würde, eine Festung zu übergeben, oder einer Verschwörung gegen seinen Fürsten anzuhängen, so könnte er sich anstellen, als ob er dem Antrage

(a) Dieses blinde Vertrauen kostete ihm nachher in der Schlacht bey Nancy das Leben, wo er von eben diesem Campobasse verrathen wurde.

Antrage ein günstiges Gehör gäbe, um das Geheimniß desto besser zu entdecken, und es ungesäumt anzuzeigen; man muß aber keine eidliche Verbindung eingehen. Wer sich kein Gewissen daraus machte, seinem Vaterlande auf solche Weise zu dienen, würde sich den gegründeten Verdacht zuziehen,, daß er eben sowol fähig wäre es zu verrathen.

Wenn die erstgedachten Handlungen Beyfall und Belohnung erhalten haben, so würden sie darum nicht weniger Tadel unter uns verdienen, die wir durch die Bewegungsgründe der Ehre geleitet werden sollen. Die orientalischen Völker, welche in den Banden ihrer Despoten lagen, hatten kein anderes Gesetz als ihren Willen; daher ließ ihr Geist sich zu allen Arten der Arglist und Falschheit senken; auch haben die Wanderungen der asiatischen Griechen, der Phönicier und Syrer nach Rom die Gerechtigkeit und die Sitten in dieser Hauptstadt vollends verdorben. Sie haben die Wollust verfeinert, und die ersten Delatoren geliefert.

Man muß also nicht, wie unsere beyden stratagematischen Schriftsteller, die Ränke mit den Verrätherepen vermengen. Jene sind allezeit, diese niemals, erlaubt, und nichts kann den rechtfertigen, der seine Zusage bricht. Legt man sich unbedachte Verpflichtungen auf, so ist es weislich gethan sie zu bereuen; man soll aber nichts thun, das einem geleisteten Eide zuwider läuft (a).

Man

- (a) In der Geschichte des Surenae findet sich ein denkwürdiges Beyspiel der Treue, die ein ehrlicher Mann seinem Worte schuldig ist. Es beweiset zugleich, wie dieser

Gene-

Man kann dem Feinde falsche Nachrichten geben, ihn durch erdichtete Anstalten berücken, ihn in eine Falle locken; ein Ueberläufer aber empfängt durch die Freystadt so man ihm gewähret, eine stillschweigende Verbindlichkeit, die das Völkerrecht unverbrüchlich macht. Daher würden gewissenhafte Kriegsleute sich nicht zu der List verstehen, welche Frontin dem Hannibal am Tage der Schlacht bey Cannä zuschreibt. Er sandte, sagt er, sechs hundert numidische Reuter aus, die sich den Römern ergaben, welche sie entwaffneten und zu ihrem Hinterzuge verlegten. Während dem Treffen zogen sie kurze Pallasche unter ihren Kleidern hervor, ergriffen die zerstreuten Schilde, und fielen den Römern in den Rücken. Appian und Livius haben dieser Begebenheit den Verlust der Schlacht zugeschrieben. Allein diese Niederlage hatte weit wichtigere Ursachen, und ich glaube nicht, daß die Kriegslist Hannibals vieles zum Siege beytrug; da sie hingegen zum Beweise dienet, daß der carthaginensische Feldherr in der Wahl seiner Mittel nicht gewissenhafter war, als seine Landsleute. Dem ungeachtet sind dergleichen Ränke nicht immer als unrechtmäßig betrachtet worden. Man hat oft Soldaten
in

General bey jeder andern Gelegenheit gedacht haben würde. Er wurde von Räubern angehalten, und versprach ihnen hundert Louisd'or für einen Ring, der ihm theuer war. Einer unter ihnen hatte die Kühnheit des folgenden Tages zu ihm zu kommen, und ihn zur Vollstreckung seiner Zusage aufzufordern. Er ließ das Geld auszahlen, und gab dem Diebe Zeit sich zu entfernen, ehe er seine Begebenheit erzählte.

in eine Festung überlaufen lassen, um sich eines Thores zu bemächtigen, oder die Einnahme auf eine andere Art zu erleichtern. Man hat dem Feinde falsche Ausreisser zugesandt, um ihm Nachrichten zu bringen, die ihn zu einem Fehler verleiten sollten. Als Hermocrates der in Syrakus commandierte, erfuhr, daß die Athenienser nach dem letzten Verluste den sie vor dieser Stadt erlitten hatten, zum Rückzuge entschlossen wären, ließ er ihnen im Namen ihrer Freunde sagen, daß wenn sie sich des Nachts in Marsch setzten, sie in einen ausgestellten Hinterhalt fallen würden. Ihr Feldherr Nicias glaubte der Nachricht, verschob seinen Abzug auf den folgenden Tag, und gab dem Hermocrates Zeit alle Pässe zu besetzen, welches ihre gänzliche Niederlage verursachte.

Wer sich verkleidet in eine Festung schleicht, um sie zu verrathen oder um die Anstalten des Feindes zu beobachten, wird nach dem Kriegsrechte mit dem Strange bestraft. Obgleich dieses Handwerk nicht ehrbar scheinet, so läßt es sich dennoch durch den patriotischen Eifer rechtfertigen, und wird blos um des Gewinnstes willen schändlich. Man sagt, der M. von Catinat habe sich als einen Kohlenbrenner verkleidet, in die Festung Luzenburg geschlichen, um den Zustand derselben zu erkundigen. Nach diesem merkwürdigen Beyspiele sollten die welche gleiche Lust fühlen, wie mich dünkt, kein Bedenken tragen es nachzuahmen.

Wer unter dem Vorwand einer Unterredung in einer Festung oder in der feindlichen Armee vortheilhafte Beobachtungen zu machen sucht, wird eben so wenig für

für einen Kundschafter angesehen, als ein Partheygänger, der durch die Verkleidung seiner Mannschaft, und durch Gebung des erschlichenen Losungswortes diejenigen betrügen, welche ihn ausforschen wollen.

Im Jahr 1672 bemächtigten die Franzosen sich eines holländischen Forts, indem sie die dazu gebrauchten Truppen in holländische Kleider steckten. Sie näherten sich dem Platze am hellen Tage, stelleten sich als ob sie von den Feinden verfolgt würden, und hielten um eine Freystadt an. Der Befehlshaber, der durch die Kleidung und die holländische Sprache, welche verschiedene Officiers und Soldaten sehr geläufig redeten, betrogen wurde, öffnete seine Thore.

Der Ritter von Luxenburg der eine Pulverzufuhr nach Ryssel liefern sollte, hintergieng die Besatzung der Linien ebenfalls durch die Sprache. Er wäre mit aller seiner Mannschaft welche aus tausend Reutern bestund, davon jeder einen Sack Pulver hinten aufgebunden hatte, glücklich hindurch gekommen, wenn nicht jemand, um die Verlängerung des Zuges zu hindern, Serre, das ist, schließt euch, geruffen hätte. Dieses entdeckte den Betrug, die Wache gab Feuer, ließ den Schlagbaum nieder, und hielt diejenigen an, so noch nicht durch waren.

Obgleich bey allen Arten der Kriegsränke, die Schattierungen, welche sie von einander unterscheiden, so nahe zusammen gränzen, daß sie sich bisweilen zu vermengen scheinen, so haben sie doch Kennzeichen an sich, welche den Begriffen der Ehre und einem zarten Gefühl nicht entwischen. Es würde z. B. gefangenen und eingesperrgesperrten Officiers erlaubt seyn, geheime Verständnisse anzuspinnen, Einwohner oder Soldaten zu bestechen, Berichte zu geben, um die Ueberrumpelung des Platzes zu begünstigen, wenn es die Umstände erlauben. Dieses aber würde denjenigen nicht zustehen, welche sich auf ihr Ehrenwort in Freyheit befinden (a). In allen Fällen, wo es unmittelbar zum Pfande liegt, wo es ein wechselseitiges Vertrauen fest setzt, verbietet das Naturrecht alle Arten der Hinterlist, was auch immer dem Fürsten oder dem Vaterlande für ein Vortheil daraus erwachsen könnte. Der Krieg ist ein Spiel, in welchem, wie bey allen andern, die feinen und schlauen Kunstgriffe, nicht aber die Schelmereyen erlaubt sind. Der Ausspruch des Lysanders, daß man die Kinder mit Spielwerk und die Männer mit Eydschwüren fangen müsse, ist eine abscheuliche Regel, die nicht verdient unter die Kriegsränke gesetzt zu werden: Man muß alles daraus verbannen, was mit dem Gepräge der Bosheit und Treulosigkeit bezeichnet ist. Als der Schulmeister von Faleria dem Camillus anbot, ihm seine jungen Schüler in die Hände zu liefern, fand er diese That abscheulich, und sagte zu den Umstehenden: Der Krieg ist zwar eine schlimme Sache, und eine

Quelle

. (a) Vor Zeiten waren, vermöge des Kriegsrechts, alle Gefangene Sklaven, und bey den mahometanischen Völkern sowol, als bey verschiedenen andern, sind sie es noch. Die natürliche Begierde sich einer immerwährenden Dienstbarkeit zu entziehen, konnte alle mögliche Befreyungsmittel entschuldigen: Da diese Strenge unter den Christen nicht statt findet, so würden nun viele Dinge nicht mehr erlaubt seyn.

Quelle ungerechter und böser Thaten; dennoch hat er seine Regeln und gewisse Gesetze für rechtschaffene Männer. Man muß nicht so begierig nach dem Siege seyn, um nicht mit äußerster Sorgfalt den Vorwurf zu vermeiden, daß man denselben hinterlosen und schändlichen Mitteln zu danken habe; denn ein Feldherr muß auf seine eigene Tugend, und nicht auf die Bosheit und Ctrulosigkeit anderer zählen.

Callicratidas der sich der Festung Magnesia bemeistern wollte, ließ dem Befehlshaber an, er möchte vier seiner Leute einnehmen, welche krank waren; sein Verlangen ward ihm gewähret. Er steckte jeden mit einem Harnisch bewaffnet in ein Bette, unter dessen Decke ein Schwerdt verborgen lag. Jedes Bette wurde von vier Soldaten getragen, so daß es in allem zwanzig Mann waren, welche die Wache tödteten, und sich des Platzes bemächtigten. Man mag dergleichen Ueberraschungen betrachten wie man will, so lassen sie sich meinem Bedünken nach nicht entschuldigen (a).

Bey der Ueberrumplung von Amiens, welche die Spanier unter Heinrich IV, und bey der von Ulm, die der Churfürst von Bayern 1702 bewerkstelligte, wurden ganz andere Mittel gebraucht, welche nichts unerlaubtes an sich hatten. Die erstere geschah, wie wir oben gesehen, durch einige Säcke mit Nüssen, die auf der Brücke zerstreuet wurden, und indem die Wache sie auflas,

Band 1.
S.318.

―――――――――――――――
(a) Sie beweisen, daß man seinem Feinde sogar bey des Diensten nicht trauen darf, die man ihm leistet.

III. Theil.   F f

außas, ward sie von verkleideten Soldaten niedergemacht, welche sich des Thores bemächtigten. Bey der zwoten ließ man einige Officiers in die Stadt wischen, wovon etliche als Bauern, und die jüngsten als Weiber verkleidet waren. Sie hatten sich mit Dolchen und Pistolen bewaffnet. Zur gesetzten Stunde versammelten sie sich bey einem Thore, wo sie auf ein verabredetes Zeichen von andern ebenfalls verkleideten Officiers bis auf vierzig Mann verstärkt wurden. Dieser Trupp überwältigte die Wache, welche entwaffnet, und in die Wachstube eingesperrt wurde. Während dieser Zeit sprengten sechshundert in einem benachbarten Wäldchen versteckte Dragoner herbey, und bemächtigten sich der nächsten Bastionen, eines Thurms und des Zeughauses. Sie hielten sich daselbst bis zur Ankunft zwoer Regimenter Kürassiers, wovon jeder einen Fußknecht hinter sich auf dem Pferde hatte. Man besetzte die vornehmsten Posten, und so wurde der Churfürst, trotz aller Bemühungen der Besatzung und der Bürgerschaft, welche auf den ersten Lerm zum Gewehr gegriffen, Meister von der Stadt. In eben diesem Jahre schlich sich der Prinz Eugen mit Hülfe eines Priesters und einiger bestochenen Bürger in die Stadt Cremona; allein dieser bis auf den Augenblick der Ausführung so wohl abgekartete Anschlag, mislang durch eine Vereinigung unvermutheter Zufälle. Diese Begebenheit, welche unter die berühmtesten in ihrer Art gehöret, ist so bekannt, daß ich es für unnöthig halte, sie hier umständlich zu beschreiben (a).

Hist. mil. de Louis XIV. Tom. 2.

Zweyter

*Tom. 2. (a) Sie wird in der Kriegsgeschichte Ludwigs XIV, 2. in

Zweyter Abschnitt.

Es ist wohl niemand, der nicht aus einem angebohrnen Gefühle von Recht und Billigkeit empfinden könnte, was einem ehrlichen Kriegsmann zu thun erlaubt ist. Alle Umschweife, welche die Spitzfindigkeit eingeben kann, verändern die Natur eines Verfahrens nicht und würden blos ein verborgener Schlupfweg der Unredlichkeit seyn. Montagne, der diese Materie untersucht, ohne etwas zu erörtern, läßt den Philosophen Chrysipp sagen: Diejenigen welche um die Wette laufen, mögen wohl alle ihre Kräfte zur Behendigkeit anstrengen; es ist ihnen aber keinesweges erlaubt, die Hand an ihren Gegner zu legen, um ihn aufzuhalten, oder zur Erde zu werfen (a). Eine buchstäbliche

Montagne, Kap. 6

in den Commentarien des Ritters Folard * und in den Denkwürdigkeiten des Marquis von Feuquieres † mit aller Genauigkeit erzählet.

* Tom 5.
† pag. 92.

(a.) Ein Zweykampf sollte zwischen dem Pittacus und Phrynon einen Zwist entscheiden, den sie wegen der Stadt Sigeum hatten. Vermöge der Abrede sollte man sich mit gleichen Waffen schlagen, und in der That war von außen kein Unterschied zu merken. Allein Pittacus hatte unter seinem Schilde ein Netz verborgen, worein er den Phrynon verwickelte und ihn tödtete. Polyän, der diesen Vorfall in seiner Abhandlung nicht vergessen hat, macht bey dieser Gelegenheit den frostigen Scherz: Pittacus habe Sigeum in einem Netze gefangen. Er fügt hinzu, er habe zuerst diese List gebraucht, deren die Fechter sich noch zu seiner Zeit in ihren Zweykämpfen bedienten. Die Erfindung

ständliche Befolgung dieser Regel würde im Kriege edel und großmüthig seyn. Alexander gab dem Polisperton, der ihm anrieth, er sollte den Darius bey dunkler Nacht in der Ebene bey Arbela überfallen, die Antwort, er wolle den Sieg nicht stehlen (a). Man muß gestehen, daß in diesem Entschlusse des Alexanders viel Größe der Seele liegt. Vielleicht aber ward ihm derselbe eben so sehr von seiner Klugheit, als von seinem Heldenmuthe eingegeben. Er wußte wohl, daß die Nachtgefechte sehr gefährlich sind, daß bey einem solchen verwirrten Gewühle alles aufs Gerathewohl geschieht, daß man in tausend Fehler fallen kann, und daß die Dunkelheit die Memmen begünstiget, anstatt daß der Tag die Thaten des geringsten Streiters beleuchtet. In einem zu allgemeinen Verstande genommen, könnte der Grundsatz des Alexanders fehlerhaft seyn. Freylich muß man sich nicht in den Fall setzen, über den Sieg zu erröthen; man

---

dung wurde hierdurch eben nicht veredelt, und der Redner, der sich rühmte, daß er zum Unterrichte der Kaiser L. Verus und Marc-Aurel schrieb, gab ihnen keine sehr gute Lehren. Sonderbar ist es, daß dieser Schriftsteller, der von seiner Arbeit so viel Aufhebens macht, und vorgibt, er habe dabey mit vieler Mühe eine große Menge Geschichten durchlesen, mit keinem Worte der List des jungen Horatius erwähnet, der gegen die drey Curiacier allein auf dem Kampfplatze blieb, und welche einer Anführung weit würdiger war, als eine Menge alter Mährchen, die er seinem Buche nur deswegen einverleibt zu haben scheint, um sich ein gelehrtes Ansehen zu geben.

(a) Malo me fortuna pœniteat, quàm victoria pudeat. Lieber will ich mich über das widrige Kriegesglück betrüben, als eines Sieges schämen.

man kann sich ihn aber durch erlaubte Mittel verschaffen, welche nicht zu verachten sind. Die Kunst des Krieges ist die Kunst der List und der Ränke.

Fu'l vincer. sempré mai laudabil cosa,
Vincasi per fortuna ó per ingegno (†).

Montagne, dessen Anmerkungen oft unrichtig, und dessen Grundsätze nicht immer von der erhabensten Art sind, macht bey Gelegenheit der Ueberraschung von Ligny im Herzogthum Barr, eine sehr schlechte Anwendung von dieser italiänischen Weise. Kaiser Karl V belagerte diese Festung. Bertheville, der sie vertheidigte, gieng vor das Thor, um mit den Belagerern in Unterhandlung zu treten; während der Unterredung wurde die Stadt eingenommen. Dieses lief wider das Kriegsrecht, weil ein Waffenstillstand war. Nun aber sagt der Italiäner per ingegno, durch Kunst, und nicht per inganno, durch Betrug, welches den Sinn ändern und eine sehr schlimme Regel abgeben würde. Denn es ist einem Manne, der sich mit dem Degen schlägt, wohl erlaubt eine Terzfinde zu machen, um eine Quart zu stoßen; es würde sich aber nicht geziemen, seinem Gegner Staub in die Augen, oder, wie Pittacus (††) ein Netz über den Leib zu werfen. Dieses wäre eine Verrätherey, und keine erlaubte List, worunter ich nur diejenigen

(†) Der Sieg war immer eine löbliche Sache, er mochte nun durch Glück oder durch Kunst erhalten werden.

(††) Gleichwol wird dieser Pittacus unter die sieben Weisen Griechenlands gerechnet, unter welchen er mit eben dem Rechte stehet, als mancher Stümper unter den Feldmarschällen.

gen Ränke verstehe, welche auf angenommene Begriffe und auf das Kriegsrecht gegründet, und durch verschiedene Beyspiele bey gesitteten Nationen bestätiget und veredelt sind (†).

Frontin erzählet einen Vorgang, der mit dem Betragen des Pittacus von gleichem Schlage ist. Der athenienstische General Melantes, sagt er, wurde vom thebanischen Feldherrn Xanthus zum Zweykampfe heraus gefordert: Als sie auf einander losgiengen, verwies jener dem Thebaner, daß er einen Zeugen an einen Ort mitgebracht habe, wo sie sich alleine finden sollten. Da dieser sich umwandte, um zu sehen ob ihm jemand nachfolgte, stieß ihn Melantes über den Haufen. Sollte ein so verruchter Betrug unter den Kriegsränken stehen (††)? Er erzählet auch noch, daß Clistenes von Sicyon bey Belagerung einer Stadt das Wasser eines Thals ablenkte, und ihm, nachdem er es vergistet, seinen vorigen Lauf gab. Dieses Mittel sowol als die Vergiftung des Mehles und der Brunnen ist nach der Hand bisweilen gebraucht worden; lauter Din-

Buch 4.
Cap. 7.

(†) Dieser letztere Karakter ist zu einer erlaubten List wohl nicht wesentlich nothwendig, sonst würde sie bey dem, der sie zum erstenmale braucht, nicht rechtmäßig seyn, und es folglich niemals werden können.

(††) Diese Anmerkung des Verfassers ist ganz richtig. Wenn indessen ein General durch einen falschen Bericht seinen Gegner mit seinem Heere zu einer nachtheiligen Wendung verleiten, und ihn sodann schlagen kann, so wird niemand seine List tadeln. So schwankend ist die Kriegscasuistik.

Dinge, welche in einem wohl geführten Kriege so wenig als die Ermordung des feindlichen Heerführers statt finden (a). Man kann alle mögliche Mittel ersinnen, ihm durch den Weg des Angriffs oder der Vertheidigung zu schaden, wenn sich nur keine Treulosigkeit mit ins Spiel menget (b). Man darf auch seine Leute bestechen,

---

(a) Quod non tantum contra mores majorum, sed & Florus. contra fas deum. Weil sie nicht nur gegen die Sitten der Alten, sondern gegen die göttlichen Gesetze streiten, sagt Florus, den Grotius anführt. Dieser verdammet ebenfalls den bey den Geten und Parthern bisweilen üblichen Gebrauch die Pfeile zu vergiften, ob er ihn gleich nicht als eine Sache betrachtet, die dem allgemeinen Völkerrechte, sondern blos dem mildern und menschlichern Gesetze der Christen zuwider läuft. So verdienen diejenigen, welche sich vergifteter Kugeln oder zerbrochenes und zerhacktes Bleyes bedienen, in der Absicht die Wunden gefährlicher zu machen, eine exemplarische Strafe, und die strengste Begegnung, wenn sie gefangen werden. Das Wasser darf man ableiten und verderben; so wie man die Brücken und Mühlen zerstöret, und die Felder verwüstet. Es ist erlaubt, und würde blos ein kühner Streich seyn, einen Fürsten oder General gefangen zu nehmen. Im spanischen Successionskriege hatte ein berühmter Partheygänger den Anschlag gefaßt, den Dauphin aufzuheben. Er gieng irre, und entführte den Oberstallmeister. Es fehlte auch sehr wenig, so wäre der Herzog von Vendome in seinem Lager in Italien gefangen worden.

(b) Non vi sola rx hostibus eripi ex jure gentium sed Grotius. & dolor qui perfidia careant permissos censeri, imo aliena perfidiæ incitationem. Man darf nicht nur Räute brauchen, die von Treulosigkeit frey sind, sondern es ist auch erlaubt,

stechen, und sich ihrer Treulosigkeit bedienen, jedoch nur in so fern man sie zu keinen persönlichen Frevelthaten gebrauchet, wobey Gift und Dolch mit unterlaufen. Dieser Weg ist allen denen ein Greuel gewesen, welche das göttliche und menschliche Recht verehret, oder ihren guten Namen nur einigermaßen geliebet haben. Als die Römer dem Pyrrhus seinen Arzt zurück sandten, der sich erbot ihn zu vergiften, bedienten sie eben keine so bewundernswürdige That, daß sie sich mit seiner schändlichen Verrätherey abgeben wollten. Auf gleiche Art verwarf Tiber den ihm gethanen Antrag, den Arminius aus dem Wege zu räumen. Camillus hingegen erwarb sich weit größern Ruhm, da er alle Kinder der vornehmsten Einwohner von Faleria zurück sandte, welche ihr Lehrer ihm in die Hände liefern

erlaubt die Untreue derer zu benutzen, die sich bestechen lassen.

Diese Gewohnheit ist nicht verwerflich, und verschiedene Kriegsverrichtungen werden blos durch solche Mittel ausgeführt. Man muß aber den Verräthern nicht trauen, und gegen die doppelte Untreue auf seiner Hut seyn, weil der so aus Eigennutz seine Pflicht oder sein Vaterland verrathen kann, eben so fähig ist, andern seinen Eid zu brechen. Wenn man daher gleich allen möglichen Vortheil von der Verrätherey ziehet, so wird doch ihr Urheber verachtet, sobald man ihn nicht mehr brauchet. Alle Personen von einem gewissen Karakter, welche sich diese Niederträchtigkeit erlaubten, haben den Rest ihres Lebens in der Schande zugebracht, und sind zuweilen selbst von eben denen gestraft worden, denen sie gedient hatten.

fern wollte (a). Die Gewohnheit aller Nationen lehret uns, daß man sich der Verräther bedienen darf. In dem ersten der angeführten Fälle brauchte man das Gift, welches dem Völkerrechte zuwider ist; hier erhielt der römische General blos ein kostbares Unterpfand, welches für ihn ein sicheres Mittel gewesen wäre, die Valisker zur Uebergabe zu nöthigen. Wie viel andere Feldherren wären unter der Versuchung erlegen, und haben in neuern Zeiten weit unrechtmäßigere Mittel angewandt.

Man sucht die Truppen zu bestechen, sie abspänstig zu machen, und alle die zu verführen, welche gute Berichte geben können; man unterhält geheime Verständ-

---

(a) Camillus schickte ihn mit rückwärts gebundenen Händen in die Stadt, und ließ seinen Schülern Ruthen austheilen, womit sie ihn streichen mußten. Diese Treuherzigkeit war ihm nützlicher, als wenn er sich die Verrätherey zu Nutze gemacht hätte. Die Belagerten, die seine Gerechtigkeit und die römische Großmuth bewunderten, sandten Abgeordnete an den Senat, und unterwarfen sich von freyen Stücken. Die Römer ahmten dieses redliche Betragen nicht immer nach, als einmal ihre Größe ihren Ehrgeiz vermehret, und ihre Sitten verdorben hatte. Ueberall verfolgten sie den Hannibal, der sich selbst vergiftete, als er sah, daß Brusias, den sie gewonnen hatten, entschlossen war ihn auszuliefern. So verleitete Sylla den Bocchus zur Verletzung des Gastrechts gegen seinen Verwandten und Bundsfreund Jagurtha, den er ihm verrieth, und unter dem nichtigsten Vorwande kündigten sie den Karthaginensern den Krieg an, und zerstörten ihre Stadt.

ständniße, um ein Heer oder eine Festung zu überrumpeln, oder man macht sich die feindlichen zu Nutze, wenn man sie entdeckt, welches der Prinz von Oranien that, als er den Marschall von Luxemburg bey Steinkerken überfallen wollte (a). Ein Anführer macht sich das

---

(a) Es ist bekannt, daß der Marschall von Luxemburg einen Secretär des Prinzen von Oranien zum Spion hatte, der ihm von allen seinen Anschlägen Nachricht gab. Der Prinz, der es entdeckte, nöthigte ihn dem Marschall zu schreiben, er sollte sich nicht an eine Bewegung kehren, welche die Feinde am folgenden Tage machen würden, weil sie keine andere Absicht hätten, als eine große Fouragierung vorzunehmen. Der Marschall verließ sich zu sehr auf diese Nachricht, und wäre beynahe in seinem Lager überfallen worden.

Der Ritter Bayard, der zu Verona in Italien commandierte, wurde von einem seiner Spionen, den aber die Feinde gewonnen hatten, benachrichtigt, daß der Hauptmann Manfron an einem gewissen Tage mit dreyhundert Bogenschützen nach Lignago gehen sollte. Bayard bereitete sich ihn zu überfallen, als der Kundschafter an der Thüre eines verdächtigen Hauses angehalten, und ihm zugeführt wurde. Er versprach ihm Gnade, wenn er die Wahrheit gestünde. Dieser entdeckte ihm, daß der Hauptmann Manfron anstatt dreyhundert Bogenschützen, zweytausend Mann bey sich haben würde, mit denen er ihn durch einen Hinterhalt einzuschließen hoffte. Auf diese Nachricht zog Bayard mit einer stärkern Macht aus, und lockte den Manfron in die Falle, die er ihm stellen wollte. Er schenkte dem Spion seinem Versprechen nach das Leben, welches mancher nicht gethan hätte; allein er war ein Sclave seines Wortes. Diese Beyspiele beweisen, wie sehr man ge-

das Zutrauen eines Feindes zu Nutze, der sich durch
Unterredungen aufhalten läßt, ohne die gewöhnliche
Vorsicht zu gebrauchen; mittlerweile ergreift er entweder
Maaßregeln ihn zu überfallen, oder macht Anstalten zur
Gegenwehr, oder er verschafft einem Entsatze die Zeit
anzulangen. Doch soll man während einem Waffen-
stillstande keine Feindseligkeiten begehen. Es ist nicht
erlaubt die Treue eines sichern Geleites zu brechen, jemanden unter dem Vorwande einer Unterredung in einen
Hinterhalt zu locken, wie solches dem Herzoge von
Burgund begegnete, der sich zu Montereau an der Yonne
mit dem Dauphin, nachherigen Könige Karl VII, zu besprechen hoffte, und daselbst vom Tanaquil Duchatel
ermordet wurde; eine unterschriebene und geschlossene
Kapitulation zu brechen, welches die Einwohner von
Namur thaten, die nachdem sie sich dem Cäsar ergeben
und ihm sogar einen Theil ihrer Waffen ausgeliefert
hatten, plötzlich einen nächtlichen Ausfall wagten und
sein Lager angriffen. Ihre Treulosigkeit bekam ihren
verdienten Lohn; sie wurden zurück geschlagen, und
genöthigt sich dem Ueberwinder auf Gnade und Ungnade
zu ergeben, der sie alle zu Sklaven machte. Es ist
ebenfalls unerlaubt einem Traktat einen verfänglichen
Sinn beyzulegen, oder sich leerer, sophistischer Unter-
scheidungen zu bedienen, wie Cleomenes der mit den
Argiern einen Stillstand von sieben Tagen schloß, und
sie in der zwoten Nacht unter dem Vorwand angriff,
daß die Nächte nicht mit verstanden wären. Als der
Landgraf

---

gen die Kundschafter auf seiner Hut seyn müsse, weil sie
oft beiden Theilen dienen können.

Landgraf Philipp von Hessen sich zu Carl V verfügte, ließ dieser Kaiser ihn anhalten, und wollte sich durch die Auslegung eines Wortes entschuldigen, dem er einen ganz andern Verstand beylegte, als es der natürliche Zusammenhang des sichern Geleitsbriefes mit sich brachte (†). Dergleichen Betrügereyen sind sehr zu tadeln. Man kann aber nicht sagen, daß man den Sinn eines Vertrags oder einer Capitulation misdeutet, wenn die Vergessenheit oder Unwissenheit des Feindes einer willkührlichen Auslegung Raum läßt. In diesem Falle ist man nicht genöthigt, ihrer eigentlichen Absicht nachzukommen, sondern hat Fug und Macht den vortheilhaftesten Verstand zu wählen. Der Hr. von Santa-Cruz führt das Beyspiel von drey hundert Engländern an, welche zu Alveira capitulierten, um nach Leriba geführt zu werden; weil sie aber nicht hinzu gesetzt, daß es durch den kürzesten Weg und ohne Aufschub geschehen sollte, so führte man sie drey Monate im Lande herum, binnen welcher Zeit Leriba belagert ward, ehe sie hinein kommen konnten.

Reflex. milit. chap. 41.

Dergleichen Umschweife, welche die strenge Redlichkeit unter Privatpersonen nicht erlaubt, werden oft ohne Bedenken in öffentlichen Geschäften gebraucht. Daher müssen diejenigen, welche sie zu besorgen haben, sie mit der größten Aufmerksamkeit behandeln. Der Stadthalter von Terouane, den Kaiser Carl V belagerte, vergaß vor Schliessung seiner Capitulation einen Waffenstill-

(†) Die Worte ohne einige Gefangenschaft waren darinn etwas undeutlich geschrieben, so daß es auch ohne ewige Gefangenschaft heißen konnte, welche letztere Lesart dem Kaiser zum Stichblatte diente.

fenftillstand zu bedingen. Indem man die Artikel verabredete, wurde die Stadt eingenommen, geplündert, und von Grund aus zerstöret (a).

Um zu wissen, wie weit im Kriege die List gehen darf, muß ein Kriegsmann zuvorderst erwägen, daß da die Ehre und Worthaltung die ersten Tugenden seines Standes sind, er gegen den Feind nichts unternehmen soll, wodurch eine geleistete Zusage, oder die öffentliche Treue und Glauben verletzet werden. Denn alsdann ist jede Unternehmung eine Verrätherey, und nicht rechtmäßiger als das Gift und der Mordstahl, den blos die Grundsätze eines Machiavels entschuldigen können (a).

(†) In unsern Tagen würde eine solche Eroberung wenig Beyfall finden. Welch ein Contrast mit der Einnahme von Barcelona!

(a) Agesilaus sagte, daß die Treulosigkeit den göttlichen Zorn heraus fodere; eine Maxime, welche den Grundsätzen des machiavelistischen Fürsten schnurstracks widerspricht, der sich alles erlauben darf, was er zur Erreichung seines Endzwecks für dienlich hält. Mord und Meineid sind lobenswürdig, wenn sie zu seinem Vortheil ausschlagen; „Wenn er politisch ist, so wird er die Maske „Redlichkeit und Treuherzigkeit vorlegen, um deſto „sicherer zu betrügen; er wird auf scheinbare Vorwände „studieren, sein Wort und seine Eidschwüre zu brechen; „es wäre ihm schädlich huldreich, wohlthätig und recht„schaffen zu seyn. Genug wenn er nur die Miene davon „hat." Dieses ist ein Auszug der Staatskunst Machiavels, die dem gerechten Tadel nicht entgangen ist. Ich will mir die Mühe nicht geben, den meinigen beyzufügen, sondern nur anmerken, daß das heidnische Alterthum niemals eine Sammlung von so abscheulichen Vorschriften ans Licht gebracht hat.

Dritter

Dritter Abschnitt.

Die Alten beobachteten ein sehr strenges Kriegsrecht. Alle die so bey irgend einer Gelegenheit gefangen wurden, fielen, wenn keine Capitulation vorhanden war, der Willkühr des Ueberwinders anheim, der sie tödten oder zu Sclaven machen konnte, welches auch bey den Weibern und Kindern Statt fand. Dieses Recht erstreckte sich sogar über die gekrönten Häupter, und die Römer übten es beständig gegen diejenigen aus, so ihnen in die Hände fielen. Sie behielten sie mit den ansehnlichsten Gefangenen, und der reichsten Beute für den Tag des Triumphes auf, da sie mit Ketten beladen zur Schau geführt wurden. Hierauf nahmen sie ihnen das Leben, oder hielten sie in einer ewigen Gefangenschaft. So verfuhren sie mit dem illyrischen Könige Gentius, mit dem Perseus, Jugurtha, und den Königen der Deutschen: Hingegen beobachteten sie die Capitulationen und Verträge mit der heiligsten Treue, und fiengen keinen Krieg an, ohne ihn mit allen üblichen Förmlichkeiten erkläret zu haben. Bey den Verträgen pflegte der Pater Patratus, der gleichsam der Währmann oder Ceremonienmeister war, nach Bewilligung der Artikel ein Schwein zu schlachten, wobey er allerhand Flüche ausstieß, und denjenigen von beyden Völkern, welches mit Vorsatz, oder aus Hinterlist den Frieden brechen würde, ein gleiches Schicksal wünschte. Wollte die Republik einen für gerecht erklärten Krieg anfan-

Grotius Buch 3. Kap. 4.

gen, so schickte sie einen von den Fecialen (a) ab, der die Klagpunkte vortrug, und wenn nach dreyßig Tagen keine Genugthuung erfolgte, so begab er sich mit einem Büschel Eisenkraut (†), und einen Wurfpfeil in der Hand auf die Gränze, warf sie auf den feindlichen Boden und entsagte aller Verbindung und Freundschaft.

Die

(a) Die Feciales oder Kriegsrichter waren von Numa Pompilius eingesetzte Priester, welche die Rechtmäßigkeit des vorhabenden Krieges entscheiden mußten. Wenn sie denselben für gerecht hielten, so war es ihr Amt ihn anzukündigen; sie wurden auch zu den Unterhandlungen gezogen, und drückten denselben durch die Ceremonie des Pater Patratus das letzte Siegel auf. Mann kann sie als die Staatsconsulenten jener Zeit betrachten, und leicht urtheilen, daß sie oft nicht strenger waren als die Neuern, die sich so wohl nach den Gesinnungen des Cabinets zu fügen wissen. Wenigstens mußten sie diese Biegsamkeit besitzen, als die Zerstörung der Stadt Karthago in Vorschlag gebracht wurde. Eben die Völker, in deren Regierungsgesetzen die größte Strenge herrschte, haben sich in der Ausübung oft am meisten davon entfernet. Die Lacedämonier waren in diesem Punkte nicht sehr scrupelhaft. Als Phäbidas mitten im Frieden die Burg von Theben überrumpelte, begnügten sie sich den Urheber der Unternehmung zu bestrafen, und behielten die Eroberung. Agesilaus, der sonst viel von Treu und Glauben predigte, sagte bey dieser Gelegenheit: Ehe man die Sache tadelte, müßte man erst untersuchen, ob sie der Republik vortheilhaft wäre.

(†) Das Eisenkraut, Verbena, Verbenaca, wurde von den Römern für heilig gehalten, und bey ihren Opfern gebraucht. Ihr Aberglaube schrieb ihm auch die Kraft zu die bösen Geister zu vertreiben. Der Wurfspieß, den der Fecialis gebrauchte, war mit Blut gefärbt, und vornen angebrandt.

*Cadu-
ceum.

Buch. 13.
Kap. 1.

Die Griechen bedienten sich eines Herolds, der einen Staab * führte. Polyb beklagt sich, daß schon zu seiner Zeit ein gewisser Wetteifer herrschte, wie man einander in den Staats- und Kriegsgeschäften hintergehen wollte. Er sagt, die Ueberhandnehmung solcher Beyspiele habe manchen auf die Gedanken gebracht, daß List und Betrug nothwendig geworden seyn: Er lobt aber die Achäer ungemein, als die von solcher Denkungsart sehr weit entfernt waren. Weit gefehlt, daß sie bey öffentlichen Angelegenheiten sich der List bedienet hätten, wollten sie ihr nicht einmal einen Antheil an ihren Siegen einräumen. Sie gründeten ihre Vortheile blos auf ihren Muth, verachteten die Ueberraschungen und Hinterhalte, sowol als die Gefechte aus der Ferne und mit Schießgewehr, und hielten nur diejenigen für rechtmäßig, welche in der Nähe und Mann für Mann geliefert wurden. Sie pflegten auch den Tag und den Ort des Treffens zu bestimmen. Bey den Römern, fährt er fort, sind noch einige Spuren von dieser ehemaligen Art Krieg zu führen anzutreffen; denn sie kündigen ihn an, bedienen sich selten der Hinterhalte, und schlagen sich in der Nähe. Die ganze Schilderung der achäischen Biedermannschaft kömmt mir übertrieben vor. Sollten sie allein von den andern Griechen so verschieden gewesen seyn, welche sehr fein und fruchtbar an Ränken waren? Alles, was sich daraus schliessen läßt, ist daß sie freymüthig und unverstellt handelten, daß die Kriegsnäckereyen sich zu ihrer schweren Rüstung nicht schickten, und daß ihr Genie sie zu den offenbaren und ehrlichen Gefechten geneigt machte (a). Dieses war auch das Naturell der Römer, welche allezeit weit weniger Geschicke zu den Kriegsränken hatten als die Griechen. Die Aetolier, welche die Nachbarn der Achäer und ihre Feinde waren, besaßen ganz entgegen gesetzte Eigenschaften. Sie waren keine Sklaven ihrer Zusage, sinnreich sie zu verbrechen, zum Raube und zu schnellen Streifereyen in das Gebiet ihrer Nachbarn gewöhnet. Ihre Streitart war ihrem Karakter und der Natur ihres Landes gemäß; die ordentlichen Schlachten vermieden sie mit großer Sorgfalt, suchten den Feind in die Gebürge und Schlupfwege zu locken, und schämten sich nicht zu fliehen, um ihn in eine Falle zu stürzen, oder mit desto größerm Vortheil zu bestreiten (†). Diese mit ihrem Waffen und ihrem

Polyb Buch 4. Cap. 4. 7 u. 15.

(a) Die Achäer waren von Natur zu guten Sitten aufgelegt. Philopömen, der ihr Oberrichter und Feldherr war, konnte sie durch sein Beyspiel und durch seine Gründe leicht zur Verachtung des Wohllebens, und zur ernstlichen Uebung in den Waffen bewegen. Polyb, der unter ihm diente, führt seine Grundsätze, seine Staatsrede und die vortrefflichen Würkungen an, welche sie hervorbrachten. Er bildete eine sehr schöne Armee, womit er den spartanischen Tyrannen Nachanibas aufs Haupt schlug. Obgleich die Achäer schwer bewaffnet waren, und Polyb sagt, daß sie wie die Macedonier blos in eine förmliche Schlachtordnung taugten, und sich nicht lieber als festes Fußes schlugen, so fügten sie ihrer Phalanx dennoch leichte Truppen bey, deren Unentbehrlichkeit sie ihrer Grundsätze ungeachtet wohl einsahen.

Buch 11. Cap. 3.

(†) Die neuern Originale zu diesem Gemälde haben die Franzosen in Corsica gefunden.

ihrem Genie übereinstimmende Streitart wäre ganz löblich gewesen, wenn sie nur dabey das Völkerrecht in Ehren gehalten, und sich nicht aus der Verkßung desselben ein Spiel gemacht hätten.

Kap. 10. Montagne erzählet, daß die Florentiner ihre Feinde einen Monat ehe sie ins Feld rückten, durch Läutung einer Glocke, Martinella genannt, zu erinnern pflegten, und daß die Völker des Königreichs Ternate (†) bey Ankündigung eines Kriegs zugleich die Mittel anzeigten, die sie zu dessen Führung in Händen haben. Der Gebrauch der Florentiner war eine bloße Form von Kriegserklärung, die nach dem Völkerrechte nötig ist (a). Bey dem Betragen der Einwohner von Ternate

---

(†) Königreich in Asien, welches aus der Insel dieses Namens, und noch verschiedenen andern besteht.

(a) Die Meynung aller Rechtsgelehrten ist, daß kein Krieg gerecht seyn kann, non actum solemni jure, wenn er nicht ausgekündigt worden, sonst würde er den Unternehmungen gegen die Straßenräuber und Corsaren gleichen, bey denen man diese Förmlichkeiten wegläßt, und welche auch nicht nach Kriegsgebrauch behandelt werden. Dennoch ist anzumerken, daß wenn das Haupt einer Räuberschaar zu einem so hohen Grade der Macht gelanget ist, daß er Städte oder Landschaften inne hat, und daß seine Gewalt sich über ein ganzes Volk erstrecket, er das Recht erhält, als ein unabhängiger Herrscher behandelt zu werden. Hieher gehöret der berühmte Viriatus, der anfänglich ein Schäfer, dann ein Räuber-Hauptmann war, endlich aber Meister von Lusitanien wurde, und den Römern lange zu schaffen machte. Q. Capio ließ ihn aus

dem

nale konnte eben so viel Eitelkeit und Prahlerey als Gewissenhaftigkeit mit unterlaufen. Gesetzt aber, die Sache wäre sowol als das Gemälde, welches Polyb von den Achäern macht, dem Buchstaben nach wahr, so würde weiter nichts daraus folgen, als daß die Begriffe vom Kriegsrechte bisweilen übertrieben worden, und daß gewisse Beyspiele von dieser Art kein Gesetz abgeben, wovon man sich nicht ohne Bedenklichkeit entsetzen könnte.

Die Kriegsränke sind eben so alt als der Krieg selbst, und jederzeit geduldet worden: Sie sind insonderheit ein Hülfsmittel des schwächern Theils. Wenn die Löwenhaut nicht hinreicht, so muß man den Fuchsbalg daran nähen, sagte Lysander. Durch Kunst und Anschlägigkeit wird mehr Ruhm als durch die offenbare Gewalt erworben. Im ersten Falle ist der Erfolg ein Werk des Genies, und den Truppen gebühret blos die Ehre einer leichten Ausführung; im zweyten kömmt alles auf ihre Tapferkeit an. Man muß aber, wie gesagt, die Natur der Ränke wohl prüfen, zumal in den Fällen, wo ein gegebenes Wort zum Pfande liegt. Wir finden in dieser Rücksicht Beyspiele von einer zärtlichen Bedenklichkeit, die man nicht

dem Wege räumen. Er bestach seine Gesandten, die ihn ermordeten, welches zu Rom als eine überaus schändliche That betrachtet, und vom Senat misbilligt wurde. Der Marschall von Villars betrug sich gegen die Häupter der sevennischen Rebellen, Cavalier und Roland, immer nach Kriegsgebrauch; und als er mit dem ersten einen Traktat geschlossen, ward er auf das genaueste befolget.

zu sehr bewundern kann, und welche nicht immer befolget worden.

Ich schließe diese Anmerkungen mit jenem unvergeßlichen Zuge des Mylord Peterboroug, welcher der weltbekannten Rechtschaffenheit dieses Generals würdig war. Er führte im Jahr 1705 die englischen Truppen bey der Belagerung von Barcellona. Da der Commandant alle Außenwerke verloren sah, begab er sich an das Stadtthor, um mit ihm zu capituliren. Während der Unterredung drangen die Truppen des Prinzen von Darmstadt auf einer andern Seite hinein. Da nun der Stadthalter sich über dieses Unrecht beschwerte, sagte der englische General, daß es die Deutschen seyn müßten, und daß kein ander Mittel wäre, als ihn mit seinen Engländern in die Festung zu lassen, um der Unordnung zu steuern; worauf er zurück kommen und die Capitulation schließen wollte. Der Befehlshaber willigte darein; und nachdem der Lord die Deutschen fortgewiesen hatte, kam er an das nämliche Thor zurück, und erfüllte sein Versprechen.

Vierter Abschnitt.

Ehe ich diese kleine Abhandlung endige, wird es nicht überflüßig seyn von einer hergebrachten Gewohnheit, oder vielmehr von einem alten Vorurtheil zu reden, dessen Wahn in vielen Schriften ausgestreuet und fähig ist, auf gewisse Gemüther einen Eindruck zu machen, gegen welchen sie verwahrt werden müssen. Die Tapferkeit, heißt es, hat ihre Gränzen, und das Kriegsrecht

recht verurtheilt einen Befehlshaber zum Strange, der sich beykommen läßt, ein schlechtes Nest gegen eine königliche Armee, selbst ehe noch die Batterien angelegt sind, zu vertheidigen, oder einen kleinen Posten gegen ein großes Heer zu behaupten. Montagne, der diesem welschen Herkommen im Ernste günstig scheint, erzählet in einem Amtstone eine Reihe Beyspiele von Anführern, die wegen Uebertretung desselben gehangen worden sind. Ich meines Orts bin gänzlich überzeugt, daß der Befehlshaber eines Postens, wie er auch immer beschaffen seyn mag, ihn so lange vertheidigen soll, als er es für möglich hält. Keine Bedenklichkeit muß diesen Entschluß hemmen, sobald er nicht besondere Verhaltungsbefehle aufzuweisen, oder bey einer zahlreichen Garnison alle Hoffnung zum Entsatze verlohren hat, und nachdem er seiner Ehre durch eine schöne und lange Vertheidigung genug gethan, eine überwiegende Nothwendigkeit einsieht, seinem Fürsten eine Anzahl tapferer Leute zu erhalten, die ihm bey andern Gelegenheiten nützliche Dienste leisten können. Weil aber der Vertheidiger eines kleinen Postens diese Absicht nicht haben, und durch seinen Widerstand oft großen Vortheil stiften kann, so soll er lieber alles aufopfern, als dem frigen Rathe einer Regel folgen, welche niemals im Gesetzbuche der Helden Platz finden wird. Je zahlreicher das Heer welches ihn angreift, je erhabener die Würde seines Anführers ist, desto mehr soll er sich bemühen, seine Hochachtung zu verdienen. Ich weis daß man bey gewissen Gelegenheiten sehr freygebig mit dem Galgen drohet; man muß sich aber durch diese Drohungen nicht abschrecken lassen, welche einen Befehlshaber, der schwach genug ist davor zu zittern, zu einer leichten Uebergabe bewegen sollen. Man muß sie auch sorgfältig verhüten, daß sie der Besatzung nicht zu Ohren kommen, weil sie einen widrigen Eindruck bey ihr machen könnten. Hat der Ueberwinder bisweilen seine Drohungen erfüllt, so muß dieses Verfahren als eine Grausamkeit eines barbarischen Feindes, der die Tapferkeit nicht zu schätzen weiß, oder als die Folge unglücklicher Umstände betrachtet werden, welche sich meistens nur in bürgerlichen zumal in Religionskriegen ereignen, wo die Gemüther aufgebracht, und durch Wuth und Partheygeist zur Grausamkeit geneigt sind (a).

1479.
Dergleichen Unmenschlichkeiten werden fast immer durch grausame Represalien bestrafet. Als Kaiser Maximilian I. mit fünf und zwanzig tausend Mann in Frankreich einfallen wollte, griff er das Schloß Mallanoy an, welches ein Officier Namens Remonet mit hundert und sechzig beherzten Gasconiern vertheidigte, die sein Heer drey Tage lang aufhielten. Endlich wurden sie überwältigt, und starben größtentheils mit dem Degen in der Faust. Remonet der sich in einen Thurm zurück

(a) Bisweilen wird ein Commandant mit der Bedrohung aufgefordert, daß man ihm keine Capitulation bewilligen werde, wofern er es zum Gebrauche des groben Geschützes kommen läßt. Wenn der Posten so schlecht ist, daß er keine Hoffnung hat sich darinn zu halten, so muß er wenigstens die ersten Wirkungen der Artillerie erwarten, weil es gar leicht möglich ist, daß der Feind keine hat, gleichwol aber an einer Batterie arbeiten und kanonenförmige Holzblöcke darauf pflanzen läßt, um ihm einen Schrecken einzujagen. Alsdann würde dieser nicht wenig erröthen, sich auf blose Drohungen ergeben zu haben.

rück gezogen hatte, ergab sich auf das ihm geleistete Versprechen, daß er als ein Kriegsgefangener behandelt werden sollte; dem ungeachtet ward er gehangen. Ludwig XI rächte sich auf eine schauervolle Art. Er hatte eine Menge Gefangene in seiner Gewalt, worunter er die vornehmsten auswählten, und sieben auf dem Richtplatze des Remonet, zehn vor Douay, zehn vor St. Omer, zehn vor Aussel, und zehn vor Arras aufknüpfen ließ. Hierauf mußten seine Völker in die Grafschaft Guule einrücken, wo sie alles mit Feuer und Schwerdt verheerten, und siebzehn Städte einnahmen, welche geschleift und in die Asche gelegt wurden. Nachdem der König den Tod des Remonel auf diese Art gerochen hatte, nahm er sich seiner zwey Kinder an, welche an seinem Hofe erzogen wurden: So ersetzte er durch seine Wohlthaten den Verlust den sie erlitten hatten. Wie viel Vorwürfe mußte der Kaiser sich nicht machen, daß er durch den Tod eines einzigen Mannes die Ursache so vieler Unfälle geworden!

Duclos Hist. de Louis XI. Liv. 9.

Im Jahr 1711 bekamen die Kaiserlichen einen französischen Partheygänger gefangen, und führten ihn nach Phulippsburg: Nachdem er einige Zeit in den Banden gelegen, beschlossen sie endlich ihn aufzuhängen. Sie waren im Begriffe das Urtheil zu vollziehen, als einer ihrer Feldherren von ungefähr dazu kam, und sie durch die Vorstellung der übeln Folgen des Gegenrechts davon abwendig machte. Karl der Kühne, Herzog von Burgund, belagerte Rancy; Cifron, ein Officier des Herzogs von Lothringen, versuchte es, mit dem größten Theile seiner Mannschaft in die Festung zu bringen. Karl, dessen

dessen natürliche Hestigkeit durch seine Unfälle (a) neuen Zunder bekommen hatte, ließ den Cisron und seine Gefährten unter dem Vorwand aufknüpfen, daß es vermöge des Kriegsrechts nicht erlaubt wäre, sich in einem belagerten Platz zu werfen. Der Herzog von Lothringen säumte sich nicht, dieses Verfahren an hundert und zwanzig burgundischen Gefangenen zu erwiedern. Er befahl einem jeden eine Aufschrift anzuheften, welche anzeigte, daß dadurch die Unmenschlichkeit des Herzogs von Burgund gerochen würde.

Das Gesetz welches die Vertheidigung einer elenden Festung oder eines kleinen Postens untersagt, ist eben so errichtet, als das, welches der Herzog Karl vorschützte. Wenn man bisweilen Drohungen braucht, so werden sie doch selten ins Werk gesetzt, weil in solchen Fällen die Represalien schrecklich, und vermögend sind jeden General abzuhalten, der ein Gefühl von Menschlichkeit hat. Man soll sich daher nicht fürchten, allen möglichen Gebrauch von seiner Tapferkeit zu machen. Philipp, König von Macedonien, verlohr in der Belagerung von Methone ein Auge. Die Einwohner fürchteten eine grausame

(a) Er hatte durch ungerechte und verwegene Kriege sein Land an Mannschaft und Gelde erschöpft. Schon lange stund er gegen Ludwig XI mit widrigem Glück im Felde. Er hatte die zehnmonatliche Belagerung von Nuits aufheben müssen, und nur kürzlich die Schlachten bey Grandson und Murten gegen die Schweizer verlohren, weil er die Anschläge seiner Hauptleute in den Wind schlug, welche ihm riethen den Feind auf dem flachen Felde zu erwarten, wo seine Reuterey ihm einen Vortheil gegeben hätte. Allein er folgte blos seiner Wuth, und vertiefte sich in enge Thäler, wo er aufs Haupt geschlagen wurde.

grausame Rache; allein er zeigte ihnen nicht die geringste Entrüstung. Er bewilligte ihnen den Frieden; und betrug sich mit vieler Mäßigung und Milde.

Justin. Buch 7.

Beym Alexander bemerken wir nicht eben die Großmuth. Des Sieges gewohnt, und von seinem Glücke aufgeblasen, konnte er den Widerstand des Bâtis in Gaza nicht ertragen. Als dieser vor ihm erschien, bedrohete er ihn mit den härtesten Martern. Der tapfere Stadthalter entfärbte sich nicht, und heftete selnen Blick auf Alexandern, ohne ihn eines Wortes zu würdigen. Der edle Trotz seines Stillschweigens entflammte die ganze Wuth des Eroberers. Er ließ ihm die Fußsohlen durchstechen (a), und ihn, an einen Wagen gebunden, um die Mauern von Gaza schleifen. Vielleicht stund es nur bey dem Bâtis, sein Leben durch ein demüthiges Bezeugen zu erkaufen; er hielt es aber für niederträchtig und schmählich, einen Fürsten zu erweichen,

_____

(a). Dieses that er nach dem Beyspiel Achills, der an dem Körper des Hectors eine ähnliche Grausamkeit verübt, um den Tod seines Freundes Patroclus zu rächen, welchen jener erlegt hatte. Er opferte auch verschiedene gefangene Trojaner auf seinem Grabe. Alexander schätzte die Werke Homers überaus hoch, und führte sie immer in einer kostbaren Schachtel mit sich, die er unter sein Hauptkissen legte. Er konnte allerdings einige nützliche Staats- und Kriegsregeln daraus lernen; allein er liebte vornemlich das Wunderbare der Iliade, und die Tapferkeit Achills, den er nachzuahmen suchte. Welch ein Unterscheid zwischen den gigantischen Kämpfen des griechischen Gedichtes und den Heldenthaten der Henriade, wo eine natürliche Tapferkeit mit den erhabensten Tugenden verschwistert ist!

weichen, der, wenn er großmüthig gewesen wäre, die Tugend seiner Feinde hätte hoch schätzen, und die Tapferkeit eines muthigen und seinem Herrn getreuen Kriegsmannes verehren sollen. Diese Größe der Seele, welche den Båtis über seinen Besieger erhob, kann nicht genug bewundert werden: Seine Verachtung des Todes beleidigte den Stolz des Alexanders. Er fand darinn einen Grad von Unerschrockenheit, den er ihm misgönnte, und der seine Eigenliebe aufbrachte. Aber wäre an Båtis Stelle der Ueberwinder von Asien so großmüthig gestorben?

Aus meinen bisherigen Anmerkungen muß man nicht schließen, daß ich eine unbedingte und unveränderliche Regel vorschreiben wollte. Auch im Kriege verändern die Umstände die Natur der Dinge. Ein versuchter und ausgelernter Officier wird freylich alle eigenthümliche Gesichtspunkte seiner Lage in Betrachtung ziehen, und ihm darf man keine beherzte Anschläge geben: Weil aber ein und eben dieselben Handlungen oft sehr verschiedenen Auslegungen unterworfen sind, muß ein junger Officier wohl bedenken was er thut; denn bisweilen kann das, was an einem alten Kriegsmanne als ein Merkmaal seiner Klugheit und Fähigkeit bewundert wird, an einem jungen Menschen getadelt, und als ein Mangel von Standhaftigkeit betrachtet werden.

Ich glaube, daß ich nun alles, was zu den Kriegsränken gehöret, samt den nöthigsten Begriffen des Kriegsrecht ins Kurze gefaßt und in einem Gesichtspunkte vereiniget habe. Diese mußten zu allen Zeiten
die

die nämlichen seyn, weil die Grundwahrheiten von Recht und Ehrlichkeit unveränderlich sind, obgleich verschiedene alte Schriftsteller, welche von dieser Materie gehandelt, nicht darauf gesehen, und die strafwürdigsten Begebenheiten mit denen vermengt haben, wobey nichts als Witz und Scharfsinn die Triebfedern gewesen. Valerius Maximus, von dem wir eine Sammlung von merkwürdigen Thaten und Reden besitzen, hat derselben ein eigenes Hauptstück unter dem Titel von den Kriegsränken einverleibet, worinn er das Mittel, dessen Tarquin sich zur Eroberung von Gabii bediente, und die List des Hannibal nicht vergessen hat, als er am Tage der Schlacht bey Cannä die sechs hundert Numidier ausreissen ließ. Er ordnet diese beyden Ränke neben einige sehr erlaubte Manöuvren, und neben den Kunstgriff des Tullus Hostilius, den er in einem Gefechte gegen die Fidenaten gebrauchte. Dieser letztere verdienet hier angeführt zu werden. Mettius Suffetius, ein Diktator von Alba, welches mit den Römern im Bunde stund, zog sich unmittelbar vor dem Anfange des Treffens auf eine benachbarte Anhöhe, in der Absicht alda den Ausgang des Gefechtes zu erwarten, und sich sodann zu dem siegreichen Theile zu schlagen. Die Römer, welche diesen Abfall schwächte, schienen darüber betreten und muthlos; der König aber durchlief die ganze Schlachtlinie, und sagte ihnen, daß die Albanier auf seinen Befehl diese Bewegung gemacht hätten, um auf ein verabredetes Zeichen den Feinden in den Rücken zu fallen. Durch diese Gegenwart des Geistes beruhigte er sie, gewann die Schlacht und bestrafte hierauf die Treulosigkeit des Suffetius mit dem Tode. Die

Die bequemste Art ein Buch zu verfertigen, ist das Sammeln und Ausschreiben; selten aber wissen dergleichen Schriftsteller ihrer Arbeit Schranken zu setzen. Sie bestreben sich mehr einen Band zu füllen, als eine geschickte Auswahl zu treffen; daher pflegen sie die Begriffe und die Merkmaale der Dinge miteinander zu vermengen. Dieses ist der Fehler der obermehnten stratagematischen Autoren, und fast aller derer, die sich mit einer oder der andern Art von Sammlungen beschäftigen.

Das Wort Stratagema kömmt von den Griechen her, welche dadurch die geschickten und feinen Kunstbewegungen des Krieges bezeichneten. Die Lateiner haben es ihnen abgeborgt, und es auf alle die neuern Völker gebracht, deren Sprache von der ihrigen abstammet. Valerius Maximus sagt, daß man ohne diesen Ausdruck jene vorzügliche Feinheit und tadelfreye Verschlagenheit des Geistes, im Lateinischen schwerlich hätte ausdrücken können. Es ist also die Schuld der Schriftsteller, wenn sie unter die eigentlichen Stratageme, Falschheiten und Betrügereyen gemenget haben. Uebrigens hatten die Lateiner die Wörter Astutia und Calliditas, die mit dem griechischen Stratagema überein kommen, und von den Grammatikern mit Unrecht zu Synonymien von Dolus, Fallacia gemacht wurden. Der Sinn der beyden erstern läßt sich gar wohl durch List und Verschlagenheit bezeichnen, welche einen von Betrug und Arglist unterschiedenen Begriff darstellen. Aber alle diese Ausdrücke werden in den meisten Wörterbüchern mit einander vermenget. Ist aber von Kriegsränken die Rede, so soll man keine andere als erlaubte darunter versiehen, und so wird dieses Wort mit Stratagema übereinstimmen.

Maximien.

Maximen.

I. Der Muth und die Klugheit müssen allezeit verschwistert seyn: Es gibt aber Fälle wo die Klugheit in Hintansetzung einer gewissen Vorsicht bestehet, die zu andern Zeiten nöthig ist. Agamemnon der sein Lager von den Trojanern ersteigen sieht, schlägt vor die Schiffe ins Wasser zu lassen, um sich auf dieselben zu begeben, wenn man den Feind nicht zurück treiben kann. Wenn wir das thun, sagt Ulysses, so werden unsere Völker nicht mehr ans Schlagen denken, sondern auf die Schiffe zulaufen, und alles wird verlohren seyn.

II. Die standhaften und kühnen Entschließungen stammen selten aus dem großen Haufen. Es gibt aber eine gewisse Art sie demselben beyzubringen. Hr. du Peri der in Hagenau belagert wurde, und voraus sah, daß er sich würde ergeben müssen, faßte den Schluß, sich mit seiner ganzen Besatzung durchzuschlagen. Er versammelte die vornehmsten Officiers denen er seinen Vorsatz eröffnete; ein einziger war seiner Meynung: Dieser erhielt sein ganzes Vertrauen, und gieng ihm bey der Ausführung seines Vorhabens treulich an die Hand.

III. Der Marschall von Villars sagte, daß man den Mangel an Stärke bisweilen durch die Kühnheit ersetzen müsse. Drohungen die in einem günstigen Augenblick einem Feinde gemacht werden, der sich gegen alle

Anfälle sicher glaubt, können ihn in Bestürzung und Schrecken setzen.

IV. Man hat diesen Feldherrn für glücklich und etwas prahlerisch, und den Prinzen von Oranien für unglücklich, aber dabey sehr geschickt gehalten. Wer bis auf den Grund der Begebenheiten dringet, wird sehen, daß dieser letztere oft aus eigener Schuld unglücklich war. Hingegen sind die Siege des Hr. von Villars fast immer die Früchte seiner Einsichten gewesen: Da er von Natur aufschlägig und beherzt war, so sah er oft Wege zu einem glücklichen Erfolge, wo andere vor den Hindernissen zurück gebebt wären. Wenn er bisweilen groß sprach, so hielt er auch sein Wort. Viel andere haben ihr ganzes Lebenlang großen Lerm gemacht und wenig ausgerichtet.

V. Ein Höfling der die widrigen Zufälle zu hart empfindet, fürchtet sich sein Glück aufs Spiel zu setzen, und unternimmt nichts, ohne seiner Sache gewiß zu seyn. Ist er ungeschickt, so wird er mit aller seiner Vorsicht geschlagen werden. Meines Erachtens soll ein General, und selbst jeder Officier, eine von der Ruhmbegierde erzeugte Kühnheit und eine auf alle Fälle gefaßte Philosophie mit den nöthigen Fähigkeiten verbinden.

VI. Man sagt, es habe Feldherren gegeben, welche vortrefflich waren, zwanzig tausend Reuter zu führen, und sich hingegen mit tausend Fußknechten nicht zu helfen gewußt hätten. Dieser Satz wird auch umgekehret. Ich behaupte, daß die Vortrefflichkeit dieser Herren sehr mittelmäßig war. Jede Gattung Truppen hat nicht immer ein eigenes Erdreich, und wenn ihr Anführer die Kunstbewegungen der andern nicht verstehet, so wird er ganz

ganz gewiß hier oder dort den Kürzern ziehen. Niemand kann mit einigem Erfolge commandieren, wenn er nicht die Schwäche und Stärke beyder Gattungen, die Art sie zu lenken, und die Verhältniße kennet, die sie bey den Kriegsverrichtungen unter einander haben.

VII. Wenn man bey der größten Armee einen General-Lieutenant und zween General-Majors für das erste Treffen eines jeden Cavallerieflügels, eben so viel für das zweyte, eine gleiche Anzahl für die Rechte und Linke der beyden Infanterielinien; einen General-Lieutenant nebst zween General-Majors für den großen Rückhalt, einen für jede Flügel-Reserve angestellt hat, und diesen noch vier oder fünfe für das Commando der abgesonderten Corps beyfügt, welches ungefähr fünf und dreyßig Personen ausmacht; so frage ich, wozu eine größere Zahl dienen soll, wenn man nicht selbst einen Rückhalt aus ihnen machen will.

VIII. Bey einer zu großen Menge von Generalspersonen kann man nicht alle beschäftigen, und dieses ist die größte Demüthigung für die, welche müssig gelassen werden. Der Marschall von Sachsen bekümmerte sich wenig darum; ein anderer General aber befürchtet sich Feinde zu machen; er muß sich den Kopf zerbrechen, um die überflüssigen mit einer guten Art auf die Seite zu schaffen, und ihnen eine Verrichtung anzuweisen. Wollte man sie in einer Schlacht alle vor die Linie stellen, so würde der älteste die andern commandieren, und oft würde er der ungeschickteste seyn (†).

Wenn

(†) In Deutschland, wo die Generals ihre Regimenter haben.

Wenn man diese hohe und ehrwürdige Kriegsstuffe durch die Menge entadelt, so sieht man zugleich die niedrigern herunter, welche zu nichts kommen, und keine Gelegenheit mehr haben sich hervorzuthun.

1692.

Als Ludwig XIV die Festung Namur in Person belagerte, bestund sein Heer aus vierzig Bataillonen und neunzig Schwadronen; die Armee des Marschalls von Luxenburg aus sechzig Bataillonen und zwen hundert sechs Schwadronen. Beyde hatten nur dreyzehn General-Lieutenants und zwölf General-Majors, mit Inbegriff der Prinzen vom Geblüte.

IX. Eine Armee muß keine Unternehmung wagen, ohne eine versicherte Gemeinschaft mit den Plätzen zu haben, wo sie ihre Zufuhren herzieht. Ihre abgesonderten Corps müssen sie ebenfalls unterhalten, und überhaupt soll man niemals eine Schaar vorrücken lassen, wenn sie nicht von einer andern unterstützt werden kann, und man auf den erforderlichen Fall für den Rückzug gesorgt hat.

X. Der Befehlshaber einer Festung oder eines Standquartieres muß jedem Haufen den Posten anweisen, den er bey einem ausbrechenden Lerm einnehmen soll; er bestellt sich nach Maaßgabe der Größe und Lage des Erdreichs eine oder zwo Reserven. Er kann einmal einen blinden Lerm versuchen, um zu sehen, ob ein jeder

haben, stellen sie sich, wenn sie nicht anderstwo gebraucht werden, an deren Spitze, ohne daß weder ihre Ehre, noch der Dienst darunter leidet. Dieses ist nicht der einzige Vorzug, den diese Methode vor der französischen hat; da jeder Obriste, der den Grad eines General-Majors erhält, die ausländischen Truppen ausgenommen, sein Regiment einem andern überlassen muß.

der sich an seinem Posten verfüget; doch muß er dieses Spiel nicht wiederholen, wenn alles seiner Vorschrift gemäß abgelaufen ist. Er muß sich sogar einmal nicht verlauten lassen, daß er es mit Vorsatz gethan hat.

XI. Sobald ein Officier an einen Posten gestellt ist, so kann ihn nichts entschuldigen, wenn er ihn verläßt. Zeigt sich eine Gelegenheit zu einem glücklichen Streiche, so kann er einen Drittel seiner Mannschaft dazu gebrauchen, und indessen den Rest unter dem Gewehre halten. Wenn der Feind weis, daß er mit einem hitzigen und unvorsichtigen Manne zu thun hat, so sucht er ihn durch eine Falle an sich zu locken, mittlerweile daß ein Hinterhalt insgeheim vorrückt um ihn aufzuheben.

XII. Wir lesen im Sallust, daß die römische Besatzung der Stadt Vacca, von den Einwohnern niedergemacht wurde, welche bey Gelegenheit eines Festtages die Officiers auf ein Gastmahl baten. Bloß der Stadthalter entrann; er wurde mit Ruthen gestrichen und hierauf enthauptet. Dieses und verschiedene ähnliche Beyspiele geben uns einen Begriff von der ungemeinen Wachsamkeit und Vorsicht, die man bey einer neueroberten Stadt brauchen muß.

XIII. Ein Officier der ein mittelmäßiges Corps von Reuterey und Fußvolk anführet, muß seinen Marsch nach dem Erdreich durch welches er ziehet, und nach der Nähe des Feindes einrichten. Ist das Land mit Wäldern, Zäunen, Hohlwegen u. d. gl. durchbrochen, so muß er seine Reuterey mit der Infanterie decken, das ist, sie in der Mitte seiner Colonne marschieren lassen, und ihre Flanken mit Fußvölkern verwahren. Ist das Land offen,

offen, so muß die Cavallerie den Vortrab machen, oder sich an die Spitze und den Schluß vertheilen. Der erste Vortrab welcher auf Kundschaft ausgehet, muß aus leichten Truppen bestehen. Hat man keine, so ist es gut, wenn er aus Fußvolk und Reuterey gemischt ist.

XIV. Ein eingebildeter Idiot der keinen Rath anhören will, ist eine wahre Pest der Armee. Dergleichen Leute haben nur allzuoft ihre untergebenen Truppen auf die Schlachtbank geliefert. In Frankreich dienen die meisten Officiers entweder aus Noth, oder um sich in ihrer Jugend zu beschäftigen; nur wenig suchen etwas zu lernen. Sie wissen weiter nichts, als den Schlendrian des Dienstes und der Kriegsübungen. Wenn solche Leute auf Commando sind, so sollen sie wenigstens unter einander zu Rathe gehen; es findet sich doch immer ein gesunder Kopf darunter, der einen nützlichen Einfall hat.

XV. Wenn ein Corps von zwey hundert Reutern und eben so viel Granatiers oder andern Fußknechten genöthigt ist, bey einem Walde, einer Tiefe, oder einem Hohlwege zu fechten, so muß man das Fußvolk unstreitig auf diese Seite stellen, um so gut als möglich die Reuterey zu unterstützen, und im Fall eines Rückzugs, die Seiten der Wegengen mit demselben besetzen. Die Geringschätzung dieser gemeinen Schulregel, hat im letztern Kriege mehr als einem französischen Commando Stöße zugezogen.

XVI. Wenn man eine Redoute angreifen will, so muß es auf dem Winkel geschehen welches der feuerleere Theil ist. Gesetzt, man wollte sich mit zwey hundert Mann daran machen, so muß man vierzig der Face (1) gegen

über

zur Kriegskunst. 483

über (a), und eben so viel vor die Face (2) stellen, um das Feuer derselben auf sie zuziehen. Man deckt sie so gut es möglich ist, welches aber etwas schwer fallen dürste; denn wenn ein Mann von Einsicht die Redoute angelegt hat, so wird er das Erdreich auf einen Flintenschuß gesäubert, er wird die starken Zäune abgehauen, und sie nicht zu nahe an eine Tiefe oder Anhöhe gebaut haben; in diesem Falle kann man sich der oben vorgeschlagenen Schilde bedienen. Der Rest kann in vier Haufen, jeder von dreyßig Mann in drey Gliedern ab-

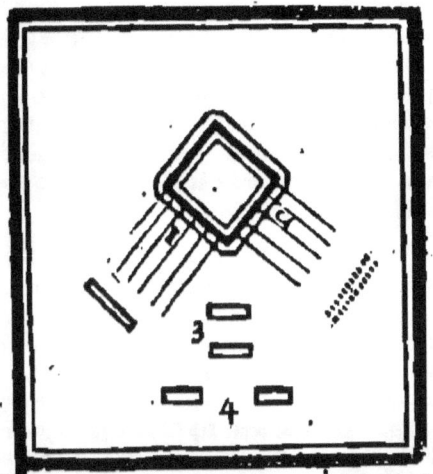

getheilt werden. Die beyden ersten (3) müssen in einer kleinen Entfernung hinter einander marschieren; die

H h 2 zween

(a) Man sehe die nachstehende Figur, welche diesen Angriff vorstellet.

zween andern (4.) aber sie unterstützen; wenigstens muß das erste Glied mit Aexten versehen seyn, um das Pfahlwerk umzuhauen: Sobald diese Mannschaft den Graben erreicht hat, zieht sie sich längs den Facen hin. Alsdann können die welche gegen übergestellt worden, darauf los gehen. Hätte der Anführer nur hundert Mann, so könnte er sie in zween Haufen theilen, und zween Winkel zu gleicher Zeit angreifen. Ein ungeschickter Kopf würde auf die Facen los gehen, und viele Leute unnützer weis aufopfern.

XVII. Ein trockner Vorgraben kann einer Verschanzung mehr schädlich als vortheilhaft seyn. Ist er schmal, so wird der Feind leicht hinüber setzen; ist er breit, so wird er sich hinein werfen, und da er bedeckt arbeiten kann, gar leicht auf beyden Seiten eine Apparelle machen. Man muß also keine anwerfen, wenn sie nicht so gerichtet sind, daß der Vertheidiger sie nicht überall mit seinem Geschütze durchstreichen kann.

XVIII. Ein gemeiner Officier, dem eine Unternehmung aufgetragen ist, muß sie vollziehen, es koste auch was es wolle. Da die Sache nicht von seinen Untergebenen abhängt, und diese oft von Eifersucht eingenommen sind, so werden sie ihm, wenn er sie zu Rathe zieht, die Schwierigkeiten allezeit vergrößern, um ihn davon abzuschrecken. Oft ist es besser sich schlagen zu lassen, und sich den Ruhm der Tapferkeit erwerben, als sich in den Fall zu setzen, für einen schüchternen und allzu behutsamen Mann gehalten zu werden.

XIX. Belisar lieferte den Persern eine Hauptschlacht. Die Feigheit eines Corps Isauries war schuld, daß er sie verlor. Er erblickte einige Infanterie, die noch Ordnung hielt; er stellte sich an ihre Spitze, und lehnte sich an den Euphrat, der eine Krümmung machte, woran er seine Flanken stützte. Die persische Reuterey hieb verschiedene mal, wiewol vergebens, in diese Schaar ein. Als die Nacht einbrach, bestieg sie ein bereit liegendes Schiff, und fuhr auf eine Insel, wohin der Rest des Heeres sich nach der Niederlage zurück gezogen hatte. Ein augenscheinlicher Beweis von der Stärke der Infanterie, wenn sie wohl geordnet und wohl geführet wird *.

<small>* Procop. de Bell. pers. L. L. Cap. 18.</small>

XX. Wenn eine Infanterieschaar auf einer Anhöhe stehet, und eine andere auf sie los kömmt, so wird das Feuer der obern desto weniger Würkung thun, je steiler der Abhang ist, weil der Soldat maschinenmäßig und mehr aufwärts als niederwärts vor sich weg feuert. Wenn sie den Feind auf dreyßig Schritte erwartet, so werden die Leute noch mehr zittern, und in die Luft schießen. Wenn sie auf einem flachen Gipfel steht, so soll man ja nicht zu hitzig hinauf rennen, weil sonst die Truppen bey Erreichung der Ebene Halt machen müßten, um sich in Ordnung zu stellen und Athem zu schöpfen. Der Feind würde diesen Augenblick ersehen, und sie über den Haufen werfen. Man muß seinen Schritt mäßigen, bey Erreichung der Fläche aber schnell auf ihn einfallen. So schlug die französische Infanterie die Alliirten bey Castiglione. D'Ablancourt erzählt ein ähnliches Beyspiel von den Portugiesen, welche unter dem Commando des Grafen von Schomberg die Spanier besiegten.

<small>Memoires d'Ablancourt. p. 161.</small>

XXI. Wenn der vor dem Abhang und dem Horizont

zont formierte Winkel über dreyßig Grade hält, so haben die aufsteig'nden sowol als die herab kommenden. Truppen keine Kraft mehr zum anlaufen; folglich ist, alsdann die tiefe Stellart unnütz, wenn man keine andere Gründe hat sie zu wählen.

XXII. Die Reuterey, welche einen Berg hinauf steigt, hat den Vortheil über die, so herab kömmt, weil im letztern Falle das Pferd, vermöge seines körperlichen Baues, alle Stärke verliert. Der König in Preussen führt ein Beyspiel an, da seine Cavallerie die östreichische schlug, und sagt, daß der Anlauf dieser letztern, welche den Berg herunter kam, fast unmerklich war. Dieses löst die obige Anmerkung nicht um, daß wenn der Horizontalwinkel dreyßig Grade übersteigt, der Aulauf zu beyden Seiten wegfällt.

XXIII. Wenn man einen Berg hinauf klettern wollte, von dessen Gipfel der Feind grosse Steine oder Balken und Baumstämme herab wälzen könnte, so müßte es in schmalen Zügen geschehen. Gesetzt ich hätte drey Bataillonen von fünfhundert und zwölf Mann, so würde ich sechs Colonnen, jede von vier Mann in der Fronte, und vier und sechzig in der Tiefe daraus bilden. Auf die Flanken würde ich leicht bewaffnete Fußplotonen oder Granadiers stellen. Bey Erreichung des Gipfels müßte jede Colonne sich nach Divisionen zu sechzehn Mann schwenken; die zwote würde sich an die erste schliessen, und beyde würden mit gesammter Hand zugs auf den Feind losgehen. Die zwo folgenden müßten sich nicht schliessen, sondern diejenige Mannschaft angreifen, die zur Rechten oder Linken die erste wird umringen wollen. Xenophon machte ungefähr die nämliche Anordnung

gegen

gegen die Barbaren von Colchis, welche ihm den Paß verlegten (a).

XXIV. Wenn ein General in einem bergichten Lande Krieg führet, welches den Sturmwinden ausgesetzt ist, so muß er, um ihren Verheerungen vorzubeugen, sich auf Anhöhen lagern.' Steht er auf der Neige eines Berges, oder in einem Thale, so muß er darauf sehen, daß das Wasser einen starken Fluß habe; wo nicht, so muß er es durch Kanäle abzuleiten suchen. Im Jahr 1746 campierte ein starkes Corps Oestreicher in dem genuesischen Thale Polsevera. Es fiel ein so häufiger Regen, daß plötzliche Ströme entstunden, welche mit größter Schnelligkeit von den Höhen herunter stürzten, und dieses Thal überschwemmten. Die Truppen verloren ihre Zelte, ihr Gepäcke, und ein großer Theil ward ersäufet.

XXV. Wenn man unterhalb dem Feinde gelagert ist, und sein Erdreich tiefer liegt, so kann man das Wasser auf ihn zurück schwellen, und sein Lager überschwemmen. In manchen Fällen wäre dieses sehr nützlich; man läßt aber aus Mangel der Aufmerksamkeit

Hh 4   dieses

(a) Bey eben diesem Rückzuge wurden die Griechen auf der pontischen Küste von den Maissyniern aufgehalten, die vor ihrer Stadt in Schlachtordnung stunden. Jene giengen in ordentlichen Colonnen mit sehr großen Zwischenweiten auf sie los, welche die Leichtbewaffneten, wiewol in einiger Entfernung, einnahmen, weil sie keine Schutzwaffen führten, und man sie der ersten Salve nicht aussetzen wollte. Ich besinne mich nicht, daß der Ritter Folard diesen Vorfall angeführet hat, der ihm doch so günstig gewesen wäre.

diesen Vortheil entwischen. Aus gleicher Ursache muß der, so an einem Flusse campiert, wissen, ob sich keine Schleussen unterhalb befinden, wovon der Feind Meister ist oder werden könnte, und überhaupt wohl untersuchen, ob nicht das Erdreich einer Ueberschwemmung blos liegt.

Bey dieser Gelegenheit will ich anmerken, daß es nicht nur zuträglich, sondern so gar nöthig ist, daß ein Kriegsobrister ein wenig von der Sternkunde verstehe, daß er die verschiedenen Himmelsgegenden, die Beschaffenheit des Landes, wo er sich befindet, dessen periodische Witterung, die Zeit der grossen Hitze, des Regens und des starken Frostes kenne, daß er auf die Länge der Tage und Nächte, auf die Mondsviertel, dessen Auf- und Niedergang, auf das Anlaufen der Flüsse, welche oft zu bestimmten Zeiten austreten, auf die Ebbe und Fluth nebst deren Verspätigung und Abänderungen acht gebe. Alle diese Beobachtungen sind zur Versicherung der Kriegsoperationen von keiner geringen Wichtigkeit.

XXVI. Ein Officier kann ohne Schande geschlagen werden; es ist aber allemal eine Demüthigung, wenn er in einen Hinterhalt fällt. Außer den gewöhnlichen Vorsichtsanstalten, welche blos von den unbesonnenen Köpfen verabsäumt werden, giebt es gewisse Merkmaale, woran ein Befehlshaber die feindliche Verschlagenheit entdecken kann.

Wenn er ganze Flüge von Tauben oder Vögeln aufsteigen, und lange ohne niederzusitzen, in der Luft herum schwärmen, sieht: Wenn er wahrnimmt, daß Hehern oder Elstern mit starkem Geschrey an dem
Rande

Rande eines Waldes hervor kommen, so kann er sicher darauf zählen, daß Leute darinnen sind. So bald der Feind mit einem kleinen Haufen angreift und davon flieht; so bald er mit einer zahlreichen Schaar ohne merkliche Ursache einer kleinern oder gleich starken weichet; so ist kein Zweifel, daß er nicht seine Absicht dabey habe. Daher muß man in solchen Fällen bedachtsam zu Werke gehen, und ihn nicht bis an einen Wald oder an einen Hügel verfolgen, dessen Rückseite man nicht untersucht hat. Wenn der Feind wider seine Gewohnheit nachläßig scheinet, muß man ihm nicht blindlings trauen, sondern bevor etwas unternommen wird, sich genau von der Wahrheit versichern, und immer gegen einen Fallstrick auf guter Hut seyn.

XXVII. Wenn man einen geschlossenen Posten, ein Städtchen, einen Marktflecken angreift, und der Feind nach Ersteigung der Mauer oder der Verschanzung sich noch immer vertheidigt, und unter beständigem Fechten von einer Gasse in die andere zurück ziehet, so sperrt er gemeiniglich die Zugänge, und steckt die Häuser an, welche er verläßt. Er besetzt die, so seine Sperrungen stützen und flankieren; er macht Schießscharten, verrammelt die Thüren, und läßt keine andere Oeffnungen, als um heraus zu feuern. Alsdann muß der angreifende Theil in den benachbarten Häusern Stand fassen, und die Glut nach Möglichkeit dämpfen; er muß aus denselben auf die Strichlinien feuern, und die Zwischenmauern einschlagen, um hindurch zu bringen, und den Feind aus den Häusern zu vertreiben, welche er noch inne hat. Er muß ihm auch in den Rücken zu kommen, oder ihn sonst an einem

nem Orte zu überwältigen suchen, sich aber dabey wohl hüten, daß er nicht selber abgeschnitten und eingeschlossen werde.

XXVIII. Wenn eine Armee campirt, und sich an einem weitschichtigen Wald lehnet; so deckt man seine Flanke durch eine Verschauzung von gefällten Bäumen, die man mit Infanterie besetzt, und verlängert den Verhau bis auf einen halben Musketenschuß, damit der Feind nicht in Sicherheit heran nahen könne. Man muß auch in das Innere des Waldes Posttirungen ausstellen, und denselben unaufhörlich von Patrullen durchstreichen lassen. Wenn das Gehölze stark und sehr verwachsen ist, so kann der Feind blos durch die Fahrwege herkommen, die man ebenfalls verlegen muß: Ist es aber dünne, und hat zusammen hängende lichte Plätze; so muß man sie mit leichter Infanterie bewachen, und überall auf guter Hut seyn; denn alsdann ist die Flanke nicht sicherer als in einem offenen Felde.

Ist ein Corps an einen Berg gelehnet, so muß es nicht nur den Gipfel desselben besetzen, sondern auch alle Steige versperren und bewachen, auf welchen der Feind herauf klettern könnte. Stößt es an einen Fluß, so müssen auf dem jenseitigen Ufer keine allzu nahe Anhöhen liegen, die der Feind ersteigen und mit Kanonen besetzen möchte; sonst würde es genöthiget seyn, mit Schande sein Lager abzubrechen. Man muß sie also entweder wegnehmen, und eine sichere Gemeinschaft unterhalten, oder sich weit genug vom Ufer entfernen, um nicht mehr von den jenseitigen Anhöhen bestrichen zu werden, oder aber, welches das beste wäre, sich nach einem andern Standort umsehen.

XXIX.

XXIX. Um den Feind zum Treffen zu locken, und von einem guten Posten weg zu bringen, wo man ihn nicht angreifen mag, sucht man ihm die Lebensmittel und die Fütterung abzuschneiden; man verbrennt sein Land, um ihn in Harnisch zu bringen; man scheint sich mit grosser Vorsicht verschanzen zu wollen, oder macht Miene als wolle man sich durch einen verborgenen Marsch zurück ziehen, den man jedoch dem Feinde bekannt werden läßt. Labienus war mit drey Legionen tausend Schritte von den Trevierern gelagert. Er wußte, daß sie eine Verstärkung von den Allemanniern erwarteten. Die beyden Lager trennete ein kleiner Fluß, dessen steile Ufer dem Uebergange grosse Schwierigkeiten in den Weg legten. Labienus ließ aussprengen, daß er sich vor Ankunft des Entsatzes zurück ziehen wolle. Er befahl in seinem Lager ein grosses Getöse zu machen, als ob seine Leute in größter Eile aufbrechen müßten, und setzte sich beym Anbruche des Tages in Marsch. Kaum erfuhren es die Feinde durch ihre Ausspäher, die man mit Vorsatz hatte nahe kommen lassen, so ermunterten sie sich unter einander diese schöne Gelegenheit nicht zu versäumen; sie setzten über den Bach, und geriethen auf ein enges Erdreich, wo Labienus von allen Seiten über sie herfiel. Mit größtem Erstaunen sahen sie sich von einem Feinde angegriffen, den sie auf der Flucht glaubten. Sie hielten kaum den ersten Anlauf aus, und erlitten eine gänzliche Niederlage. *Cæsar de Bello Gallico Libr. VI.*

XXX. Perofes, König in Persien, zog gegen die Euthaliten oder weißen Hunnen zu Felde. Diese hatten sich auf eine Ebene postirt, deren ganze Strecke sie einnahmen,

nahmen, und um des Sieges besto gewisser zu seyn, gebrauchten sie folgende Kriegslist: Sie machten einen breiten und tiefen Graben; die ausgeworfene Erde wurde zerstreuet und weit weggebracht; der Graben aber mit Hürden und etwas aufgeschütteter Erde wieder zugedeckt. Dieser Graben zog sich durch die ganze Ebene bis auf einen einzigen Ausgang, den man für eine Fronte von zehn Pferden gelassen hatte. Als die Perser heran naheten, ließ der hunnische König einen Trupp Reuter mit dem Befehl auf sie los gehen, daß sie, sobald sie verfolgt würden, sich zurück ziehen sollten. Sie waren auch beordert bey Erreichung des Laufgrabens die Colonnenform anzunehmen, um sich durch den bezeichneten Weg wieder herein ziehen zu können. Sie vollstreckten ihren Auftrag mit der größten Genauigkeit. Die gesamte persische Reuterey, welche die ganze Fläche bedeckte, verfolgte sie mit Ungestümm, ohne eine List zuvermuthen. Sie stürzte also in den Graben, welches nicht nur den ersten, sondern auch den folgenden Gliedern begegnete, weil sie mit verhängtem Zügel daher jagten, und die letzten durch ihr Vordringen die vordersten am umkehren hinderten. Der König von Persen verlohr in diesem Treffen mit dreyßig seiner Söhne das Leben.

Procop de Bell. Pers. Lib. I. Cap. 4.

Diese List läßt sich sehr wohl nachahmen, besonders auf einem sandichten Boden, wo es nicht so merklich ist, daß die Erde umgegraben worden. Wenn ich mich denselben bediente, so müßte meine Schlachtordnung aus einer einzigen Linie nebst einem Rückhalt bestehen, weil ich voraus sehe, daß ich sehr schwach seyn würde. Mein Graben müßte so geschickt zugedeckt seyn, daß er nicht den mindesten Argwohn erwecken könnte. Ich würde

fünf

fünf bis sechs Ausgänge, von sechzig Fuß lassen, um die gegen den Feind ausgeschickten Truppen zurück zu ziehen. Wenn er sie zu hitzig verfolgte, so würde er gleich den Persern, unfehlbar in den Graben stürzen. Der Schrecken würde noch mehr als der erlittene Verlust sein, ganzes Heer zerrütten. Alsdann falle ich in Colonnen durch die Oeffnungen heraus, trenne seine Schlachtordnung auf allen Seiten, und bereite ihm das Schicksal des Perosel (†).

XXXI. Ich weis nicht, warum wir nicht verschiedene Mittel hervor suchen sollten, welche die Alten gebraucht haben. Als z. B. die Spanier wider den Hamilkar kriegten, beluden sie verschiedene Wagen mit feuerfangenden Materien, denen sie Ochsen vorspannten. Kaum fühlten diese Thiere die Hitze, so fiengen sie an zu laufen, und zerrütteten die ganze Schlachtordnung des Hamilkar, welcher geschlagen wurde. Wenn ich diesen Kunstgriff nachahmen wollte, würde ich Wagen von zehn bis zwölf Fuß in der Breite, und höchstens acht in der Länge bauen lassen. Ich würde ihnen sechs Ochsen in einem Gliede vorspannen, deren Köpfe und Vorderleib bis an die Kniekehle geharnischt seyn müste. Solchergestalt könnten sie, wenn sie einmal im Gange wären, nicht leicht umwenden und zurück laufen. Der Wagen müste mit dürrem Reisig und Pechkränzen, mit Schlägen, oder blindgeladenen Pistolenläufen angefüllt seyn. Diese Maschi-

---

(†) Wir haben oben an dem Beyspiel des Cumän-Bey gesehen, wie schwer es ist einen solchen Anschlag vor dem Feinde zu verbergen. Ein einziger Ueberläufer kann alles vereiteln.

Maschinen welche ich auf einer freyen Ebene in Stand stecken, und auf den Feind antreiben lasse, müssen bis auf eine gewisse Entfernung von wohl geharnischten Reutern begleitet werden, um sie im Wege zu halten. Ich würde ihnen mit meinen in verschiedene Colonnen geordneten Truppen nachfolgen. Wenn der Feind die Wagen mit einem Kartetschenfeuer begrüßet, so wird es den Colonnen desto weniger schaden. Erreichen einige derselben seine Linie, so wird sie dadurch wahrscheinlicher weis in Unordnung gerathen. Ueberdas muß die bloße Neuheit dieses Schauspiels ihn schon außer aller Fassung bringen. Wenn die Alten, welche sich der Streitwagen und Elephanten bedienten, sich nicht in eine gedrungene Phalanx, sondern in Colonnen mit großen Zwischenweiten gestellt hätten, so würden sie nicht, wie es oft geschah, mehr Schaden als der Feind davon gelitten haben.

XXXII. Wenn ein General in ein Netz verwickelt ist, wenn ihm die Lebensmittel ausgehen, oder wenn er sich sonst in mislichen Umständen befindet, muß er sich wohl hüten, seine Unruhe blicken zu lassen. Im Jahr 1675 beging der Feldmarschall Montecuculi diesen Fehler. Durch seine Wegweiser, und durch falsche Berichte von der Beschaffenheit des Landes betrogen, gerieth er auf ein Erbreich wo er im Fall eines Angriffs die größte Gefahr lief, und dieses hätte ihm begegnen können, weil er seinen Marsch im Angesichte des Turenne vornahm. Er schrie eine ganze Viertelstunde lang, daß er verrathen sey. Die Truppen wurden hierüber so bestürzt, daß nach dem Berichte des Schriftstellers, den ich diese

Anec-

Anekdote abborgte, fünf hundert Mann sie in die Flucht geschlagen hätten.   Mem. de Chavagnac.

XXXIII. Wenn man den Feind in einem engen Thale eingeschlossen hält, und er blos durch List entwischen kann, so muß man sein Mißtrauen gegen ihn verdoppeln. Bisweilen schlägt er Unterhandlungen vor, um Zeit zu gewinnen. So ließ sich C. Nero ungeschickterweise durch den Asdrubal aufziehen, der jeden Augenblick neue Irrungen auf die Bahn brachte. Dieser war in eine Bergenge, die schwarzen Felsen genannt, eingeschlossen. Er that den Vorschlag Spanien zu räumen und den Römern verschiedene Plätze abzutreten. Die Unterhandlung dauerte fünf Tage, binnen welchen er seinen Troß und einen Theil seiner Armee über den Berg ziehen ließ. Da der Vergleich dem Schluße am nächsten schien, entwischte er mit dem Rest bey einem dicken Nebel. In solchen Fällen muß ein General seine Bedingungen mit einer sehr kurzen Bedenkzeit eingeben, und wenn die Antwort nicht anständig ist, ohne Aufschub verfahren. Livius Buch 6.

Als Gasto von Orleans, Bruder Ludwigs XIII. Cortrecht belagerte, näherte sich der Herzog von Lothringen, um die Festung zu entsetzen. Da er es aber nicht wagen wollte, die Linien anzugreifen, und die Stadt sich ergab, so stund er seines Rückzuges wegen in Sorgen, weil er Wegengen hinter sich hatte, die er nicht wohl würde zurück geleget haben. Hiernächst fürchtete er sich vor der Wachsamkeit des Herzogs von Anguien der bey dieser Armee war, und ihn jeden Augenblick anpacken konnte. Um sich aus der Schlinge zu ziehen, kam er auf den Einfall mit dem Herzog von Orleans 1646.

in Unterhandlung zu treten, der sich auch würklich bedücken ließ. Hierdurch gewann er Zeit seinen Troß und hernach seine ganze Armee fortzuschaffen, welche durch die Wegengen zog, und verschwand ehe die Franzosen sie erreichen konnten.

XXXIV. Gleiche Bewandniß hat es mit den Capitulationen. Ich würde keine als unter der Clausul einer unverzüglichen Vollstreckung eingehen. Vor Zeiten war es nichts ungewöhnliches, die Uebergabe auf den Fall zu bewilligen, wenn der Belagerte nicht binnen einer gewissen Zeit Hülfe bekommen sollte. Diese Frist ward bisweilen auf zwern oder drey Monate hinaus gesetzt. Die Capitulation von Thouars in Poitou von 1372 welche du Guesclin belagerte, wurde drey Monate vor der Uebergabe geschlossen. Da nun der König von England die Stadt nicht entsetzen konnte, weil seine Flotte durch einen Sturm auf die englischen Küsten zurück geschlagen worden, ergab sie sich an die Franzosen. In solchen Fällen müssen beyde Theile mit ihren Arbeiten einhalten, und um sich davon zu versichern, könnte man einander wechselseitige Geiseln geben, welche die Freyheit haben müßten, täglich von allem vorgehenden Bericht abzustatten. Allein die feindliche Armee kann vor Verfließung der bewilligten Frist anlangen, und wenn der Belagerer diesen Zeitraum wohl anwendete, so würde er ihn Meister von der Festung machen. Es kann sich eine kleine Verstärkung hinein stehlen, welche hinreichend ist, die Gegenwehr bis zur schlimmen Jahreszeit zu verlängern. Der Stadthalter wird dieses zum Vorwande brauchen, den Waffenstillstand zu brechen, oder wenn der Vertrag ausdrücklich mit sich bringt,

daß

daß eine Armee ankommen muß, so darf der Feind sich nur mit einigen Truppen zeigen, die wenn sie auch gleich zu schwach sind, die Aufhebung der Belagerung zu bewürken, dennoch den Befehlshaber von seiner Zusage entledigen werden. Freylich wurde vor Zeiten anbedungen, daß es eine schlachtmäßige Armee,[*] das ist, eine solche seyn sollte, welche fähig wäre, den Belagerer zum Abzuge zu zwingen, oder ein Treffen zu liefern: Dem ungeachtet fehlte es einem Statthalter, der den Vertrag entkräften wollte, niemals an Beschönigungen.

[*] capable de tenir journée.

XXXV. Der Marschall von Turenne pflegte zu sagen, daß der so sich rühmen könne, von Fehlern frey zu seyn, nicht lange Krieg geführt haben müsse. Dieser große Mann gestund die seinigen eben so freymüthig, als er bey seinen Siegen bescheiden war.

XXXVI. Bisweilen werden den Feldherren Versehen aufgebürdet, welche im Grunde keine sind, sondern von den Umständen herrühren, worinnen sie sich befinden. Auch ist zu merken, daß dergleichen Schnitzer, wenn sie anders diesen Namen verdienen, immer die Kennzeichen ihres Karakters tragen. Als der Herzog von Parma zum zweytenmal in Frankreich eingefallen war, begieng er sowol als Heinrich IV unterschiedene Fehler; dieser aus übertriebener Kühnheit, und jener aus allzu großer Vorsicht. Der Herzog von Parma hätte den König bey der Brücke von Aumale einschließen und gefangen nehmen können. Er antwortete denen, welche ihm die Verabsäumung dieser Gelegenheit vorwarfen: „Ich „glaubte einen General, und nicht einen Karabiner vor „mir zu haben." Der König den dieses Urtheil verdroß,

droß, sagte als er es erfuhr: "Der Herzog von Parma
„hat gut klug seyn: Er läuft keine andere Gefahr dabey,
„als Eroberungen zu verfehlen, deren er entbehren kann.
„Ich vertheidige meine Krone, und weil ich eines so
„langen Krieges überdrüßig bin, so wage ich alles um
„ihn geendigt zu sehen."

XXXVII. Als der athenienßische General Callicratidas sich anschickte bey den arginusischen Inseln mit einer
sehr schwachen Armeé ein See-Treffen zu liefern, miß-
rieth ihm ein Steuermann diesen mißlichen Vorsatz.
Seine Antwort war, er wolle sich nicht entehren, es
sey der Republik wenig an seinem Tode gelegen. Diese
Antwort schickte sich für einen Soldaten, oder höchstens
für einen gemeinen Hauptmann, und nicht für den
Befehlshaber einer Flotte. Es konnte dem Staat an
Callicratidas Tode zwar wenig gelegen seyn, desto mehr
aber am Verluste seines Heeres, und seiner Schiffe.
Ein General muß nicht auf sich allein sehen; seine Ehre
erfordert nicht, daß er sich schlage, sondern daß er sich
unter vortheilhaften Umständen schlage. Eben so gereicht es ihm zu keiner Schande, wenn er dem Feinde
ausweicht, sondern wenn er sich ihm ohne Bedacht bloß
gibt. Wenn ein Feldherr sein Vaterland mehr liebt
als sich selbst, so trägt er kein Bedenken seinen Ruhm
auf eine Weile zu verleugnen, und dem Tadel auszusetzen.
Die Zeit und die Folge der Begebenheiten, entdecken den
Grund seines Betragens; alsdann gewinnt er hundert-
fach, was die übereilten Urtheile ihm entzogen hatten.

Xenophon Griech. Geschichte B. 1.

XXXVIII. Die Klugheit wiegt bey den Entwürfen
alle Mittel ab; sie durchschauet alle Hindernisse, und
vergleicht

vergleicht alle Möglichkeiten; es gibt aber eine gewisse grübelnde Vorsichtigkeit, die sehr gefährlich ist. Sie begnügt sich nicht mit der Beobachtung der Vorfälle; sie vervielfacht ihre Umstände, sie vergrößert die Schwierigkeiten, und veranlaßt Unentschlossenheit. Diese übertriebene Behutsamkeit macht furchtsam, und läßt durch ihr Zaudern die schönsten Gelegenheiten entwischen. Dieser Fehler klebt gemeiniglich den allzu feinen und allzu spitzfündigen Köpfen an, welche geschickter sind, geheime Anschläge durch List und Ränke zu vollstrecken, als öffentliche Unternehmungen auszuführen, wozu Kühnheit und Behendigkeit erfordert wird. Dieses war der Karakter des Aratus, jenes achäischen Feldherrn, der wie Polyb sagt, den ganzen Peloponnes mit den Trophäen seiner Niederlagen erfüllte. Man muß sich daher in allen Geschäften vor einem zu großen Mistrauen hüten. Die Klugheit hat ihre Gränzen; sind einmal die vornehmsten Hindernisse gehoben oder vermieden, so muß man sich nicht durch tausend kleine Bedenklichkeiten aufhalten lassen.

XXXIX. Ein und eben der Mann ist oft von sich selbst verschieden. Der Standhafteste wird bey gewissen Gelegenheiten die Schwachheit und Kleinmüthigkeit eines Kindes äußern. Der Anblick des Feindes am hellen Tage, die Zurüstungen zur Schlacht, werden ihn verwirren; er kann aber bey den Berathschlagungen vortrefflich, und sehr geschickt seyn, Ueberfälle anzuordnen und auszuführen. Ist er gleich durch seine Einsichten über andere Menschen erhaben, so wird er doch bisweilen die gröbsten Fehler begehen. So war eben

dieser

dieser Aratus beschaffen, von dem ich geredet habe: der aber nichts destoweniger nach seinem Tode von seinen Mitbürgern als ein Gott verehret wurde. Hieraus lernen wir, daß wir die Menschen nicht nach ihren Fehlern, sondern nach den Wohlthaten beurtheilen sollen, die uns ihre Tugenden erzeigt haben.

XL. Es ist unleugbar, daß ein General in gewissen Theilen der Kunst geschickter ist als in andern. Montecuculi war vortrefflich für die Märsche, Turenne hatte seines gleichen nicht in Führung und Endigung eines Feldzugs; niemand übertraf am Tage einer Schlacht den Prinzen von Conde. Wer darf sich nach solchen Beyspielen schmeicheln, alle Theile der Kunst im höchsten Grade zu besitzen?

ENDE.

Inhalt.

Inhalt
dieses Dritten Bandes.

Seite.

Erstes Hauptstück. Betrachtungen über die römische Legion 17

Erster Abschnitt. In welche Zeit man die Errichtung der Legionen und ihre Stellart setzen müsse. Beweis, daß die Römer den Griechen dißfalls nichts abgeborgt haben. 17

Zweyter Abschnitt. Bestandsfuß der Legion durch die Steuerordnung des S. Tullius erwiesen. Ihre verschiedene Trutzwaffen. Errichtung der Veliten. Gebrauch der Accensen 25

Dritter Abschnitt. Irrthümer einiger Schriftsteller in Absicht der römischen Waffen. Ihr Gebrauch. Streitart der Legion. 31

Vierter Abschnitt. Gebrauch des Degens; Vortheile dieses Gewehrs. Nutzen einer Anzahl Arbeitsleute bey jedem Regimente. 40

Fünfter Abschnitt. Zeitpunkt und Beschreibung der zwoten römischen Stellordnung; ihre Bildung und Streitart . . . 46

Sechster Abschnitt. Von dem Zwischenraume der Linien. 59

Seite.

Siebenter Abschnitt. Von der Reuterey der
Legionen. 63

Zweytes Hauptstück. Rückzug des Antonius
aus Meden. 69
Anmerkungen. 87
Erster Abschnitt. 87
Zweyter Abschnitt. 95

Drittes Hauptstück. Von den Lagern. 101
Erster Abschnitt. Von der Lagerungsart der
Römer. Ihre Vortheile. Bau ihrer Ver-
schanzungen. Ursache der Schwäche unse-
rer Lager. 101
Zweyter Abschnitt. Von der alten Feldbefesti-
gung der Franzosen. Verhalten der Rö-
mer, wenn sie in ihrem Lager angegriffen
wurden. Ordnung ihres Dienstes, und
Form ihrer Lagerung. 113
Dritter Abschnitt. Von den Vortheilen der
Feldverschanzungen. Anmerkungen über
diesen Gegenstand, und über die Art ein
Lager auszustecken. Vorschriften über den
Angriff und die Vertheidigung. . . 127

Viertes Hauptstück. Von der Stellordnung. 139
Erster Abschnitt. Grundregeln der römischen
Stellart. Gegensatz eines Lehrgebäudes
mit dem Colonnensystem, ... 139

Zweyter

Seite

Zweyter Abschnitt. Nähere Erklärung meiner Stellart. Beantwortung der Einwürfe. Erweis. 147

Fünftes Hauptstück. Von den leichten Truppen. 160

Erster Abschnitt. Von den so genannten verlornen Kindern der ältern Zeiten. Von dem Nutzen leichter Fußvölker. Vom Ursprung der Grenadiers und der Karabiner. Vortheil der Dragoner-Plotonen bey den Küraßier-Regimentern. Beyspiele zum Beweise. 160

Zweyter Abschnitt. Von der Nothwendigkeit der Schutzwaffen.; Verwahrungsmittel gegen das Kanonenfeuer. Plan eines Angriffs. Gebrauch des groben Geschützes bey dieser Gelegenheit. 171

Dritter Abschnitt. Verschiedene Arten eine Batterie anzugreifen. Ursache der Vermehrung des groben Geschützes. Warum ich die Dragoner der leichten Infanterie zur Vermischung mit den Schwadronen vorziehe. 179

Sechstes Hauptstück. Vom Zuge über Flüsse und durch enge Pässe. Verschiedene Rückzug-Ordnungen. . . . 187

Erster Abschnitt. Vom Rückzuge über einen Fluß im Angesichte des Feindes. Anmer-
tungen

	Seite.
kungen über dieses Manduvre. Verschiedene Vorsichtsanstalten. Beyspiel einer Armee, die über einen Fluß gehet, und den Feind vor und hinter sich hat. Methode der Alten.	187
Zweyter Abschnitt. Wie ein Heer in Gegenwart des Feindes durch enge Pässe ziehen soll. Anmerkungen. Verschiedene Beyspiele. Beschluß.	199
Dritter Abschnitt. Von den Känsten, einen Rückzug maskieren oder begünstigen können. Bewegungen eines Nachtrabs von Reuterey.	212
Vierter Abschnitt. Rückzugs-Ordnung in gevierter Stellart.	218

Siebentes Hauptstück. Von dem Vertheidigungskriege. . . . 224

Erster Abschnitt. Beyspiele verschiedener Feldherren. Schlechtes Betragen der Alliirten in Portugal. Vertheidigungsplan für ein weitläuftiges Land ohne Festungen. 224

Zweyter Abschnitt. Von den Beobachtungsherren. Von den Schutzlinien eines Landes. Untersuchung ihrer Vortheile und Mängel. . . . 236

Dritter Abschnitt. Von denen unter dem Schutze fester Plätze verschanzten Lagern. 248

Vierter

Seite.

Vierter Abschnitt. Muster eines Vertheidigungskrieges in einem bergichten Lande. Manövre des Marschalls von Luxenburg. Betragen des Königs von Preussen in Schlesien. . . . 254

Achtes Hauptstück. Von der Kriegsdialektik oder der Kunst, den Plan eines Feldzugs zu entwerfen, und die Verrichtungen desselben zu regieren. . 260

Erster Abschnitt. Eintheilung der Operationsplane. Von den Diversionen. Verschiedene Beyspiele. . . . 260

Zweyter Abschnitt. Von den combinirten Märschen. Wie man dem Feinde zuvor kommen und ihn in eine nachtheilige Lage bringen kann. . . 272

Dritter Abschnitt. Von den verborgenen Märschen und andern Bewegungen, besonders denen, welche die Berennung fester Plätze betreffen. . . . 281

Neuntes Hauptstück. Von dem Adel. . 296

Zehntes Hauptstück. Von den Mitteln den Wetteifer zu erregen. . . . 304

Eilftes Hauptstück. Von der Kriegszucht. 317

Zwölftes Hauptstück. Von der Beute. 327

Dreyzehntes Hauptstück. Vom Ausreissen. 336

J i 5· Vier=

Seite.

Vierzehntes Hauptstück. Von den Losungszeichen, und den verschiedenen Mitteln einander die Gedanken mitzutheilen. . 349

Fünfzehntes Hauptstück. Von dem Losungsworte. . . . 356

Sechzehntes Hauptstück. Von den Ritterzeiten, und der damaligen Schlachtordnung. 362

 Erster Abschnitt. Vom Ursprunge der Ritterschaft. Kurzer Entwurf ihrer Gebräuche und Uebungen. Errichtung der Ordonnanz-Compagnien. Zeitpunkt der regelmäßigen Infanterie. Ihre Waffen. . . . 364

 Zweyter Abschnitt. Von der Form der alten Schlachtordnungen; Erklärung der damals üblichen Kriegswörter. Stellung der beyden Armeen in der Schlacht bey Abray. 377

Siebenzehntes Hauptstück. Schlacht bey Crecy. . . . 385

Achtzehntes Hauptstück. Schlacht bey Azincourt. . . . 394

Neunzehntes Hauptstück. Schlacht bey Juberoth zwischen den Spaniern und Portugiesen. . . . 402

Zwanzigstes Hauptstück.

 Erster Abschnitt. Vergleichung der englischen Schlachtordnung bey Crecy mit der Stellung des Narses gegen den Totila. 414

Zweyter

	Seite
Zweyter Abschnitt. Anmerkungen über den Keil der Alten. Beyspiel aus der Geschichte Alexanders.	425
Dritter Abschnitt. Kurzer Abriß des römischen Kriegswesens unter Justinian I.	427
Ein und zwanzigstes Hauptstück. Von den erlaubten Kriegsränken; oder Anmerkungen über den Polyän und Frontin.	436
Erster Abschnitt.	419
Zweyter Abschnitt.	451
Dritter Abschnitt.	462
Maximen.	477

Gedruckt bey Joh. Heinrich Heitz, Universitäts-Buchdr.

Bericht an den Buchbinder.

Die VIII Kupfertafeln zu diesem Bande müssen gleichfalls wieder dem Buche hinten angebunden, und an diejenigen, welche zum Herausschlagen nicht breit Papier genug übrig haben, so viel weißes angepappet werden, als in dieser Absicht dazu erforderlich ist.

www.ingramcontent.com/pod-product-compliance
Lightning Source LLC
Chambersburg PA
CBHW051159300426
44116CB00006B/366